普通高等教育"十一五"国家级规划教材

U0365866

中国
近现代经济史
教程

陈争平　兰日旭　编著

清华大学出版社
北　京

内 容 简 介

本书以历史唯物主义为指导思想,以经济现代化作为中国经济史教材的主线,注意揭示影响中国近现代经济发展的内外因联系,力求使读者能够结合中国经济现代化发展史实,加深对生产力与生产关系、经济基础与上层建筑矛盾运动的理解,认清经济发展与制度变革相互之间的紧密联系,增强对基本国情的认识,为进一步从事中国历史和经济理论的学习与研究打下坚实基础。全书立论翔实有据,重视定性分析与定量分析相结合,科学性强。同时,吸收了本学科最新研究成果,并融会作者自己的研究心得,新意较多,是一部较为理想的中国近现代经济史教程。

图书在版编目(CIP)数据

中国近现代经济史教程/陈争平,兰日旭编著.—北京:清华大学出版社,
2009.1(2022.1重印)
ISBN 978-7-302-18861-2

Ⅰ.中… Ⅱ.①陈… ②兰… Ⅲ.①经济史-中国-近代-高等学校-教材 ②经济史-中国-现代-高等学校-教材 Ⅳ.F129

中国版本图书馆 CIP 数据核字(2008)第 173610 号

责任编辑:马庆洲
责任校对:王荣静
责任印制:宋 林

出版发行:清华大学出版社	地　　址:北京清华大学学研大厦 A 座
http://www.tup.com.cn	邮　　编:100084
社　总　机:010-62770175	邮　　购:010-62786544
投稿与读者服务:010-62776969,c-service@tup.tsinghua.edu.cn	
质　量　反　馈:010-62772015,zhiliang@tup.tsinghua.edu.cn	

印 装 者:涿州市京南印刷厂
经　销:全国新华书店
开　本:185mm×230mm　　印　张:18　　字　数:337千字
版　次:2009 年 1 月第 1 版　　印　次:2022 年 1 月第 11 次印刷
定　价:55.00 元

产品编号:025762-05

前 言

一、关于经济史学

经济史学是这样一门学科,它主要通过考察一国(或一个区域)的社会生产力和生产关系之间、经济基础和上层建筑之间相互作用的**具体历史发展过程**,探索这个国家(或区域)经济**发展特点及有关规律**,再进一步总结人类社会经济中长期发展规律。与经济学其他分支学科相比,经济史学应做到"三个侧重",即经济史研究要做到:1. 规范分析与实证分析相结合而**侧重实证分析**,使经济史研究内容更为生动具体;2. 短期考察与中长期考察相结合而**侧重中长期考察**(十年以上为中期,百年以上为长期);3. 突变因素考察和渐变因素考察相结合,而**侧重渐变因素的考察**,可以说经济史相当于地质学,经济学其他分支学科相当于地理学各分支,经济史研究要为经济学理论发展提供**丰富素材及深层次的规律性成果**。[1]

中国经济史学会前会长吴承明先生认为一切经济学理

论都应视为方法论,经济史研究可以根据问题的性质和资料的可能,采取不同的经济学以及其他社会科学的方法来分析和论证,同时也指出了经济史研究对经济学理论发展的重要性。他认为经济史有广阔的天地,无尽的资源,它**应当成为经济学的源,而不是经济学的流**。[2] 著名经济史学家诺斯(Douglass C. North)在接受诺贝尔经济学奖时发表的演说中指出:"经济史探讨的是一段历史时期的经济演变过程。该领域的研究目的不仅是为了对以往的经济活动作出新的说明,同时,通过提出某种分析框架还可以对经济理论有所贡献。这种新的分析框架能够使我们理解经济的变迁。"在结束演说时他又说:"在求得对一段历史时期经济实绩理解的漫长道路上,我们才刚刚出发。今后的研究就是要把依据历史证据得出的新假设具体化,这样做不仅能提出一个能够解释历史经济演变的理论框架,而且,在这个过程中,我们还丰富了经济理论,使它能更有效地对付广泛的现实问题,这些现实问题超出了现有经济理论的认识范围。希望就在前头。"[3]

经济史学科**综合性很强**。因为经济史研究要突变因素考察和渐变因素考察相结合,而侧重渐变因素的考察,必然要把政治制度、社会习俗、文化等方面影响经济中长期发展的渐变因素考察纳入研究视野,必然要比经济学其他分支学科综合性强得多。诺贝尔经济学奖得主希克斯(John R. Hicks)在经济理论许多方面都有杰出的贡献,但是他认为自己一生中最得意的作品是探讨社会经济长期发展规律的《经济史理论》。他在这本名著中指出:**"经济史的一个主要功能是作为经济学家与政治学家、法学家、社会学家和历史学家——关于世界大事、思想和技术等的历史学家——可以相互对话的一个论坛。"**[4]

著名经济学家熊彼特(J. A. Schumpeter,曾任经济计量学会会长和美国经济协会会长)在总结治学经验时所说的话:"'科学的'经济学家和其他一切对经济课题进行思考、谈论与著述的人们的区别在于掌握了技巧或技术,而这些技术可分为三类:历史、统计和'理论'。三者结合起来构成我们的所谓'经济分析'。"在这三门技术中,熊彼特认为经济史是"最重要的一门"基本学科。因为:"首先,经济学的内容实质上是历史长河中的一个独特的过程,**如果一个人不掌握历史事实,不具备适当的历史感或所谓历史经验,他就不可能指望能理解任何时代(包括当前)的经济现象**;其次,**历史的叙述不可能是纯经济学的,它必然要反映那些不属于纯经济的'制度方面'的事实**,因此,历史提供了最好的方法让我们了解经济与非经济的事实是怎样联系在一起的,以及各种社会科学应该怎样联系在一起;第三,我相信,目前经济分析中所犯的根本性错误,大部分是由于缺乏历史的经验,而经济学家在其他条件方面的欠缺倒是次要的";"如果我重新开始研究经济学,而在这三门学科中只许任选一种,那么我就选择经济史。"[5]

二、关于《中国近现代经济史》课程

《中国近现代经济史》课程是为大学生和研究生认识中国经济现代化历史发展过程，掌握经济发展与制度变革相互之间的紧密联系，探索中国近现代经济发展的主要特点及规律性，增进对中国基本国情的认识而设置的一门专业基础课程。

本课程教学内容涵盖了 16 世纪至 21 世纪初中国社会经济发展由古及今的重要历程[6]，主要包括 16 世纪至 19 世纪上半叶中国社会经济概况、鸦片战争后不平等条约制度的形成及其对中国经济的影响、清后期社会经济制度变革、民国时期经济制度变革及其局限、中国近代工业化的艰难发展、近代农业经济的缓慢发展、抗战时期的经济战线、新民主主义经济的成长、新民主主义经济体制在大陆的建立、从新民主主义向社会主义的过渡、探索中的曲折前进、改革开放与国民经济的迅速发展、落实科学发展观任重道远等。

本课程所用教材入选"十一五"国家级规划教材。与以往中国近代和现代经济史教材相比，本教材在内容方面有以下主要特点：

1. 坚持**历史唯物主义**和**辩证发展观**，努力克服以往教材过于强调消极面的影响，着重揭示 16 世纪以来中华民族面对种种新挑战顽强拼搏，不断变革旧制度发展民族经济，不断发展社会生产力的史实，力求"**通古今之变**"并突显"**发展**"这一中国近现代经济史的**主旋律**；同时又依据事实揭示近现代中国发展中的**艰难**，前进路上的**坎坷曲折**。

2. 坚持**从基本国情**出发，例如以往教材都忽略了人口增长对经济的影响，而本教材将经济发展中人口增长因素放在应有的地位；又如以往有些教材忽略新民主主义经济体制的历史作用，而本教材将新民主主义经济体制适应国情，在民族复兴历程中曾发挥关键历史作用等内容放在重要地位；本教材亦对违背国情走弯路的历史教训作适当总结。

3. 努力做到**史论结合**，"**论从史出**"。有前辈学者认为，"以论代史"或"以论带史"尽管颇为流行，"却是不科学的，我们应当反对的"[7]。也有前辈学者认为，如果年轻学生对清末民初苛捐杂税只有笼统的概念，却把"厘金"当作一种金属，则说明近代经济史课程没学好。本教材编者认为学习中国经济史课程的学生刚入门时要特别注意不走歪道，要提防受"以论代史"或"以论带史"的不良影响；认为经济史学内容**应当侧重实证分析**，尽管篇幅很紧，仍应**注重结合具体历史过程**、**结合重大事件影响**，进行扼要的**案例分析**。以利于引导学生在延伸阅读时能结合案例分析做到"论从史出"，进一步使"史"与"论"有机结合。

与此相关，"从司马迁起，写人物就是中国史学的优良传统。但近代史学，尤其是经济史，似乎丢掉了这个优良传统"[8]，本教材则努力继承和发扬这个优良传统，在篇幅很紧的条件下，仍力求**经济史书中有"人"，具体的"人"**，对毛泽东主席所讲工交事业四个"不能忘记"之人以及其他经济史代表人物都要做扼要评介。

4. **尊重史实，视野宽阔，重点突出**。有些教材强调用以往西方主流经济学模式来研究中国经济史，因而把文化、制度、战争等因素都忽略了。这样既不尊重史实，视野也褊狭。本教材尊重史实，强调**制度变革**对经济发展的推动作用，对洋务新政、近代三次经济立法高潮、新民主主义经济体制的建立、计划经济体制的形成、实行改革开放政策等对中国经济发展的重要影响都有专门章节进行实事求是的论述。"和平"与"发展"是当代国际关系的两大主题，但是战争不断发生，战争的威胁一直存在，这种情况对经济影响极大。在备战及战争条件下，社会经济运行会有一些新特点，因此自 20 世纪以来军事经济学（或称战争经济学、国防经济学）成为经济学的重要分支。但是目前国内高校一般都不开设军事经济学或国防经济学的课程，为了使高校学生更多地了解世界经济实情，本教材设立专章结合对军事经济学的简要介绍分析**抗战时期经济战**史实。

本课程教学方式主要采用课堂讲授、课外阅读、分组讨论相结合方式，课堂教学和讨论需用 30～32 课时。本课程每章后面都列有思考题和延伸阅读推荐书目，供学生课外阅读参考。

三、学习本课程的主要意义

1. **了解中国现代化历史，增强爱国主义教育，加深对中国革命的认识**。为了反抗内外压迫，争取独立和富强，迎接新挑战，在近代早期中华民族一些有识之士也开始了努力开拓，积极进行现代化事业的奋斗历史。有很多中国历史之最，例如中国最早自己建造的铁路、最早的造船厂、钢铁厂、棉纺织厂等等，都是在近代出现的。但是近代中国社会是处于多个帝国主义国家联合控制下的半殖民地半封建社会。在经济关系方面，外国资本主义、官僚资本主义、民族资本主义、封建地主制，甚至农奴制、农村公社制等同时并存。在依靠许多帝国主义国家支持下才能存在的中国反动政权，屈从于帝国主义压力，对人民的压榨搜刮特别残酷。因此，经济基础决定上层建筑的一般规律在半殖民地半封建中国表现为上层建筑的反作用特别增大。在当时半殖民地半封建社会条件下，中华民族优秀人物推动本国工业化的努力一再遭到挫折。中国一些先进分子认识到必须进行反帝反封建的民主革命，改变旧制度，才能为现代化建设扫除障碍，于是又开始前仆后继的伟大的中国革命斗争。我们不能割断历史，学习《中国近现代经济史》

课程,可以更好地继承和发扬老前辈们积极进取、开拓创新的精神,更好地总结中国现代化历史经验,增强爱国主义精神,更好地认识中国革命的伟大历史意义,更好地理解中国为什么走上社会主义道路的历史必然性。

2. **更深刻地认识中国国情**。人口多,底子差,发展极不平衡,这是中国国情的一些基本特征。而这些基本特征又有其历史根源。在近代中国,帝国主义的经济掠夺和剥削,中国反动政权对人民的残酷压榨,使得中国人民越来越贫困,社会经济发展迟缓;而各个帝国主义国家各自考虑自己的利益,在中国划分势力范围,形成了中国军阀割据,加深了中国社会经济发展严重的不平衡性。通过学习《中国近现代经济史》课程,可以更好地了解这些基本特征的历史根源,更深刻地认识中国国情。

3. **为进一步从事经济学理论学习和研究打下坚实基础**。经济史研究是经济学理论发展的根源。学习经济学专业的同学都想知道:经济史能给经济学家提供什么? 经济学家麦克洛斯基(D. N. McCloskey)认为经济史能提供(1)更多的经济事实,(2)更好的经济事实,(3)更好的经济理论,(4)更好的经济政策,(5)更好的经济学家。[9] 诺贝尔奖得主索洛(Robert M. Solow,曾任经济计量学会会长和美国经济协会会长)谴责当代经济学"没有从经济史那里学习到什么",而是脱离历史和实际,埋头制造模型;批评美国的经济史也像经济学"同样讲整合,同样讲回归,同样用时间变量代替思考",而不是从社会制度、文化习俗和心态上给经济学提供更广阔的视野。他说,**经济史学家"可以利用经济学家提供的工具",但不要回敬经济学家"同样一碗粥"**。[10] 周恩来总理曾指出《中国资本主义发展史》这本书如写得好,对学习马克思主义政治经济学有帮助。[11] 一位中国经济史学前辈学者曾批评一些经济学家"不愿费时间与艰苦的劳动对中国经济长期发展的事实、统计资料、趋势进行分析,一些经济学家对中国经济长期发展的情况与特色不甚了了"。他也批评在 20 世纪 80 年代关于股份制、租赁制、证券市场的理论论著中,宣称它们是中国 80 年代才出现的新事物,是"第一个",而不知道它们早在一百多年前就已出现在中国土地上,并有过几十年的发展历史与经验教训。[12] 我们通过学习《中国近现代经济史》课程,可以更好地认识和分析中国近代经济发展的历史趋势和规律性,掌握社会经济发展与制度变革相互之间的紧密联系,了解企业成长与市场发育之间的相互关系,了解生产与交换的相互关系,可以为进一步从事经济学理论学习和研究打下坚实的基础。

注　释

1. 全国哲学社会科学规划办公室编:《国家哲学社会科学"十五"研究状况与"十一五"发展趋势》上卷,第 404 页,社会科学文献出版社,2006。

2. 吴承明:《市场·近代化·经济史论》有关章节,昆明,云南大学出版社,1996。

3. 道格拉斯·C.诺斯:《经济实绩的历史透视》,(美)《美国经济评论》1994 年第 6 期。

4. 约翰·希克斯:《经济史理论》(中译本),第 4~5 页,北京,商务印书馆,1987。

5. 约瑟夫·阿洛伊斯·熊彼特:《经济分析史》(中译本),第一卷,第 28~29 页,北京,商务印书馆,1991。

6. 吸收著名经济史家吴承明先生关于中国自 16 世纪以来已有现代化因素出现的观点,详见吴承明:《现代化与中国十六、十七世纪的现代化因素》,载于《中国经济史研究》1998 年第 4 期。

7. 许涤新、吴承明主编:《中国资本主义发展史》,第 1 卷,第 14 页,北京,人民出版社,1985。

8. 许涤新、吴承明主编:《中国资本主义发展史》,第 1 卷,第 12 页,北京,人民出版社,1985。

9. D. N. McCloskey, *Does the past have useful economics? Journal of economic literature* 14(2),1976。

10. Robert M. Solow, *Economics：is something missing* in *Economic History and the Modern Economist*, 1986。

11. 许涤新、吴承明主编:《中国资本主义发展史》,第 1 卷,第 8 页,北京,人民出版社,1985。

12. 赵德馨:《经济史与经济理论的有机结合——当代经济学发展的趋势之一》,载《赵德馨经济史学论文集》,北京,中国财政经济出版社,2002。

目录

第一讲

16 世纪至 19 世纪上半叶
社会经济概况

思考题

1. 论述鸦片战争前 300 年中国商品经济发展的主要特点。

2. 关于 16 世纪以来中国经济中已出现现代化因素的观点，您有哪些认识？从这些中国内部产生的现代化因素中能不受外来影响就发展出资本主义社会吗？

3. 如何看待 18 世纪中国的人口压力及当时国人的应对措施？

4. 如何评价鸦片战争前中国的外贸政策？当时中国是闭关自守吗？

一、经济发展与人口剧增

16世纪(明代正德、嘉靖、万历年间)以来,中国农业有较大发展,粮食总产量由宋盛世的464亿斤增为嘉、万时的696亿斤,棉花种植较宋代大为推广;手工业,特别是棉纺织业,也有明显增长;在农业和手工业发展基础上出现了大商人资本兴起、工场手工业兴起、财政货币化、开始推行押租制[1]和永佃制[2]、雇工对雇主的人身隶属关系开始松解[3]、大量白银内流等经济现代化因素。[4] 明中叶经济发展加速了人口增长,16世纪时全国人口已突破1亿,万历朝已达1.2亿。[5] 但是到明末,中国遭遇严重天灾人祸,持续数十年战争,使中国人口锐减数千万,大片土地荒芜,社会经济遭到严重破坏。

清康熙朝中期时统一了蒙古、新疆、西藏、台湾以及云贵、东北等各边疆地区,并实行了中国封建时代**最为成功的民族政策**,使以往为处理民族矛盾而耗占的大量社会资源得以来加强中原地区和边疆地区的经济和文化联系,使中国这个统一的多民族国家得到了前所未有的巩固和发展。

康、雍、乾三朝**奖励垦荒**,兴修水利,推行了一系列有利于社会安定和经济发展的**政策措施**,例如许多手工业者原有的匠籍被废除,摆脱了对国家的封建人身依附;一些原来的贱民被解除贱籍,改为良民;农村短工及绝大部分长工也摆脱了对雇主的封建身份义务,农民劳动可选性增强,较大程度上解放了社会生产力。清代赋役亦较明后期为轻,清乾隆年间又比顺治年间各省人均赋税负担轻了许多[6]。康熙五十一年(1712)规定以前一年的人丁数为标准征收银额,以后滋生人丁,永不加赋;雍正年间实行摊丁入亩,即将丁银摊入地亩交纳,实际上是完全取消了人头税,这是明代一条鞭法以来赋税制度的一大进步,对社会经济的发展有着积极作用。[7]

农民经营自主性增强,加之清廷鼓励垦荒和超省际的移民,推广番薯、玉米等高产作物和棉、桑、茶、竹等经济作物的种植,推动了全国性劳动力与土地资源的重新配置。

当时中国经济仍以农业为主,农业人口约占总人口的83%～85%,农民家庭既为主要生产单位也为消费单位,其生活常在糊口与温饱之间摆动,少数乃至小康。从沿江沿海地区到广袤的边疆地区,从平原到长江中上游丘陵地带、山区和半山区,农户都以不同方式**调整和优化资源的利用**,使之趋于合理。其结果是**传统农业的潜力得到较大开发**。全国册载耕地面积自顺治十八年(1661)5.5亿亩增至康熙四十七年(1708)6.2亿亩,雍正十二年(1734)8.9亿亩[8],偷漏隐报田亩面积尚未计入,近人研究清代耕地面积应在 10 亿亩以上。如果说，明代农业增产约有 80％是由于耕地面积的扩大而来，那么，清代农业的发展就只有 20％强是由于开垦新地，而更多的是由于单位面积产量的提高。这种提高，主要是由于包括深耕、早播、选种、施肥、人工灌溉、推广复种等农艺学进步而来的。在生产结构上，由于北方的开发，使稻与麦的比重较趋合理；高粱、玉米、番薯等高产作物的推广，有利于充裕民食。经济作物的推广比明代更见成效，这不仅调整了生产结构，并通过市场，有利于提高整个农业的经济效益。[9] 在农业发展基础上，清廷又采取了"恤商"和"利商便民"的政策，并对**矿业开放民营，手工业、商业得到前所未有的发展**。这一时期从总体上看，国力强盛，社会经济繁荣程度和发展水平超过了中国历史上的其他朝代，达到中国古代社会发展的新高峰，史称"康、雍、乾盛世"。

　　随着经济发展与人民生活改善而来的是清前期[10]**人口的迅猛增长**。雍正帝继位后曾指出："国家承平日久，生齿殷繁，土地所出仅可赡给，倘遇荒歉，民食维艰，将来户口日增，何以为业？"，他认为**出路仍在垦荒**，"惟开垦一事，于百姓最有裨益"，因此他极力劝谕百姓进一步开垦地亩，"务使野无旷土，家给人足"[11]。及至乾隆朝，人口增长更快，按官方统计乾隆六年(1741)全国约有 1.43 亿人，乾隆五十五年(1790)已超过 3 亿，增加了一倍多。其后人口继续增长，至道光十四年(1834)已超过 4 亿。[12] **人口增长远远超过耕地面积的增长，使得人多地少矛盾日渐突出**。乾隆后期已有学者敏锐地认识到人口压力问题，乾隆五十八年(1793)，被后人称之为中国的马尔萨斯，时任贵州学政的洪亮吉撰写《治平》、《生计》两文[13]，提出自己独到的人口理论，其要点有：①生活资料的增加与人口的增长不存在直接的比例关系。在 100 年左右的时间内，人口可以增加 5 倍至 20 倍，而由于受到土地面积的限制，生活资料只能增加 3 至 5 倍；②像洪水、饥荒和瘟疫一类的自然控制不能消灭剩余人口；③依靠别人为生的人比参加生产的人多；④人口越多，人均收入越少。但由于人口比货物多，支出和消费力会更大；⑤人口越多，劳力将越不值钱，但货价将会越高，这是由于劳力供过于求而货物求多与供；⑥人口越多，人民维持生计越难。由于支出和消费力越来越大于社会总财富，失业人数将增加；⑦人民中财富分配不均；⑧在饥荒、洪水和瘟疫之类自然灾害中那些无财无业的人将先会冻饿而死。[14]

　　为了缓解人多地少矛盾，农民们进一步**发扬精耕细作传统**，并普遍采用轮作复种等**多熟农作制，再加甘薯、玉米等高产作物的推广种植，使全国粮食总产有明显增长**。据有关专家折算，至鸦片战争前全国粮食年产量约有 3 022 亿斤，比明代 1 446 亿斤的粮食总产值增长了一倍多，但是由于人口增长幅度更大，这时的人均粮食占有量约比明代减少了 39％。[15] 各地粮价陆续上涨，地价亦涨，人们纷纷将自古林木覆盖的山地开垦为玉米和甘薯地，到 18 世纪末"丘陵和山地的开垦已如此密集，以致**水土流失和农业报酬**

递减已成为严重的问题"。[16]

　　乾隆后期朝政腐败,土地兼并加速发展,社会流民问题日趋严重。嘉庆、道光两朝,社会矛盾更为激烈,经济发展减缓,清王朝统治由盛转衰。

二、地主经济与农民经济

　　封建土地关系一直在清代农村生产关系中占据支配地位。它主要包括**地权分配关系和土地租佃关系**两大内容,前者是后者的基础,后者是前者的体现。在明末农民大起义的冲击下,土地占有关系有了较大调整;清初将明朝宗藩勋戚霸占的大量田产作为"更名田"分给农民,并采取鼓励垦荒等措施,也使得大量农民获得土地,因而清初自耕农较多,地权较为分散。康熙后期时土地兼并集中现象日益普遍,至乾隆后期地主势力已有很大扩张,贵族地主倚恃特权扩大土地,一般地主积累土地往往也依靠权力的大小;此外中国土地很早就可以买卖,明清时代地主阶级集中土地的另一个重要途径即通过土地买卖而进行的,所以当时地权的移转非常频繁[17]。由于地主的田产往往后来又被其诸子均分,地权集中之后又会分散。地主不断从小农那里获取田产,再加人多地少矛盾日益尖锐,越来越多的农民失去土地成为佃农或流民。

　　地主对自己占有的土地,除自己雇工经营之外,主要是将土地分成小块租给佃农耕种,以收取地租。地主收取地租数量又分为分租制和定租制两种。分租制(或称"分成制")只规定土地收获物在地主与佃户之间分配的比例,地租数量随收获的多寡而年年变动,因而又称"活租制";定租制按照租佃土地的面积预先规定地租数额,因其"丰年不加,歉年不减",所以又称"死租"、"呆租"等。分租制在中国古代社会实物地租中曾长期占主要地位,到了清代其所占比重已逐渐减少。清代货币地租也有发展。货币地租中又分钱租和折租两种。折租是按实物地租折成货币交纳的,是实物地租向货币地租转化的过渡形态,随时可以根据地主的需要回复为实物地租。预先交纳的钱租又称"押租",在清代主佃关系日益松弛情况下,地主需要以经济手段保卫自己的收租利益,**押租制度得到广泛发展**。

　　清代农民耕种"一亩之田,耒耜有费、籽种有费、罱斛有费、雇募有费、祈赛有费、牛力有费,约而计之,率需钱千。一亩而需千钱,上农耕田二十亩,则口食之外,耗于田者二十千",中等年景"一亩得米二石,还田主租息一石,是所存者,仅二十石"。农民往往还要在春季谷贵时"借银籴谷,借谷种田,谷之息,借二还三",秋收谷贱时"粜谷以偿银,转移之间,其失自倍",受高利贷盘剥。[18]广大贫苦农民为谋生,不得不进行家庭手工业生产,以作为对农业的一种补充。男耕女织这一中国古代社会的基本经济结构,到了清前期更为坚固了。农民家庭手工生产主要是为了满足自身的消费或缴纳赋税所需。他们偶尔将一部分产品投于市场,主要也是为换取自家不能制作的生产或生活用品。小农业与家庭手工业结合的自然经济结构在清前期仍然占据统治地位。

三、商品经济发展新阶段

清前期在自然经济仍占统治地位的条件下,商品经济进一步发展。清廷曾在商品流通方面有不少具体的政策措施,如有关物价、市场秩序、度量衡、商品质量、牙行、债务、税收、某些商品产销的规定等等。尽管立法或有不善,或在执行过程中出现各种偏离从而产生负面作用,但其立意都是维护商品流通的正常发展,而不是设法阻碍。[19]清前期驿路畅通,水陆交通进一步拓展,明代就已产生的钱庄以及清代产生的账局、票号和民信局开辟了融资渠道,大大方便了商品流通的进行,这些都推动商品经济发展进入新阶段,为经济近代化提供了必要的条件。该阶段商品经济发展特点主要有:

(1) 中国**城乡市场网络体系已具有比以往更大的规模**。随着工农业发展及人口的增加,各地农村带有农副产品初级市场性质的**墟集、草市大大增加**,为长距离贩运贸易提供了基础。在这一基础上,涌现了大批商业镇市,**形成了新兴的市镇经济**。在江南市镇中,已出现专业化趋向,如乾隆《嘉定县志》记:"布商盛于南翔,花商盛于罗店。至新泾镇凉鞋,安亭、黄渡镇蓝靛,亦为商贾所集。"不少市镇成为粮、棉、丝、麻、纸张、药材等集散市场,有的成为全国性市场的起点。其他城市,如扬州、苏州、南京、杭州、广州、重庆、天津等,商业繁荣,人口日增;上海此时已经成为"江南第一贸易大港"。

景德镇、朱仙镇、佛山镇、汉口镇此时并称"天下四大镇",这四大镇实际上已是全国性的商业城市或手工业城市了。

明、清两代由于白银和铜钱并用,不少市镇出现了主要从事银两和铜钱兑换业务的商号。它们一开始是摆摊,称"钱摊";后扩大为专营货币兑换的铺面,改称"钱庄"(也有的地方称为"钱铺"或"银号")。上海在18世纪末时已有钱庄100多家,并已经设立了钱业公所,以维护同业利益。这些钱庄不仅经营不同货币的兑换,同时还经营存放款等,大的钱庄还有代理县库、道库的。上海的大钱庄多与行走南北洋的沙船业发生资金联系。沙船出海时,常向钱庄借入大宗款项,在上海购买土布等货物,运往南洋福建等地或北洋山东、关东等地销售。上海钱庄庄票的使用在鸦片战争前已有了近百年历史。到1841年时,上海钱庄所签发的庄票面额达千两银者,已不稀罕。在上海,不仅商品交换可以通过庄票成交,而且债权债务关系的清理,也可以通过钱庄庄票"到期转换,收划银钱",相互抵消。庄票的出现和发展,表明上海金融业在信贷上已达到较高的水平。其他地方的金融业也都有了一定程度的发展。[20]

（2）随着国内市场显著扩大,**长途贩运进一步发展**,其占全部商品值的比重已达20％左右,大大超过明代。清代东西贸易有重大突破,尤其是长江一线。上游（即宜宾至宜昌段）商运主要是清代开拓的,长江中游（即宜昌至汉口段）的贸易也是清代才大发展的,这主要是由于洞庭湖流域的开发,长沙成为四大米市之一,而岳阳成为湘江等水路货运中转站;汉水船运重新活跃起来,襄樊成为商业城市;于是,除粮食为大宗外,川陕的木材、江汉平原的棉花、湘蜀的以丝、茶为的主南北土产,都汇入长江。华南珠江水系及东北的黑龙江、松花江船运都有所发展。清康熙朝重新开辟沿海由上海绕山东半岛到天津的北洋船线,并由天津延至营口,与辽河联运,每年沙船运北方豆、麦、枣、梨等到江、浙,运布、茶、糖等南货去华北、东北。以往长途贩运的商品以奢侈品及特产品贸易为主,明代已逐步转向**以民生日用品的贸易为主**,至清前期这种市场性质的变化进一步发展。清代长途贩运贸易品种增多,贸易量增大,

国内市场主要商品流通总量约合3.9亿银两,其中第一位是粮食,约占42％;第二位是棉布,约占24％,第三位是盐,约占15％。粮食的流通具有特殊意义,因为在封建社会,差不多所有其他商品都是直接或间接（通过租赋）与粮食相交换;在一定意义上,农村有多少余粮进入流通,成为市场总量的一个限界,而粮食的商品率,成为自然经济解体的基本指标。我们估计,这时粮食的流通量约为245亿斤（占产量的10.5％）

以粮、布而论约为明代的二、三倍;经营逐渐专业化,并开辟东北、西南市场,全国粮食、棉布分居市场交易额的第一、二位,其他经济作物和手工业品的交易也都在增加。[21]

（3）在城乡市场上,活跃着**大小商人资本**。明代大商人的资本组织还限于家族范围。清代,则已有信贷发展。明代大商人资本还是银五十万两级、最高百万两水平。清代,则数百万两已属常见,进入千万两级。这说明**市场积累货币资本的能力大大提高了**。清代还形成了徽商、晋商、闽粤海商等大商帮。[22]

乾隆嘉庆年间,国内商品货币经济进一步发展,特别是埠际贸易的开展,使得不同城市间的经济联系日益密切。当时迫切需要解决不同地区间收解现金和清算债务的实际问题,先前靠商人自己带运现金,或由镖局押运现金的方式,已越来越不适应商品流通量日益增加,流通区域日益扩大这一客观情况了。于是,某些信誉卓著的商铺利用它们在一些城市设有分号的关系,逐渐地把不同地区间的汇兑,作为兼营的业务承担起来。山西平遥县商人、日升昌颜料铺经理雷履泰鉴于远道解运现金,困难既多,又不安全,试用汇票来清算与日升昌相往来的各地商铺的账目。最初这种清算方法试行于重庆、汉口、天津、北京等地。后来由于汇水收入十分优厚,日升昌颜料铺就改为专业的日

升昌汇兑票号。日升昌成为票号的鼻祖,雷履泰成为票号的创始人。不久,山西平遥、太谷、祁县也有一些商号陆续改营票号业务。票号采用分号往来制,各自在北京、天津、太原、张家口、西安、济南、苏州、汉口、广州等主要商业城市设立分号,各地分号在总号指导下相互支援,从事汇兑业务。在内部分配方面,票号一般采用人力股制(亦称"身股制"),即经营者(俗称"掌柜"或"经理"等)按其职务及劳绩,在票号内享有一定的股份(称为"顶身股"),一些中高级职员也享有身股,与出资者(俗称"东家"、"财东")一样按股分红。这样使得票号经营好坏,利润多少,与总分号掌柜及中高级职员等人的切身利益紧密结合起来,对调动经营者及职员们的积极性起了很大的作用。财东们平时不过问票号的具体业务,一切由掌柜负责,放手让掌柜经营。票号的这些制度,在当时社会条件下有其合理性,使票号生意越做越兴隆,逐渐成为调度全国金融流通的重要力量,构成了一个四通八达的以汇兑为主,以存放款为辅的金融体系。票号的资本一般比钱庄雄厚得多,其业务活动对商品流通所起的积极作用迅速地为社会上所认识,博得了"汇通天下"的美称。

四、在严格限制下中外贸易不断扩大

清前期对外贸易可分海、陆两路。陆路主要是中俄之间依靠驼、马运输进行的毛皮、丝绸、呢绒、黄金、茶叶、大黄等贸易;其他如南方依靠马帮运输的滇缅贸易等在清代也有进一步发展。海路在清初一度被禁,但是贸易及白银流入却禁而不止。台湾与大陆统一后,康熙二十三年(1684年)开放广州、厦门、宁波和上海四口岸对外通商,许人民出海贸易。此后,中日贸易、中国与南洋(东南亚地区)国家贸易以及与西方国家的贸易这三大方向海路贸易都在发展。清代的货币制度实行白银与铜钱平行流通,而银、铜这两种币材仅靠国内产量都已不敷日益扩大的市场流通所需,通过对外贸易从国外流入的大量银、铜在相当程度上弥补了币材供应量的缺额。17世纪早期,通过贸易从日本流入中国的白银每年约有100多万两,数倍于国内银产量。[23]清廷对日本铜的需求更为殷切,鼓励华商赴日以丝易铜。倒是日本政府一再颁布法令对中日贸易进行种种限制。清朝中国与南洋各国保持着密切的贸易关系。中国输往南洋的主要有丝、茶、糖、瓷器和药材等,从南洋输入的主要是大米、胡椒、香料及各种海产品。从表1-1关于1650—1759年白银流入的估算可以折射出这一时期海路三大方向贸易顺差变化大致情况[24]。

表 1-1　1650—1759 年中国白银流入估计

年　份	中菲贸易		中日贸易		中英贸易		中荷贸易	
	船数	万两	船数	万两	船数	万两	船数	万两
1650—1659	67	256.9	406	512.5	0	0		
1660—1669	45	172.5	184	544.4	1	0.4		
1670—1679	30	115.0	27	10.1	3	6.6		
1680—1689	77	295.2			12	29.2		
1690—1699	168	644.1			5	27.6		
1700—1709	191	732.3			33	274.0		
1710—1719	110	421.7			17	163.8		
1720—1729	116	444.7			30	262.6		
1730—1739	127	486.9			38	312.0	28	152.4
1740—1749	131	502.3			49	455.4	38	164.3
1750—1759	139	532.9			71	503.5	39	212.0

资料来源：据吴承明《中国的现代化：市场与社会》第 279、281 页表格改编。

从表 1-1 大致可以看出，中西贸易呈强劲增长势头。四口岸通商时期，来华贸易的西方国家商人逐渐增多。但是四口岸通商 90 多年后，英商通译员洪任辉(James Flint)乘武装商船擅闯宁波、定海和天津港口，并提出种种无理要求。乾隆皇帝为防微杜渐，下令从 1757 年起对中西贸易实行严格限制，只许欧美国家商人到广州一个口岸通商，并实行"公行"制度，即规定西方商人在中国的一切贸易和其他事务均须通过清政府特许的"公行"来进行，不得和中国其他商人直接进行买卖，但并不禁止欧美各国东方殖民地商人到其他三口岸贸易。

在广州一口岸贸易时期，与中国进行贸易的西方国家先后已有葡萄牙、西班牙、荷兰、英国、法国、美国、丹麦、瑞典和普鲁士等国，进出口商品量和价值都在不断增加。其中，中英贸易在 18 世纪后半叶已占了广州海上贸易总值的一半以上，到 19 世纪初期更进一步达到 80% 左右。当时英商运来中国的商品以毛织品和棉花为大宗。毛织品主要来自英国本土，其输入中国的价值每年约在 150 万～200 万两之间。英商自认为是王牌货物的毛织品在中国却"非常难卖"，常常被迫忍痛亏本抛售；棉花主要来自时为英国殖民地的印度,其输华值年均约在 400 万两以上。中国出口商品以丝、茶、土布为大宗,这三项商品约占中国出口商品值的 80% 以上。英商曾经多次将本国的棉纺织品运到中国来试销,但是都因成本太高,售价太贵,卖不出去。在正当的中英贸易方面,中国一直处于有利的出超地位,英国每年要支付数以百万两银计的贸易差额。[25]

> 19 世纪 20~30 年代,仅英国东印度公司从中国运出的茶叶一项,每年就
> 值 550 多万两,最高年份(1932 年)将近 1 000 万两。仅此一项价值就远远超
> 过英商输入中国的商品。

18 世纪中国在对英贸易方面的出超地位,与英国资产阶级扩大海外市场,进行殖民掠夺的要求大相径庭。因此在英国政府支持下,英国资产阶级在印度大量生产鸦片,将其运销中国,企图通过罪恶的毒品走私活动实现其掠取暴利的愿望。英国奸商采用贿赂清政府官吏等手段,不断扩大向中国走私输入的鸦片数量。从 1750 年到 1839 年,鸦片在中国的销售量直线上升。18 世纪 60 年代以前,每年不过 200 箱(每箱 100 斤),1786 年已超过 2 000 箱,1790 年又突破 4 000 箱。19 世纪 20 年代以后,年销量恶性膨胀,到了鸦片战争前夕,已达 35 000 多箱,价值近 2 000 万元,大大超过了当时中国丝茶的出口总值。因为贩卖鸦片获利丰厚,美国的一些奸商也从 19 世纪初开始参与在中国贩卖鸦片的罪恶活动。[26]

英国通过贩卖鸦片从中国所得白银,不仅抵偿了它进口大量中国茶叶丝绸等所造成的贸易差额,而且还使中国白银大量流往印度和英国。因为大量白银是通过走私途径流往国外的,其数量难以精确计算,仅根据英属印度海关的统计,中国对印度的白银出超在 1814—1815 年度已达 130 万两左右,而到了 1833—1834 至 1838—1839 这几年年均出超达 428 万两,1838—1839 年度则超过 600 万两。加上中国对欧美或亚洲其他地区的白银出超,鸦片战争前夕中国每年的白银流出量估计有 1 000 万两左右。[27]

鸦片走私给西方国家带来巨额财富,却**给中国造成极大的损害**。吸食鸦片的中国人越来越多,他们的身心遭到严重摧残。而白银大量外流所产生的灾难则波及中国社会各阶级。约占当时社会白银货币量 20%~25% 的白银流往国外,加剧了中国的银贵钱贱程度。这就使得"劳作收入皆以钱计,交纳赋税皆以银计"的广大农民和手工业者成为直接受害者;那些卖货收钱,纳税缴银的中小商人和地主等也深受其害。大量白银外流也使得清政府国库存银日渐减少,财政危机日重。

19 世纪 30 年代,中国许多有识之士痛感鸦片泛滥对中华民族之危害,要求政府采取措施严禁鸦片。在社会舆论的强烈压力下,在日益严重的财政危机面前,道光皇帝采纳了"严禁派"的主张,派林则徐为钦差大臣到广东禁烟。林则徐在广东人民群众的协

助下,迫使英商交出鸦片 20 283 箱,于 1839 年 6 月 3 日在广东虎门当众销毁。

　　英国资产阶级早就希望闯进中国的大门,在中国扩张它们的势力。英国鸦片贩子在 1830 年就曾组织对英国议院的"请愿"活动,一再攻击中国"排外",宣扬要和中国"算帐",制造发动侵华战争的舆论。当虎门销烟的消息传到英国后,英国资产阶级立即掀起了狂热的战争叫嚣。1839 年 10 月,英国内阁正式决定向中国出兵。1840 年 6 月,第一次鸦片战争爆发。

注　　释

1. 又称佃头银,清代称押佃钱,和农民的抗租运动有密切关系。地主鉴于农民运动高涨,出佃时预征押租以为保证;同时,抗租斗争动摇了地主对佃户的超经济强制,地主不得不采用经济手段来代替。也有学者认为押租反映了佃权的商品化和货币化。

2. 即将地权分为田底权、田面权,地主享有前者以收租;佃农享有后者(耕作权),可以转让,地主不能干涉剥夺。

3. 16 世纪中叶即有平等对待短工的事例,明万历 1588 年的条例正式解放了短工,使他们在法律上与"凡人"处于平等地位。清乾隆 1788 年条例解放农业和商业雇佣的长工,给他们以人身自由。

4. 详见吴承明:《现代化与中国十六、十七世纪的现代化因素》,载《中国经济史研究》,1998 年第 4 期。

5. 许涤新、吴承明主编:《中国资本主义发展史》,第 1 卷,第 39 页,北京,人民出版社,1985。

6. 参见梁方仲:《中国历代户口、田地、田赋统计》,第 388 页,上海,上海人民出版社,1980。

7. 许涤新、吴承明主编:《中国资本主义发展史》,第 1 卷,第 186 页,北京,人民出版社,1985。

8. 梁方仲:《中国历代户口、田地、田赋统计》,第 248、249 页,上海,上海人民出版社,1980。

9. 许涤新、吴承明主编:《中国资本主义发展史》,第 1 卷,第 193~202 页,北京,人民出版社,2003。

10. 史学界对清代时期划分一般以道光二十年(1840 年)为界,此前为清前期,此后为清后期。清前期经历顺治、康熙、雍正、乾隆、嘉庆、道光六朝。

11. 《清朝文献通考》,卷 3,田赋三。

12. 王育民:《中国人口史》,第 506、510 页,南京,江苏人民出版社,1995;何炳棣:《明初以降人口及其相关问题》,第 328~330 页,北京,三联书店,2000。

13. 问世早于马尔萨斯《人口论》。

14. 洪亮吉:《卷施阁文集》(四部丛刊本)甲集页 8 上~10 下,转引自何炳棣:《明初以降人口及其相关问题》,第 317~318 页,北京,三联书店,2000。

15. 详见宁可主编:《中国经济发展史》,第三卷,第 1619~1634 页,北京,中国经济出版社,1999。

16. 何炳棣:《明初以降人口及其相关问题》,第 313~315 页,北京,三联书店,2000。

17. 详见傅衣凌:《明清封建土地所有制论纲》,第二、三章,上海,上海人民出版社,1992。

18. 详见傅衣凌：《明清封建土地所有制论纲》,第四章,上海,上海人民出版社,1992。

19. 方行等：《中国经济通史·清代卷》,第24、25页,北京,经济日报出版社,2000。

20. 《上海钱庄史料》,第9~12页,上海,上海人民出版社,1960。及张国辉：《晚清钱庄和票号研究》,第4~14页,北京,中华书局,1989。

21. 详见吴承明：《中国资本主义与国内市场》,第142~153页,北京,中国社会科学出版社,1985。

22. 详见吴承明：《中国资本主义与国内市场》,第142~153页,北京,中国社会科学出版社,1985。

23. 吴承明：《中国的现代化：市场与社会》,第233、234页,北京,三联书店,2001。

24. 这一时期中国与越南、暹罗(泰国)及南洋其他国家贸易活跃,在中西贸易方面与法国、瑞典及欧洲其他国家也有贸易,但是都苦无有关统计。

25. 严中平等：《中国近代经济史统计资料选辑》,第4~5、11页,北京,科学出版社,1955。

26. 汪敬虞：《十九世纪西方资本主义对中国的经济侵略》,第53~54页,北京,人民出版社,1983。

27. 严中平等：《中国近代经济史统计资料选辑》,第28~29页,北京,科学出版社,1955。

第二讲

条约制度的形成及其对中外经济关系的影响

思考题

1. 19 世纪西方对华鸦片贸易是如何泛滥的？它对中国社会经济产生了怎样的危害？

2. 不平等条约制度是如何形成的？它对近代中外经济关系产生了哪些影响？

3. 论述近代外国对华投资的主要特点。

4. 分析近代世界市场对中国经济的主要影响。

5. 为什么说旧中国的国际收支状况是中国贫困恶性循环难以打破的一个重要原因？

一、列强侵华战争与不平等条约制度的形成

1840 年爆发的鸦片战争是英国资产阶级为保护鸦片贸易,扩大商品输出而发动的侵略战争。经过侵略与反侵略的反复较量,中国终因多方面的落后而战败。1842 年8 月,清政府在英军炮口逼迫下,签订了中国近代史上第一个不平等条约——《中英南京条约》(又名《江宁条约》)。《南京条约》共 13 款,内容主要有:①中国开放广州、福州、厦门、宁波、上海等 5 处为通商口岸;②中国政府赔款 2 100 万元给英国政府(广州赎城费 600 万元在外);③割让香港给英国;④规定中国进出口关税税率由中英两国协商制定;⑤取消"公行"制度,允许外商与华商直接交易。1843 年,又签订了《中英五口通商章程》和《虎门附约》,作为《南京条约》的补充。这两个附约所补充的重要内容有:①使英国获得片面最惠国待遇;②规定英国有领事裁判权(或曰"外国在华治外法权"),即英国人如果在中国犯法,中方无权判决,要由英国领事根据英国法律来判决;③明确规定了中国关税"值百抽五"的极低税率;④规定英国"官船"可在通商口岸停泊,外国军舰从此可以自由进入中国口岸。第一次鸦片战争开启了资本—帝国主义列强通过对中国的军事侵略,或武力威胁,强迫旧中国政府签订不平等条约的祸端。**中国门户洞开,国家主权和领土完整受到严重破坏,经济利益受到重大损失,逐步沦为半殖民地国家。**

> 1840 年第一次鸦片战争爆发,被中外许多史学家认为是中国历史分期的一重要标志,是中国近代史的起点。

接着,美国和法国也趁机以战争相恫吓,于 1844 年缔结中美《望厦条约》和中法《黄埔条约》,扩大了领事裁判权[1] 的范围,使中国主权进一步受到破坏。在这几年内,其他西方国家如葡萄牙、比利时、瑞典、挪威、荷兰、西班牙等都先后援例与中国订约。从此,中国由向一个资本主义国家开放,扩大为向整个资本主义世界开放了。

1857 年英国又联合法国发动第二次鸦片战争,1883 年法国再次发动侵华战争,1894 年日本发动甲午战争,1900 年英、德、俄、法、美、日、意、奥等国发动八国联军侵华战争,迫使清廷先后签订了 1858 年《天津条约》、1860 年《北京条约》、1895 年《马关条约》及 1901 年《辛丑条约》等不平等条约,使中国半殖民地化程度不断加深。《辛丑条约》规定资本主义列强派兵驻守从北京到天津及山海关沿线 12 个战略要地,并可在北京使馆区留守军队,外国在华驻军比战前大大增加,形成了对清廷的武装监视。《辛丑条约》又规定清朝"各省督抚、文武官吏暨有司各官"均有"保护"外国侵略者,镇压反侵

略斗争之责,否则要受严惩;还规定中国向入侵的各国赔款 4.5 亿两白银,史称"庚子赔款"。这样,**资本主义列强进一步控制了清政府,使之成为它们统治中国的工具,中国已完全沦入半殖民地。**

通过《南京条约》、《天津条约》、《北京条约》、《马关条约》、《辛丑条约》等不平等条约,外国资本主义在中国攫取了协定关税、领事裁判权、子口税制、海关行政权、租界行政权、沿海及内河航权、鸦片贸易合法化、掠卖华工合法化、在华筑路开矿设厂驻军等侵略特权。而它们在中国的经济活动,就是**以条约特权的享受为基本特征**的。这就是西方学者所谓的**"条约制度"**。19 世纪 40 年代至 60 年代为条约制度结构得以逐渐形成的初创阶段,此后可谓条约制度扩展阶段。[2]

二、外国资本在华势力扩张

1. 洋行势力的增长及买办制度的形成

近代主要经营进出口商业的外国洋行成为西方资本主义入侵中国的急先锋,其势力迅速增长。19 世纪外资进出口商业中,鸦片走私活动占了很大比重,许多洋行都利用条约制度中的治外法权走私鸦片。走私鸦片利润优厚,一些大洋行如怡和、旗昌、沙逊、宝顺、琼记等,都是靠贩卖鸦片起家的。还有不少洋行靠从事苦力贸易[3]或走私逃税等发财。可以说,早期的外国洋行在华活动带有很大程度的暴力掠夺性质。

清后期中国进出口贸易完全被外国洋行垄断。光绪八年(1882),人称"红顶商人"的中国富商胡光墉[4]依仗雄厚资力及与官方的密切关系,在上海开办蚕丝厂,高价尽收国内新丝数百万担,企图挑战外国洋行对丝业贸易的垄断。外商联合拒购华丝,又因海关海运皆操于外人之手,不能直接外运,次年夏,被迫贱卖。光墉破产郁而死。

19 世纪末 20 世纪初,与资本主义世界向垄断资本主义阶段过渡相适应,列强在华商人资本中的垄断性也大大加强。一些在贸易中占垄断地位的老牌洋行,实力更大了。而在外资贸易商的发展中,最引人注目的特征是世界性的托拉斯组织开始侵入中国。例如,美国洛克菲勒财团的 Standard Oil Company(其在中国分支的中文名为"美孚行",后改名为"美孚石油公司")在 19 世纪 90 年代完成其对美国石油业的垄断时就已在华设立办事处,1901 年始在上海建油栈,1904 年正式营业。不久,它的分支机构与代理店已遍及中国广大城乡,它的煤油已占中国进口煤油的一半以上。英资亚细亚火油公司(Anglo-Saxon Petroleum Company)也于 1907 年进入中国,成为美孚的劲敌。亚细亚火油公司还投资于中国沿海及长江航运业,在中国大量购置房地产,与怡和、太古、沙逊并称为拥有地产最多的四大企业。其他如英国利华兄弟托拉斯、美国钢铁公司等也相继进入中国;第一次世界大战后,卜内门洋碱公司、邓禄普橡皮公司、杜邦公司、通用电气公司、福特汽车公司等纷纷来华。日本的大财团如三井、三菱、大仓组等也在日本政府支持下扩大在华投资,加紧经济侵华活动。日俄战争后日本帝国主义在中国东北成立了官商合办的南满洲铁道株式会社,逐步发展为控制中国东北铁路、工矿、贸易等多种经济部门的拥有数亿日元资产的大垄断组织。

近代来华外商不得不依靠中国买办,才能顺利地同华商做生意。[5]有些买办还受外商委托打通地方当权派的关节,结托地方官绅势力等。随着买办职能的扩大,买办制度逐渐形成。由于业务的开展,不少洋行需要雇用多名买办,于是设立了"买办帐房"(亦称"买办间"或"华帐房"等),并任命一总买办作为统率所有买办的头目。这样,买办在外商企业内有"买办帐房"等相对独立的机构,及买办代表外商企业与中国商人进行交易等,逐渐成为买办制度的两个重要内容。

买办定期从外商企业领取薪俸,但数额一般并不大。外商主要靠佣金制度来刺激买办的积极性。按交易额收取一定比例的佣金,成为买办收入中比薪俸更为重要的来源。因此,洋东与买办之间,既是雇佣关系,又是代理取佣关系。这也成为买办制度的主要内容。

外国资本雇用中国买办,一般都订有"保证书"或"合同"。买办合同大约在19世纪40年代即已流行,以后逐渐完备。买办合同规定了外商与买办双方在经营业务上的权利和义务,这样使得买办的业务活动和佣金报酬等通过签订契约以法律形式确定下来,合同在外国领事馆备案,发生争议时由外国领事裁决。这是买办制度的一大特点。

买办对经手所在外商企业的交易及华商的信用、付款等,须负保证责任,这是外国资本家对避免市场风险对买办所规定的一项重要制度。外商先是要求买办必须具备为外商所认可的、殷实可靠的铺保或人保,继而普遍要求买办交纳财物保证,包括现金、不动产等。买办交纳给外商企业的保证金数额等往往也写入买办合同中。买办保证金的规定,也是买办制度的重要内容。买办保证金的作用,不仅限于保证买办的信实可靠和备赔偿之用,它实际上成为外商吸收华人资本的一个来源。有些买办合同还规定收购出口土产由买办垫款,就更是垫付营运资本了。也有外国冒险家利用这一点,一无所有来到中国,扬言要开设大洋行,物色中国买办,用其保证金作投机生意,赚了钱就正式开业;赔了钱就一走了之。[6]

2. 外国在华金融势力的扩张

1845年,英国的丽如银行(Oriental Bank)在香港和广州两地设立分支机构,成为第一个入侵中国的外国殖民地银行。其后西方一些大银行陆续在中国建立分支机构。1865年,第一家总行设在中国的外国银行——汇丰银行成立。

外国银行在中国的巨额资本并非完全是从国外输入的,其中相当大的部分是通过吸收中国人的资金得来的。**在华发行纸币,就是它们吸收中国人资金的一个主要途径。**

尽管近代外国银行在中国发行纸币的权利未见于任何中外条约,没有任何条约根据,但是麦加利银行、汇丰银行、德华银行、东方汇理银行等纷纷把发行纸币作为它们吸收中国资金、扩张它们金融势力的一个重要手段。汇丰银行、德华银行等为了利于普通中国人接受,所发纸币多采用中国的银本位计值单位,即采用银两券、银元券等方式。都发行上述两种方式的币券。由于当时中国实际流通的货币种类繁多芜杂,仅银两的称量标准及成色就令人头晕目眩,给较大范围内商品交易带来了种种不便。而外钞携带与计算较为方便,被越来越多的中国人接受。到19世纪90年代时外钞已成为中国通货种类中"一个重要的部分"。[7] 外国银行在中国发行纸币的数量,往往超出西方有关银行发行制度的成例。例如,汇丰银行1870年时纸币发行额合1 714 000港元,已相当于其实收资本额的1/3以上;1890年时,其纸币发行额已增至6 478 000港元;到1900年时,其纸币发行额又增至12 513 408元,大大超出了其实收资本额。[8] 外商银行钞票的广泛发行,加重了外国资本对中国人民财富的掠夺程度,也加重了近代中国通货杂乱的程度。

在19世纪中外商人交易中,外国商人一般只接受资本力量雄厚的钱庄庄票作为结算工具。外国洋行利用钱庄庄票,促进了洋货的销售,而钱庄的业务也随之扩大,外国洋行与上海钱庄的联系越来越紧密。19世纪60年代末,外国银行为了进一步**控制上海等口岸的金融市场**,开始贷款给钱庄,这种贷款的利息比市场上的一般利息要低一些,担保品便是钱庄所开的庄票。由于钱庄与外国银行拆借款项关系的建立,洋行就可以把销售洋货收到的钱庄庄票存入外国银行往来账上,委托银行代收;中国土产商人出口土产所收外商的支票也可以送存自己的开户钱庄,委托钱庄代为收款。外国银行和钱庄之间通过相互轧抵,减少了现金的搬运。这样,既便于外国银行控制上海等地金融市场,又促进了进出口贸易的发展。随着贸易的发展,钱庄信贷日益扩大,而钱庄本身资金不多,往往需要借入资本,因而钱庄得自外国银行的贷款迅速增加,钱庄对外国银行的依赖越来越深。外国银行只要紧缩一下信贷,上海钱庄就会周转失灵,发生金融恐慌。

生根于中国的汇丰银行,资本已一再增殖,而利润也一再增长,实力大为增强,到19世纪末时已被人看作是"一家在全世界具有影响的银行"了。到20世纪初期汇丰银行已经**"实际成为中国外汇市场上白银汇率的独裁者。"**进入20世纪以后,中国每年按期偿付的外债本息及战争赔款达 4 000 多万两,"几占清政府财政支出的半数",所以,每年到外债还本付息时节,金融市场便不可避免地出现不同程度的波动。此时,汇丰等外资银行就利用其对国际汇兑的垄断地位,"缩小"外汇牌价。汇丰银行仅用这种手段所盘剥的收益就有约 1 500 万元(到 1937 年)。[9] 其他国家的金融资本对汇丰的霸权地位不断进行挑战。

3. 中国外债与外资银行

外资银行积极向旧中国政府贷款,以获取高额利息,并谋取更大的在华权益。较著名的案例有 1895—1898 年的**甲午战争赔款外债**和 1913 年**善后大借款**。

甲午战败后,中国被迫要向日本支付白银 2 亿两的巨额战争赔款和赎辽费 3 千万两,被迫大借外债。对华贷款成为列强激烈争夺的对象。1895 年 7 月由俄、法 10 家银行组成的财团向中国贷款 4 亿法郎(约合银 9 896.8 万两),折扣为 94.125%(中国实收银 9 051.7 万两),史称其为"俄法借款"。俄国趁机提出要与英国共同分享管理中国海关的权利。俄、法合资组建了华俄道胜银行,并强迫清政府在俄法借款中划出 500 万两银来"入股"。清政府所入华俄道胜的"股银"相当于俄法投资总额的 70%左右,但连一个董事席位都没有,华俄道胜的实权被俄国人所控制。华俄道胜在中国获得了广泛的权利,不仅从事一般商业的资金融通,而且扩大到仓储、保险以至不动产的经营买卖;不仅从事财政贷款和企业投资,还可以参与中国境内铁路的修建、电线的架设和矿山的开采,可以为中国政府承包税收、代理国库、购买军火、发行货币。它的一个地方代理处就可以直接向清政府要求设立俄国驻当地的领事官。外文报纸称它为俄国"在中国的中央政府"。

英国与德国合作,抢夺第二次大借款权益。俄、法、英、德诸国为抢夺借款权,争斗异常激烈,甚至宣称"将不惜诉诸武力";各国驻华公使几乎每天都要到清总理衙门"咆哮恣肆",强迫清政府向他们借款,如果中国不能向他们借款,他们就要求清政府进行"补偿"。最后在海关总税务司赫德撮合下,1896 年 3 月英国汇丰银行与德国德华银行向清政府贷款 1 600 万英镑,约合 9 762.2 万两,折扣后为 94%(中国实收 9 142.5 万两),史称其为"英德借款"。英德借款合同还专门对海关总税务司一职聘用英人作了规定。1898 年经赫德的再次撮合,成立"英德续借款",其折扣之大,期限之长,都是前所未有的。

为了支付对日赔款,清政府不得不举借俄法借款、英德借款、英德续借款等三大笔外债。西方列强趁机要挟清政府,提出非常苛刻的借款条件。从而,中国财政经济命脉便为帝国主义列强所控制,而经手贷款的外资银行势力成为实际的操纵者。

北洋军阀政府成立初期,财政极为困窘,袁世凯为了巩固其统治,亟须大借外债来维持军政开支,就派人与外国银行资本进行善后借款谈判。英、法、德、美等国合组银行团加强它们对中国贷款权的垄断,利用善后借款加强对中国财政的控制。四国银行团的垄断活动引起了其他财团的反对。银行团为了防止俄、日两国破坏它们的垄断,就以保留日、俄对满洲、蒙古的特权为附加条件,拉入俄、日两国的垄断组织,扩大为六国银行团。它们联合向袁世凯政权提出种种苛刻的贷款条件,要对中国财政实行全面监督并插手中国盐政。以克利斯浦为代表的英国财团,在1912年8月与袁政府签订借款合同,这一借款也以中国盐税为担保,但没有管理中国盐政等条款。它打破了银行团的垄断,引起六国银行团及六国政府的反对。银行团通过各国政府向袁世凯施加压力,英国公使一再向袁世凯政府表示抗议,并开单逼债,追索拖欠的庚子赔款等债务;法国政府更是无理要求赔偿辛亥革命时外侨所受的"损失";日本公使提出要"抓住足以充分刺入中国的要害的问题和机会";银行团通电在华各地分行,阻止金融汇兑,并相约不准买卖参加克利斯浦借款的银行汇票。在帝国主义列强的压力下,袁世凯政权以对克利斯浦财团赔偿15万英镑的代价,废止了克利斯浦借款。这样一来,国际银行团独占对华贷款的企图得逞,更是一再提高借款条件。袁世凯急于要用大笔军费扩大自己实力以镇压孙中山发动的"二次革命",所以不通过国会批准,于1913年4月与五国银行团[10]签订了《善后借款合同》。善后大借款名义上为2 500万英镑,除去折扣及手续费、汇费等,中国实收只有2 022万英镑,而日后还本付息再加手续费等共要付出6 899万英镑,"几为实借款数的3.5倍"。帝国主义列强不仅获得4 877万多英镑的巨额利润,还获得在数十年借款期限内中国盐税收入保管权、借款用途控制权、中国盐政管理及财政监督等等侵略特权。通过"善后大借款"合同的签订,帝国主义进一步控制了中国的财政经济命脉。

4. 外国资本对中国运输、工矿、电信等行业的渗透

第一次鸦片战争后半个多世纪内,西方资本主义对中国的经济侵略活动主要是在进出口贸易领域里进行。但是为了顺利进行商品侵略活动,外国资本也把手伸入中国运输、工矿、电信等部门,主要集中在航运、船舶修造、出口加工等行业。19世纪70年代以后,外国资本主义在中国的电报、铁路等领域也进行了大量的侵略活动。[11]

1872年,上海英美商人组织了一"吴淞道路公司",建筑了一条由吴淞到上海的10英里长铁路,妄图以这个"既成事实"为在中国修筑铁路打开局面。清廷用28.5万两银买断这条铁路,然后拆除。这既反映了清廷对外政策的软弱,又反映他们对待先进事物的愚昧。而投资筑路的英美商人却获得了"极大

的利润"。

1895 年《马关条约》规定外国资本可在中国投资设厂,外国在华工矿交通企业投资增长比战前快了很多。其投资总额如果以美元计,1894 年估计约有 1 亿多美元,到 1914 年时已增至 9.6 亿多美元,1930 年时更达 19.8 亿美元。这些投资有很大部分**不是来自于国外的资本流入,而是来自于对中国的暴力掠夺转化而成的**。例如"庚子赔款"有一部分就转化为帝国主义在中国的企业投资;外国在中国房地产投资的增长,也有很大成分是利用侵略特权霸占中国土地,再对土地进行投机买卖而得到的。"所谓外国资本,大部分仍然是在中国国土上聚集起来的,包括买办的资金和'附股',在中国发行股票和债券,在中国吸收存款和发钞票,以至直接掠夺矿产和土地等等。当日本在中国大举投资时,它本身还是个资本输入国;1913 年,它在中国的直接投资有四亿余元,约相当于它从中国获取的战争赔款加利息"。[12]

棉纺织业是这一时期外资在华工业中最重要的行业。1895 年 4 月《马关条约》签订不久,英商怡和纱厂、美商鸿源纱厂、英商老公茂纱厂、德商瑞记纱厂都在上海散发了计划书并发行股票。1897 年,上述外资纱厂在吸收了不少华商资本后,先后在上海开工投产。这些外资厂规模大,资力厚,设备新,经营管理效率也较高,给华资纱厂以沉重的压力。

20 世纪初,日本由于分享八国联军侵华战争的掠夺物而资力进一步膨胀,加大了对华投资力度。1902 年兴泰纱厂被日资收买,成为日资侵入中国棉纺织业的开端。1905 年,日资租办上海大纯纱厂,并于次年 4 月收买,改成"三泰纱厂";1907 年中日合资的九成纱厂设立,开业后不久便全归日商独办,改称日信纱厂;1911 年日资又在上海设立内外棉株式会社第三厂。第一次世界大战期间,日资内外棉株式会社在上海、青岛等地设立了 4 家新厂,并收买了华商裕源纱厂;日资上海纺织会社也增设了 3 家纺织厂。大战结束后,外国资本加强了对华侵略,尤以日本为最。仅 1921 年至 1922 年一年中,日本在华就新建了 11 家棉纺织厂,1924 至 1925 年新建达 15 厂。[13]天津、汉口原无日资纱厂,但 1924 年后天津裕大纱厂改归日资经营,汉口也设立了日资纱厂。日本棉业在华势力的扩张,使华资纱厂在原料收购和销售市场上的压力加重。从 1923 年起,处境日益艰难的华商厂不断出现改组、拍卖和闭歇消息,仅 1925 年 4 月 7 日的《银行周报》上,就有 9 家纱厂宣布破产、登报拍卖。

1902 年英美烟业大资本合组的英美烟公司(British-American Tobacco Company)成立后不久就进入中国,逐步完成了对中国卷烟销售和生产的垄断。它在中国设立了上海、汉口、沈阳、哈尔滨四个卷烟厂,垄断卷烟生产。到 1912 年时,公司总资产达 1 200 万镑,净利 198 万镑。英美烟公司倚仗侵略特权,一再压迫中国民族工业。它通过和清政府统捐局所订的特认捐数合同,在纳税方面享受了优惠的待遇,使得这家公司的实际税负只相当于应纳税负的五分之一。[14]北洋军阀政府也减免了英美烟公司交纳的地方税款,以致1925年全国商业联合会为此向政府提交了申诉书。英美烟公司在中国的烟叶收购,不但享受子口税的特权,而且在没有任何条约根据之下,深入到中国广大的农村,通过外国种子的发放和耕作方法的传授,直接控制烟农的生产。英美烟公司曾经企图包揽中国的烟税,并多次企图压垮或吞并中国民族资本南洋兄弟烟草公司。

甲午战争后列强在中国获得了一大批矿权。中国人民曾经于20世纪初展开了声势很大的矿权收回运动,所收回的矿权都是中方付出巨款赎回的,而且仅占帝国主义在华掠夺之矿权的一小部分,多是尚未开采或未见成效之矿,重要大矿如开滦、抚顺、本溪湖等仍然被外国资本所控制。从20世纪初至1927年,中国煤矿生产处在外国资本控制之下的,长期达到50%以上;中国生铁生产则几乎全部被外国资本所控制。[15]

甲午战争后西方列强以种种手法攫取了中国多条铁路的筑路权和经营权。这一时期外国直接投资的铁路主要有:俄国投资修筑的中东铁路、德国投资修筑的胶济铁路、法国投资修筑的滇越铁路、日本投资修筑的南满铁路等,还有广九铁路英国人直接管理的部分。截至1914年,外国在华铁路直接投资约有2.92亿美元,筑成铁路长度共有3 772公里;外国贷款投资筑成的铁路有京汉铁路、粤汉铁路、正太铁路、陇海铁路等等,共长4 846公里;两者共计占同期中国筑成铁路长度的90%多;而中国自主筑成的铁路只有950公里,所占比重不到10%。外国在华直接投资和贷款投资修筑的铁路路务规章、铁路运价等由控制各路的各国资本制定,常发生优待外商、歧视华商的现象。[16]

外国资本通过经手对华铁路贷款,不仅控制了中国陆路交通命脉,还往往借此强迫中国将铁路沿线区域划为债权国势力范围,享有种种特权。因此,帝国主义列强之间对于中国铁路投资权曾经一再进行激烈的争夺。某个帝国主义国家取得中国某条铁路的投资权后,如果它不愿意在近期内投资筑路的话,别国不能再要求投资修筑此路,中国自己也不能兴建,这样也就破坏了中国铁路的自主发展。从国际收支上来看,旧中国铁路借款的利息支付,几乎耗尽了铁路营运的盈利;[17]债权国还往往垄断铁路材料的供应,从中获取垄断利润。经手发行铁路借款的外国银行除了获得借款的存放权外,还可以另外获得发行费、信托费、购料手续费、分红等,据估计平均约相当于铁路借款总额的11.05%。[18]

从表2-1可以看出,甲午战争前外国在华企业投资以贸易业、金融业为主,两者相加约占70%,工矿运输等行业的投资所占比重较小;甲午战争后,这一情况有了很大改变,尽管外国资本在贸易业和金融业的投资有了很大增长,而工矿运输等行业的投资所占外国企业投资的比重上升更为明显,至1914年时工矿运输行业的投资相加已占一半还多;增长最快的是运输业,至 1914 年时它所占比重已达 34.9%,在各行业中比重最大,这主要是由于甲午战争后西方各国在中国疯狂地掠取铁路权益,铁路企业投资增加了很多。

表 2-1　外国在华企业投资分业统计

行　业	1894 年		1914 年		1930 年	
	百万美元	比重(%)	百万美元	比重(%)	百万美元	比重(%)
贸易业	42.0	38.5	142.6	14.8	555.0	28.1
金融业	34.1	31.3	75.6	7.9	317.1	16.0
运输业	13.3	12.2	335.6	34.9	407.2	20.6
制造业	13.2	12.1	110.6	11.5	312.2	15.8
矿　业	——	——	59.1	6.1	151.1	7.6
公用事业	1.0	0.9	26.6	2.8		
其　他	5.4	5.0	211.4	22.0	234.5	11.9
合　计	109.0	100	961.5	100	1 977.1	100

资料来源:1894,1914 年见许涤新、吴承明等:《中国资本主义发展史》,第 2 卷,第 529 页,人民出版社,1990;1930 年见吴承明:《帝国主义在旧中国的投资》,第 60 页,北京,人民出版社,1955。

从表 2-1 得知,1914 年外国在华制造业、矿业和公用事业这三项投资相加共有1.96 亿美元,占全部企业投资的 20.4%。可见甲午战争后,尽管列强已正式取得设厂权和大批采矿权,但实际投资并不多,不到商业投资的 60%。可以说,帝国主义在华投资的基本性格是"商"而不是"工"。

外国在华工矿运输等行业的企业活动最突出的特点,就是**凭借侵略特权进行掠夺和经营**。在凭借侵略特权进行掠夺方面,英国资本对开平煤矿的强占就是一个明显的例子。开平煤矿原是一个经营较好的洋务企业,20 世纪初价值 300 万两。英商趁八国联军侵占天津,拘捕了主管开平的官僚张翼之机,用欺诈手段占据该矿。事后尽管清政府掌握充分的证据索要开平煤矿,但是在侵略势力的袒护下该矿长期被英商强占。

在企业的经营方面,外国资本也凭借侵略特权排挤中国民族经济,进行不公平的竞争。《马关条约》签订后外国资本得到了在中国通商口岸的设厂权,它们在中国掠取的开矿权、筑路权、内河航权等特权也不断扩大,但是它们往往又进一步要求额外的特殊优惠待遇。例如,在《马关条约》中,原已规定外国工厂所用机器的进口和工厂产品的内销,都享受与进口洋货相同的待遇。也就是进口机器只纳 5% 的进口税,内销产品只纳

7.5%的出厂和内地通过税。这种优惠,已经严重影响中国的税收和民族经济的发展。但是外国资本仍然多方寻找各种减税的机会。1902年英美烟公司在中国设厂以后,就非法要求它的产品出口厂税和内地通过税,应比照中国手工土烟输纳,把应纳的税率由7.5%降低到2%以下。1905年清政府被迫同意了这个要求。1916年中国政府制定卷烟税法,他们又以治外法权为借口,拒不执行。一定要按照他们所同意的条件,方能举办。[19]这类优惠是外国在华特权的一个缩影。

与上述特点有关,外国资本在华工矿企业投资的另一显著特点,就是投资地区**集中在中国沿海的大城市,以及利用特权修建的铁路沿线**。这与外国侵略者在中国划分势力范围和租借地等特权有关,同时也由于这些地区集中了近代工矿业发展所必需的近代金融、交通、动力等条件。

这一时期外国资本在华企业投资还有一重要特点,就是外资**垄断组织的地位越来越重要**。前述日资"满铁"就是一个跨行业跨部门的垄断组织,它在日本对中国的经济侵略中占有重要地位。在中国贩卖鸦片而发家,号称"洋行之王"的英商怡和洋行,这时也发展为一个势力伸展到中国许多经济部门的大托拉斯,到1914年时它已拥有30多个重要企业,资本至少在4 000万元以上,它还是汇丰银行(其在外国在华银行中居垄断地位)的大股东,它的大班还一度兼任汇丰银行的董事长。怡和在上海设有总管理处,并在汉口、天津、广州、重庆、青岛、等地广设分支机构,它的经营范围从进出口贸易到保险、航运、铁路、房地产、棉纺、缫丝、制糖等许多方面,"它总是站在经常变更和日益扩大的中国市场的前面"[20]。

三、中外贸易的主要变化

1. 中外贸易制度的变化

1842年中英《南京条约》签订以后,中国开放广州、福州、厦门、宁波、上海等5处为通商口岸;后来又在《天津条约》和《北京条约》签订后新开放牛庄(营口)、天津、登州(烟台)、台南、淡水、潮州(汕头)、琼州、汉口、九江、南京、镇江等为**通商口岸**。1854年7月,在上海的英、美、法三国人自行公布《上海英法美租界租地章程》,规定领事每年召集会议讨论租界公共事务,由英法美三国领事选派的7名董事组成了名为"工部局"的新机构。[21]工部局成立后所办的第一件事,就是通过决议请求英法美三国继续在租界驻兵。接着,便分设各种委员会,分掌租界一切事务。除了"义勇队"外,工部局还有直辖武装警察队伍——巡捕房。这样,工部局课税,建立警察队伍,俨然成为一个"自治政府"。

"这样就创建了一个贸易商的共和国,它有权在外国领事根据条约进行管辖的规定下进行征税和警察治安活动"。[22] 上海租界的一套制度也被推广到厦门、广州、福州、天津、镇江、汉口等其他口岸。1876 年中英《烟台条约》的签订,使"租界"一词第一次出现在正式条约里,把在这以前西方各国在中国口岸霸占的居留地合法化为"完全脱离中国管辖"的租界,赋予各国以继续霸占租界的条约特权。此后,租界的个数和面积都在不断扩张,外国侵略者在租界的特权也在不断加大,**口岸租界成为中外贸易的据点**。

1842 年中英《南京条约》签订以后,原先的**"公行"制度被废除**,外国洋行先前所受清政府的一些限制被取消,它们转而可以倚仗不平等条约所赋予的种种特权,加紧在中国的经济侵略活动。

关税制度也发生了根本性的变化。鸦片战争前,海关税收是清政府财政重要收入之一,清政府对海关税收享有独立主权。英国商人曾经肆意攻击当时清政府所定进口税则是一种"禁止性关税"。但据西方学者的考察,当时中国对英国棉毛织品所征进口税,最高只有 30%～40%,而英国对中国茶所征进口税则高达 100%～200%。[23] 相比之下,说中国实行禁止性进口关税,纯属诽谤。西方资本主义为了打开中国大门,将**协定关税权**作为它们在中国首先要夺取的经济特权之一。它们先是在 1842 年《南京条约》中规定中国不能自行制定进出口关税税则,必须由中英两国"秉公议定";1843 年在"议定"关税税率时,清政府提出的税率表被英方拒绝,在《中英五口通商章程》所规定的"值百抽五"税率是按照英方的意见制定的;在 1844 年中美《望厦条约》又规定,"倘中国日后欲将税则更变,须与合众国领事等官议允",而根据片面的最惠国待遇条款,中国必须经每个侵略国家的同意才能修改税则,这进一步束缚了中国在关税订定方面的手脚,彻底剥夺了中国的关税自主权。

为便于西方工业品打入中国,列强利用协定关税权,一再将中国进口税率压低,以致英国驻华公使都不禁问道:"哪个国家有象中国这样低的对外贸易税则呢?"[24] 即使是标榜自由贸易的西方资本主义国家,它们的进口税率往往比中国高得多。例如 1859 年英法签订了互惠关税协定,英国以减低法国酒的进口税为条件,换取法国减低英国各种麻、棉、毛织品的进口税,但平均税率仍达 15%,比当时中国对同类货物所征的进口税率高出 3 倍。1864 年对廉价棉布所征的进口税,美国约为中国的 25 倍。一般说来,当时中国进口税率水准只及美国的 1/6。

西方国家一向把关税当作保护本国产业的主要手段,它们一般对于有损本国产业发展的进口商品,重征进口税,对本国制成品不征或轻征出口税。而当时中国出口税率水平却比进口税率水平高很多,起了反保护的作用。再拿几种进出口商品作比较,更可看出当时中国协定关税的畸形状态。根据协定税则,对于每担茶叶,中国只征出口税

2.5 关两,而英国则征进口税 10 关两,美国更高至 21 关两;美国对中国植物油征进口税 25%,而中国对美国的煤油只征进口税 5%;美国从中国进口的药材、衣服无不课税,而中国对自美国进口的药剂、衣服,却给予免税待遇。[25]这种关税税率的对比,反映了西方列强在华协定关税特权对中国的危害,反映了当时中国关税税率的半殖民地性质。

西方商人在中国还享有"**子口税**"特权,即外商在交纳进出口商品关税外,如果要把进口洋货自通商口岸运入中国内地市场,或将中国土货从内地运往口岸出口,只须再纳一次从价 2.5% 的子口半税,就可在中国广大内地通行无阻,不再交纳任何捐税。这种"子口税"制度严重侵犯了中国内地征税的主权。

洋商享有的子口税特权,使他们无论贩运洋货入内地,还是自内地贩运土货至口岸,都比"逢关纳税,遇卡抽厘"的华商要优越得多。这种子口半税制度不仅大大便利了洋货在中国内地的运销,也促进了一些华商向买办的转化。一些华商不堪沉重的税负,就冒充洋商或依附于洋商以分享子口税特权。在把近代中国经济发展方向扭转到为外来侵略服务的半殖民地轨道上,子口税制度起到了关键的作用。

2. 进口贸易的发展变化

"五口通商"时期[26],中国进口贸易有两个显著特点:

一是**外国工业品在中国市场严重滞销**。五口开放之初,英国资产阶级"兴奋若狂",他们"一想到和三万万或四万万人开放贸易,大家好像全都发了疯似的"。第一次鸦片战争后亲手签订中英各项条约的英国全权代表璞鼎查曾公开向英国纺织业资本家宣称,他已经打开了中国的大门,任凭他们进出,而"这个国家异常庞大,倾所有兰开夏纺织厂的出产,都不足供给他一省消费之用"。美国总统泰勒(J. Tyler)在给国会的咨文中对于美国产品在中国的销路,也满怀乐观的情绪。[27]于是,西方资本家把他们的纺织品,吃西餐用的刀叉,还有钢琴等,大批运到中国。结果在广州、厦门、上海等口岸仓库里的大量洋货积压和滞销,只得贱价销售。以致在中国市场上,"英国棉布是可能找到的最无价值的东西,比寻常的包装材料——杭州粗棉布——还要便宜和无用"。[28]大批的美国棉纺织品也"发生积压,卖不出合适的价格"。1846 年英国制造品对华输出值跌至 120 万镑,"降到 1836 年的水平以下"。[29]在这以后,西方工业品在中国市场的销售,长期处于衰退状态。

二是**走私鸦片泛滥**,长期占据进口商品的首位。第一次鸦片战争后,林则徐等主张禁烟的中国官员受到罢斥和打击,清朝官员已不敢再搞禁烟活动,外国鸦片贩子的气焰更为嚣张,鸦片走私活动日益猖獗。鸦片走私口岸不仅包括已经开放的广州、厦门、上海等通商五口,还扩大到未正式开放的南澳(广东)、泉州(福建)、鹿港(台湾)、台州、温州(浙江),并向北延伸至山东、直隶和东北地区,几乎整个中国的海岸线都成为鸦片船的活跃之地。产自印度、土耳其等地的鸦片,经过英美鸦片贩子之手,如同洪水决堤般向中国涌来。据不完全统计,1842—1849年,平均每年鸦片输华总量为39 000箱,已远远超过战前的水平;1850—1854年,增加到每年53 500箱;1855—1859年,又增加到每年68 500箱。1858年中英《天津条约》的签订使鸦片贸易合法化,报关进口的鸦片价值长期据于进口商品的首位,鸦片贸易对中国人民的掠夺和毒害作用比以前更强了。

19世纪后半叶新的技术革命使世界资本主义生产力大大提高,第二次鸦片战争以后西方列强在华侵略特权的扩大,苏伊士运河的开通及欧洲至上海海底电缆的敷设,外国银行对中国通商口岸金融市场的控制以及买办商业剥削网的形成等因素,加强了外国工业品在中国市场的竞争力及外国资本对中国土产的掠夺能力,使得19世纪70年代以后外国对华贸易加速增长,上了一个新台阶。西方工业品在中国市场上的价格连年下降,以输入中国的英国棉纺织品为例,1867年至1877年这10年间,本色市布由每匹2.47两降至1.26两(到岸价格,下同),标布由每匹2.17两降至0.96两,斜纹布由每匹3.49两降至0.96两。[30]进口货价格的大幅度下降,使**中国手工业失掉了价格主动权**。

新的技术革命也使输华工业品更加丰富多样。仅从海关统计表上所列进口商品来看,上海口岸70年代中期进口洋货有180多种,到1894年时已达580多种;其他口岸在同一时期进口商品品种也都有较大幅度的增加。海关统计中新增商品品种虽有一部分是由于分类比以前明细,但更多的还是新货种的增加。在这几十年间,从外国驻华领事的《商务报告》和中国《海关报告》中,或从中外人士文论中,常常可以看到关于洋油、火柴、洋伞、肥皂等等洋货新品种打入中国市场的消息。[31]外国驻华领事在其《商务报告》中曾强调,"贸易的重大发展必须在新品种中去寻求"。[32]1874年时上海进口洋货约180种,天津口岸进口的洋货品种更少,约100种,而到了1911年,上海进口洋货品种已达850多种,天津进口的洋货也达到800多种。**新品种的不断增加**,从一侧面反映了外贸领域和市场的不断扩大。

伴随着洋货新品种的增加,各主要进口商品所占比重及进口商品结构也在发生变化。

罪恶的鸦片贸易,对于西方国家来华的贸易商来讲是利润丰厚而又受到侵略特权保护的贸易,所以在1884年前,鸦片始终占据中国进口商品值的首位,每年进口值在3 000万至4 000万关两之间,占商品进口总额的1/3至1/2。到19世纪90年代时每年鸦片进口值仍有所上升,但是由于其他商品进口的迅速增加,进口鸦片所占比重下降。90 年代后又由于中国土产鸦片的替代,每年鸦片进口量下降。1912 年海牙国际禁烟大会后鸦片报关进口被禁。

　　棉纺织业是 19 世纪西方工业主要产业,棉纺织品成为资本主义国家占领海外市场的主要商品。1884 年以后棉纺织品取代鸦片,占据了进口商品的首位。在 70 年代时,棉纺织品占进口商品总额的 1/4 左右,到 90 年代时已占到总额的 1/3,一度近 2/5。洋纱条干均匀,不易断头,价格又廉,中国原有手工织户在残酷的市场竞争中为了得以生存,纷纷改用价廉质优的洋纱织布,以此增强对洋布的抵抗力,以至这一时期洋纱进口增长速度比洋布更快。从海关公布的全国进口统计来看,1874 年至 1894 年 20 年间,洋布进口值增长了 88.4%,而洋纱进口值则增长了 986.7%。

　　鸦片、棉布和棉纱这三项在 19 世纪时构成了中国进口商品的绝大部分,在进口总额中所占比重高达 50%～75%。[33]

　　煤油,俗称"洋油",是 19 世纪 80 年代中期新发展的进口商品。它比中国旧时照明用的豆、茶、棉、麻等植物油(土油)点灯亮度高,价格又仅为植物油的五至七成,所以逐渐取代了照明用土油,很快在各地城乡推广开来,其所占商品进口总额的比重也不断增加。染料、机器、火柴等商品情况也与此相似(详见表 2-2)。

表 2-2　中国主要进口商品所占进口值比重　　　　　　　　　　　%

	1877 年	1894 年	1913 年	1921 年	1928 年
鸦片	41.3	20.6	8.1	0.0	0.0
棉制品	25.7	32.2	19.3	23.6	14.2
棉纱	3.9	13.1	12.7	7.4	1.6
杂项纺织品	6.8	2.5	2.1	2.1	6.8
煤油		4.9	4.3	6.3	5.2
米	2.2	6.0	3.1	4.4	5.4
面粉		0.7	1.8	0.4	2.6
机器与车辆		0.7	2.1	8.8	2.7
染料颜料类	0.6	1.5	3.1	3.3	2.2
金属及矿砂	5.9	4.6	5.2	6.7	5.4
煤	1.5	2.0	1.7	1.5	1.9

续表

	1877 年	1894 年	1913 年	1921 年	1928 年
棉花	2.0	0.3	0.5	3.9	5.7
糖	2.2	5.9	6.2	7.7	8.3
烟叶、纸烟		0.1	2.8	4.4	7.2
木材		0.8	1.1	1.2	1.6
合计占总进口值	92.1	95.9	74.1	81.7	70.9

资料来源：据《上海对外贸易》（上）第 195 表及有关年份《关册》编制，上海社会科学院出版社，1989。

　　如果以 1890—1894 年的五年平均数为 100，进口值以银两计 1895—1899 年年均为 153，1910—1914 年年均达 417，20 年间进口贸易增长了 3 倍多，年均增长率为 7.4％。第一次世界大战期间，来自欧洲的洋货进口值大幅度降低，日货进口不断增长，相抵之后全国洋货进口值比战前略有增长；大战后中国进口贸易大幅度增长，1917—1927 年十年间年均增长 7.0％。

3. 出口贸易的发展变化

　　开放五口岸后，原来要绕道江西越过梅岭运到广东出口的江南生丝，可以就近从上海出口，1845 年中国生丝出口量已超过了 10 000 担。19 世纪 50 年代初期，由于欧洲发生蚕瘟，法国和意大利等国生丝减产，中国生丝出口增长更快，1858 年达到 69 000 担，1868—1871 年平均每年出口达 53 631 担。五口通商后华茶出口量几乎是直线上升，到 19 世纪 60 年代末，达到 153 万担，比 1843 年增长了近 11 倍。此后，茶叶出口续有增长，至 1886 年时，出口量为 221.7 万担，再加上中俄陆路边境贸易约 17 万担，共 238.7 万担，达历史顶峰。一直到 19 世纪 80 年代时，茶叶仍然占中国出口商品首位。19 世纪 60 年代后半期时中国茶叶和生丝两项共占整个出口总值的 88％（1869 年）至 94％（1868 年）。1867 年西方世界茶叶消费量的 90％，生丝消费量的 36％，都是由中国供应的。[34]

　　这时日本人把生丝作为出口创汇的"王牌"，把华丝作为主要敌手，不惜动用各方力量调查中国生丝生产情况，搜集有关经济情报，分析华丝的优劣；同时又及时掌握国际市场对生丝质量的要求，竭力扩大生丝产区，积极改进缫丝工艺，使生丝产量和质量不断提高。中国生丝技术相对落后，海外市场一点一点地被日丝夺走。甲午战争以后，日本很快取代中国成为世界上最大的生丝出口国。

19 世纪后半叶印度和锡兰(今斯里兰卡)红茶在英国市场上已开始成为华茶的劲敌。印茶以英国殖民者的资本主义方式生产,成本低,品质划一;而华茶仍由小农分散种植和采制,质量难以保证。因此原为中国茶叶大宗的销英红茶,出口量值大幅度下降,华茶转以销往俄国为主。在美国市场上,华茶也受到日本绿茶和印度、锡兰茶叶的排挤。华茶出口量自 1886 年达到顶峰后即螺旋下降。

19 世纪 70 年代以前中国丝、茶等出口价格基本上是由国内市场决定的,其升降主要看产区年成丰歉。但是自 70 年代以后,由于印度、锡兰等国茶叶的竞争,中国茶叶在国际市场上的优势地位丧失,茶叶价格决定权转移到了伦敦。生丝的出口价格情况也与茶叶类似。因而中国传统出口商品茶叶、生丝的价格已经脱离国内市场(自然也脱离农民生产成本),而是受国际市场支配了。具体到市场交易上,就是由在华洋行根据伦敦电报行情,或向伦敦进口商询问价格,扣除自己的利润和费用,在通商口岸"开盘",即开出洋行收购价。中国的茶栈、丝行等根据洋行的开价,再扣除自己的利润和费用,向产区商人报价。产区的各级商人又据此,再层层扣除自己的利润和费用,向农民收购。结果中国"自有之货,不能定价,转听命于外人"[35]。传统出口商品如此,那些完全由于外商采购而出口的农产原料及草帽缏、抽纱等手工业品,更是由外商来定价了。进出口价格的这种变化,不仅促成了进出口贸易中的不等价交换,而且对中国国内市场发生深远的影响,并成为由通商口岸到穷乡僻壤的商业剥削网的价格基础。

由于世界资本主义生产发展对中国农产品及原料的需求大大增加,中国出产的豆类、豆饼、皮类、毛类、猪鬃及植物油等逐渐发展成为大宗出口商品。豆及豆饼在 1894 年时比重只有 1.9%,到 1928 年时比重已增至 20.5%,增加了 10 倍多;一些新的出口资源,例如蛋粉、猪羊肠类、锑、钨一类的特种矿产等,被不断发掘出来,出口日益扩大;同时随着中国境内资本主义经济的发展,一些原来要从国外大量进口的商品,如棉纱、机制棉布等,出口不断扩大。原先出口值集中于少数几项商品的情况已有很大改变,出口值已分散在更多的品种上,反映了出口贸易也呈**多样化发展**的趋势。中国出口商品结构变化可见表 2-3。

如果以 1890—1894 年的五年平均数为 100,出口值以银两计 1895—1899 年年均为 142,1910—1914 年年均已达到 315,比甲午战前增长了两倍多,年均增长率为 5.9%;第一次世界大战期间,由于欧洲战争对中国棉花、皮毛等原料需求增加,全国土货出口比第一次世界大战前有了较大幅度的增长,年均增长率为 6.1%,比以前高;1917—1927 十年间,出口年均增长 6.4%,高于前期,但低于进口贸易增率。

表 2-3 中国主要出口商品所占出口值比重 %

	1877 年	1894 年	1913 年	1921 年	1928 年
丝	26.9	33.3	20.7	20.2	16.2
绸缎	6.6	6.6	5.2	5.0	2.4
茶	49.4	24.9	8.4	2.1	3.7
豆及豆饼		1.9	12.0	13.9	20.5
皮及皮制品	0.8	2.7	6.0	2.9	5.4
毛类	0.4	1.8	1.7	2.2	2.6
猪鬃		0.4	1.1	0.7	1.0
蛋品			0.9	2.2	4.4
籽仁及油	0.4	1.2	7.8	6.3	5.8
煤			1.6	1.9	2.9
矿砂及金属	0.2		3.3	2.9	2.1
棉花	0.5	5.7	4.0	2.7	3.4
棉纱及棉制品	0.1	0.1	0.6	1.2	3.8
合计占总出口值	85.3	78.6	73.3	64.2	74.2

资料来源:据《关册》及郑友揆《中国的对外贸易和工业发展》第 43～44 计算编制,上海社科院出版社,1984。

4. 中外贸易的基本性质

中国进出口贸易的商品结构虽然发生了不少变化,但是据表 2-4 显示,进口以直接消费资料为主,出口以农产品原料及手工制品、半制品为主这一反映殖民地性质贸易的格局基本上没有什么改变。

5. 甲午战后贸易逆差不断扩大

在甲午战争前,西方资本主义国家虽然在对华输出机制棉纺织品方面有所进展,但是仍然未能完全依靠近代工业产品取得对华贸易的优势。可以说,直至甲午战争前,西方国家对中国的贸易,"仍未完全改变鸦片战争前的格局,主要是搜购中国农副产品,用输入鸦片抵充对华贸易的逆差。"[36]

表 2-4　A. 各年进口商品分类比重　　　　　　　　　　　　　　%

年份	生 产 资 料			消 费 资 料	
	机器及大工具	原料	建筑用品等	消费品原料	直接消费资料
1893	0.6	—	7.8	13.0	78.6
1903	0.7	—	14.3	22.3	62.7
1910	1.5	0.1	16.0	17.0	65.4
1920	3.2	0.2	25.1	16.9	54.6
1930	3.7	1.9	21.3	17.3	55.8

资料来源：严中平等：《中国近代经济史统计资料选辑》，第 72~73 页，北京，科学出版社，1955.

到甲午战争以后，随着外国资本的大肆入侵，短短几年间中国对外贸易迅速扩大，同时原先中国对外贸易基本保持顺差的状况迅速逆转。战后第二年（1896 年）开始出现贸易逆差，1900 年以后，贸易逆差进一步增加，1903—1913 年年均逆差值是 1895—1899 年年均值的近 20 倍。再结合前述进口商品结构的变化，说明旧贸易格局已在改变，西方资本主义国家越来越多地对华输出近代工业品，其货值已逐步抵上并超过从中国输入农产品的货值。这种变化，到 20 世纪以后，更见明显。随着外国资本主义商品的大量入侵，中国对外贸易平衡状况迅速恶化。

1914—1919 年，由于第一次世界大战的影响，西洋货物对华进口减少，而欧洲对华棉花、皮毛等原料需求增加，因而这一时期出口增长快于进口，贸易逆差虽然仍旧存在，但程度有所减轻。

1920 年以后，进口贸易的增长很快又超过了出口贸易。1920—1930 年年均值与1891—1894 年相比，出口增长了 5.64 倍，进口增长了 7.03 倍。这一时期贸易逆差也越来越大，1920—1930 年年均逆差值达 12 000 多万关两，而 1931—1936 年年均逆差值更达 34 500 万关两，是 1895—1899 年年均逆差值的 65 倍多。贸易逆差最高的 1933 年一年逆差就近 46 000 万关两。1895—1936 年 42 年累计贸易逆差额近 50 亿关两（约合30 多亿美元），如何弥补这样巨大的逆差，已成为中国国际收支的一个严重问题。

6. 30 年代日货走私进口日益猖獗

在 1925 年"五卅"运动和 1927 年中国大革命浪潮冲击下，中国才于 1929 年争回一部分关税自主权，中国进口税率提高，实际平均税率由 1928 年前的 3.5%～ 4%增至10%～15%左右。日本侵略者对此不甘心，于是开始了大规模的日货走私进口活动。

大批日本的不法之徒依仗侵略特权的庇护,收买和勾结中国奸商,将大量日货从东北、华北和华南等地走私进入中国。

1931年日军侵占东北,威胁华北后,华北的日货走私活动特别猖獗起来。日本侵略势力不仅从经济上,更从政治上把华北走私作为促使华北"隶属于(日本)帝国势力之下"的重要手段,[37]他们用武力干扰中国海关缉私工作,庇护走私活动。1935年底冀东伪组织成立,再加上日军对中国海关缉私工作的干扰作用加大,使1936年走私活动极为猖獗,不仅白糖、人造丝等高税商品,其他"凡百物品,莫不以此冀东之间隙入,经由北宁路运至天津日租界存贮,再转运各地行销",1936年走私进口货值据中国银行估计约有20 000万元,较前两年约增加了一倍多。[38]大量走私日货冲击着中国的城乡市场,以致成为严重的国际问题。

四、中国国际收支状况的恶化

讨论巨额贸易逆差如何弥补的问题,必然涉及有关战争赔款、华侨汇款、外人投资及其收益、劳务收支、金银流动等国际收支诸方面,需要对整个中国国际收支平衡状况进行考察。考察表明,外国帝国主义对中国发动的侵略战争及帝国主义列强之间的战争,对旧中国国际收支状况影响极大,以致我们不得不用这些战争发生的年份作为研究旧中国国际收支的分期时限。

1. 1895—1899年(甲午战争后至八国联军侵华之前)

中国被迫于1895年与日本订立"马关条约"后,半殖民地化进一步加深,对中国经济产生了多方面的影响:首先是增加了为数甚巨的对外战争赔款。仅1895年一年支付给日本的战争赔款就相当于甲午前清政府全年岁出的90%多,相当于1895年中国全年进口值的一半;这一时期支付给日本的战争赔款相当于国外对华企业投资额的一倍半。

为了支付战争赔款,清政府不得不举借巨额外债,1895年借款额是1894年的11倍多,1895—1899年年均借款额也比1894年高5倍多。这一时期外人企业投资也大大增加,其1895—1899年年均数是1894年的20多倍。仅1896—1900年五年间设立的资本十万元以上的外资工厂和矿场就有近30个,资本总额2 426.4万元,比甲午战前五十年间外商工业投资总额1 972.4万元,[39]高出了23%。由于外国投资的增加,外人投资收益也比以前有明显增长,外债还本付息额1895—1899年均值是1894年的5倍多,外国企业投资利润汇出数也成倍增加。

这一时期对外贸易增长迅速,进口增长速度比出口更快,其主要原因之一是外国资本对华输出促进了外国商品的对华输出,由于进口增长更快,因此贸易平衡从这一时期开始由甲午前的顺差转为逆差。由于对外赔款的支付、投资收益的增长及贸易逆差的出现,经常项目[40]合计也由甲午前的顺差转为逆差。

可以说,甲午战争后不久,中国国际收支一些主要项目都发生了较大的变化,中国不但进一步成为帝国主义商品侵略的对象,而且也成为帝国主义剩余资本投放场所。

2. 1900—1913 年(八国联军侵华后至第一次世界大战爆发之前)

1900 年八国联军侵入中国,迫使清王朝签订屈辱的《辛丑和约》。这一不平等条约规定,中国向列强各国赔款 4.5 亿两白银,加上利息共计 9.82 亿两银,这是帝国主义对中国空前大规模的勒索,极大地增加了中国对外支出负担。

本期外债还本付息负担日益加重,1913 年偿还外债本息数额是甲午战前 1894 年的 29.3 倍,是 1895—1899 年年均值的 5.7 倍。本期年均偿还外债本息额也达 3 720 万关两,是前期年均值的 2.7 倍,并占中国政府每年财政支出 20% 以上,有的年份,几乎占整个财政支出的半数。[41]这一时期各年摊付的赔款额达 2 000 多万关两,赔款再加上还债款,成为中国政府沉重的财政负担。本期外债笔数很多,但除了后来的"善后大借款"等以外,数额尚不如前期大,因而 1903—1913 年年均借债额低于上期年均数。本期外人对华企业投资总额仍然继续增长,不过年均新增投资量比上期有所降低。

本期华侨汇款比上期增加不少,年均在 7 000 万关两以上,成为我国弥补国际收支逆差的重要项目。

《辛丑和约》规定,列强派兵驻守从北京到天津及山海关沿线 12 个战略要地,并可在北京使馆区留守军队,外国在华驻军比战前大大增加,形成了对清朝廷的武装监视。由于外国在华驻军的增加,他们的驻军费等开支由过去的国际收支"小项目"成为不可忽视的大项目。1903—1913 年均国际收支项中,"外人在华开支"已成为仅次于出口贸易和华侨汇款的第三大收入来源。[42]

这一阶段进出口贸易继续增长。由于进口增长更为迅速,本期贸易逆差继续扩大。由于贸易逆差迅速增加,本期经常项目逆差也随之增加,年均逆差额由上期的 620 万关两增至本期的 6 770 万关两,增加了 6 000 多万关两。

总之,这一时期国际收支的变化,反映了中国更进一步地被卷入资本主义世界经济体系之中,中国社会的半殖民地性进一步加深。

3. 1914—1919 年(第一次世界大战期间,及大战刚停不久)

第一次世界大战对中国的国际收支产生了重要的影响。由于战后一个时期这种影响仍然起一定作用,因此我们把 1919 年也并入这一时期一起讨论。

大战期间欧洲列强暂时放松了对华资本输出,只有英国凭借过去实力,仍然在华增加投资,不过其势头比过去大为减弱;日、美两国趁机加紧了对华资本输出,其中仅 1917、1918 两年日本给北洋段祺瑞政府的"西原借款"总额就达 14 500 万日元。所以这一时期虽然欧洲国家对华间接投资与直接投资额有所减少,但外人对华投资在总体上仍保持一定规模。

这一时期的外贸虽然还有逆差,但其数额比前期大大降低。随着大战的进行,洋货进口值先大幅度降低,后略有回升;而欧洲战争对中国棉花、皮毛等原料需求增加,中国土货出口比战前有了较大的增长,1914—1919 年年均出口值比上期年均增长了 57.8%。

因中国参战而停付或缓付部分庚子赔款,这一时期年均支付战争赔款额比上期降低。由于战争影响,银价上涨,华侨汇款额年均比上期降低约 2 200 多万关两;加上由于外人企业投资累积影响,年均汇出外企投资利润比上期大大增加;这样,虽然贸易逆差比上期大幅度降低,但是经常项目逆差并没有降低多少。

4. 1920—1930 年(第一次世界大战后至日本侵占东北之前)

大战结束后,西方列强卷土重来,日、美也力图扩大其在华势力,这样,无论是资本主义列强对华商品输出,还是资本输出,都达到前所未有的高峰:①进出口贸易大幅度增长,本期年均进口值比上期增长了 47 000 多万关两,年均出口值比上期增长了 38 000 多万关两,年均贸易逆差增至 12 000 多万关两以上。②外人在华开支合计也上了一个新台阶,高达 1 亿多关两。其中,主要是外国在华驻军费等增加较多。③外人在华企业利润汇出量本期也大大增加,年均约有 11 700 多万关两。④随着战后各国经济的恢复和发展及银价下跌,华侨汇款也逐年增加,1920—1930 年年均达 13 400 多万关两,1930 年高达 2 亿多关两,成为弥补我国国际收支逆差的一主要收入来源。⑤由于外人在华开支、华侨汇款等项收入数额增加,所以虽然贸易逆差年均值高达 12 000 多万,但是经常项目逆差年均值比上期减少了一半。⑥本期因中国政府借债信用下降等原因,借款额有所降低,本期年均外债收入比前 3 期下降。⑦本期外人企业投资达到一个新高潮,1930 年新增企业投资高达 13 000 多万关两,反映了外国资本在华势力的扩张。

5. 1931—1936 年（日本侵占中国东北后至其发动全面侵华战争之前）

1931 年日本帝国主义发动了"九一八事变"，侵占了中国东北。此时又值资本主义世界正处于历史上最深刻、最持久的经济危机中。在这以后中国国际收支又有了新的变化。首先，由于东北被日军所占，东北的有关统计不再包含在全中国国际收支统计之内，再加上由于世界经济危机、国际银价变动所带来的影响，1932 年以后中国国际收支项目总量大幅度减少。1931 年经常收入有 15.7670 亿关两，1932 年减少到 10.4810 亿关两，1933 年以后进一步减为 8 亿多关两；经常支出同期也大大减少。

第二，东北是当时中国唯一的出口超过进口的地区，东北被日军占据后，原先已在不断扩大的中国贸易逆差更加迅速地扩大，1932 年贸易逆差已突破 4 亿关两，1933 年逆差已达 4.5960 亿关两，已接近当年出口贸易总额。以后几年贸易逆差一直很大。

华侨汇款于 1931 年达到历史最高记录，为 2.7900 亿关两，此后由于世界经济萧条，又加银价变动，侨汇又很快下跌，但仍然保持在 2 亿关两以上。

由于国民政府花费较大力气来整理债务，本期年均偿还外债本息数额超过前期一半多。本期年均所借外债也超过前期。

在世界经济大萧条情况下，本期外国企业投资明显少于前期。在本期后几年中国资本外逃也成为人们关注的问题。

本期金银大量外流，1932—1936 年五年间共计金银净流往国外价值近 10 亿关两。这与本期大量贸易逆差相对应，说明本期中国国际收支状况在迅速恶化。

我们从对 1895—1936 年中国国际收支的考察中，大致有了如下数量概念：

A. 42 年来共付出**战争赔款**（对日赔款、庚子赔款、西藏赔款、革命损失赔款、宁汉两案赔款）8.6410 亿关两，至 1936 年时尚欠各国 2.3674 亿关两；

B. 42 年来实收外债 15.1480 亿关两，还本付息 15.400 亿关两，至 1936 年时尚结欠各国 20.4587 亿关两。

C. 42 年来国外对华企业投资约值 13.7 亿关两，企业利润汇出约 27.6 亿关两[43]，至 1936 年时外国在华企业资产和房地产尚有 31.2730 亿美元[44]，约合 69 亿关两。

上述三项合计，**1895—1936 年外国对华投资不到 29 亿关两，却从中国获取了近 50 亿关两收益，中国还结欠各国 20.4587 亿关两债务，各国在华还握有近 70 亿关两的企业财产和房地产等**。上述数据，再次证实了这样一个结论：帝国主义对旧中国的投资，不只是一种资本输入制度，同时是一种资本掠取制度，具有双重的超经济剥削性质。帝国主义在华进行资本国际积累活动，至 1936 年时，除在中国占有大量债权、产权以外，还导致中国净流出资金约 21 亿关两，这还不包括外国资本在进出口贸易中对中国的剥削。这使中国在**累计近 50 亿关两的贸易逆差以外,又增加了另一大笔逆差**,从而使中国国际收支状况进一步恶化。

西方经济学家纳克斯曾提出"贫困恶性循环"理论,认为发展中国家之所以长期贫困,不是因为这些国家国内资源不足,而是因为这些国家经济中存在着若干个互相联系、互相作用的"恶性循环系列",其中最主要的是"贫困恶性循环",其产生原因在于资本形成不足。在供给方面,存在着"低资本形成→低生产率→低产出→低收入→低储蓄能力→低资本形成"这样一个恶性循环;在需求方面,存在着"低资本形成→低生产率→低产出→低收入→低购买力→投资引诱不足→低资本形成"这样的恶性循环。两个恶性循环互相作用,导致穷国长期贫穷。[45]纳克斯的理论在一定程度上反映了发展中国家中若干经济现象相互之间的联系。旧中国也存在着纳克斯所说的"贫困恶性循环"。而综合上述帝国主义对华暴力掠夺、投资剥削等分析来看,可以说 1895 年至 1936 年中国国际收支的实况表明中国大量资金净流出,其净流出量数倍于同期本国新增工业资本量,这加剧了中国近代化与资本不足的矛盾,使旧中国的贫困恶性循环更加难以打破。

1895—1936 年累积 71 亿关两左右的巨额逆差是如何弥补的? 按海关统计,这些年累计中国黄金净流出约值 6.43 亿关两,而白银这 42 年来累计还是净流入,约 3 亿关两。显然,仅从贵金属的流动不能完全解释当时中国国际收支逆差的弥补问题。

弥补巨额逆差的最大收入来源是华侨汇款,42 年来华侨汇款总数约在 44 亿至 46 亿关两之间。海外华侨给祖国亲人的汇款,聚沙成塔,涓滴成流,抵消了旧中国巨额国际收支逆差的一大半。这也反映了旧中国国际收支状况的脆弱性和不稳定性,每当国外经济危机,一些国家歧视华侨,侨汇减少时,中国国际收支状况就更捉襟见肘了。

巨额逆差的另外一小半由"外人在华开支"弥补。"外人在华开支"冲销掉"中国在外开支"及中国支出的"运输与保险"这两项后的余额,42 年来共计约 31 亿,大致与剩下的逆差等相抵。[46]"外人在华开支"中最大项是**外国驻华海陆军费用**,这可视为外国资本原始国际积累所耗费的部分成本。"外人在华开支"中还包括外国教会在华传教费用等。国际收支逆差依靠这些**"带有浓厚殖民地性质的收入"**来弥补,也说明了旧中国国际收支平衡是畸形的、半殖民地性的。

注　释

1. 中美《望厦条约》进一步规定美国领事除了具有审讯、定罪之外,还有捉拿的权力。根据此项规定,外国人在中国杀了人,中国政府连捉拿之权都没有。手握审判大权的外国驻华领事,当时除英国是派官员担任外,其他国家多由商人兼任,而且往往由在华活动的大洋行派人充任。1853年美国一名外交人员就曾经承认当时美国驻华领事们"都属于为首的一批美国洋行"。美商旗昌洋行"任命领事就象开设分店一样得心应手"。这些外国领事遇到自己国人犯罪时,"专以庇护洋人为主"。可以说"经济上的暴力强制"是这一时期外国对华关系的一个重要特征。这些外国海盗商人在中国的暴力掠夺都是在领事裁判权的庇护下进行的。

2. 费正清编:《剑桥中国晚清史》,中译本,第230页,北京,中国社会科学出版社,1985。

3. 即指19世纪外国人贩子在上海、宁波、厦门、汕头、香港、澳门、广州等地诱拐华人,还雇用中国拐匪使用诱骗、药迷及打闷棍、套麻袋绑架等手段,把许多中国人掠卖去海外做苦力的活动。

4. 胡光墉(1823—1885),字雪岩,浙江人。幼时家贫,帮人放牛为生,稍长,由人荐往杭州于姓钱庄当学徒,得主人赏识。咸丰十年(1860),钱庄主因无后,临终前以钱庄赠之,乃自开阜康钱庄,并与官场中人往来,成为杭城一大商绅。咸丰十一年(1861)十一月,太平军攻杭州,光墉从上海、宁波购运军火、粮米接济清军。左宗棠任浙江巡抚,委光墉为总管,主持全省钱粮、军饷,因此阜康钱庄获利颇丰。左宗棠开办福建船政局,令光墉经手购买外商机器、军火及邀聘外国技术人员,光墉从中获得大量回佣。由于辅助左宗棠有功,曾授江西候补道,赐穿黄马褂,是一个典型的官商。同治十三年,筹设胡庆馀堂雪记国药号,重金聘请浙江名医,收集古方,总结经验,选配出丸散膏丹及胶露油酒的验方400余个,精制成药,便于携带和服用。其时,战争频仍,疫疠流行,"胡氏辟瘟丹"、"诸葛行军散"、"八宝红灵丹"等药品备受欢迎。此后,胡光墉亲书"戒欺"字匾,教诫职工"药业关系性命,尤为万不可欺","采办务真,修制务精"。其所用药材,直接向产地选购,并自设养鹿园。胡庆馀堂成为国内规模较大的全面配制中成药的国药号,饮誉中外。光墉还操纵江浙商业,专营丝、茶出口,操纵金融。光绪八年(1882),光墉企图挑战外商对丝业贸易的垄断,遭外商联合抵制而惨败。十一月,胡氏各地商号倒闭,家产变卖,胡庆馀堂易主,宣告破产。接着,清廷下令革职查抄,严追治罪。光墉于光绪十一年十一月郁郁而终。

5. 聂宝璋:《中国买办资产阶级的发生》,第7~8页,北京,中国社会科学出版社,1979。

6. 许涤新、吴承明主编:《中国资本主义发展史》,第二卷,第163页,北京,人民出版社,1990。

7. [美]郝延平著、陈潮等译:《中国近代商业革命》,第59页,上海,上海人民出版社,1991。

8. 献可:《近百年来帝国主义在华银行发行纸币概况》,第74,77页,上海,上海人民出版社,1958。

9. 洪葭管:《从汇丰银行看帝国主义对旧中国的金融统治》,载《学术月刊》,1964年4期。

10. 在银行团内部,六个帝国主义国家在对于中国财政和借款用途的监督问题上,尤其在中国财政、币制、银行、审计院、国债局、盐税稽核所等机构外国顾问人选的分配问题上,发生了激烈的争夺。在争夺过程中美国财团对于英国在对华借款上的优先地位非常不满,终于在1913年3月宣布退出银行团,于是六国银行团又变成五国银行团。

11. 《美国外交文件》,1883,第198页,转引自严中平主编:《中国近代经济史,1840—1894》,第1316页。

12. 许涤新、吴承明主编:《中国资本主义发展史》,第1卷,第17页,北京,人民出版社,1985。

13. 丁昶贤:《中国近代机器棉纺工业设备、资本、产量、产值的统计和估量》,载《中国近代经济史研究资料》(6)。

14. *Returns of Trade and Trade Reports*，1913 年杭州口，第 971 页。(以下简称《关册》)。

15. 严中平等：《中国近代经济史统计资料选辑》，第 123、127 页。

16. 宓汝成：《帝国主义与中国铁路》，第 447～450 页，上海，上海人民出版社，1980。

17. Chi-ming Hou (侯继明)，*Foreign Investment and Economic Development in China*，1973，p. 40

18. 宓汝成：《帝国主义与中国铁路》，第 371～374 页；陈仲秀：《英国银行界从中英借款中所获的利润》，载《清华学报》(台北)，1965 年第 5 卷第 1 期。

19. 汪敬虞：《资本、帝国主义国家在近代中国的特权》，载《中国社科院经济所集刊》，第十辑，北京，中国社会科学出版社，1988。

20. 汪敬虞：《中国近代工业史资料》，第二辑，第 326～330 页，1957；陈真等：《中国近代工业史资料》，第二辑，第 39～51 页，1958。

21. 新机构英文名为 Municipal Committee，直译为"市政委员会"，但为了掩人耳目，外国侵略者并没有直译其名，而用了"工部局"这个意义含混的中文译名。

22. [美]费正清编：《剑桥中国晚清史》，中译本，第 263 页，北京，中国社会科学出版社，1985。

23. [美]费正清：《贸易与外交》，转引自严中平主编：《中国近代经济史，1840—1894》，第 217 页，北京，人民出版社，1989。

24. 《阿礼国备忘录》，转引自严中平主编：《中国近代经济史，1840—1894》，第 222 页，北京，人民出版社，1989。

25. 严中平主编：《中国近代经济史，1840—1894》，第 224 页，北京，人民出版社，1989。

26. 两次鸦片战争之间的十多年，在中外关系史上往往被称为"五口通商"时期。

27. 严中平主编：《中国近代经济史，1840—1894》，第 329～330 页，北京，人民出版社，1989。

28. 姚贤镐：《中国近代对外贸易史资料》，第三册，第 1 350 页，北京，中华书局，1962。

29. 《马克思恩格斯论中国》，第 89 页，北京，人民出版社，1963。

30. 姚贤镐：《中国近代对外贸易史资料》，第三册，第 1 642 页，北京，中华书局，1962。

31. 例见姚贤镐：《中国近代对外贸易史资料》，第二册，第 1 092～1 109 页，北京，中华书局，1962。

32. 姚贤镐：《中国近代对外贸易史资料》，第二册，第 1 095 页，北京，中华书局，1962。

33. 姚贤镐：《中国近代对外贸易史资料》，第三册，第 1 608 页，北京，中华书局，1962。

34. 汪敬虞：《十九世纪西方资本主义对中国的经济侵略》，第 78 页，北京，人民出版社，1983。

35. 陈炽：《续富国策》，卷 4 页，1897。

36. 《上海对外贸易，1840—1949》，上，第 39 页，上海，上海社会科学院出版社，1989。

37. 《日本驻平特务机关松室孝良上关东军密报》，《民国档案》，1987 年 4 期。

38. 《中国银行年报》，1935 年、1936 年；及姚贤镐：《1934—1937 年日本对华北的走私政策》，载《社会科学杂志》，1948 年 1 期。

39. 汪敬虞：《中国近代工业史资料》，第 2 辑，第 2 页，北京，科学出版社，1957；孙毓棠：《中国近代工业史资料》，第 1 辑，第 247 页，北京，科学出版社，1957。

40. 经常项目(Current Account),又叫经常帐户,是指一定时期内经常发生的收支项目,是国际收支的基础。经常项目包括①贸易收支,又叫有形贸易收支,反映该国在一定时期内商品进出口贸易的全部收支状况,是经常项目中最主要最大的项目,也是影响国际收支的重大因素;②劳务收支,又称无形贸易收支,反映了该国在一定时期内对外提供或接受劳务而发生的全部收支状况。它又包括海陆空客货运输费用、银行手续费、保险费和风险损失赔偿费、政府的海外开支、文化交流费用和旅游费用等;③投资收益,包括投资利润、股票红利、公私债券利息、房地产及其他固定资产租金等;④无偿转移,又称单方面转移,接受的一方不作为欠债,无须偿还。它包括侨民汇款、国际组织捐款、战争赔款等等。在我们所要研究的这段时期内,中国对外战争赔款,及华侨汇款都是中国国际收支的主要内容。

41. "North China Hereld"1903 年 12 月 30 日,第 1 376 页。

42. 美国学者雷麦认为这一收入来源可能仍被低估了。见雷麦著:《外人在华投资》,第 160 页。

43. 这个估计肯定偏低,见吴承明:《帝国主义在旧中国的投资》,第 91 页,北京,人民出版社,1955。

44. 参见许涤新、吴承明等:《中国资本主义发展史》,第 3 卷,表 5-3,其中可能有华商附股。

45. 详见谭崇台等:《发展经济学》,第 23 页,北京,人民出版社,1989。

46. 以上数量分析详见陈争平:《1895—1936 年中国国际收支研究》,第四章,北京,中国社会科学出版社,2007。

第三讲
清后期社会经济制度变革

思考题

1. 为什么说"厘金"是一种恶税？

2. 19 世纪中叶实行通货膨胀政策有哪些主要手段？试分析其失败原因。

3. 论述洋务派民用企业的发展概况、经营管理特点及历史意义。

4. 如何评价清末新政和第一次经济立法高潮？

一、农民大起义的冲击及清廷财税制度的变化

1. 农民大起义的冲击

清代官场腐败,到道光、咸丰年间已经积重难返。由于土地兼并加剧,失地农民增多,封建剥削苛重,再加上鸦片输入带来的严重后果,使民间疾苦加深,阶级矛盾日益尖锐。对时局敏感者如龚自珍等,在鸦片战争前已经预感社会大动乱"竟不远矣"。[1]

鸦片战争及清军战败的结局,给中国人民带来了更为深重的灾难。首先,受到英军侵扰的广东、福建、浙江、江苏四省沿海、沿江各地广大居民,或被抢掠一空,或"失业废时",弄得"民穷财尽,殆不可支"。其次,战后鸦片输入激增,各省银贵钱贱形势更为恶化,广大农民和手工业者劳作收入以钱,交纳赋税以银,税负更重,处境更为艰难。庞大的战费开支和战争赔款,增加了清廷的财政困难,清廷通过加征捐税向民间大肆搜刮,每年仅征收的地丁杂税一项就由 1841 年的 2 943 万两增至 1845 年的 3 281 万两。[2] 外贸重心由广州转移到上海后,湘赣至广州的商路萧条,失业者以数十万计。这些都加剧了社会动荡,激化了国内阶级矛盾。

辗转于死亡线上的广大农民,不得不奋起反抗,1841—1849 年不到 10 年间,各地大中型的暴动和骚乱计有 100 多次。这 10 年间的农民抗租等斗争次数,相当于前此 40 年(1800—1839 年)的总和。[3]

在这一局面中,1851 年 1 月,洪秀全领导的太平军于广西桂平县金田村起义,得到了广西、湖南等地以农民为主的穷苦人民纷起响应,起义队伍迅速壮大。太平军由广西攻入湖南、湖北,然后水陆并进,顺长江东下,于 1853 年 3 月攻占古都南京。洪秀全等选定南京为太平天国首都,这时太平军已经发展到百万余人。在太平天国起义的影响下,各地农民相继奋起,武装反抗清廷统治。各地农民起义军中影响较大的有:黄淮流域张乐行、龚得树等领导的捻军、广西胡有禄等领导的"升平天国"、广东陈开、李文茂等领导的"大成"起义军、上海刘丽川等领导的小刀会、西南和西北地区的苗族、回族起义等。这些农民起义军的英勇斗争,与太平天国起义相互呼应、相互配合。这些农民起义相继被清军镇压。

太平军征战地区达 17 个省,声势波及大半个中国,沉重打击了清朝封建统治,其规模和影响都达到了中国历史上旧式农民战争的最高峰。太平天国政权大量没收官僚地主的土地,逃亡地主的田地,也由太平天国所设的"乡官"管理。太平天国还普遍实行了"着佃交粮"制。"着佃交粮"就是佃农不向地主交租,而直接向太平天国革命政权交田

赋,革命政权就把佃农当粮户看待,发给书写佃农姓名为粮户的凭单。佃农取得了粮户身份,自然就把租佃地主的土地视为自己实有产业。另外,在战争中大量土地抛荒,后来通过招垦领地或贱价购地等方式出现了大量自耕农。这些都使太平天国占领区农民和地主的力量对比发生很大改变,封建土地关系大为削弱。

太平天国制定了中国农民革命史上唯一系统完整,以改革封建土地制度为中心的社会经济纲领——《天朝田亩制度》。后又颁发干王洪仁玕题为《资政新篇》的政策建议。《资政新篇》是天国后期的纲领性文件。它倡导引进西方的先进技术,如铁路、轮船、工业制造工艺等,以发展天国工、商、农、矿等各种生产事业;提出要与外国通商,宣布奖励私人发明、保障专利,鼓励私人投资兴办新式银行等,并提出要投票公举官员,要实行法制等政治主张和改革封建旧俗的社会革新主张,是近代中国第一个全面要求走资本主义发展道路的政纲。但是在当时条件下,《资政新篇》没有实施机会。

2. 清廷财税制度的变化

农民大起义使得作为全国财赋中心的长江中下游地区长期成为主要战场,清廷财政经常收入大大减少。清廷一向依靠捐输(富户向朝廷捐献财物,朝廷授其官爵或给予褒奖)作为临时筹措款项的重要手段。在这次农民大起义期间清廷简化手续,巧立名目,滥行卖官封爵,以增加捐输收入。但是这次农民大起义前后持续 20 多年,战事持久,战区广大,捐输所得难以应付日益增加的战费开支。在这种情况下,清廷财税制度出现了加征田赋、加征盐税、增收厘金、实行通货膨胀政策等主要变化。[4]

自 1855 年起,清廷将厘金制度(1853 年在扬州试行,征收商品过境税)推行各省,出现了各省各自为政,"任意讹索"厘金的局面。

征收厘金的机构叫"厘局"。在同一地方,往往清廷多个部门同时设局抽厘。例如在苏北里下河一带,从 19 世纪 50 年代中叶起,凡江北粮台、江南粮台、漕运总督和袁甲三军营,都设局抽厘,"此去彼来,商民几无所适从"。清军江北大营粮台和江南大营粮台相互之间,越境设卡,大肆争夺。各部门又藉口"稽查偷漏",把局、卡从交通要冲的市镇,遍及偏僻地方。例如湖北一省厘金局卡最多时达 480 处;江苏在 1863 年前后,仅里下河一带由南北粮台设立的厘卡就有 100 多处。以至"一县之货,除入境出境收厘之外,或由东向西,由南向北,又尚须再行征收者"。此外,清军各营私设厘卡者极多。如詹启纶一军在镇江设卡数十处,"积资至百万";李世忠在皖北、淮北设卡 100 多处,兼收盐厘,"拥资至千百万"。[5] 厘金税率也不断提高。例如,福建每百斤茶叶税厘,1865 年时比 1853 年增加了 15.8 倍;上海自 1854 年底开征油、豆、饼落地厘金,此后税率不断提高,至 1862 年时各商品税率,油增加了 11 倍,饼增加 16 倍,豆则增加 33 倍。这仅是上海的落地税,如果由上海转运浙江,沿途的卡捐,"更两倍于此"。[6]

厘金本是商品过境税。但在胥吏诛求下,"行人之携带盘川,女眷之随身包裹"等本非商品,却"无不留难搜刮";"只鸡尺布,并计起捐;碎物零星,任意扣罚"。[7]厘金成为一种扰民剥商的恶税。与洋商享有的子口税并行,厘金阻挠民族工商业发展的作用更显得恶劣。

清廷为了镇压太平天国起义,军费支出日益浩繁。为"急筹国用",应付财政困难,清廷从1853年开始采取通货膨胀政策,以此对人民财富大肆搜刮。其手段主要是滥发票钞和铸造大钱。

清廷于1853年令户部发行了以银两为单位,面额为一两、三两、五两、十两、五十两的官票(亦称银票),12月又发行面额为二百五十文、五百文、一千文、……百千文的钱票(即大清宝钞)。为了推广纸币,1853年4月,户部还设立了第一批官银号,即乾豫、乾恒、乾丰、乾益,俗称"四乾官号",后又设立了宇升、宇恒、宇谦、宇泰、宇丰"五宇官号"。地方上如福建、陕西、江苏、云南、四川等16个省及一些府城,也先后设立官银钱局。这些官银钱号(局)的设立,是为了仿民营银号、钱庄发行"银票"、"钱票"之例,发行"京钱票"、"局票"等兑换券,与官票宝钞等并用。

1853年5月,清廷开铸当十、当五十的大钱,铸当十大钱1枚,用铜量只相当于10枚制钱的一半;当五十的用铜量更少,只及同值制钱的3/10。一般来讲,铸造铜铁大钱的面值越大,铸造利益也就越多。于是,清廷又发行当百、当二百、当三百……以至当千大钱,并加铸当十铁大钱,以得到更大的利益。根据当时法令规定:铜铁大钱仍按制钱计算,每2 000文折银1两。

这些新通货由清廷用政权力量强制推行,市面上突然增加了20多种票钞大钱等,币制顿行混杂。因铸大钱可获厚利,各省纷纷增设铸造局,民间私铸者也风起云涌,通货恶性膨胀,市面上大钱迅速贬值。商民们用种种办法,包括关门闭市等,来拒收大钱,特别是铁大钱。清廷不得不于1854年7月前后相继下令停铸当千、当五百、……当二百的大钱,次年停铸当五十以上的大钱,1859年下令停铸铁钱。清廷的大钱制度迅速失败。但是当十大钱仍然继续铸造使用,一直到1890年才停铸。

官票宝钞等纸币的滥发,必然导致纸币贬值。清廷是为了敛财而发行这些纸币的,为此它规定了种种强制推行官票宝钞的政令,但它自己首先就不遵守。在北京,凡有收项的各衙门,对商民交纳票钞,均不肯收受,往往"百计刁难";在京外如直隶、河南等省,各州县征收税课都是"收现银","百姓欲搭官票而官弗之许"。至同治七年(1868年)各省停止收兑官票,原发行的官票等成为废纸。咸丰年间清廷的纸币政策也失败了。[8]

农民大起义期间清廷财政收入制度的上述变化,造成了种种严重的政治经济后果。

例如,为增收捐输而滥行卖官封爵,加剧了封建官僚机构的膨胀和吏治的腐败;地方督抚和各路统兵大臣利用厘金制度就地筹饷,为逐步形成"督抚权重"的封建割据局面提供了经济条件;举借外债,使得外国资本势力加强了在华政治经济渗透;实行重叠苛重的厘金制度,日益严重地阻碍土货在国内市场的流通,有利于洋货在中国的竞销;滥发通货导致物价上涨,市场混乱;对工商业和农业土地税的横征暴敛,使整个社会生产和流通深受其害,加重了人民群众的负担,激化了阶级矛盾。这些财税制度的改变,在农民起义被镇压后仍然长期发挥作用。"随着时间的推移,这种种后果的交互作用,从上层建筑到经济基础,越发显示它给中国封建社会向半封建半殖民地转化这一过程以极深刻的影响"。[9]

清廷在镇压农民起义期间,为解决财政问题大量推广捐纳(捐输),许多原来没有功名的庶民地主由此跻身于绅衿之列;清廷用土地"封赏军功",也造就了一大批"军功"地主。这样,豪绅地主人数比太平天国革命前增加了一倍多。[10]这些豪绅地主在参与恢复原起义军占领区封建土地关系的过程中,依仗权势,采用种种手段,或冒充"原主"掠夺土地,或霸占"逆产"和"绝产"侵占官田,或用低价强买民田,或公然使用暴力剥夺农民土地,扩大土地兼并,加速了地权的集中。例如,河南项城县官僚袁甲三占地四五千亩;捐纳四川道台的彭令,所置土地从 50 顷增加到 600 多顷,分布在河南南阳、南召、方城三县 100 多个村;以镇压回民起义擢升提督的董福祥,在甘肃固原一带兼并土地,连亘百余里;湖南、安徽由于是湘军、淮军的发祥地,军功地主和官僚地主更多,地权集中现象更严重,其中李鸿章一家分布在合肥东乡的土地就有 50 万亩,占该乡全部土地的 2/3。[11]

二、洋务新政的成就与局限

19 世纪 60 年代初,各地农民起义此伏彼起,外国侵华的威胁依然存在。清朝统治者在两次鸦片战争中吃过西方"船坚炮利"的苦头,在镇压太平军时又尝到了有西方洋枪洋炮的甜头。西方列强在第二次鸦片战争结束后,改行支持清廷恢复其统治秩序的政策。清朝统治集团内部在镇压起义中立下大功,实力不断增强的曾国藩、李鸿章、左宗棠等封疆大吏,为了进一步镇压各地农民起义,为了巩固封建统治,主张依靠外国侵略者的支持和帮助,购买和仿制西方新式武器和船舰,学习西方先进技术以"借法自强"。他们的主张,得到了当时执掌中央政府大权的恭亲王赞同,洋务新政开办。

洋务新政(又被称之为"洋务运动"、"自强运动")是 19 世纪 60 至 90 年代,清廷为了维护其统治,引进西方科学技术,兴办近代产业,并相应进行军事、外交、文化教育等改革的举措。洋务新政在引进新式生产方式等方面开国内风气之先,因而许多史学家以它作为中国早期现代化的起点。

1. 洋务派军用工业的产生与发展

洋务派官僚兴办近代新式产业的活动是洋务新政主要组成部分。19 世纪 60 年代,洋务派官僚提出**"自强以练兵为要,练兵以制器为先"**口号,兴办近代新式产业,而这又以**创办军用工业**为开端。

在与太平军作战时,清廷旧有军队屡屡战败,而曾国藩新编的湘军和李鸿章新编的淮军渐渐成为镇压农民起义最凶悍的清军主力。湘军和淮军在镇压太平天国起义的过程中大量使用了西方新式武器。曾国藩在总结 1854 年湘军与太平军在湘潭、岳州作战取胜的原因时说:"湘潭岳州,两次大胜,实赖洋炮之力";淮军在江南作战屡屡得逞,李鸿章认为这全是由于"参用西洋火器",他强调在制造武器上"坚意要学洋人"。[12] 与太平军作战的经验,使曾国藩、李鸿章等坚定了引进西方武器制造技术的决心。

1861 年,当镇压太平天国的战争进入相持阶段时,曾国藩在安庆设立了内军械所,聘用中国能工巧匠仿制"洋枪洋炮",是为中国第一家洋务派企业。其后李鸿章开设上海洋炮局(1865 年扩充为江南制造总局)、苏州洋炮局(后迁到南京,扩建成金陵制造局),左宗棠创办以造船为中心的福州船政局(又称马尾船厂),崇厚创办天津机器局(初期生产业绩较差,1870 年改由李鸿章主持后业绩转好),张之洞[13]创办湖北枪炮厂(先在广东筹建,1890 年迁往湖北汉阳)。总计从 19 世纪 60 年代至 90 年代,清朝中央和地方政府共耗资 5 千多万两银,先后建成近代军用企业 20 多个。其中,江南制造总局、福州船政局、金陵制造局、天津机器局和湖北枪炮厂是洋务派军用企业中规模最大、最重要者。

清廷把江海关的两成洋税收入拨作江南制造总局常年经费,令其制造大量制造枪炮弹药,调拨给各地清军。到甲午战争前夕,江南制造总局已拥有十几座大厂和一个中型船坞,发展为清廷军用工厂中规模最大者。该局于 1868 年设翻译馆,次年又设方言馆,招请"通晓中国语言文字"的外籍译员,与徐寿、华蘅芳等中国科技人员一起翻译书籍和培训外语人才,至 90 年代末共翻译西方有关自然科学和社会科学的书籍 120 多种,在传播西学方面起到了先锋作用。

清廷令闽海关每月拨税银 5 万两作福州船政局常年经费,后又增拨闽茶税银每月 2 万两给福州船政局。左宗棠、沈葆桢等先后总管船政局的大臣,很重视中国新型科技人材的培养。在左宗棠与外国技师所订合同中订明,其在开厂五年之内必须"教导中国员匠,按照现成图式造船法度,一律精熟,均各自能制造轮船"。左宗棠还在船政局里开设前、后两学堂,为中国培养了一大批造船、航海人材。该局造船历史大致可分为两个阶段:1868—1874 年为初创阶段,这一阶段主要是在外国技术人员指导下仿造了 15 艘木壳轮船。1875 年以后为发展阶段,由靠洋员造船变为靠中国人自己设计制造,造船水平反而比以前有很大提高,所造轮船也由木壳为主变为以钢铁壳为主。例如,1877年开工制造的"超武"号铁胁兵船,其"胁骨轮机及船上所需各件,均系华工仿照外洋新式放手自造,与购自外洋者一辙";1883 年造成的"开济"号是由船政局留学生归国后,参照"外洋最新最上最便捷之法而损益之",自行制造的一艘 2 400 匹马力的铁胁快船,与清政府购自外国的"南瑞"号船相比,"规制相同,灵快相似,而坚实则过之";1885 年造成的"镜清"号铁胁快船,"其制法之精密,船机之稳快,又远过于'开济'。"1888 年制成的"龙威"号(后改名"平远"号)双机钢甲兵舰"轮机灵活,钢甲坚密,炮位整严",又达到了新的技术水平。[14]

用历史发展的眼光来看,从封建主义官办手工工场到后来的国家资本主义企业这一历史发展过程中,存在着一些中间形态,19 世纪后半叶洋务派官僚创办的军用企业是这一过渡链中出现较早,发展水平较低的一类,它仍然存在着浓厚的封建性,同时已开始具有一些新的带有资本主义性质[15]的内容。

洋务派军用企业的封建性主要表现在以下四方面:

① 这些企业实际控制权掌握在洋务派官僚手中,但终究归清王朝所有,其资金来源于清廷的财政拨款,企业的兴办、扩充或闭歇,主持人的进退等,都必须由清朝封建政府来决定。

② 其创办目的是为了给清军提供新式装备,产品并不投入市场,因此在生产过程中起支配作用的是产品的使用价值,而不追求产品的剩余价值,其产品基本上由清廷无偿调拨给各地清军,例如天津机器局供应各地清军军火一向不按价值计算,"外省各路请拨者,统计还价无几,皆由津局竭力应付";又如,福州船政局所造船舰"派拨各省并不索取原价分文"。[16]

③ 这些企业的产品在相当大的程度上是为清朝封建政权镇压人民反抗服务的。例如,金陵机器局为李鸿章的淮军提供了大量新式军火,在镇压太平军和捻军时发挥了很大作用;左宗棠的军队在镇压西北回民起义时,依靠西安、兰州两机器局提供的枪炮弹药大显威风;在清军围剿西南少数民族起义的战争中,云南机器局制造的军火为攻破大理城起了决定性作用。洋务新政后期的代表人物张之洞曾评价新式军用企业的历史作用,认为这些企业使得官军"火器精利,声威震惊,乱民无抗拒之资"。[17]

④ 这些军用企业在管理体制上沿袭了封建衙门的一套办法,职员大多有清朝军

衔,封建的人事关系充斥于企业内部,机构臃肿,因循推诿、营私舞弊,贪污中饱等腐败现象比比皆是。对工人仍然实行封建军营式的管理。即使是雇佣劳动者也"不令随意去留",工人要受"兵法部勒",如有过失"均按军法从事"。[18]例如,江南制造总局在其办公厅和各厂办公所门口都悬挂着两块虎头牌和拷打工人的刑具"水火棍",工人常遭鞭挞和"枷号示众",受惩罚重者还要进牢房。[19]

洋务派军用企业引进西方资本主义先进的生产力,用机器生产取代手工劳动,并且到后期这类企业也开始向商品化生产方向努力。从内部生产关系看,洋务派军用企业已采用了资本主义雇佣方式。企业内使用于机器生产的技术工人,大多是从外国在华工厂中招募而来的。例如江南制造总局最早的一批技术力量就是原来美商旗记铁厂的100余名工人。后来陆续增加的二三千名工人中除几百名童工和小工是招募来的新手外,其余的熟练工匠大部分也是从上海、宁波、广州、香港等地外商工厂中,用较高的工资待遇吸引而来的。李鸿章接办天津机器局后,用高工资从南方招来技工等。清廷曾要求该局降低工资,李鸿章不同意,认为这样将使"所雇华匠……势仍散归洋厂"。[20]可见,洋务派军用企业的雇工基本上是自由的工资劳动者。这些都是洋务派军用企业所不同于旧式官工业的新的带有资本主义性质的内容。

洋务派兴办近代军用企业,其作用除"安内"、"攘外",强化清廷军事力量外,更重要的是引进了先进的生产方式,开启了中国近代民族工业发展的历程,开启了中国资本主义近代化的历程;其所办学堂等也为传播西方科学技术和工业文明发挥了重要作用。

2. 洋务派民用企业的产生和发展

19世纪70年代,清廷洋务派官僚经营的军用工业已经具有了一定的规模,它们要求有相应的燃料工业、采掘工业和交通运输业作为发展的条件;另外,洋务派创建新式陆、海军及经办军用工业十分需要大量的金钱来支持,对于财政困难的清廷来说,必须另辟财路,才能长久维持军工生产。为此,洋务派官僚便提出"求富"口号,扬言"必先富而后能强",要兴办民用企业。

洋务派兴办民用企业是从航运业开始的。这与第二次鸦片战争后外国势力对中国沿海运输特权的侵夺有关。过去关东和东南沿海的运输,一向是中国沙船业独占的营业。1852年,由于运河河道淤塞,漕粮也改用沙船经海路北运,向由漕船负担的南北货运也改由沙船经营。在沙船业鼎盛时期,集中于上海浏河一带的沙船据说有3 000多艘。但是第二次鸦片战争后,外国侵略者夺取了关东和东南的沿海贸易和长江贸易运输的特权。在外国轮船的冲击下,中国沙船业受到致命打击,到19世纪60年代时只剩下四五百只船。由于沙船业的迅速衰落,漕粮北运成为迫切需要解决的问题。一些受西方影响较多的商人提出了兴办轮船公司的要求。清朝廷内部曾为此进行了激烈的争论。李鸿章等洋务派官僚对创办轮船公司态度积极,他们一方面要解决漕粮运输问题;另一方面又目睹新式轮船运输可获得优厚的利润,因此倾向于招商集资,创办新式轮船公司。李鸿章利用所任北洋通商大臣的地位,拨垫官款向国外订购轮船,于1872年11月在上海成立了轮船招商局。[21]

此后,因中国新式工业和轮运、海防用煤、用铁等需要,洋务派又筹建新式采矿、冶炼企业;为了"求富",又创办机器纺织厂等。洋务派创办的民用企业越来越多,到甲午战争前已有20多个,其基本情况可见表3-1。

表3-1　洋务派民用工交企业基本情况表
1872—1894年

开　办　年	单 位 名 称	创 办 人	经 营 形 式	经费(银元)
1872	轮船招商局	李鸿章	官督商办	2 780 000
1876	台湾基隆煤矿	沈葆桢	官办	195 804
1877	科尔沁山铅矿	李鸿章	官办	6950
1878	直隶开平煤矿	李鸿章、唐廷枢	官督商办	2 055 944
1878	兰州机器织呢局	左宗棠	官办	1 390 000
1879	上海机器织布局	李鸿章	官督商办	1 418 203
1880	上海电报总局	李鸿章	官督商办	2 247 352
1881	承德平泉铜矿	李鸿章	官督商办	333 600
1886	贵州青溪铁矿	潘露兄弟	官督商办	417 000
1887	山东淄川煤矿	张曜	官办	不详
1887	山东淄川铅矿	张曜	官办	不详
1887	热河银铅矿	李鸿章	官办	417 000
1887	云南铜矿	唐炯	官督商办	不详
1887	中国铁路公司	李鸿章	官督商办	1 868 855
1889	黑龙江漠河金矿	李鸿章、荣铠	官督商办	278 000
1890	湖北汉阳铁厂	张之洞	官办	5 560 000
1890	湖北大冶铁矿	张之洞	官办	(注)

续表

开 办 年	单 位 名 称	创 办 人	经 营 形 式	经费（银元）
1890	湖北织布局	张之洞	官办	1 342 700
1890	北洋官铁路局	李鸿章	官办	2 446 400
1891	湖北王三石煤矿	张之洞	官办	（注）
1891	湖北马鞍山煤矿	张之洞	官办	（注）
1891	台湾铁路	刘铭传	官办	1 800 050
1894	湖北纺纱局	张之洞	官办	834 000
1894	湖北缫丝局	张之洞	官商合办	111 200
1894	华盛纺织总厂	李鸿章、盛宣怀	官督商办	1 118 900

注：合计在汉阳铁厂内。

资料来源：据许涤新、吴承明等《中国资本主义发展史》第二卷表 3-11 改编。

洋务派民用企业中煤矿数量较多，其中以直隶开平煤矿规模为最大，成效也最为显著。

1876 年，时任招商局总办的唐廷枢，按照李鸿章的安排，会同英国矿师到直隶唐山开平镇考察煤铁资源。唐廷枢等发现开平一带煤铁矿品质优良，储量丰富，于是上书李鸿章，提出了开采计划。1877 年，李鸿章委派唐廷枢主持开平矿务。唐在周密勘察及计算的基础上，于 1878 年拟订《开平矿务设局招商章程》，确定矿务局实行官督商办，招商集资，用资本主义经营方式开采煤矿。起初集资并不顺利，原计划招股 80 万两，结果只招到 20 万两，主要的投资者是唐廷枢、徐润以及与他们有联系的"港粤殷商"。

唐廷枢等人用这 20 万两购置国外机器设备，于 1879 年开始凿井施工。1881 年开平煤矿如期出煤，当时日产量约有 300 吨。此后，开平煤矿募集资本的工作较前大为顺利，到 1881 年底在上海吸收的私人资本即达 100 万两。开平煤矿的生产能力也不断提高，1882 年日产量已达 500 吨左右，从 1884 年 7 月起日产量长期维持在 900 吨以上。

煤矿生产的发展必然对运输能力提出相应的要求。1880 年，矿务局开始修建从唐山到胥各庄的"马路"，并开挖从胥各庄到芦台的运河，使之与芦台到天津的河道相连。这一"马路"实际上是单轨铁道，是为中国人修建的第一条铁路。它于 1882 年通车，但是起初火车是用马拉的，这是为了避免守旧势力的干扰。因为冬季运河冰冻，运输困难，矿务局借着李鸿章的庇护，私将铁路向南一再延长。

运输条件的改善促进了煤炭产量的上升,到 1894 年,开平煤矿的日产量据称已达 2 000 吨了。[22] 开平煤发火力强,渣量小,很适合轮船用,所以凡驶入天津港的中外轮船在离港前煤仓里都要装满了开平煤。[23] 开平出煤后,天津煤炭市场上就出现了激烈的竞争。据海关统计,天津进口的洋煤在 1880 年时近 20 000 吨,1882 年开平煤投入市场后洋煤进口量迅速降到 5 416 吨,1885 年时更降为 566 吨,到 19 世纪 80 年代末时天津进口洋煤基本绝迹。[24] 1900 年八国联军侵华后开平煤矿落入英国人之手。

洋务派民用企业有官办、官督商办、官商合办三种形式。甲午战争前所办企业,除去那些实际未办成的外,其中官办企业有台湾基隆煤矿、兰州机器织呢局、北洋官铁路局、台湾铁路、湖北汉阳铁厂及所属煤铁矿等;至于官商合办,虽有企业试行,但终不成;所以总的看来,官督商办企业数量较多,轮船招商局、直隶开平煤矿、上海机器织布局、上海电报总局、贵州青溪铁矿、漠河金矿、云南铜矿、中国铁路公司等等都实行官督商办,可以说,官督商办是洋务派民用企业的主要形式。

> 官督商办形式是继承古时历代政府"招商"政策而来的。但是过去招商主
> 要是为了取得物资和税收,而清廷洋务派官僚则要利用商人资本来支持其庞
> 大的洋务新政体系。

从官督商办企业的资金特点来看,由于招募商股困难,洋务派官督商办企业中都有大量的官款,这些官款多是作为借贷资本给企业用作开办费的。在各企业开办初期,官款所占比重都很高,往往占到一半以上,高者达 70%～80%。几个经营较好的企业,如轮船招商局、开平煤矿,上海织布局等,开办以后再增添商股,使得商股比重有所上升。

官督商办企业资金问题上的另一特点是向外商借款较多,据统计,甲午战争前轮船招商局、中国铁路公司、开平矿务局等向外商借款达 500 余万两,比官府垫借款还多。

在经营管理体制上,官督商办企业大都采取总办(或督办)、会办(以及帮办)制度,总办、会办中虽有不少人是商人或买办出身,但他们并不是由股东选举的,而是由官府任命的;企业的决策、监察、高级经理人的任免等,在现代企业属于董事会、监事会的大权,在清代官督商办企业中都掌握在官方手中,"由官总其大纲"。除了盈亏由商股负责外,一般中小股东在企业中处于根本无权过问的地位,官商矛盾成为企业内部最大的矛盾。由于股东没有用人之权,企业的总办、督办、委员等由官方任命,容易形成"结党营私,毫无顾忌,而局务遂日归腐败"的局面。曾任上海电报分局总办、轮船招商局会办、后又经营上海织布局的郑观应,在 80 年代时曾是官督商办的积极倡导者,但他后来竭力抨击官督商办的弊病。他在《盛世危言后编》中总结道:"中国尚无商律,亦无商法,各股东无如之何。华商相信洋商,不信官督商办之局,职此故也。"他还在一首诗中概

叹:"轮船电报开平矿,……办有成效倏变更,官夺商权难自主。……名曰保商实剥商,官督商办势如虎"。[25]

洋务派民用企业,除了常有减税、免税优待外,大多还享有官府给予的垄断特权,如上海机器织布局的十年专利特权等。一些企业虽没有明文给予的垄断特权,但是在实际上具有垄断地位,例如轮船招商局成立时,李鸿章等没有明文规定不准其他华商轮船公司设立,但是当其他华商请办轮船公司时,每次都被李鸿章设法阻止。洋务派企业享有的垄断特权对于民族资本主义企业的产生是一个很大的障碍。

当时民间资本在尚未被洋务派企业垄断的行业创办新式工业的活动,也往往遭遇守旧势力的阻挠。例如广东南海侨商陈启源1872年回国创设了继昌隆缫丝厂,用蒸汽动力缫丝。这是国内第一家机器缫丝厂,当时中国土丝在日本生丝的竞争下相形见绌,而该厂劳动生产率提高,"出丝精美,行销欧美两洲,价值之高倍于从前",显示了与日丝相抗衡的力量。由于继昌隆获利丰厚,因而带动了广东新式缫丝业的发展,但却遭到当地守旧势力的反对。1875年,当地手工丝织业者聚众闹事,破坏丝厂的正常生产。1881年时又发生更大的纠纷,仇视新式工厂的手工业者甚至采办军火器械,杀死丝厂工人,捣毁裕昌厚丝厂。事件发生后,清地方官员竟派兵查封各处丝厂,理由是"各省制办机器,均系由官设局","平民不得私擅购置",继昌隆丝厂等不得不迁往澳门。[26]由于时常受到官府的歧视和社会上守旧势力的干扰,在甲午战争前民间新式工业一直难以得到进一步发展,规模较大,成气候的主要还是洋务企业。

总的来说,洋务派民用企业比洋务派军用企业发展水平较高,它们虽然在企业管理体制中仍存在着较重的封建性,有一定的垄断性,但是它们大都是从事商品生产的工矿业和对外营业的交通运输业,它们采用雇佣劳动,以盈利为主要目的,已是资本主义近代企业,在中国资本主义发展史上具有先行的地位。

三、"戊戌维新"的经济变革主张

中国的洋务新政与日本的明治维新都是在西方资本主义的入侵冲击下,从19世纪60年代开始起步的,中国洋务派官僚强调"中体西用",而日本的维新派却鼓吹"脱亚入欧";中国官僚们都仍然延续"人治"传统,而日本在维新后不久就开始经济立法等工作;日本的维新派并努力扶持日本民间工商业的发展,两国的近代化出现了不同的结果。

甲午战前中国就有一些先进思想家提出吸收西方先进文化变法自强主张,其中郑观应发表的《盛世危言》影响很大。甲午一役中国被日本战败,民族危机空前严重。很多中国人一下子感到近代化问题的严峻,对以往的洋务新政进行了反思。民间一些有识之士更加强烈地要求放开商办、设厂救国、以商为战,直至变法维新,建立适合资本主义发展的政治、经济制度。1895 年 4 月,清廷被迫与日本签订《马关条约》的消息传到北京时,适在北京参加会试的康有为立即联合各省应试举人,聚集达智桥松筠庵,讨论上书请愿。会后由康有为起草"万言书",提出拒签和约、迁都抗战和变法图强三项建议,并详论"富国"、"养民"、"教民"等变法图强的具体措施,初步形成了资产阶级改良变法的纲领。经康有为、梁启超等奔走联络,"万言书"征集到 1 300 多名举人的签名,于 5 月 2 日上呈光绪皇帝。"万言书"虽然被都察院拒绝代呈,但已广为流传。此即所谓"公车上书"。它是资产阶级改良思潮发展为政治运动的起点,是中国近代知识分子第一次以一种社会政治力量表现出的群众性爱国行动。其参加者均是举人,对社会的影响和震动很大。

　　康、梁等维新派人士为了团结力量、制造舆论和培养人材,积极组织强学会、粤学会、蜀学会、闽学会、吴学会等学会,创办《万国公报》(后改名《中外纪闻》)、《时务报》、《国闻报》、《湘学报》等报刊,开办学堂,使变法维新思想广泛传播,人们的眼界更加开阔,思想更加活跃,从而形成中国近代第一次思想解放潮流。

　　甲午战败,赔款及战后重建给清廷原已困窘至极的财政带来更为沉重的压力。洋务新政受挫,列强侵略更加深入,民间强烈不满等,使得清廷面临严峻的局势,迫使清廷寻找续命新法。清廷大臣们纷纷批评洋务派。也有一些大臣,如张之洞等,则批评以往经济政策,指出过去"但有征商之政,而少护商之法"[27]。1895 年 7 月,光绪皇帝发布有关"恤商惠工"的上谕,表示要"痛除积弊","以筹饷练兵为急务,以恤商惠工为本源"。同年底,又就芦汉铁路兴建一事颁谕,允许能集资千万两以上的富商设立公司筑路,赢绌自负。1896 年 2 月,光绪又批准各省设立商务局,以显"恤商之诚","行护商之政"。其后,清廷还准许民间招商集股开矿,并开放内河航运。清廷经济政策开始了有利于民间资本主义经济发展的重要改变。但这一改变并不一帆风顺,而是曲折坎坷,其中也浸染了中华民族仁人志士的鲜血。

　　康有为连续上书光绪帝,反复陈述变法主张,其中有一书终于传至光绪手中。光绪帝阅后颇为赞许。1898 年 1 月 24 日,翁同龢(光绪帝的老师,时任户部尚书、军机大臣)、荣禄、李鸿章、张荫桓等会晤康有为,询问变法事宜。康有为当场批驳了荣禄的"祖宗之法不可变"的顽固主张和李鸿章的维持现状的保守思想,并详述了他的具体变法措施。6 月 11 日,光绪帝发布《明定国是诏》,变法从此正式开始。光绪帝根据康有为等人的建议,在百日维新期间颁布了几十道新政诏令。其变法内容,经济方面主要有:设立农工商总局,开垦荒地,提倡私人办实业,奖励发明创造,设立铁路、矿务总局,鼓励商办铁路与矿业,裁撤驿站改设邮政局,改革财政,创办国家银行,编制国家预决算等;文教方面主要有改革科举制度,鼓励地方和私人办学,创设京师大学堂,各级学堂一律兼习中学和西学,准许民间创立报馆、学会等;政治方面主要有广开言路,准许各级官员及民众上书言事,裁汰冗员;取消旗人的寄生特权等。这些措施有利于民族资本主义经济的发展和资产阶级文化思想的传播,受到维新派和地主阶级开明人士的热烈欢迎,一时"欢声雷动"。

光绪帝在不断发布新政诏令的同时,注意引进新人,例如提拔杨锐、刘光第、谭嗣同、林旭四人为"章京",使这四人可代皇帝批阅奏章,草拟谕旨,主办新政事宜,官轻而权重。光绪帝还罢免了一批阻挠新政的守旧官员。

变法运动危及了封建守旧分子的利益,遭到他们的抵制和反对。9 月 21 日,慈禧太后发动政变,幽囚光绪帝于南海瀛台。康有为、梁启超逃往海外。谭嗣同放弃出逃机会,毅然表示:"外国变法未有不流血者,中国以变法流血者,请自嗣同始。"他临刑前写下绝命书:"有心杀贼,无力回天,死得其所,快哉快哉!"9 月 27 日,谭嗣同、林旭、刘光第、杨深秀、康广仁、杨锐六位维新志士惨遭杀害,时称"戊戌六君子"。各地维新派人士也遭到迫害。戊戌新政除京师大学堂外,大多被废除。

四、"清末新政"及近代中国第一次经济立法高潮

八国联军大举侵华后,列强采用"以华治华"的策略,选择了驯服清廷,使之成为帝国主义统治中国工具的方案,要求作为"工具"的清廷改变无能状态;清廷也企图以变法取得列强对它的支持,而且慈禧太后等自感面临统治危机,需要加强本身统治能力。另一方面,《辛丑条约》签订后,全国各省要摊派数额巨大的赔款,人民对清廷的不满和反抗日益发展,清廷需要采取对策。在清朝统治集团中,在义和团运动后顽固派失势,洋务派官员重新占据上风,他们也主张变法。在这种情况下,为了延续自己的统治,慈禧太后等不得不开始了被史家称为"清末新政"的变法。

洋务派首领、湖广总督张之洞与湘军将领、两江总督刘坤一联衔合上"江楚会奏变法三折",提出"兴学育才"办法四条,采用西法十一事等,为清末"新政"的重要蓝本。

清末新政包括编练"新军"、筹饷、废科举、办学堂、振兴实业等多方面内容,其中一些措施在客观上对传播文化和民主革命思想,对发展工商业起了一定作用。而有些措

施则扩大了社会矛盾,客观上促进了辛亥革命的到来。清末新政经济方面的变法内容主要包括经济行政部门的设立和新经济法规的制订等。

1. 设立经济行政新部门

1903 年 9 月 7 日,正式设立商部,以示加意诛求工商。1906 年 9 月,清廷颁布宣示预备立宪谕,将工部并入商部,改为农工商部;原属商部管辖的轮船、铁路等交通业和邮政、电线分离出来,另设邮传部管辖。

商部、农工商部和邮传部等经济行政新部门所制定的一系列法规在一定程度上能顺应商民要求,适应当时新生的资本主义发展,但在政策的实际执行上,并不能得到有效贯彻。例如,商部设立后,各地督抚仍各行其是,并无统一规划和步骤,更很少看到新的气象。一些重要的企业如轮船招商局和电报局,成为实权人物袁世凯、盛宣怀[28]等争夺控制权的对象,商部形同局外。

2. 中国近代经济立法的第一次高潮

有关经济法规的制订,是清末新政的重头戏。清廷意识到原先的大清律例"非参酌适中,不能推行尽善。况近来地利日兴,商务日广,如矿律、路律、商律等,皆应妥议专条"。通过不平等条约将清廷牢牢控制在手的列强,也要求清廷"改革"其法律制度。中国商人也一直要求改变"无法之商"的局面。因此,出现了中国近代经济立法的第一次高潮。

新政时期的经济法规,大致可分三类:一是保障商人权益的综合性法规;二是行业管理方面的法规,包括经济社团方面的章程;三是奖励和实业教育方面的章程。

在综合性法规方面,较早出台的是 1904 年 1 月颁布的《商人通例》和《公司律》。

《商人通例》共 9 条,简明规定了商人的身份、享有的权利、应遵循的通行规则等。规定"凡经营商务贸易买卖贩运货物者均为商人";"商人营业或用真名,或另立某店某记某堂字样,均听其便";商人须有规范的簿记制度等。

《公司律》共 11 节,131 条。规定公司的组织形式有合资公司、合资有限公司、股份公司和股份无限公司四种;公司的创办呈报办法主要是按规定呈报商部注册。《公司律》还对经营管理方式和股东权利作了详细的规定,基本是西方近代企业制度的搬用。有限责任制的实行,减少了投资风险,有助于促进传统的封建性收入转化为资本主义的投资。注册制的实行,减少了创办公司时的不必要环节,原则上保护了华商的设厂经营权。

1904 年,颁布了《公司注册试办章程》18 条。同年,又颁行中国历史上第一部商标法《商标注册试办章程》28 条[29]；1906 年，颁行鼓励民间发明创造、鼓励采用新工艺技术的法规《奖给商勋章程》，以及中国历史上的首部破产法《破产律》。奏定的《破产律》共69 条，详细规定了处置破产的办法，其条款多仿自日本同类法规。[30] 因当时民法尚未订定，《破产律》不仅供处置商人破产之用，处置普通民人的破产时，也可比照该律办理。所以该律规定民间财产可赴商会注册，以备稽查。可见当时的《破产律》部分行使了民法的功能。清王朝还聘请了日本的立法专家，着手起草篇幅更大的《大清商律草案》，内分总则、商行为、公司法、海船法、票据法等。[31]

在行业管理法规方面，较重要的有关于铁路、矿务、金融业中的一系列章程、则例等。

对民间经济社团，商部在 1904 年初颁布《商会简明章程》26 条，1906 年又颁布了一个章程附则。章程基本上按民办、民主原则规定了商会组织及办事程序。关于商会的职责，章程规定，商会总理、协理应为无法申诉各事的商人于地方衙门代为申诉，直至禀告商部核办；总理应按年列表汇报各地商务及进出口情况；会董与总理每周会议一次，接洽各商近情；总理应招集有关人员商讨关系大局事件；定期招集会董公断商事纠纷，酌行剖断华洋商人间的交涉；商会还应稽察、制止商人的不正当行为，直至移送地方官惩治。商会还有考核发明创造之责，等等。此后，商会这一新型民间工商团体依法在各地相继成立，对推动各地经济发展和社会进步起到了一定作用。

清廷还颁布了《商船公会章程》、《农会简明章程》、《出洋赛会章程》、《奖励公司章程》、《改订奖励公司章程》、《奖给商勋章程》、《华商办理实业爵赏章程》等等，鼓励民间兴办农工商各业。

清廷颁布的这些《章程》等，初步改变了昔日那种"无法之商"的局面，在近代中国经济法制建设上有重要意义，对当时国内资本主义经济发展亦有一定推动作用。

3. 洋务民用企业的重要变化

甲午战争后，洋务民用企业中较为重要者，除原先已停办的兰州机器织呢局、被焚毁的上海机器织布局外，有些企业，如台湾基隆煤矿、台湾铁路、开平煤矿、漠河金矿（俄军 1906 年撤离，矿厂已遭破坏，一蹶不振）被外国侵略者直接占领；还有一些改为商办。

官办汉阳铁厂因主持官员张之洞在铁厂选址、机器购置和燃料基地的开拓上都出现了失误，铁厂建设遇到重重困难。1896 年，张之洞只得将铁厂及所属大冶铁矿交由盛宣怀招商承办，铁厂改为官督商办。盛宣怀并没有招来多少私人资本，只得调动他所控制的轮船招商局、电报局、中国通商银行等企业的资金来进行铁厂的初期改造。盛宣怀重用李维格对铁厂的重要设备进行改建和扩充，重用张赞宸开发江西萍乡煤矿以为铁厂建立可靠的燃料基地,都取得了比较满意的成效,在这方面显出了盛宣怀比张之洞的高明。汉阳铁厂、大冶铁矿和江西萍乡煤矿合并为我国近代大型钢铁煤炭联合企业汉冶萍公司。汉冶萍所产生铁曾被"欧美行家称为极品",远销海外;其所产钢轨、桥料等,不仅有广阔的国内市场,美国、日本、香港等地也纷纷来求购。一外国记者曾预言汉冶萍所在地区不久将成为"中国的匹茨堡"。[32]但是汉冶萍因受资本不足的难题困扰,1908年改为商办,原主管官僚盛宣怀为总理,仍掌实权。盛宣怀转而依赖外资,大借日债来解决资金难题。日本因为其国内钢铁工业的发展,缺乏铁矿等原料,就利用汉冶萍借债的机会,把它们的势力逐步渗透进来。例如,1910年11月日本方面与盛宣怀达成"预借生铁价值借款"草合同,次年3月签订了正合同。合同规定由日本横滨正金银行向汉冶萍贷放600万日元借款,年息6厘,以15年为期;规定了在这15年每年汉冶萍作为还债向日本提供的生铁数量、质量和价格,及每年增加供应的矿石数量,日本势力加强了对汉冶萍的约束。为了保证日债合同的执行,汉冶萍"在生铁、钢和煤焦的生产上、矿石资源的开发上,以及企业的扩充与否的决定上,事事都要仰承日本资本的鼻息"。汉冶萍生产经营方向等受到日本人的控制和利用,在输往日本的矿石和生铁价格问题上公司的利益也受到了严重的损害。日本人利用借款步步进逼,盛宣怀等人一再妥协,公司经营实际由日人操纵,1912年时有报纸评论汉冶萍"虽名系中国,实为日人也⋯⋯日人在大冶驻兵筑路,籍保矿产为名,俨为己有"。[33]由于盛宣怀依赖外资,对外妥协,汉冶萍逐渐沦为专为日本开采铁矿石的殖民地性的企业。

原先最大的官督商办企业轮船招商局在盛宣怀督办期间,被盛宣怀用巧取豪夺手段套购了该局大量股票,盛宣怀成为该局的最大股东。盛宣怀还利用招商局承办漕运的特权,利用招商局的巨额资金进行局外连锁投资,与有关衙门相互勾结,上下其手,获取暴利,使自家资产急剧膨胀。[34]1908年,招商局改为商办隶部(邮传部),盛宣怀摇身变成了董事会主席,原先任人唯亲,营私舞弊等状况非但没有消除,内部派系矛盾反而更为激化,以致因经营管理不善而频繁发生海损事故,一再出现贪污大案,"愈发陷入困境,每年债息高达数十万两,完全无力支付。船舶破旧,栈房失修,'经济竭蹶,每况愈下',已经面临破产的边缘"。[35]

4. 清政府的抑商乱政

清末新政标榜要"恤商惠工",促进中国近代工商实业的发展,但在实际执行中,却往往南辕北辙,出现了种种矛盾,实行了抑商乱政。

清政府顽固地坚持实行危害民族工商业发展的税收政策,特别是坚持实行严重危害中国民族工商业发展的厘金制度。各地方政府往往藉口"稽查偷漏",从交通要冲的市镇直至偏僻地方,遍设征收厘金的局、卡。这些局、卡常常向过往货商"任意讹索"厘金。厘金税率原为1%,到了20世纪初有的地方已经变成10%以上。在江西,"定章名为取十,其实乃取三十、四十。又况查验不时,羁滞留难,无卡无之"。[36]致使"行之愈远,则商货成本愈重。是禁止商货之流通,迫其近售,而罚其远行者也"。[37]著名绅商张謇[38]等曾一再提出厘金于国于民都有害,是一种恶税,要求改革厘金制度,但遭到清政府各级官吏的反对。

在巨额庚子赔款的重负下,清政府将赔款硬性分摊到各省,强令他们按期逐月汇到上海。清政府编练新军所需大量经费,也主要由各省分摊。各省督抚只有想出种种花招,"痛加搜刮"。腐败的吏治,更加重了这种搜刮的残酷性。其结果是民生凋敝,购买力萎缩,难以发展实业。

清末新政虽然颁布了奖励工商的章程等,但在其实施过程中经常表现出抑商的一面。例如,张之洞拟将川汉铁路沿线两旁30里内的煤矿统统划归铁路公司开采,得到清廷同意;一位绅商在江苏幕府山勘有煤矿,禀明地方政府后,集资试办,开工后矿苗颇旺,两江总督竟硬将该矿改归官办,称为阜宁煤矿。[39]在民营铁路问题上,清政府的倒行逆施尤为明显。清政府在1904年的《重订铁路章程》中,曾鼓励民间参与建设铁路。在章程的鼓舞下,从1904—1907年间各省先后成立了18个铁路公司。然而,那些民间向商部提出修建铁路的申请,什九被批驳回来,而其所以批驳不准,什九是受到外国资本家的反对。[40]从1908年起,清朝统治集团内部开始信奉"造路不如赎路",即先让外国出钱修路,然后政府再借钱赎路,以后则进一步把民有改成国有。1911年5月,清政府在帝国主义列强压力下,悍然宣布铁路干路国有和"统一路政"等国策,给了民间铁路创业活动以"摧折性的一击"。这一来,舆情激昂,认为清政府此举是"夺商办铁路供之外人","假国有之名,行卖路之实"。[41]清政府的干路国有令传达至四川、湖南、广东等省,顿时激起了群众保路风潮,接着又促发了辛亥革命。

注　释

1.《龚自珍全集》,第7页,上海,上海人民出版社,1975。

2. 刘锦藻:《清朝续文献通考》,卷六十七。

3. 宓汝成主编:《清代全史》,第8卷,第242页,沈阳,辽宁人民出版社,1993。严中平主编:《中国近代经济史,1840—1894》,第470页。

4. 详见严中平主编:《中国近代经济史,1840—1894》,第561~610页。及彭泽益:《十九世纪后半期的中国财政与经济》,北京,人民出版社,第 87～166 页,1983。

5. 彭泽益:《十九世纪后半期的中国财政与经济》,第 157～158 页。

6. 《申报》,光绪元年十月初七,转引自彭泽益:《十九世纪后半期的中国财政与经济》,第 159 页。

7. 《清朝续文献通考》,卷 49,征榷考 21,厘金,转引自严中平主编:《中国近代经济史,1840—1894》,第 581 页。

8. 严中平主编:《中国近代经济史,1840—1894》,第 599～600 页。

9. 彭泽益:《十九世纪后半期的中国财政与经济》,第 175 页。

10. 严中平主编:《中国近代经济史,1840—1894》,第 760 页。

11. 李文治:《中国近代农业史资料》,第 1 辑,第 185～190 页,北京,三联书店,1957。及严中平主编:《中国近代经济史,1840—1894》,第 782～784 页。

12. 张国辉:《洋务新政与中国近代企业》,第 22～23 页,北京,中国社会科学出版社,1979。

13. 张之洞(1837—1909),字孝达,又号香涛,直隶(今河北)南皮县人,生于官宦之家,后为晚清重臣。1863 年,26 岁的张之洞考中一甲第三名进士,授翰林院编修。1867 年起,他先后充任浙江、湖北、四川等省学官,在各地倡导兴建书院,培育人才。曾为清流健将,后任两广总督、湖广总督,创办湖北枪炮厂、汉阳铁厂等,为洋务殿军,新政主角,被毛泽东列为四个不能忘记的人之一。遗著辑为《张文襄公全集》。

14. 详见夏东元:《洋务运动史》,第 105～111 页,上海,华东师大出版社,1992。及严中平主编:《中国近代经济史,1840—1894》,第 671 页。

15. 关于洋务派军用企业的性质,学术界争议较大,有的人强调其封建性和买办性,有的人强调其资本主义性质。从 80 年代以来国内发表论著有关观点来看,强调洋务派军用企业的资本主义性质者逐渐增多。

16. 《洋务新政》(中国近代史资料丛刊),第四册,第 272 页,第五册,第 374 页,1961。

17. 严中平主编:《中国近代经济史,1840—1894》,第 694～695 页。

18. 详见张国辉:《洋务新政与中国近代企业》,第 71～75 页,北京,中国社会科学出版社,1979。

19. 许涤新、吴承明主编:《中国资本主义发展史》,第二卷,第 352～353 页。

20. 许涤新、吴承明主编:《中国资本主义发展史》,第二卷,第 377 页。

21. 详见张国辉:《洋务新政与中国近代企业》,第 117～145 页。

22. 详见张国辉:《洋务新政与中国近代企业》,第 201～206 页。

23. 《关册》,1884,天津,第 16 页。

24. 《关册》,各有关年份报告。

25. 参见许涤新、吴承明等:《中国资本主义发展史》,第 2 卷,第 435～445 页。

26. 严中平主编:《中国近代经济史,1840—1894》,第 1 437～1 440 页。

27. 《张文襄公全集》,卷 37,奏 37,第 30 页。此折为张謇代拟,又见《张季子九录》政闻录,卷 1。

28. 盛宣怀(1844—1916),字杏荪,江苏常州人,出身官僚家庭。1870 年被李鸿章招入其幕府,受李赏识,1873 年派盛任招商局会办,1875 年又委盛办理湖北煤铁矿务。盛 1879 年署天津河间兵备道,1881 年任津沪电报陆线总办,1884 年署天津海关道,1885 年任招商局督办,1892 年任直隶津海关道兼直隶津海关监督,1886 年任山东登莱青兵备道道台兼东海关监督,1894 年开办华盛纺织总厂,1896 年任铁路公司督办,接办汉阳铁厂、大冶铁矿,创建上海南洋公学(交通大学前身),1897 年开办中国通商银行,1898 年开办萍乡煤矿,1900 年任正三品太常寺少卿、大理寺少卿,1902 年任正二品工部左侍郎,1908 年盛任邮传部右侍郎,将汉冶萍公司和招商局改为商办,仍掌两大企业实权;1911 年升为邮传部尚书,建议将各省自建铁路、邮政收归国有,引发保路风潮。盛令各地镇压。武昌起义爆发后,盛遭到了各方谴责,被革职,逃亡日本。

29. 由于列强的无理阻挠,有关商标的法规未能实施。

30. 该律颁布后,上海钱业界对第 40 条提出异议,主要是担心银行等金融机构一旦倒闭,公款受损。商部奏请第 40 条暂缓实行。见"商部修律大臣会奏议订续破产律折",《大清光绪新法令》第 16 册。

31. 后来在农工商部组织各商会商情调查的基础上,将《大清商律草案》进一步修订为《商法总则》和《公司律》上下两编,并于 1910 年提交资政院讨论,但是未及议决,辛亥革命爆发,清王朝宣告崩溃。

32. 详见张国辉:《论汉冶萍公司的创建、发展和历史结局》,载《中国经济史研究》,1991 年 2 期。

33. 《时报》,1912 年 12 月 22 日,转引自汪敬虞编:《中国近代工业史资料》,第 2 辑,第 502 页,北京,科学出版社,1957。

34. 详见张后铨主编:《招商局史》(近代部分),第四章,北京,人民交通出版社,1988。

35. 张后铨主编:《招商局史》(近代部分),第 363 页,北京,人民交通出版社,1988。

36. 《江西商务说略》,转引自汪敬虞编:《中国近代工业史资料》,第二辑,第 1 148 页,北京,科学出版社,1957。

37. 张謇:《张季子九录》,政闻录,1931 年版,卷 7,第 2 页。

38. 张謇(1853—1926),江苏南通人,出身农家,光绪状元。1895 年创办大生纱厂,后又创办通海垦牧公司、大达轮船公司、资生铁冶公司、淮海实业银行等企业,还兴办了一些教育文化事业,被毛泽东列为四个不能忘记的人之一。辛亥革命后任南京临时政府实业总长。1913 年任北洋政府农商总长,1915 年不满袁世凯称帝而辞职退隐。

39. 《时报》,1907 年 6 月 22 日、9 月 24 日;《华制存考》,端方奏,第 5 页;张人骏奏,第 11 页。转引自汪敬虞主编:《中国近代经济史,1895—1927》,第 1 510 页,北京,人民出版社,2000。

40. 宓汝成:《中国近代铁路发展史上的民间创业活动》,载《中国经济史研究》,1994 年第 1 期。

41. 汪敬虞主编:《中国近代经济史,1895—1927》,第 2 007 页,北京,人民出版社,2000。

第四讲
民国时期社会经济制度变革

思考题

1. 论述中国近代第二、三次经济立法高潮产生条件、主要内容及其意义,试分析其局限性与相关因素。
2. 评析国民党政府建立后的关税自主运动。
3. 评析抗战前国民党政府的币制改革。
4. 评析抗战前国民党政府的国家资本主义举措。

一、辛亥革命与第二次经济立法高潮

1911 年 10 月 10 日,革命党人发动武昌起义,各省纷纷响应,史称"辛亥革命"。辛亥革命推翻了腐朽的清王朝,成立了中华民国,结束了中国历史上延续了几千年的封建帝王专制。但是不久,掌握北洋军权的袁世凯窃取了革命胜利成果,于 1912 年 3 月在北京就任临时大总统,北洋军阀开始统治中国。

1. 民初创建新经济制度的历史条件

北洋政府统治初期,革命党人仍然掌握着一些省地方政权,在中央也保有一定实力。当时资产阶级革命派、改良派等各政治派别和团体分歧重重,但在振兴实业、发展经济这个问题上他们比较能够达成共识。振兴实业、实业救国、实业建国等口号所表达的新观念和愿望,已成为资产阶级和广大民众的迫切要求。新成立的"中华民国工业建设会"甚至急切地宣布,"建设我新社会以竞胜争存,而所谓产业革命者,今也其时矣"。[1] 在全社会掀起的实业救国思潮,成为资产阶级创建新经济制度的重要基础。

　　资产阶级除了演讲和办刊宣传创建新经济制度外,还组织各种实业团体。民国初年各种社会团体如雨后春笋般涌现,据不完全统计,仅民国元年宣告成立的实业团体即达 40 余个。振兴实业、强国富民显然是它们共同的宗旨,例如中国实业共济会曾所宣言要:"集合五大民族,共筹振兴实业,开拓国家之富源,发展民族之经济。"这些团体召集同道,齐心合力为新经济政策和制度的建立而努力。

当时总统袁世凯也采取了笼络资产阶级的一些做法,吸收一些资产阶级人物参与组阁,例如 1912 年请革命党人陈其美、刘揆一先后担任工商总长,1913 年以后又请著名实业家张謇先后担任工商、农林和农商总长等,其他如交通、财政等部门也多邀请工商实业界著名人物担任要职。

在这种背景下,1912 年 11 月 1 日,工商部召集各省代表百余人,在北京召开首届全国工商会议。这是经过充分酝酿和准备的,全国工商实业界代表与政界要人相互交流的一次盛会。会议汇集了工商部百余件议案和代表自备的大量议案。各省工商代表们在会上总结了以往经办实业的经验得失,进而对政府提出了多方面的政策主张:①迅速制定各种经济法规;②改变垄断政策,许民自由经营,并尽保护提倡之责;③确立特别保护法,实行补助和保息;④裁免厘税,改良税则;⑤提倡国货,仿制洋货,振兴本国制造业。此外,工商代表们还提出了统一币制、设立银行、整顿金融、利用外资、实业教育、培养人才、划一度量衡制度等政策要求与建议。工商总长刘揆一在闭会时表示,希望代表们"将本部与民兴利、上下一心之诚意,报告于全国父老子弟。凡民间兴办各项新事业者,本部断无不竭力维持保护,助其发达。"[2] 这次工商会议反映了当时中国资产阶级对于创建新经济制度的要求,对于北洋政府制订新的经济法规和政策起到了一定的推动作用。

2. 近代中国经济立法的第二次高潮

资产阶级代表人物刘揆一和张謇先后担任工商、农林和农商总长期间,即 1912 年 8 月—1913 年 7 月和 1913 年 9 月—1915 年 9 月这段时间,北洋政府在对清末法规沿续及修改基础上,比较有系统地新订与颁布了大量经济法规则例,形成近代中国经济立法的第二次高潮。此后又陆续制定和修正了一批法规。从 1912 年至 1923 年间北洋政府所制定的经济法规等计有 70 余项,这些法规则例还多附有施行细则或附则;另有一些行业如出版、电气、烟酒、药业、盐业、茶业、仿制洋货、屠宰等,尚有各自的行业性章则条例。

这些经济法规主要内容可分为:①倡导兴办公司,扶植幼稚的民族工商矿企业;②确立保息、专利、示范与奖励制度;③鼓励垦荒,规划水利,奖励植棉、制糖、牧羊、造林等农副业生产;④提倡国货,裁厘减税,鼓励出口;⑤开放门户,引进外资,吸引侨资;⑥统一度量衡,改革币制,提倡新式金融业;⑦改组商会,规范经济社团这 7 类。

其中,在倡导兴办公司,扶植幼稚的民族工商矿企业方面,张謇就任农林、工商总长时曾表明了他的"民办官助"的自由资本主义思想:"自今为始,凡隶属本部之官业,概行停罢,或予招商顶办。惟择一二大宗实业,如丝茶改良制造之类,为私人或一公司所不能举,而又确有关于社会农商业之进退者,酌量财力,规划经营,以引起人民之兴趣,余悉听之民办,此謇对于官业之主张。至扩张民业之方针,则当此各业幼稚之时,舍助长外,别无他策。而行此主义,则仍不外余向所主张之提倡、保护、奖励、补助,以生其利,监督制限,以防其害而已。"[3] 张謇又在国务会议上发表《实业政见宣言书》,提出发展实业要"乞灵于法律"、"求助于金融"、"注意于税则"、"致力于奖助"这 4 条政策,反映了资产阶级对发展资本主义工商实业所需政策条件,包括法制、税制等条件的要求。

张謇任职期间先期制定和颁布的各项单行法令中,依重要程度首推《公司条例》(251 条)、《商人通例》(73 条)。与前清《公司律》(131 条)和《商人通例》(9 条)相比较,它们在详密程度和可行性上均有较大提高。两项条例明确公司受国家法律保护的法人地位,规定法人代表及其所用人的资格与条件。《公司条例》对公司的各种组成形式、设立的条件、集股手续、股东人权利和义务、对外营业的法律责任、公司章程、变更乃至解散与债务清算等,各方面各阶段事项,都作了详尽细致的规定。《商人通例》虽以"商人"为名目,实则其内容囊括了买卖(贸易)、制造、水电、文化、银行、信托、保险、运输、牙行等一切工商行业的主体人。两条例的出台,确定了公司这一新兴经济组织形式的形态与范围,有助于维护公司的信用,保障投资者的权益,扭转了以往"无公司法,则无以集厚资,而巨业为之不举"[4] 的法制状况。与此相应,北洋政府还颁布《公司注册规则》、《商业注册规则》等,使得工商企业注册制度渐趋完备。这些法规促使民国早年大批公司企业得以集股创办,并注册登记。以法制建设方式表现的倡导和规范作用,有益于中国近代公司制度的形成和规范化。

北洋政府还颁布了《矿业条例》、《矿业注册条例》及它们的施行细则,其内容表现出轻地主之权、重矿商利益与优先权的倾向,有助于解除封建土地所有制对矿业发展的阻力,旨在鼓励商民投资矿业。

在鼓励垦荒,规划水利,奖励植棉、制糖、牧羊、造林、捕鱼等农副业生产方面,张謇主持制定了《国有荒地承垦条例》、《边荒承垦条例》、《植棉制糖牧羊奖励条例》和《森林法》等。其中,1914 年 11 月公布的《森林法》及次年 6 月公布的《森林法施行细则》规定了国有森林的范围和权利,同时规划在黄河、长江、珠江上游地区关系预防水患、涵养水源、公共卫生、航行目标、利便渔业、防蔽风沙者,都要编为保安林,由农商部委托地方官署管理和营造保安林。该法鼓励个人或团体承领官荒山地造林;并宣布对非国有林,地方官署得禁止开垦,可限制原业主滥伐,还可限期强制造林;对盗窃、烧毁和损害森林者,按情节轻重,规定给予相应处罚。[5] 这部《森林法》是中国第一部有关保护森林的基本大法,它所确立的有关保护森林的原则对以后中国有关的森林法规有重要影响。

民初经济法规内容大致可分为三个层面:①界定和规范社会经济生活的主体组织及其行为方式。例如,明确公司、商人、商会、交易所等的定义,它们如何设立、如何运作,其行为应有何规范,乃至如何解散和取缔。此类条例细则数量多,且相对完备;②保护、扶持和奖助社会经济生活中的各种合法活动。例如企业法人地位的确定,专利、保息、示范和奖励各项制度的确立,税制改革以提倡国货等等;③为新兴资本主义工商业造就所需的社会条件和环境,包括必备的公共手段和设施。例如,统一币制、整顿金融、划一权度,设置化验稽核、调研统计的有关机构,引进外资和招徕侨资的努力等等。可以说,近代中国第二次经济立法高潮,比清末的经济立法在很多方面有明显的进步。

民初经济立法程序多是由张謇等部门长官提出,经国会讨论或直接经大总统批准颁布,带有应急特色,具有浓厚的个人色彩;法规在种类构成上仍有许多缺门,如地租、公债、航海、保险、劳动用工等类尚为空白,票据法、破产法和公司法诸项草案始终未能议定公布。1914 年 4 月张謇致全国商会联合会函中指出,"今法律已颁行者十之二三,未颁行者十之七八",反映了民初政策法规的发育程度与资产阶级的政策需求相去甚远。1915 年,袁世凯妄图恢复帝制,张謇不满而辞职退隐。1916 年,袁世凯称帝失败而死。其后,北洋军阀混战,武人当道,北京政权对多数省份已失去控制。在这种情况下,北洋政府在经济立法方面再没有多大建树,已颁布的经济法规也多成空文。

二、国民革命与第三次经济立法高潮

1. 国民革命与经济制度新变革的条件

孙中山等国民党人为反对北洋军阀的反动统治进行了多次斗争,屡经失败后孙中山与中国共产党合作,改组了国民党,重新组织革命力量以发动国民革命推翻北洋军阀统治。国民革命军 1926 年 7 月从广东出兵北伐,1926 年秋攻克武昌,1927 年春进入上海、南京。但是就在这时,时任国民革命军总司令的蒋介石发动了"四一二"政变,屠杀共产党人,在南京另立国民党政府。1928 年 6 月,国民党政府控制了华北,改直隶省为河北省,北京为北平;12 月,东北"易帜",张学良统率奉系军队归顺国民党政府,北洋军阀政权宣告结束,全国各省在名义上统一于南京国民党政府之下。国民党政府的建立是经济制度新变革的政治条件。

由于蒋介石等连年发动消灭异己的军阀战争和反共战争,军费开支浩繁,南京国民党政府财政亏空很大。战乱也严重破坏了国民经济建设,全国经济十分混乱。以江浙金融财团为首的江浙资产阶级曾经支持国民党夺取政权,并希望国民党政府满足资产阶级的政策要求。为了制定一个适宜的财政经济方案,使全国财经转入正常轨道,当时任国民党政府财政部长的宋子文[6],于 1928 年 6 月在上海召开了"全国经济会议"。参加这次会议的有 120 人左右,其中 45 人是中央和各省政府的财政官员,70 多人是国内银行界和工商界头面人物及财政经济问题的专家,江浙财团的所有主要人物都参加了这个会议,资产阶级代表们纷纷提出政策主张。会议讨论了裁军、裁撤厘金、整顿交通、保护商人财产、处理劳资纠纷和提倡国货等问题。不久,宋子文又在南京召开全国财政会议,参加者主要是中央和各省市主管财政的官员。会议讨论了限制军费开支、统一财政等问题。8 月,国民党召开二届五中全会,宋子文向全会报告了全国经济、财政两会议讨论情况,并提出了《统一财政、确定预算、整理税收、并实行经济政策财政政策,以植财政基础而利民生建议案》。这一议案得到全会通过,实际上成为国民党政府初期的财政经济总方针。全国经济、财政两会议及国民党二届五中全会为经济制度新变革提供了思想基础。

2. 近代中国经济立法的第三次高潮

国民党建立政权后,为了巩固其统治,并为发展资本主义和建立国家垄断资本主义,相继制定和颁布了200多项经济法规,其时间较为集中在1928—1933年间。这一大规模经济立法活动,比起前述近代经济立法第二次高潮来说,不仅法规数量上约多了一倍,而且涉及范围有很大扩展,内容有很大改变,法规的影响力大大增强,可谓近代中国经济立法的第三次高潮。

1929年5月,南京国民党政府决定以《民法》形式制定统一民商法典,把通常属于商法总则的各项商事内容,如经理人及代办商,商行为的交互计算、行计、仓库、运送、营业、承揽等等,全部编入民法债权编,其他如公司法、票据法、海商法、保险法、破产法等等,则另行制定单行法规。从1929年5月到1930年12月,先后颁布了《中华民国民法》总则、债、物权、亲属和继承等五编。在单行经济法规方面,除了上述《公司法》等,还有《矿业法》、《统计法》、《破产法》、《会计法》、《铁道法》、《船舶法》、《商业登记法》和《审计法》等。南京政府对北洋政府时期证券交易、物品交易分而立法的状况进行了变革,制定和颁行统一的《交易所法》及其施行细则,又颁行近代中国第一部正式意义上、作为国家立法的《银行法》51条。

此外,南京政府还经常以特别法的形式,颁布各种经济条例、通令、章程等等。这些条例、通令、章程对企业往往起到了直接的制约作用。典型的例子如1929年四月财政部在实行裁撤厘金同时公布的《特种消费税条例》,对油、茶、纸、木材、陶瓷、牲畜、药材、漆、皮毛、大宗矿产、丝、棉花等16种消费品开征特种消费税。由于加重了工商企业负担,条例遭到全国各地工商界的强烈反对,南京政府不得不在1931年4月下令撤销,但另外颁布《麦粉税征稽章程》、《征收卷烟统税条例》、《棉纱、火柴、水泥统税条例》等,对卷烟、面粉、棉纱、火柴、水泥等机制工业品开征新的统税。

国民党政府颁布的200多项经济法规中,有相当一部分是在对北洋政府经济法规援用基础上,进行修改和增益。例如,1929年公布的《公司法》233条,援用了北洋政府1914年公布的《公司条例》中有关股份公司的划分,但是对有关具体条款作了增订,其中有关股份有限公司修订的内容特别多,反映了股份有限公司正在成为近代中国公司制度的主流形式;《公司法》还增加了有关"法人持股"的内容,可以说是对当时民营企业间相互参控股及资本集中趋势的适应和引导,也为国有企业向其他企业的渗透和扩张提供了法律依据。

1929年,除公布新《商会法》外,还颁行近代中国首部《工商同业公会法》及其施行细则,主要内容包括工商同业公会的宗旨、设立条件、同业公会的组成等等。该法规定,"工商同业公会以维持增进同业之公共利益及矫正营业之弊害为宗旨",工商同业公会的设立必须有同业 7 家以上企业发起;同一区域内的同行业公司行号只能设立一家同业公会。除了受到同行除名处分者,凡在同一区域内的同业公司行号,都必须成为同业公会的会员,并且推选代表出席公会。实际上等于规定凡同业工商行号都必须加入相应的同业公会。工商同业公会不具有法人地位,也不能从事营利性事业。该法规定,工商同业公会的设立必须得到政府主管机构的许可,设立之后还必须受到政府主管机关的监管。《工商同业公会法》还规定"本法施行前原有工商各业同业团体不问其所用公所、行会、会馆或其他名称,其宗旨合于本法第二条所规定者,均视为依本法而设立之同业公会,并应于本法施行后一年内,依照本法改组"。在该法颁行之前,上海等城市已经存在数量众多的工商同业团体,它们在城市经济生活中起着举足轻重的作用。颁行《工商同业公会法》以后,南京政府把这些民间工商团体,通过"法"的规范纳入其监管之中。

1929 年,南京政府颁布了近代中国首部通行全国的《工厂法》77 条以协调劳资关系;于 1930 年公布《矿业法》和《矿业法施行细则》,进一步明确了国家矿产的勘探、开采、纳税等权限,规范了矿商、矿工的某些权益;1932 年颁行《奖励工业技术暂行条例》,调动了科技人员的积极性,工业方面的创造发明明显增多;还先后颁布《小工业及手工业奖励规则》、《工业奖励法》等,奖励和扶持民营工业企业,提倡企业改良和采用先进工艺,增强竞争能力。这些法规和政策对民营工矿业的发展,起到了一定的促进作用。

值得注意的是南京政府有关农村的经济法令政策及实施情况。由于中国封建主义的剥削和压迫,外国帝国主义的侵略,国内长期战乱不断,再加上自然灾害的频频袭击,使中国广大农村经济长期衰败。当时,地租剥削率往往达到 50% 左右,有的甚至高达 70%～80%,苛重的剥削使广大佃农难以维持最低限度的生活和简单再生产,许多人离开土地,流落他乡,社会矛盾日益尖锐。对此,国民党政府先后颁布《佃农保护法》、《土地法》、《租佃暂行条例》等法令,企图缓和农村阶级矛盾,挽救农村危局。其中,1927 年 5 月公布的《佃农保护法》规定地主向佃农收租的租额不得超过收获量的 40%;1930 年 6 月颁布的《土地法》又进一步将上述地租率的最高限额降至 37.5%,还对土地税的征收办法及土地改良等事宜作了规定。《土地法》的颁布对于减轻农民负担,促进农业生产有一定积极意义,但是它没有被立即付诸实施,到 1936 年 3 月国民党政府才制订《土地法实施细则》,其落实的步骤十分迟缓,到第二年抗战爆发后,《土地法》又因战事而被搁置,所以它对解决农村问题几乎没有起到什么作用。

近代中国经济立法第三次高潮中仍有种种局限,但是总的来说它使中国基本上已形成较为完整的经济法规体系。南京国民党政府制定的这一系列经济法规,基本上代表了近代中国资本主义性质的经济法规的高水准,在中国经济法制建设史上有较高进步意义,对资本主义发展亦有较大促进作用。

3. 废两改元

清后期通货的繁杂给市场交易、人民生活及社会经济的运行都带来极大的不便,国内有识之士一再提出废除银两制,改用银元制度的主张。1910 年清政府曾颁布《币制则例》,规定以银元为主币;1914 年北洋政府也颁布《国币条例》,规定银元为本位币,并统一铸造新银元(因币面铸有袁世凯头像,俗称"袁头币"或"袁大头"),但由于钱庄业惯于从银两兑换中牟利,因而对此拼命反对,外国银行团也借口过去债款都是以银两计算而阻挠,废两改元根本无法实行,所以直到 30 年代初,中国仍然实行银两、银元并用制度。

国民党政府要垄断全国金融,还必须垄断货币发行权,因而他们也赞同废两改元,以此着手统一货币发行。在 1928 年全国财经会议上,国民党政府提出了废两改元问题进行讨论,引起剧烈的争执:一派意见代表钱庄业的利益,借口银元来源恐有不敷等,仍然反对废两改元;而代表新式银行家的一派赞同废两改元。当时三大金融势力的另一方外商银行因掌握着进口生银大条,可以控制白银的供求盈亏,另外假如废除银两,对其自行挂牌的外汇行市估价权也有影响,所以多主张延缓废两改元。

1932 年上半年,内地银元大量涌入上海,数额达 5 446 万元。赞同废两改元者认为这是一极好时机。1932 年 7 月,宋子文代表国民党政府明确了废两改元的原则。一个由银行家和商业界代表组成的"废两改元研究会"成立,该会大力宣传废两改元,并就有关具体问题进行探讨。在社会舆论压力下,上海钱庄业也不得不表示原则上同意废两改元,但希望不要操之过急。1933 年 3 月 1 日财政部发布《废两改元令》,宣布从 3 月 10 日起,先在上海实施废两,以上海规元 7 钱 1 分 5 厘合银币 1 元为换算率,市场交易一律改用银币计算,各种行市改标银元单位。同时由中央造币厂铸造新银币,其正面为孙中山半身像,背面为帆船图案,俗称"孙头"或"船洋",自发行之日起通行全国。4 月 6 日,财政部又通令全国废两改元,规定从当天起,所有公私款项收付和一切交易,一律改用银币,不得再用银两。上海、汉口、天津等地的银行公会、钱业公会等纷纷作出了相应的遵行决议,这一改革基本上获得了成功。

废两改元,使中国币制开始走向统一,走向近代化,有利于商品经济的发展,具有积极的改革意义。这一改革也有利于中国金融业新旧势力的消长,钱庄等旧势力受到打击,新式银行业进一步占了上风。这一改革也加强了国民党政府对全国货币发行权的控制。

4. 白银风潮和法币改革

在 20 世纪 30 年代资本主义世界经济大危机中,主要资本主义国家竞相转嫁危机,相互之间展开了激烈的贸易战、货币战,把世界划分为美元集团、英镑集团、法郎集团等。在激烈的角逐中,美国政府先后于 1933 年 12 月及 1934 年 5 月颁布《银购入法》和《白银法案》,要在四年内每年收购白银 2 442 万盎司,以提高白银价格。美国政府之所以采取提高银价的政策,一方面是由于美国国内代表南方银矿主利益的白银集团不断向政府施加压力;另一方面要操纵世界白银市场,迫使当时仍然实行银本位的国家,特别是中国,投靠美元集团;提高银价也能刺激银本位国的购买能力,以利于美国推销剩余产品,转嫁经济危机。

世界市场银价猛涨,作为用银大国的中国首当其冲,白银潮水般地向外流出,1934 年中国白银净流出 1.80 亿两,1935 年又净流出 1.86 亿两。作为货币本位金属的白银大量外流,使得中国银根骤紧,利率高昂,一向靠银行贷款维持生产和流通的民族工商业顿时资金周转不灵,只得停业或倒闭,仅上海一地,就有不少纱厂、丝厂、面粉厂等停工,而商店倒闭者有 500 多家。工商企业停闭者一多,一些资力薄弱的银行和钱庄的呆账随之增多,也面临停闭的命运,1935 年上海一市民族资本银行倒闭了 12 家,占当时上海民族资本银行总数的 17.9%。一年之中倒闭者如此之多,是旧中国自产生银行以来历史上未曾有过的。一些未倒闭的银行,如中国通商、四明等,也不得不接受官股,成为官商合办银行。至于钱庄,倒闭、停业者则更多。这次风潮加重了中国的经济危机,其程度之严重,影响之广泛,超过了以往历次风潮。人们称这次风潮为"白银风潮"。

为了阻止白银大量外流,国民党政府于 1934 年 10 月下令增收白银出口税,并采取了其它一些措施。但是外资银行利用领事裁判权等特权将中国白银大量偷运出境,有的甚至在上海公开用兵舰装运白银出口,国民党政府对此无可奈何。在华北,日本人白银走私活动也十分猖獗。

在世界银价大幅度变动的一再冲击下,旧中国原有的银本位制已难以维持下去,进一步改革币制已是势在必行。英国财政部首席顾问李滋·罗斯来中国考察,建议国民党政府采用纸币流通的"法币政策",并提出把中国货币纳入英镑集团的方案。国民党政府接受了用纸币的方案,于 1935 年 11 月 3 日公布了《法币实施办法》,其主要内容是:①自次日(1935 年 11 月 4 日)起,以中央、中国、交通三银行所发行的钞票定为法币。所有完粮纳税及一切公私款项之收付,概以法币为限,不得使用现金,违者全部没收,以防白银之偷漏;②中央、中国、交通三银行以外,曾经财政部核准发行之银行钞票,现在流通者,准其照常行使。其发行数额不得增加,并由财政部规定限期,逐渐以中央银行钞票换回;③法币准备金之保管及其发行收回事宜,设发行准备管理委员会办理;④凡银钱行号商店及其他公私机关或个人,持有银本位币或其他银币、生银等银类者,自 11 月 4 日起,交由发行准备管理委员会或其指定之银行兑换法币;⑤旧有以银币单位订立契约,应各照原定数额于到期日,概以法币结算收付;⑥为使法币对外汇价稳定起见,应由中央、中国、交通三银行无限制买卖外汇。国民党政府还于同月 15 日公布了《兑换法币办法》及《银制品用银管理办法》等,限定各商号、公私团体及个人在三个月内将持有的银币或银块兑换成法币,以保证法币政策的实施。

这些政策实施的结果之一,是国民党政府一下子集中了 3 亿多元的白银。法币政策的实施,在国内某些省份,如陕西、山西、两广等省,遇到了阻力。主要是这些地方的政府希望用自己发行的钞票作为法币。不过,这些阻力后来被一一克服,从全国来看,法币得到了推行,基本上收到了统一币制之效,实现了自清末以来历届政府为克服币制紊乱屡经拟议而未能实现的币制改革,有助于商品经济的发展。它也使得国民党政府得以加强了对国内金融的控制。

法币的价值基础已不再是银本位,它也没有规定含金量,而是规定法币 1 元等于英镑 1 先令 2 便士半,以对英镑的汇率来表示法币的价值。这样,使得法币与英镑紧密地联系在一起,中国成为英镑集团的成员之一。国民党政府把集中来的大量白银运至伦敦抛售,换成英镑存放在英国作准备,以维持法币的稳定。

国民党政府的法币政策一公布,英国驻华公使立即发出英皇敕令,要求在华英商和英国侨民遵守国民党政府法令,接受法币,不再使用白银。汇丰、麦加利等英资银行也率先答应交兑库存白银给国民党的中央银行。

美国一方面对中国法币改革以好评,同时又对中英金融联系加强感到非常嫉妒。美国政府于 12 月初决定暂停在伦敦收购白银。此时中国已将大量白银运至伦敦,而美国这一购银的大主顾一停止购银就使银价猛跌,20 天左右下跌了约 30%。国民党政府因而遭受了更大损失。再这样下去,在国际市场上将无人购银,中国将无力继续购买英镑作为外汇准备,法币基础就会发生动摇。这不仅打击了中国政府,连英国也感到了一定的压力。国民党政府不得不转向美国求情。经过谈判,在英国退让的情况下,中美两国政府于 1936 年 5 月签订了《白银协定》,美国同意继续购买中国白银,但中国出售白银所得外汇和黄金必须存放在纽约,中国将法币原与英镑挂钩的做法改为同时与美元挂钩,1 元法币等于 0.2975 美元,使法币成为英镑和美元的共同附庸。

法币改革使日本不法分子在中国走私出口白银的活动受到阻碍,而使日本帝国主义者更为恼火的是国民党政府进一步投靠了英美势力。日商在华银行带头反对交出白银,并竭力阻止其他外资银行将它们在华北的存银南运。日本侵略势力借口华北人民反对白银国有,大搞华北币制独立运动,阴谋使华北五省从中国分裂出去。日本军部则气势汹汹地表示中国的法币改革是对日本的"公开挑战"。[7]

三、国民党政府的国家资本主义举措

由于受孙中山思想影响,以及世界经济大危机中西方国家加强政府对经济干预思潮的影响,南京国民党政府结合经济制度的变革,采取了一系列国家资本主义[8]举措。

1. 整顿财经

鉴于前北洋政府"财务行政既以财政部总揽全国度支",同时又有税务处等"特种官署"的存在,财政管理不相统属而造成混乱,南京国民党政府通过国家立法,"举税务、币制各要政完全统辖于财政部",使财政部事权集中,成为管理监督全国财政的总机关。财政部长宋子文根据财政管理的需要而多次改组内部组织。地方财政管理机构大致分为两类:一类是中央派出处理国家收支的机构,如财政特派员、关监督、盐运使、统税局等等。财政特派员是财政部为了便于处理各省区国税及中央财政事务,于 1928 年起先后在江苏、安徽、江西、福建、山东、河北、河南、广东等省设置的,负责"指导所管区域内之中央直辖税收机关","保管国税税款","支拨及汇解国库款项"及"计划所管区域内一切国税之整理办法"等事务;另一类是处理地方财政收支的机构,各省设财政厅,县设财政科,管理各项税收、地方财政收支及预决算之编制等事务。

在南京国民党政府建立之初,政府有权控制财政的省份仅有江苏、浙江、安徽、江西四省,其中只有江苏和浙江两省能交出多余的财政收入。而经过采取统一财政行政等措施,至抗日战争爆发前,国民党政府已建立了一套统一的、"日臻完备"的财政管理体制。除了被日本帝国主义占据的东北,及一些边远省份或少数地方军阀割据的地区外,全国大部分省份的财政已经纳入国民党政府财政部的管理体制之中。

关税收入是一个国家财政收入之大宗,但是中国的关税自主权长期以来被资本主义列强把持,中国曾为此一再进行抗争。在 1925 年"五卅"运动和 1927 年中国大革命浪潮影响下,国内收回关税主权的呼声日益高涨。南京政府成立不久,宋子文等采取各个击破方法,分别与各国谈判重新修约,收回关税自主权等问题。从 1928 年 7 月开始,美、德、挪、比、意、丹、荷、葡、英、瑞典、法、西等国驻华公使或代办分别与南京政府签订了《关税条约》或《通商条约》。在这些条约中,各国都声明取消在中国的一切关税特权,承认中国有完全的关税自主权。到 1928 年年底,只剩下日本拒不同意修约。因而,在全中国掀起了以抵制日货方式为主的抗议浪潮,使在华日商损失颇巨。同时,由于其他国家都已相继与中国修约,日本在此问题上已显得孤立。日方不得不重新考虑其立场,后来在附加了若干条件的情况下,于1930年5月6日签订《中日关税条约》,同意中国享有关税主权。关税自主后,国民党政府对关税税制进行了多次改革,特别是在1930年将原来以银价计征的进口税改为以金价征税,关税收入大大增加,全国海关征收进口税总数1931年比1927年增加了约4.8倍。

延续了70多年的厘金制度,曾严重地危害了中国民族工商业的发展。而裁撤厘金,是从清末至民初屡议屡辍的税制改革问题。国民党政府成立不久,宋子文就表示要裁撤厘金,但是也经过了一番周折,直到1930年底才决定从1931年元旦起全国裁厘。为了弥补税收损失,国民党政府决定仿照欧美资本主义国家的成例,对日用工业品开征统税,即根据一物一税的原则,货物一次性收税后即可通行全国。"裁厘改统"后,税目简化,税收渐趋合理,有利于商品流通和工商业发展。不过,在具体征税过程中,仍然有重复征税的现象,而且统税税率仍然很高。

国民党政府的统税收入明显增加,成为"与关盐两税鼎足而立,同为国库收入之大宗"的主要税种。国民党政府还征收印花税、所得税等,但是关、盐、统三税在其岁入中一直占有极其重要的地位,到1936年三税占国民党政府财政总收入的64.6%。

国民党政府成立后,内战不断,军费开支巨大,只得大量举借内债度日。1927—1936年间,国民党政府发行有担保的内债总额43.42亿元。由于内债发行过多,财政不堪负担,国民党政府不得不先于1932年2月和1936年2月,两次宣布债信破产,进行内债整理,以此减轻政府偿债负担。

在外债方面,国民党1924年的全国代表大会曾经决定不承认"贿选僭越之北京政府"所借的巨额外债。但是当国民党南京政府成立时,列强各国承认它的前提条件之一,就是看它能不能偿还历届政府积欠的外债。蒋介石等为了得到列强承认,也为了再借外债以筹集军费,应付财政困难,只好一方面依靠内债,另一方面采取讨好帝国主义的政策,宣布承担偿还清政府和北洋政府的所有外债,试图重树债信,取得列强的支持。其在致力于外债整理、努力恢复外债债信方面做了很多工作,取得了一定成绩,中国政府的债信逐步提高。因此,1931—1937年南京政府借到的外债也逐渐增多。这一时期影响最重要的三笔外债是1931年的美麦借款、1933年的美棉麦借款和1936年的中德易货信用借款。

1931年,因国内水灾严重,粮食缺乏,经宋子文提议,国民党政府向美国中央农业委员会求援,与美方订立《美麦借款合同》。其主要内容为:中国政府向美国粮食平价委员会购买美麦或面粉45万吨,麦价共计9 212 826美元,作为借款,年息4厘,每年

6 月底和年底付息两次,麦款自 1934 年至 1936 年分三次还清,每次付三分之一。指定关税 5 厘水灾附加税为还本付息的担保。此项借款收入,在当时名为赈济水灾,实际上很大一部分被用于蒋介石"围剿"红军的开支;对于当时正困于经济大危机的美国来说,除以剩余物资作为资本输出国外,也可以减轻其国内的农业危机。

1933 年南京国民党政府因发动对共产党中央苏区的第四次"围剿"等,军费开支很大,财政上十分困难。宋子文再次赴美,趁出席华盛顿经济讨论会之机为南京政府寻求新的贷款,后与美方签订《美棉麦借款合同》。该借款是由美国金融复兴公司贷给中国政府 5 000 万美元,规定其中 4 000 万用于购买美国棉花,1 000 万用于购买美国小麦,所购棉麦只能在中国销售以免冲击世界棉麦市场。运华销售所得金额,归南京国民党政府支配。该项借款分五次偿还,五年还清;年息 5 厘,每半年付息一次。该项借款以中国国内货物统税为第一担保,以海关救灾附加税为第二担保。由于中国农业正是丰年,美国棉麦在中国销售时遇到很大困难,南京政府不得不要求美国政府减少债额,后来实际债额为 1 708 万多美元。据有关档案资料表明,来华美棉共 159 536 包,合 998 万多美元;美麦 323 080 吨,合 600 万美元;美粉 338 000 桶,合 110.5 万美元,三项美国物资售价共计 1 708.6 万美元。国民党政府在美棉麦借款所得款项中,用于统制全国金融的约占 40%,用于反共军事的约占 36%,而直接用于国内经济建设的则很少。这一借款与上一借款相似,它使蒋介石获得了"剿共"的军费,也使美国推销了一大批过剩的农产品,转移了部分危机,并获得了极大的经济利益。但是这一借款使得中国国内棉麦价格受到很大影响,农民生活更加困苦;而且由于借款实际利率高达 8.63 厘还多(按合同规定年息 5 厘,但加上运输、保险及其他费用,等于增加利息 3.63 厘),所以它对中国的社会经济所起的作用是消极的。

蒋介石在军事上仿效德国制度,聘请了一些德国军事顾问。而德国实业家们利用德国军事顾问的帮助,获得了中国政府购买军火、机器和兵工厂设备的订单。他们积极在中国寻求市场,向中国推销德国产品。1934 年 8 月德国资本家汉斯克兰与南京国民党政府签订了易货贸易合同。德国政府认为这种易货贸易方式值得推广,就接受了汉斯克兰与南京国民政府所签的合同,并于 1936 年 4 月与南京政府续订《中德易货信用借款合同》。合同规定,德国政府给予中国政府以货物信用借款 1 亿马克,中国可用来购买德国工业品(其中主要是军火武器和工业设备),并以农、矿产品(主要是德国人感兴趣的钨、锑等特种矿产,德国用以重整军备)随时抵偿。此项借款利息及原料收账利息,双方皆以年息 5 厘计算,中国未动用的数目不付息。此项借款没有规定清偿的期限,随时可以延长,也随时可以结束。当时因为害怕引起日本的破坏与干涉,所以有关这项借款的洽谈不是经过正常的外交渠道进行,而是通过军方秘密进行,对外从未公布。据国民党政府财政顾问 A.N.杨格著述中的统计,这笔贷款截止抗战前已达 4 000 万美元。按照这一数据,则中德易货信用借款应是战前中国最大的一笔外债。中国抗日战争爆发后的一段时期内,这项合同仍然在执行,为中国抗战提供了一部分急需的军械、弹药等,而中国也给德国提供了钨、锑、锡等特种矿产品和大量农产品。

2. 建立金融垄断体制

国民党政府在采取上述财经措施的同时,利用政权力量通过胁迫、改组等手段,削弱民间金融资本地位,建立了"四行两局"[9] 官僚资本金融体系,为国民党政府进一步垄断全国金融和经济奠定了基础。国民党政府还通过"废两改元"和"法币改革",实现了以往历届政府屡经拟议而未能实现的币制改革,加强了政府控制金融的力量,逐步使民间金融业成为官僚金融资本的附庸。

1927 年 10 月国民党政府颁布了《中央银行条例》,决定成立中央银行,规定该行为国家银行。用当时财政部长宋子文的话来说,中央银行的成立,"一为统一国家之币制,二为统一全国之金库,三为调剂国内之金融"。经过一年筹备,中央银行于 1928 年 11 月在上海正式开业,宋子文兼该行首任总裁。中央银行开办资本 2 000 万元,全部以国民党政府发行的金融公债抵充,并无一元现金。国民党政府授予中央银行经理国库、发行兑换券、铸造和发行国币、经办国内外公债和还本付息以及外汇业务等特权,使中央银行成为官僚资本金融体系的指挥中心。为了增加中央银行实力,国民党政府又于 1935 年用增发金融公债及银行垫支等办法将中央银行资本扩充到 1 亿元,使它成为当时全国最大的银行。可以说,中央银行是国民党政府运用政权力量一手造就的。在中央银行成立后的 8 年间,利用其特权地位,使资产增加了约 25 倍,存款增加约 48 倍,纸币发行额增加约 28 倍,纯利增加了 70 倍,为"四行"中的"老大"。

中国银行和交通银行在国民党政府刚建立时都已具有了相当大的规模,实力居华资银行之冠。国民党要想垄断全国金融,就必须加强对中、交两行的控制。国民党政府 1928 年曾以拨给公债预约券等方式强行加入官股,对中、交两行进行了初步改组;1935 年 3 月蒋介石与孔祥熙、宋子文密谋后,操纵国民党政府立法院通过 1 亿元公债发行案,用几纸公债券强行将两行的官股分别增加到 50% 和 55%,并逼迫不大听话的中国银行总经理张公权辞职,派宋子文任中国银行董事长,宋的亲信胡笔江任交行的董事长,夺得了两大银行的主宰权力。从此中、交两行成为国民党政府垄断全国金融和经济的重要工具。

中国农民银行前身是 1933 年成立的"豫鄂皖赣四省农民银行"。这家银行是蒋介石等为了进行对中央红军的军事围剿,在经济上配合国民党的农村工作及筹集"剿共"

经费而建立的。中央红军实行战略大转移,开始长征后,蒋介石等对红军围追堵截,军事活动范围扩大,军费开支增加,因此于 1935 年 6 月国民党政府将四省农民银行改组为中国农民银行,资本总额增为 1 000 万元,由财政部和各省市政府分别认股。该行除经营一般银行业务外,着重为国民党筹措军费,购置军粮,并发放农贷以控制农村经济,还享有发行"兑换券"、"农业债券"和"土地债券"等特权,跻身于国民党官僚资本四大银行之一。

中国自 1896 年创办邮政局,同时开办汇兑业务以来,至 1929 年时通汇的邮政局所共有 2 374 处,全年开发汇票总额达 1.3 亿元,邮局的储蓄业务也已经开展起来,邮政部门兼办的汇兑储蓄业务可以伸展到全国各地。对于分布如此广泛的信用机构,国民党政府自然不会放过,1930 年 3 月国民党政府通过法令,在上海成立邮政储金汇业总局,直属国民党政府交通部,负责邮政局所兼办的储金汇兑业务。到 1935 年时通汇局所已经增至 9 500 处,储金总额也成倍增长。这年 3 月又将总局改组为邮政储金汇业局,改隶属于邮政总局。邮政储金汇业局的业务主要是举办活期和定期储蓄、邮政汇票、电报汇款等等,它是国民党政府吸收大量存款和汇兑资金的有力工具。

中央信托局成立于 1935 年 10 月,总局设在上海,各地设有分局或代理处。其资本总额 1 000 万元,全部由中央银行拨发,首任董事长亦由当时的中央银行总裁孔祥熙兼任。该局的主要业务是为国民党军队采购军火,垄断出口物资的收购,经营"公有"财物及政府机关重要文件契约的保险及保管事项,经理国营事业或公用事业债券股票的募集和发行,经收公共机关或团体的信托存款并代理运用等。它一成立,就因拥有特权和资本雄厚,成为国内最大的信托机构,并使其他信托公司和各银行信托部的信托业务都受到影响和排挤,当时人们将其喻为"信托之霸王"。

"四行两局"是国民党政府运用政权力量,或新设,或改组,而建立起来的官僚资本金融体系,这一体系的建立加速了资金的集中,为国民党政府进一步垄断全国金融和经济奠定了基础。到 1936 年时,中、中、交、农四行在全国 164 家银行中,实收资本占42%,资产总额占 59%,存款占 59%,发行钞票占 78%,纯益占 44%,在众多的银行中"四行"已是既享有政治特权,又在资力上占有绝对的优势,基本上控制了全国的金融命脉。

　　近代中国第一家银行中国通商银行在 1935 年"白银风潮"中发生挤兑,现银准备不足,被迫接受国民党政府的官股,改组为"官商合办"银行。它和四明商业储蓄银行、中国实业银行、中国国货银行都受国民党官僚资本控制,成为国民党官僚资本金融体系的附庸,俗称"小四行"。

这一时期除以"四行两局"为核心的国民党中央官僚资本金融体系以外,各省地方官僚资本银行也继续有所发展。它们由各省地方军阀控制,除经营普通银行业务外,还要代理地方政府金库,往往以发行地方钞票为弥补地方财政亏空的主要手段,有不少还兼营多种工商事业。例如,山西省银行是山西军阀阎锡山进行军阀割据的财政支柱,它发行的纸币称为"晋钞",其流通范围随着阎锡山势力的扩张或收缩而扩大或缩小。1929年阎锡山联合冯玉祥、李宗仁等进行倒蒋战争,战事开始后"晋钞"曾随同军队流进华北诸省和中南、华东部分省区。倒蒋战争失败后,"晋钞"的流通范围又退缩回山西,并造成山西近代史上的第一次恶性通货膨胀。1932—1937年间阎对山西省地方经济进行了锐意整顿,并改组了山西省银行,整顿了币制,山西省城乡经济有了一定的发展,山西省银行也进入其发展鼎盛时期,到1936年底其资本总额增至2 000万元,存款总额为2 121万元。四川省也是国内较早设立地方官银行的省份,1933年刘湘统一全川后逐步改组成立了四川省银行,使其享有发行辅币券和代理公库等特权,其业务经营标榜以"调剂全川金融,扶助经济建设,开发生产事业,促进农村复兴"为宗旨,其各项业务在全国省地方银行中常名列前茅。在北洋政府时期尚未设立省银行的湖北、江西、陕西等省在这十年中先后设立了地方金融机构。到1935年时,全国除东北外,各省市地方银行已有25家,分支机构331处,资产总额达到44 750万元,成为官僚资本金融体系中一部分不可忽视的力量。

3. 发展国家产业资本

南京国民党政府不仅在金融方面要建立国家垄断资本体系,在工矿交通业方面也强调建立国营企业,发展国家资本主义。在1928年11月国民党中央政治会议通过的《建设大纲草案》中规定:"凡关系全国之交通事业,如铁路、国道、电报、电话、无线电等;有独占性质之公用事业,如水电、商港、市街、城市公用事业等;关系国家前途之基本工业及矿业,如钢铁业、基本化学工业、大煤矿等,悉由国家经营之。"其后的一些政策文件中也一再强调要用国家资本来控制重要的工交事业。

由于当时内战不已,国民党政府特别重视军事工业。其兵工厂中实力最强者有汉阳、巩县、济南、华阴、金陵、上海6家,号称六大兵工厂。30年代国民党政府所经营的军工企业分属多家政府部门管辖,其中主要有:兵工署系统的兵工厂10余家,军需署系统的被服、粮秣、炼钢、化工等企业16家,海军部系统的造船、飞机等企业和工程处10个单位;航空委员会所属的飞机修理厂3处。

国民党政府于1928年分设交通、铁道两部,交通部主管全国邮政、电政、航政及监督民办航业,铁道部主管铁道和公路;于1930年将工商、农矿两部合并为实业部,作为管理全国工矿农商等实业行政事务的最高机关；1928 年成立了直属中央政府的"建设委员会"，其主要任务是"经营国有事业及计划建设方案，并指导一切实施之责"；1933年又成立直属中央政府的"全国经济委员会"，作为"统筹全国经济事业"的总机关；1935年将原国防设计委员会改组为"资源委员会"，隶属于军事委员会，成为调查控制全国国防资源及经营国家重要工矿企业的经济机构。这些部门都是国民党政府用以进行国营经济事业的主要机构。从这些机构的设置和职能变化上可以看出，国民党政府机构重叠、政出多门的弊端在国营工矿交通等部门表现也十分明显。

在全面抗战爆发前，上述机构分别都制定了各自的兴办国营企业计划。例如，实业部于 1933 年制订的《实业四年计划》中，要兴建中央机器厂、中央钢铁厂、酒精厂、造纸厂和植物油厂等；建设委员会也提出要建立国营电厂，加强电力建设的计划。这些计划落实的不多，但是总算有一定成绩。1937 年前，实业部在武汉创建了官商合办的中国酒精厂，与川鄂湘皖赣浙六省政府及一些油商等合办了中国植物油料厂；建设委员会也靠行政力量接管地方企业和吞并私人企业，以此为基础建立了首都电厂等少数企业；全国经济委员会在宋子文（宋又兼任中国银行董事长）掌管后，延揽国内一些大银行和个人集股组建了"中国建设银公司"，作为经济委员会的投资机构。中国建设银公司投资建立了川黔铁路特许公司、华南米业公司、中国国货联营公司等，吞并和控制了广东银行、中国保险公司、南洋兄弟烟草公司等一批官营或民营的企业；全国经济委员会还对全国公路建设作了总体规划，并直接主持修筑西北公路等；铁道部在扩展国有铁路的基础上力图恢复并发展铁路联运；交通部成立了中国航空公司和欧亚航空公司，接管了轮船招商局等，其管辖的邮政电讯等成为国营企业中效益高的部门；资源委员会成立时间虽然较晚，但是其经济活力及所建立的工矿企业却超过了其他经济机构。到 1937 年抗战爆发前，资源委员会已建立了中央机器厂、中央电工器材厂、中央无线电机制造厂、中央炼铜厂、中央钢铁厂、锑业管理处、钨业管理处等 20 多个实体企业；资源委员会在技术引进和人员培训方面也做了大量工作，这些对于抗战期间大后方军事工业的发展有着重要的作用。[10]

注　释

1.《中国工业建设会发起旨趣》，见《民声日报》，1912 年 2 月 28 日。

2. 参见民国二年工商部出版的《工商会议报告录》。

3. 沈家五编：《张謇农商总长任期经济资料选编》，第 8～9 页，南京，南京大学出版社，1987。

4. 沈家五编:《张謇农商总长任期经济资料选编》,第 12 页。

5. 沈家五编:《张謇农商总长任期经济资料选编》,第 348～352 页,南京,南京大学出版社,1987。

6. 宋子文(1894—1971),广东文昌(今属海南)人。年轻时留学美国,获哈佛大学经济学硕士学位,哥伦比亚大学博士学位。1923 年任孙中山英文秘书,后主管国民党财务。1924 年在广州创办中央银行,任总裁。1925 年任国民政府财政部长。1928 年任国民政府财政部长、中央银行总裁,1931 年任国民政府行政院副院长兼财政部长,主持整顿财经,并通过谈判收回关税自主权。1934 年任中国银行董事长,1936 年 12 月谈判解决西安事变。1940 年出使美国,1942 年担任国民政府外交部长,次年与外国谈判收回各国在华的治外法权。1944 年 12 月任代行政院院长,兼任外长。1945 年出席联合国大会任中国首席代表。1947 年辞去行政院长职,任广东省政府主席。1949 年去香港,后移居美国。

7. A. N. 杨格著,陈泽宪等译:《一九二七至一九三七年中国财政经济情况》,第 276 页,北京,中国社会科学出版社,1981。

8. 国家资本主义因政权性质不同,有不同的性质,但它们仍有共性,即国家通过资本手段或运用资本形式,从事经济活动。

9. 国民党政府 1928—1935 年间为垄断全国金融和经济而建立的中央银行、中国银行、交通银行、中国农民银行这四行和邮政储金汇业局、中央信托局这两局的官僚资本金融体系的简称。

10. 陈真等:《中国近代工业史资料》,第三辑,第 835～839 页,北京,三联书店,1961;郑友揆等:《旧中国的资源委员会——史实与评价》,第 41 页,上海,上海社会科学院出版社,1992。

第五讲
国内市场与商人资本的发展变化

思考题

1. 为什么说近代中国市场发育极不完全？
2. 论述清后期进出口商业网的发展及其对社会经济的影响。
3. 论述近代中国金融业新旧更替的历史过程，试分析发生新旧更替的主要原因。

一、国内市场的扩大及其局限

国内市场的扩大,是传统经济向市场经济过渡的必然表征。甲午战争以后,随着中国的进一步对外开放,交通条件的改善,近代工业的发展,农产品的进一步商品化,中国国内市场也有明显扩大。

农产品一直占据旧中国市场的最大份额,它的市场变动对国内市场交易量有极大的影响。吴承明等广泛考证了各种资料后指出,中国粮食商品率在 1840 年时为 10%,1894 年为 15.8%,1920 年为 21.6%,呈不断提高趋势;但粮食商品量的增长速度落后于经济作物;粮食、茶叶、蚕茧、棉花等主要农产品的商品值按不变价格计,1840—1894年年均增长率不足 1.3%,但比起鸦片战争前已大大加速,1895—1920 年间年均增长率为 1.6%,1920—1936 年间约为 1.8%,这表明近代农产品商品化虽呈加速度发展,但是总的进展速度还很慢,不能与工业的发展相适应。这一时期国内各地农产品商品化的程度也极不平衡,一般来说通商口岸附近和铁路沿线地区的农产品商品化程度明显高于全国平均水平。

吴承明等认为这一时期埠际贸易额不仅包括了全部进口商品和出口商品,也包括了绝大部分内地贸易,他们算出中国埠际贸易额从 1840 年至 1894 年半个多世纪里由5.6 亿元增至 14 亿元,增长了 1.5 倍,年增长率为 1.8%;而从 1894 年至 1920 年这 26年间由 14 亿元增至 70 亿元,增长了 4 倍,年增长率约 6.4%。从前后两期年增长率的比较可以看出,进入 20 世纪后中国国内市场确实有了明显的扩大。他们还对 1920、1936 年国内市场商品值进行了估算,见表 5-1。

表 5-1 显示,1920—1936 年间国内市场商品值增长了 82.1%,年增长率为 3.8%,剔除物价上涨因素,实际增长 54%,年增长率为 2.7%。相对 20 世纪初的情况,20 年代以后增长率不高,主要是由于这一期间世界经济大危机也波及中国,造成中国国内自1931 年起长达数年的经济萧条;从 1931 年起日本帝国主义侵占中国东北,使国内市场交易量丧失 15%～20%;官府的财政搜刮加重,内战连年不息,水旱灾害频仍,农村破产等,也限制了市场交易的扩大。

这一期间近代化制造业产品所占国内市场商品值的比重,从 1920 年的 9.6%增至1936 年的 16.5%,增幅颇大(但是,它包括了外资在华工业在内,外资厂约占中国境内工厂产值的 35%)。同期,手工制造业产品所占的比重由 32.2%降为 25.5%,降低幅度与近代化产品增长的幅度大致相符。这也许从一侧面反映了中国工业化的进程。然而,值得注意的是,农产品所占市场商品值的比重不但没降,反而从1920年的42.3%

表 5-1　国内市场商品值估计

	1920 年		1936 年			
	当年价格（亿元）	比重（%）	当年价格（亿元）	比重（%）	可比价格（亿元）	比重（%）
农业产品	39.08	42.3	75.33	44.8	61.14	43.0
手工制造业产品	29.75	32.2	43.86	26.1	36.34	25.5
近代制造业产品	8.83	9.6	28.31	16.8	23.45	16.5
矿冶业产品	2.91	3.1	4.96	3.0	4.11	2.9
国内生产商品合计	80.58		152.46		125.04	
进口洋货	11.88	12.8	15.61	9.3	17.15	12.1
全部商品总计	92.46	100	168.07	100	142.19	100

说明：1.近代制造业产品，原表为"近代化工厂产品"，因有读者把"化工厂"连读，造成误解，故而改之。2. 1936 年数仍包括东北在内；1936 年可比价格是将当年价用 1921—1936 年的物价指数修正而成，其中农产品指数为 123.3，工矿产品指数为 120.7，进口商品指数为 0.91。

资料来源：据许涤新、吴承明主编《中国资本主义发展史》第三卷第 224 表改编。

增至 1936 年的 43.0％。也就是说，整个市场（包括东北）上农产品与工矿业品的比率反而恶化了，如不计进口货，1920 年是 100：106，1936 年是 100：102，其趋势难以令人乐观。[1]

除了前面已提到的有关 20 世纪二三十年代限制国内市场发展的若干素因外，我们还应当对甲午战争后至抗战前长期制约中国国内市场发展的局限性择其重要者作一点简要分析。

首先，对民族资本企业而言，这个有所扩大的国内市场有相当一部分被外国资本所分割。外国舶来品和外厂制品给中国工业品市场造成了极大的压力。

表 5-2 反映了三种主要工业品市场上外国资本主义产品占据优势地位的情况。其他如毛纺织品、火柴、卷烟、水泥等商品市场都是这样。[2]

其次，近代中国市场**发育极不完全**。在这个市场上**长期以来没有统一的货币**。市场上使用的通货中既有银两又有银元，还有各种铜币和纸币等等。单就银两一项而言，全国各地银两，因其重量及成色各不相同，有近百种标准。即使在同一个地方，"因有各种不同交易，恒有各种不同银两"。[3] 由于币制混乱，造成了内地汇价悬殊。例如，由江苏汇款至甘肃，沿途各种银两之间的兑换竟达 9 次之多，每转换一次均须付 0.5％的好处费，而"兑换率上所得的好处"，还没有计算在内。[4] 这个市场上也**没有统一的度量衡**。

表 5-2   煤、棉纱、面粉市场比例

	煤 1913 年		棉 1903 年		纱 1908 年		面粉 1913 年	
	实数 (千吨)	%	实数 (包)	%	实数 (包)	%	实数 (万包)	%
中国	5 743	39.41	129 500	11.31	223 500	23.93	2 036	37.87
华商厂矿产量	5 743	39.41	129 500	11.31	223 500	23.93	2 036	37.87
外国	8 828	60.59	1 015 400	88.69	710 510	76.07	3 340	62.13
进口量	1 691	11.61	912 400	79.69	607 510	65.04	674	12.54
在华厂矿产量	7 137	48.98	103 000	9.00	103 000	11.03	2 666	49.59

资料来源:"煤"、"棉纱"见汪敬虞:《中国近代工业史资料》,第二辑下,第1157页;"面粉"见《中国近代面粉工业史》,第32页,1987。

各地方"各行各法,漫无标准"。"同一秤也,有公秤、私秤、米秤、油秤之分别",每斤定量自十二三两至二十余两不等。"同一天平也,有库平、漕平、湘平、关平之分别",自八九分至一两不等。"同一尺也,有海关尺、营造尺、裁衣尺、鲁班尺及京放、海放之分别",自八折至九折不等。这种种混乱,使得市场交易"奸弊丛生"。[5]

在旧中国市场上该有的规范没有,倒有过多的关卡和苛捐杂税,过重的交易费用。各地市场发展也极不平衡。上海等城市市场的发育在全国居超前地位,其门类较齐全,交易方式日益先进,现代市场运作所必需的金融、保险、中介服务机构等也有相应的发展。而广大内地的市场仍以传统方式为主,交易手段十分落后。

二、大宗商品流转模式及其对工农产品价格的影响

1. 大宗商品流转模式

当时中国市场上流转的大宗商品主要有棉布、棉纱、大米、小麦、棉花、烟叶、面粉、糖、蚕丝、茶叶、卷烟、煤等。近代中国大宗商品的流动,直至 20 世纪 30 年代后期仍然以上海等几个大口岸为主要运销地。[6] 当时中国大工业主要是集中在上海等口岸城市,进口的外国工业品也是通过通商口岸流向内地市场,而农产品及手工产品中的大宗交易也多是由内地市场集中销往通商口岸城市。总计 1936 年中国埠际贸易值中,**70%左右是在上海、汉口、天津、青岛、广州这五大商埠之间流转**。这些商品流转大体可分为两大类型:第一类是**工业品由沿海通商口岸流向内地**,第二类是**农产品及农产加工品由**

内地流向沿海通商口岸。这一大宗商品流转的基本模式在近代中国长期未变,这恰恰说明了近代中国国内市场的半殖民地半封建性质。[7]

2. 商品价格结构

这一商品流转的基本模式对近代中国市场价格结构也有着重要影响。工业品主要由沿海通商口岸流向内地,因而**工业品的价格水准是在通商口岸决定**的。它们经过批发、转运、零售等各种环节销往内地和农村,每个环节都要加上运销费用、商业利润、利息、捐税等,所以它们是**逐级加价**的。农产品及农产加工品的长途运销主要是由农村和内地流向通商口岸,但是它们的价格水准也是由通商口岸这一头决定的,为了扣除运销费用和商业利润、利息、捐税等,在各流通环节中,它们是**按已定的价格逐级被压价**,最终**农民成为价格损失的主要承受者**。

进入长途运销的**农产品和农产价格品虽然基本上是供国内消费,但其价格水准也由通商口岸这一头决定,并受国外价格的支配**。以大米为例,上海市场上国米远远多于洋米,但洋米价格低于国米,因而国米价格受洋米支配。上海米价又影响安徽、江西、湖南等地的米价。在 20 世纪 30 年代上海小麦市场上,洋麦价格对上海麦价的支配作用比洋米对上海米价的作用更大。这是因为美国小麦过剩,对华倾销,已在上海市场具有了垄断性。1930—1932 年间美国麦价下降了 40% 多,虽然这时中国小麦歉收,按理麦价应涨,但上海麦价(汉口货)仍然随美麦下降了 24% 还多;1933—1936 年间,美国麦价上升了 48.6%,上海麦价也随之上升了 47%。其他如棉花、茶叶、生丝等情况也大致如此。

工农业产品交换比价问题涉及工农业劳动生产率的差异等,也与市场结构与价格结构有关。在近代中国的商品流通中,**工业品逐级加价,农产品逐级压价,势必对农业极为不利,使中国农业成为资本主义发展的牺牲品**。20 世纪 30 年代的中国农业危机和农村破产,就是这种不等价交换结果的集中表现。

这种价格结构不仅造成农村的输出不能抵偿工业品的输入,即**农村对城市的负债**,也造成内地省份的入超,即**内地对沿海口岸的负债**。以四川为例,其输出以农产品为主,输入以机制工业品为主。这种贸易结构使得该省贸易长期入超,1891—1910 年间年均入超 400 万关两,1911—1920 年间年均入超升为 700 万关两,1925—1930 年间增至 1 500 万关两。其他如云南、广西等内地各省,同样都是长期入超。[8]这种农村对城市的负债及内地对沿海口岸的负债问题,在旧中国经济体制内得不到解决,长期积累日益严重,加剧了中国城乡之间,内地与沿海之间经济发展的不平衡,到 20 世纪 30 年代造成农村金融枯竭,使广大农民贫困化程度加深,"三农"问题更加严重。

三、新式商业的崛起与商业的三重结构

随着国内市场进一步扩大,各个通商口岸城市及沿海至内地商路沿线城镇的商业进一步繁荣,中国商业行业与商人组织也随之发生了明显的变化。

1. 新式商业的崛起

由于中国许多旧有的手工业制品因敌不过外国同类机制品而日趋衰落,经营这些手工制品的商业行业也随之衰落。与此同时,因进出口贸易发展而产生的一些新商业行业逐渐壮大起来。例如,洋铁、洋针、火柴等洋货的进口,挤垮了中国的土铁、土针、火石等,原来经营这些土产的商业迅速衰落,而经营洋铁、洋针、火柴等洋货的商业迅速发展起来;同样,随着洋纱洋布输入的增加,经营土纱土布的商业逐渐被经营洋纱洋布的商业所取代;从事收购羊毛、牛皮、烟叶、豆类等新出口土货的商业组织也逐渐发展起来。[9]这种商业行业的变化一般先是在通商口岸发生,然后又逐渐向内地城镇推广。

在这一时期活动于中国商业领域的形形色色商人组织也有所发展变化,其中有三方面变化值得注意:一是外国资本势力更深入到华商组织之中;二是商人组织之中的专业分工更加细化;三是商人行业组织也有所发展。

19世纪70年代中西贸易方式和金融周转方式的改变,为大批小洋行进入中国提供了有利条件,买办及一些华商与外国侵略势力的联系有了进一步的发展。一些买办为了托庇外国人,采取了多种方式,其中最彻底的办法就是取得外国国籍。他们在香港只要花5元银币向英国殖民当局登记,就能取得临时性英国臣民的身份,受到英国政府的保护。取得这种身份的人越来越多。当时有人曾说:"通商口岸,洋行如林,其真正洋商东家,十中不过一二,而挂洋行牌子,则比比皆是。"[10]在经营洋布的华商中,也有的为了经营上的方便及逃避清政府的苛捐杂税,向外国领事馆申请加入外籍,挂起洋商招牌,这在厦门较为突出。[11]许多买办和华商还附股于外商在华企业,这种情况在进入19世纪80年代以后达到了"热狂"的程度。据初步统计,在19世纪所有华商附股的外国企业资本累积在4 000万两以上。其中有些企业中"华股"占了很大的比重,不少企业"华股"占公司资本的40%,琼记等洋行的"华股"占了一半以上,烟台、怡和等外商丝厂的"华股"占60%以上,而在大东惠通银行和中国玻璃公司中"华股"的比重则高达80%。[12]

与洋行、买办势力紧密联系的进出口商业网也有了很大发展。进口洋货的运销商业网,在 19 世纪 70 年代以后逐渐遍布全国。这时,不仅在口岸城市出现了主要经营或专营某类洋货的新型进口商业行业,如洋布商业、五金商业等,一些内地商号也在上海等口岸常驻设庄,采购贩运洋货。也有一些洋行和买办直接与内地华商挂钩,推销洋货,例如大进口商仁记洋行进口各种牌号的洋布,单在芜湖一地就有 7 家华商字号与其挂钩经销,其中一部分洋布还转运到汉口。在镇江、宁波、汉口、九江、福州、厦门、芜湖等口岸,洋商、买办及与之联系紧密的华商,利用子口税制度来大量贩销洋货。[13]

　　进入 20 世纪后,中国新式商业发展最快的城市仍然是上海。上海的新式商业发展有其有利条件。**上海已成为全国近代化程度最高的城市,成为全国近代工业中心。它有全国最大的海港,有全国最先进的城市设施;铁路和公路使它从陆路通往江浙以及更远的内地,内河、长江、沿海和外洋四大航线使它从水路与国内外相连;20 年代龙华机场和虹桥机场的修建,又使它进一步跨入了水、陆、空立体交通的时代。**北洋政府统治时期,上海是全国南北两大金融中心之一。国民党政府在南京成立后,上海成为全国重要金融单位首脑机关的集中地,上海已不仅是全中国最大的金融中心,而且在远东也是数一数二的国际金融重镇。它不仅是**全国最大的外贸口岸,同时也是全国最大的内贸中心,**其通过海关的年内外贸易总额在 1894 年时有 3 亿多关两,到 1927 年时已超过 16.5 亿关两,此后仍然在不断增长,市场流通的商品品种也大大增加。随之而来的是上海万商云集,商业更为繁荣,竞争更为激烈,商业的资本主义化更为明显。

　　19 世纪末到 20 世纪初,上海一批原有的洋广杂货铺开始**逐渐向现代的百货商店方向发展,百货、西药、五金等更加纯粹的资本主义商业行业已经形成,并逐步向各地扩散。**1917 年旅澳华侨马应龙等在上海创办了先施百货公司。它设有 40 多个商品部,销售 10 000 多种商品,其规模和营业状况使先期开设的几家外国百货公司望尘莫及。1918 年旅澳华侨郭乐等也在上海开设了永安百货公司。永安的经营规模与先施差不多,其经营方针是要"选办环球物品,搜罗改良国货",以"振兴中国商业,挽回外溢利权"为宗旨。以后相继又有新新、大新等大型百货公司在上海开设。先施、永安、新新、大新等都是股份公司,以集股方式筹集零散资金,成为上海百货商业的巨头。它们内部管理组织严密,经营方式灵活,商店设施先进,成为上海百货业的样板。与此同时,一些中小百货商店也不断增设,在 1925 年时上海百货行业的户数已达 400 家左右,比 1894 年以前增加两倍以上。上海的棉布布业也由于内地棉布商号纷纷来沪设庄购布,有了更大的扩展,总户数由 1900 年时的 130 多家发展为 1925 年时的 450 多家。西药、五金、饮食业等行业的商号户数、资本额、营业额和从业人数等也都大大增加。

　　随着民族资本主义工业的发展,一些工业企业在上海设立发行所、分销处、外庄等销售机构,这也是一种新式商业。

据 1928 年版的《上海商业名录》所记,当时上海商业字号约有 6 000 户,可分成数百种商业行业。从总体上看,它们的集资方式、经营方式等都更加现代化了。

民国时期,上海又较早地产生了被人们称作"市场之市场"的**物品交易所**,如上海华商棉布交易所、上海面粉交易所、上海杂粮油饼交易所等等,它们使物品交易集中一地,价格得以平衡,使流通更为灵活,市场更为活跃。物品交易所的产生,是上海商业进一步现代化的重要标志。

广州、天津、汉口等口岸城市新式商业的发展也紧随上海之后。在其他非通商口岸的城市,商业的新变化主要表现在与推销洋货及收购土产有关的商业行业的繁荣。一些城市过去兼营洋货的商号,清末民初已逐渐把经销洋货作为主要业务,有的干脆改称洋货店;有的城市也出现了专营洋布、洋烟或其他某种洋货的商号。[14]民国时期,通商口岸那种民族资本主义工业企业自设销售机构或与商业字号联营的新商业形式也扩散到其他城市。例如,无锡茂新面粉厂就曾于 1917 年与嘉兴、湖州增华公司联营,在两地推销茂新面粉。总之,清末民初各地新式商业都有了不同程度的发展。

2. 商业的三重结构

清后期,中国商业组织中已形成了楔入中国国内市场的外资商业、在通商口岸及其他城市的华资新式商业、中国广大内地乡镇和农村的传统商业这三重结构。这种结构在民国时期又有较大发展。

清末民初中国商业的三重结构里,**外资商业在作为近代商业主导的进出口贸易领域占据优势地位**。在进出口贸易中,洋商与华商相比,除了他们在国际市场上的经验及他们与西方厂商之间较密切的联系以外,他们还具有以下三方面的优势:

首先,洋商享有不平等条约给予他们的政治特权。为了更多地利用华商为口岸与内地市场之间的进出口贸易服务,外国侵略势力迫使清政府于 1896 年又准许华商请领土货外销三联单。这样,子口税特权及经营外贸商品的利润使越来越多的华商卷入进出口贸易的旋涡,而由于中国官员对领取单照的华商常常阻滞留难,子口半税单照大半是由买办通过洋商获取的,卷入子口税单贸易的华商因而受洋商、买办的控制。

洋商在与华商交易时也常常利用他们的政治特权欺压华商。例如,1909 年天津法商立兴洋行曾经通过清政府逼迫华商提取成色低于货样的洋货;上海的华商字号在与洋商发生商务纠纷时,也常在外国领事裁判权制度下受洋商的欺压。[15]

其次,洋行、买办势力在资金方面的地位也往往比华商优越。洋行、买办的资本相对较大。特别是一些大洋行以及后来进入中国的国际垄断资本,他们所拥有的资本力量使一般华商望尘莫及,从而可以凭借雄厚的资本力量加强对华商的控制。例如,在茶叶贸易中,中国茶商往往要以茶叶为担保向洋行借款,周转经营。在贷款来源少、利息高、期限短的条件下,中国茶商手中的茶叶,往往等不到茶市行情对他有利的时刻,就不得不压价出售以偿债。在湖广产茶区做过总督的张之洞曾说:中国茶商"由于资本不足,重息借款。更有全无资本,俟茶卖出以偿借债者。洋商渐知其弊,于是买茶率多挑剔,故抑其价。茶商债期既迫,只求速销偿债,而成本之轻重,不能复计"。洋商则可以利用外国银行系统为其融通资金。各国银行通过国际汇兑、进出口押汇、打包放款、信用透支及外汇结算等多种方式给外商以资金周转方面的支持,使之得以在中国顺利地扩大商品推销及原料搜购。外国银行还用发放贷款的方式资助外商。其发放贷款的原则是"三个为主",即以外商企业为主,各该国在华企业为主,进出口业为主,这样就直接加强了洋行对中国贸易的控制。

另外,由于海关、商检、航运、保险等诸多与进出口贸易有关的环节都被外人把持,把持这些环节的洋员在验货、估价、课税等方面往往对华商百般留难,而对洋商则极力给予方便。[16]铁路运价、路务规章等由控制各路的各国资本制定,也常发生优待外商、歧视华商的现象。这些重要环节被外人所把持的结果,也加强了洋商对中国进出口贸易的控制。

在广大内地乡镇市场上,传统的商业渠道和交易方式仍然存在。全国各地**农村定期集市**约有 70 000 多个,它们在 20 世纪初仍然是农村市场的骨架。中国广大农民因为资金短缺,运输手段落后,并缺乏相应的市场营销知识等,他们同外界的经济联系仍然主要依靠传统商业进行。

洋商及通商口岸等城市的华商收购农村土产,需要依靠中国乡镇的传统商业组织;洋货及国产机制工业品渗入农村市场,同样也要依靠传统商业。由于在中国内地和农村,原有的商业流通网几乎不加改变就可以适应新的商品流通的需要,因此只要改善交通条件,贸易量就会大增。19 世纪末 20 世纪初,随着中国市场的进一步开放,中国交通条件的逐步改善,中国内地乡镇和农村市场已经在不同层次上同进出口贸易相关联,传统商业已经同楔入中国国内市场的外资商业、华资新式商业环环相扣、彼此呼应、互相制约的关系。这种关系反映了半殖民地半封建条件下中国商业的复杂性和过渡性。[17]

四、金融业新旧势力的盛衰更替

伴随近代国内外贸易发展,中国金融业在资本加速增长的同时,内部运营方式及组织结构等也出现了新旧更替。

1. 钱庄业的变迁

近代外商来到中国通商口岸进行贸易活动时,要遇到不同货币的兑换及财务清算问题,他们只能依赖当地的中国钱庄来协助解决这类问题。例如在上海,钱庄成为外国洋行与内地商人之间的"联结器",它们帮助鉴定金银、兑换货币、融通资金和清算财务等。有时华商向洋行进货时,没有足够的现金,洋行又不了解中国商人的资信,不能赊销,华商就通过钱庄开出 5～20 天期的庄票付给外商,外商届时向钱庄收款。而华商须待洋货出售后再付本息给钱庄。钱庄的庄票,特别是远期庄票,被洋行接受,对买卖双方都提供了便利。随着贸易的发展,通商口岸钱庄业务扩大,往往需要外国银行的贷款,对外国银行的依赖加深。

清后期钱庄多为合伙制,也有一些是独资经营。它们的规模不大,一般无分支机构,但是有些股东往往同时在多家钱庄入股,使得这些钱庄形成一种连枝关系,业务经营上互相配合。上海钱庄因资力大小不同,有汇划庄(或称"大同行")和非汇划庄("小同行")的区别。汇划庄在开业前,必须加入"内圆钱业总公所",并交纳会费,即所谓"入圆钱庄"。它们享有发行银票、钱票和代售票据的权利,办理存放款、贴现以及汇划签发庄票、汇票等业务。非汇划庄因资力小,不得参加钱业总公所,但它们一度也纷纷签发庄票,以致发生了倒闭后无法收款之事。1863 年,上海钱业同行为了维护庄票的信用,公议规定对非汇划庄的庄票"概不收用",[18] 这样就排除了非汇划钱庄庄票的流通。

清末民初,由于社会动荡、金融投机盛行、外商金融诈骗及政府举措失当等原因,大大小小的金融风潮频繁发生,给社会经济造成了一次次的冲击和破坏。钱庄业因其对外国银行势力的依赖性强,投机性强,受金融风潮影响较大。以上海为例,清末对上海钱庄业的破坏较重的,有 1897 年的"贴票风潮"和 1910 年的"橡皮股票风潮"等。

1897 年,上海市面现款紧缺。上海协和钱庄首创以"贴票"吸引存款的方法,即凡以现金 90 元存入钱庄者,钱庄当即开给一纸面额为 100 元的半月期庄票,半月后可持票换取现金 100 元。由于这种办法吸收现金容易,很快推广开来,有些投机商还专门开设了经营贴票的钱庄。当时仅法租界公馆马路一带就开设了 50 多家这类贴票钱庄,其他地方的贴票钱庄也不少,甚至有在弄堂口粘贴一张牌号就经营贴票者。经营贴票的钱庄不按常规经营,竞相以高出市场上一般水准的利率为诱饵来吸引居民持币购票。各钱庄起初因贴票数额小,移东补西,尚可如期兑付。后因贴票数额越来越大,利率越来越高,终于发生了到期不能照付现款的情况。消息一传开,大家纷纷要求提款,投机商们的破绽马上暴露,市面越加恐慌,形成金融风潮,人们称它为"贴票风潮"。在这次风潮中,贴票钱庄相继倒闭,几乎全部倾覆。购买贴票的居民们叫苦连天。不少没做贴票生意的钱庄也有受提款浪潮的冲击而搁浅的。

"贴票风潮"过后几年，由于中国被迫支付"庚子赔款"给列强，每年各省要将巨额赔款集中于上海的外国银行，外国银行可周转的资金增加，因而对钱庄的拆款也增加，上海钱庄的实力逐渐恢复起来。1908 年，英商麦边等在上海成立公司，乘世界橡胶价格猛涨之机，鼓吹经营橡皮可获巨利。在他们的欺骗下，投机者风起云涌，人们争相向钱庄借钱购买橡皮股票，钱庄本身也受诱惑，在该项股票上投入巨资。汇丰、麦加利、花旗等外商银行亦破例做该项股票的押款，十足兑现，橡皮股票越炒越热。至 1910 年蓝格志股票市价被炒到超出面值的 20 多倍。麦边等外国骗子乘机抛出股票，携款卷逃。同时，外商银行也停止受押，并追索贷款。顿时橡皮股票价格一落千丈，成为废纸，持票人纷纷破产。1910 年 7 月，购入和受押橡皮股票为数巨大的上海正元、兆康、等钱庄倒闭，引起连锁反应，酿成巨大风潮。这是一次由外国骗子的诈骗行为而造成的金融投机风潮，史称这次金融风潮为"橡皮股票风潮"。

"橡皮股票风潮"中，约占半数的上海钱庄接连倒闭，当时外商银行还握有倒闭钱庄签发的庄票，它们纷纷持票向清政府要求索赔。清政府的上海道只得向汇丰、麦加利、德华、道胜、正金、东方汇理、花旗等外商银行借外款 350 万两，来清偿外商银行所持倒闭钱庄庄票。上海道另拨道库官款 300 万两，借给源丰润等几家主要的银号和钱庄，以稳定市面。这一措施暂时缓和了上海金融市场的颠簸程度。[19]但是到了 9 月，正是每年缴付"庚子赔款"之期，上海道库竟然"库空如洗"，清中央政府严令上海道缴款，上海道只得向贷用官款的源丰润等庄号火速催还官款。源丰润周转失灵，于 10 月 8 日宣告清理，它设在北京、天津、广州、杭州、宁波、厦门等地 17 处分号也都同时闭歇。因源丰润一向以资力雄厚、信誉卓著见称，它的倒闭引起上海、北京、天津、苏州、杭州、宁波、广州等地金融市场再度恐慌，仅北京就有 16 家钱庄受牵累而关门；上海则"庄汇不通，竟如罢市"。延至次年 3 月，又有大票号义善源因受源丰润倒闭的牵累，虽经各方罗掘，尽力支撑，终于破产，其各地 19 家分号也随之闭歇。与之相往来的各地商号和钱庄等又一次受到不同程度的牵累和损失，钱庄业出现暂时的中落景象。[20]

民国初年，特别是第一次世界大战爆发后，民族工商业有了进一步的发展，钱庄业也在新的历史条件下再度繁荣。以上海为例，在 1912—1926 年间上海钱庄数目由 28 家上升到 87 家，而资本增加了 11 倍多，每家平均资本额也由 3.8 万两增至 15.4 万两，可以说，这一时期是钱庄业的"黄金时代"。[21]原来和产业界联系甚少的钱庄，这时也开始面向民族资本的工业企业。这个时期的钱庄欠款，大多改变过去单凭个人信用的旧习，趋向实物抵押放款的新规。这对借贷双方关系的巩固和资金投放的有效运用，都起了促进的作用。

其他地方的钱庄也有所变化,如济南的钱庄中创设于清朝的一般资本小,经营上较为守旧,而民国期间创立的钱庄数量较多,已占当地钱庄的 60%;规模较大,资本一般达 5 万元,甚至有达 30 万元的;在经营上也"多有种种新气象","其所经营之事业,多只限于普通之银行业务,如借款、存款等,鲜有从事于投机事业者"。在内地及在一些中小城市,如长沙、芜湖、绍兴等,钱庄的势力仍然很大,当地的金融机关仍以钱庄为中心。

2. 票号的盛衰

19 世纪中叶时,有些票号除了经营商业汇兑外已开始经营存放款,逐步发展为全面承担借贷和汇兑业务的金融组织。这时票号与清政府的关系进入新阶段。清政府过去财政制度规定,各地运往北京的"京饷"和拨交邻省的"协饷",都必须由官兵押运现金,严禁商人参预其事;即使在国内汇兑事业已普遍开展的情况下,也不准交商汇兑,违者要受惩处。在太平天国战争刚开始时,这种官府运现制度仍被严格地执行着。到 60 年代清军与太平军进入决战阶段时,长江流域不断发生激战,北方又有捻军在打击清军,交通阻塞,各省无法按照旧例运送现金,清政府不得不于 1862 年准许户部请求,改变旧法,利用票号的资金和汇兑网来解决饷银调度问题。

太平天国战争以后,票号与清政府的关系由于京、协饷的汇兑而逐渐加深。据不完全统计,自 1862 年到 1893 年这三十一年间,各省通过票号汇兑到北京的京饷累计有 6 158 万两以上,交由票号汇兑到陕西、甘肃、新疆的协饷约有 460 多万两。票号与清政府其他方面的金融往来也不断加深。19 世纪 70 年代清政府发动的洋务运动进入了全面开展阶段,各省协济洋务的经费汇兑、洋务企业之间的资金往来等等,也往往通过票号来周转。在协助清政府汇兑京、协各饷过程中,票号每年都要经手一笔笔为数巨大的流动资金,这对于票号业务发展和运营能力的增长,起着难以估量的作用。[22]

票号的势力不断增强,而清政府因为连年战争及筹办洋务和宫廷床靡费,财政状况不断恶化。渐渐地,清政府不仅要依靠票号进行金融汇兑,而且常常还要向票号借贷了。60 年代至 70 年代清政府派左宗棠率领大军西征时,军饷协济常常接济不上,左宗棠就曾经多次依赖票号的贷款来应急。左宗棠对票号的贷款总是尽量做到"有借有还",极力保持信用。他曾经明确表示,他之所以"不肯爽约失信于华商票号者,正欲留此生路,为将来商借地步耳"。[23] 票号被左宗棠视为缓急之间的"生路",足以说明了它对西征军的重要作用。各地清军征讨、调遣时,类似依赖票号调剂军饷的事例有很多。[24]

平时清地方政府也常依赖票号的贷款以过难关。由于当时社会和经济的各种原因,清政府的地方税收常常收不足额,但是清朝廷对地方政府却严格规定了京饷上解期限,不准拖延,因此各地方政府常不得不依靠票号垫款汇解。有时票号还替清政府代办其他金融事务,逐渐获得了一种半官方的地位。票号与清政府的金融往来,都是通过当权的清政府官员和票号商的联系开展起来的。有的票号商与清朝地方官僚交往从密,甚至官僚调任也随行。晚清吏制败坏,票号商与地方当权官僚在互相利用的基础上相互勾结,官恃特权,将可以动用的公款免息或低息存入票号,使票号得以极低的代价运用巨额资金;而官吏将贪污所得存入票号,票号既付与优厚利息,又严守秘密。所以各家票号往往都与某一个或一批清朝官僚结成密切的私人关系。

总之,在清朝同治、光绪年间,票号的经营业务不断扩大,它们与清政府的关系日益紧密。票号业的经营原以商汇为主,到这一时期日益以官款为多了,票号的发展也随之进入鼎盛时期。从营业机构来看,到19世纪末20世纪初有30多家票号在北京设庄,分布在各地的票号分号约有四五百家。其中较大的票号如日升昌、天成亨、蔚泰厚等都有分号30多处。这一时期票号的盈利情况也很突出。山西祁县、太谷、平遥三帮票号每年营业资本一般都是十几万两,而每年盈利却在二三十万两之间。票号之所以能获得这样高额的利润,主要因为票号对官款存储大都不给利息,私人在票号的存款利息也很低,不过二三厘。票号常常以无息之存款转放,得利七八厘,甚至一分,由此获利甚厚。[25]

这一时期票号在各地贸易周转中的作用也日益重要。据1875年英国驻上海领事报告所说:上海"与内地各省的汇兑业务,以及中国人与通商口岸做交易开出的票据全部通过山西票号,这些票号多数在上海设有机构。他们的信用极高,他们还宣称可购入或售出国内任何地方的汇票。"[26]

上海当时内外贸易额不断增长,对金融流通的需求也在不断增加。上海钱庄在进出口贸易的金融调度上虽然发挥着重要的作用,但是钱庄的资力并不雄厚,直到19世纪70年代时大钱庄的资本也不过数万两。而票号的资本一般都是数十万两,远比钱庄雄厚,一些钱庄和商号常常需要票号的信贷支持。再加上票号采用分号往来制,在全国各主要商业城市都设有票号分号,可以直接通汇,从事进出口贸易的华商必须利用票号的汇兑网,在内地和通商口岸之间进行货款的收解。因此在19世纪60年代以后,上海洋货的内销及内地土特产向上海集中输出的过程中,常常需要钱庄和票号合作进行金融调度,票号在进出口贸易中的作用大大加强。

一位外国金融专家曾以上海洋货销往开封的金融调度过程为例,描述了内地商人采购洋货时依靠钱庄和票号合作进行资金融通的实际情况:"开封商人当得悉他所购买的货物须于某日付款若干之后,马上向他往来的钱庄开一张地方性的期票,交与当地山西票号的分号,向该分号买一张汇票寄与他的上海代理人。代理人把汇票送与山西票号在上海的分号,换取该分号的限于当地流通的期票,交与他的捎客。就开封商人的代理人而言,这一交易到此就结束了。代理人收到了货物,用通常的办法运往开封。至于向外国商人接洽并负责交货的掮客,当货物尚在洋行手中时,是不能从开封商人处得到货款的。他就要求和他往来的钱庄开出一张期票,用以支付洋行;洋行接到期票后就交出货物。然后他得到开封商人的期票,把它偿还给他的往来钱庄。此时交易对有关方面才算完全清结。"[27]

进入 20 世纪以后,由于清政府每年必须偿付大量的外债和庚子赔款,各省、各关每年必须因此按期上交一大笔一大笔的款项,这些巨额款项往往都要依靠票号汇兑,使得 20 世纪初票号业有了更大的发展。这种发展首先表现为票号汇兑的款额有了明显的增加。1906 年日升昌票号的 14 个分号办理汇兑银两达 3 222.5 万多两,平均每家分号收汇银两在 231 万两以上;1907 年蔚长厚汉口分号收交汇兑银两为 338.5 万两,其中商业汇兑占 93%以上。一家票号的分号一年所经手的汇兑款额已远远超过 10 多年前总号的全年经营额。这个事实有力地反映了票号力量的增强。票号业手中掌握了大量的运营资本,也开始向近代工商企业放款,显示了票号经营业务发展的新动向。

票号的经营区域也有了进一步的扩大。在 19 世纪后半期,票号的业务网络曾伴随国内外贸易的发展,在沿海和沿江口岸及其他经济较发达城市有了较大的扩展;进入 20 世纪后又进一步扩充到西北边陲以及东北一带,如西藏、宁夏、热河、黑龙江、吉林、锦州、长春等地创立了新的据点,而且还在香港和国外的朝鲜仁川、日本大阪、神户、东京设立经营地点,国内外设庄的地点已达到 100 个左右。

但是在另一方面,当票号业处在鼎盛时,其潜伏的危机已经逐步形成。票号在经营方针上带有较为浓厚的对封建王朝的依赖性和保守性。另外,票号业一向以经营国内汇兑为主,但是在这一时期,外国在华银行在垄断国际汇兑之余,已开始插手中国国内汇兑业务。中国新式银行业的兴起,也逐渐成为票号业有力的竞争对手,中国通商银行、户部银行、交通银行等已逐步将原来由票号把持的官款汇兑业务夺走。

面对这些新情况,一些头脑清醒的票号经理人向票号业主提出了警告,建议实行变革票号经营方式。但是这种改革倡议却遭到票号内部守旧势力的强烈反对,始终不得实现。

守旧的票号业在 1910 年上海橡皮股票投机和 1911 年源丰润银号破产所引发的金融风潮中,也受到牵累,遭到重大损失。而 1911 年辛亥革命,推翻了作为票号业靠山和最大客户的清政府。在随之而来的社会大动荡中,许多票号的银物被抢,据票业业向北洋政府提交的请愿报告所称,平均每家票号被抢现银 11 余万两,约占每家平均资本的一半,使得票号业损失异常惨重;另外,票号业过去放款大于存款,遇到战乱时放款难收而存款又被逼提,也使得一些票号搁浅倒闭。在这一连串的打击下,票号业由鼎盛迅速转为衰落。辛亥革命前票号总号有 26 家,到 1921 年时只剩下 4 家,10 年间倒闭了 80％多。此后尽管仍存有少数几家票号在极力支撑,但已经很难扭转整个票号业的衰落情景。

3. 中国新式银行业的兴起

甲午战后,要求自办银行以挽回利权的呼声很高,另外外商银行的高额利润对清政府也有很大刺激,因此经光绪皇帝批准,由盛宣怀招商集股,于 1897 年在上海设立了第一家华资新式银行——中国通商银行。其 250 万两开办资本中,盛宣怀等官僚股份及洋务企业招商局、电报局的股份占了大半。这一银行的存款也主要来源于官款,它刚一成立,户部就拨存 100 万两银以示支持,以后陆续有官款存入。清政府并授予该行发行纸币特权,发行银元券和银两券。盛宣怀还一再奏请清政府尽可能将官款汇兑业务交给通商银行办理,在他的努力争取下,通商银行的官款汇兑业务逐渐开展起来。清政府所借的铁路外债也都由它经手办理存汇业务。它与盛宣怀控制的招商局、电报局及其他一些洋务企业有较多的业务关联。总之,通过盛宣怀同清政府的种种联系,是中国通商银行初期得以立足的根本。

进入 20 世纪以后,新的华资银行不断设立。据统计,截至 1911 年止,共设立了 30 家华资银行,其中官办和官商合办的有 13 家。清政府甲午战后在各省普遍设立官银号、官钱局等,20 世纪有不少地方官办和官商合办的银行是由这些官银号、官钱局改组而成。清末设立的商办银行多数成立不久就停歇了,所以官办和官商合办的银行占据了主体地位。其中最重要的银行是户部银行(1908 年后改称大清银行)和交通银行。

户部银行于 1905 年 8 月在北京成立,不久又在天津、上海、汉口、济南、张家口等地设分行。它以股份有限公司形式组建,开办资本 400 万两,其中一半为清政府户部的官股,另一半由私人(外国人除外)自由认购。该行名义上是官商合办,实权操于官府手中,其正副总办均由户部派任。不过,该行在用人方面也注重聘请一些知名商人担任总行和各地分行的经、协理,利用这些商人逐渐开拓了业务。按照该行章程,它的营业项目为:"专作收存出放款项,折收未满限期票及代人收存紧要物件"等。清政府还给予它铸造硬币,发行纸币,代理国库等特权,使其相当于国家银行。1908 年,户部改为度支部,户部银行亦改称"大清银行"。该行自成立后,业务发展较快,到 1911 年上半年它吸收的存款已达 6 339 万两,比中国通商银行同期吸收的存款高出 30 多倍。截至清政府垮台止,大清银行在全国各地已设立 35 家分号,是清末最大的一家华资新式银行。

交通银行于 1908 年由邮传部在北京设立,它名义上也是一家官商合办银行。其开办资本 250 万两,邮传部官股占 4 成,其余 6 成"无论官民,均可认购"。但是该行总理和协理均由邮传部派官吏充任。按照交通银行的章程,该行设立的宗旨是"利便交通",振兴轮船、铁路、邮政、电讯这"四政",而实际经营业务则"多局促于官款之调拨一途"。它在上海、天津、汉口等地设立了20多个分行。它吸收的存款主要以政府机关为主,至1910年时达2 370万两,虽不及大清银行,但比中国通商银行要大得多。

辛亥革命爆发后,大清银行曾一度宣告停业。但是不久,原大清银行部分商股股东联合上书南京临时政府,建议将大清银行改组为中国银行,承担中央银行的职能,这一建议获临时政府批准。在对原大清银行清理的基础上,1912年2月中国银行开业。后来它成为北洋政府的中央银行,资本初定为6 000万元,官商各半。该行设总裁、副总裁各1人,由财政部报政府任命。由于民国初年财政总长更迭频繁,所以中国银行总裁和副总裁也不断更换,曾在4年间换了9个总裁。该行的业务主要是代理国库,承汇公款,发行钞票等。交通银行也于1914年修改了章程,改股本总额为1 000万两,继续经营轮、路、电、邮"四政"的收支,同时分理国家金库,国内外汇兑,发行钞票等业务。中国银行和交通银行成为北洋政府的两大财政金融支柱。

进入民国以后,促进华资新式银行业发展的有利条件增多:首先是民初新政府对建立新经济制度作了较多的努力,在一定程度上促进了国内工商业和金融业的发展;1914年又爆发了帝国主义列强争夺世界霸权的第一次世界大战,大战期间及战后最初几年恢复时期欧洲列强无暇东顾,放松了对华经济侵略,中国民族工商业进入了发展的"黄金时代";此时,一向控制中国金融市场的外商银行势力,因在战时受各自母国经济支援削弱,感到资金周转拮据,放松了对中国金融市场的压力,有些外商银行还不时向华资银钱业拆借款项;北洋政府财政困窘,经常需要向银行借贷,并通过国内金融机构大肆发行公债,这也在某种程度上促进了一些华资银行的发展。

这一时期,华资银行业,特别是商办银行业发展较快,1912—1927年间新设华资银行共302家,其中商办银行有247家,占新设银行总数的八成多。1919—1923年是商办银行设立最兴旺的时期,平均每年新设近30家商办银行。一些银行并以与实业挂钩为标榜,如由农业促进会主办的中华农业银行公司、有垦殖协会主办的垦殖银行、工业建设会主办的劝业银行和铁路协会主办的铁路银行以及各省地方举办的实业银行、矿业银行乃至渔业银行等等。在20年代以后,一些华资银行加大了对本国工商业的放款。边远地区,也传来设立银行的信息,西藏有设立银行的传闻,蒙古也有设立银行的试探。华资银行业出现了"向来未有如此之盛"的局面。[28]

但是这一时期也有约一半的银行停歇,这些银行多以投机为其经营主旨,寿命不长。经过优胜劣汰,一些经营较好的银行生存下来,实力也有了较大的增长。以实收资本、公积金和存款三项合计,主要华资银行的总实力在 1918—1926 年八年间增长了 2.5 倍。这时的华资银行已经具有了与外资银行和钱庄相抗衡的实力(见表 5-3)。

表 5-3 中外银行和钱庄资力比较(1925 年)

银 行 类 别	实收资本与公积金金额(百万元)	比重(%)	资力(百万元)	比重(%)
外资银行	193.8	35.4	1 141.2	32.1
中外合办银行	48.2	8.8	162.7	4.6
华资银行	205.5	37.5	1 453.7	40.8
钱庄	100.0	18.0	800.0	22.5
合计	547.5	100.0	3 557.6	100.0

注:资力包括实收资本、公积金、盈利滚存、存款和发行兑换券之和。

资料来源:根据唐传泗、黄汉民《试论 1927 年以前的中国银行业》(载《中国近代经济史研究资料》(4))表 7 缩编。

这一时期除中国银行和交通银行外,发展较好的华资银行有"南三行"和"北四行"。"北四行"是金城银行、盐业银行、中南银行、大陆银行这四家银行的通称。它们的大股东多为北洋政府的军阀与官僚,能得到北洋政府的支持,发展较为迅速。"北四行"于 1922 年成立了"四行联营事务所",初期做些联合放款业务,后又建立四行联合准备库,共同发行中南银行的钞票,由于准备充足,信誉卓著;1923 年又开办四行储蓄会,吸引了社会上的大量存款。

"南三行"是上海商业储蓄银行、浙江兴业银行、浙江实业银行的通称。这三家商办银行以上海为基地,在经营业务上相互声援、相互支持,它们之间的一些董事、监事也互相兼任,它们之间虽然没有联营事务所一类的组织形式,但实际上受到了联营互助的成效。上海商业储蓄银行是"南三行"中的后起之秀。它成立于 1915 年,开办时资本不足 10 万元,比"南三行"和"北四行"中其他银行要小得多,甚至连一家大钱庄也不及,所以人称其为"小小银行"。该行总经理陈光甫[29]制定了"服务社会、辅助工商,抵制国际经济侵略"的行训。为了和在华的外国银行竞争,他甚至派出牛车,带上宣传上海银行的影片,深入外国银行势力还达不到的农村,吸收农民的零星小额存款,使得当时外国在华势力最大的汇丰银行也"望洋兴叹"。陈光甫善于用人,经营富于创造性,开创了一元储蓄等多种零星储蓄以吸收存款,业务发展很快,到 1926 年时其资本已增至 250 万元,资产总额超过 4 700 万元,其分支机构已遍布全国,成为华资银行中的佼佼者,被人视为奇迹。

国民党政府统治全国后,利用政权力量建立了官僚资本金融体系,逐步使民间金融业成为官僚金融资本的附庸,陈光甫等银行家被吸收参与政府机构工作。

五、商人资本的发展

商人资本包括商业资本和金融业资本两大项。在近代中国,传统经济成分一直占国民收入的绝大部分,商业资本的最大份额也仍然是用于农副产品的运销。在这一条件下,商业利润仍然主要来自于对广大农民和手工业者的剥削,农民等小生产者在商品交易中总是处于分散而被动的地位,因而商人的剥削率较高,商业利润一向较为优厚。这一时期金融业对工业的放款虽有增加,但是对商业的放款仍然占大部分。因此,随着清末民初国内市场上商品流通量的迅速增长,中国商人的资本积累也不断增长。1894—1936 年商人资本估值可以参见表 5-4。

表 5-4   中国商人资本估值[*]

1894—1936 年   万元

年　份	商 业 资 本	金融业资本	商人资本合计
1894	65 600	20 000	85 600
1913[**]	166 200	56 489	222 689
1920	230 000	125 953	355 953
1936[***]	423 000	802 248	1 225 248

注: [*] 不包括外国在华资本;[**] 原表中"官僚资本"为 1911 年数,"民族资本"为 1913 年数,因"官僚资本"相对量很小,故统算入"1913"年;[***] 包括东北。

资料来源:据吴承明《中国近代资本集成和工农业及交通运输业产值的估计》(载于《中国经济史研究》1991 年 4 期)表 1 改编。

从表 5-4 可以看出,从 1894 年至 1936 年中国商人资本的增长是很快的。其中,1894—1913 年间增长了 160.1%,年均增长率为 5.16%;1913—1920 年间增长了59.8%,年均增长率为 6.93%;1920—1936 年间增长了 244.2%,年均增长率为8.03%。上述三个阶段年均增长率的比较,显示了商人资本的增长速度不断加快。其中,金融业的增长更快些。

注　释

1. 许涤新、吴承明主编：《中国资本主义发展史》，第三卷，第 225 页。

2. 参见汪敬虞：《中国近代工业史资料》，第二辑，下，第 1157～1169 页。

3. 《中国经济周刊》，第 9 页，1925 年 2 月 14 日。

4. 马士著，张汇文等译：《中华帝国对外关系史》，第一卷，第 31 页。

5. 《农商公报》1925 年 7 月，专载，第 10 页。

6. 根据 1936 年中国 40 个海关的统计，1936 年各关共运出：大米 723.7 万公担，以九江运出最多，计有 183.7 万公担，运往上海的占 85%；次为芜湖、长沙，其中也有很大部分运往上海。上海共运入 279.7 万公担，再加大量进口洋米，故又运出 177.2 万公担，主要销往天津和广州；小麦 135.0 万公担，其中汉口占 46%，镇江占 24%，芜湖占 18%。这些小麦有 63% 运往上海，22% 运往天津；棉花 91.8 万公担，其中汉口占 55%，沙市占 18%，天津占 16%。这些棉花有 91% 运往上海，其次往青岛、广州等；蚕丝 160.7 万公斤，其中 99.3% 运往上海；红茶 939 公斤。汉口运出最多，计有 480 万公斤，内有 98% 销往上海。三都澳运出 208 公斤，居第二位，内有 98% 运往福州；绿茶 2 248 万公斤，以杭州、宁波、汉口为主，绝大部分销往上海。棉纱 125 万公担。其中由上海运出者约占 77%，主要销往重庆、天津、广州、蒙自、长沙、汉口等地。青岛运出 10 万公担，主要销往天津、上海。汉口运出 8 万公担，主要销往重庆。天津运出者则几乎全部销往上海。

7. 详见许涤新、吴承明主编：《中国资本主义发展史》，第三卷，第 228～231 页。

8. 详见许涤新、吴承明主编：《中国资本主义发展史》，第三卷，第 231～239 页。

9. 王相钦主编：《中国民族工商业发展史》，第 261～262 页，石家庄，河北人民出版社，1997。

10. 严中平主编：《中国近代经济史，1840—1894》，第 1117～1118 页。

11. 许涤新、吴承明等：《中国资本主义发展史》，第二卷，第 185 页。

12. 汪敬虞：《十九世纪西方资本主义对中国的经济侵略》，第 528 页。

13. 详见严中平主编：《中国近代经济史，1840—1894》，第 1143～1150 页。

14. 详见陈争平：《天津口岸贸易与华北市场》，载《中国社会科学院经济研究所集刊》，第 11 集。

15. 第一历史档案馆藏，《外务部档案》第 1073 号；上海市工商局：《上海的洋行买办调查初稿》，第 82 页。

16. 武育干：《中国国际贸易史》，第 146 页，1928。

17. 沈祖炜：《中国近代商业市场的三重结构(1895—1927 年)》，载《中国经济史研究》，1994 年增刊。

18. 《上海钱庄史料》，第 21 页。

19. 《上海钱庄史料》，第 74～79 页；张国辉：《晚清钱庄和票号研究》，第 173～174 页。

20. 张国辉：《晚清钱庄和票号研究》，第 174～176 页。

21.《上海钱庄史料》,第 6 页。

22. 张国辉:《晚清钱庄和票号研究》,第 84～87 页。

23.《左文襄公全集》书牍,卷 16,转引自张国辉:《晚清钱庄和票号研究》,第 85 页。

24. 张国辉:《晚清钱庄和票号研究》,第 99 页。及《中国近代金融史》,第 60 页。

25.《中国近代金融史》,第 112、113 页。

26.《1854—1898 年英国驻上海领事贸易报告汇编》,1993 年中译本,第 384 页。

27. S. R. Wagel,"Finance in China",转引自张国辉:《晚清钱庄和票号研究》,第 107～108 页。

28. 杜恂诚:《民族资本与旧中国政府》,第 504～505 页,1991。

29. 陈光甫(1881—1976),著名银行家。原名辉祖,后易名辉德,字光甫,以字行世,江苏镇江人。1909 年毕业于美国宾夕法尼亚大学。1911 年任江苏省银行监督。1914 年转任中国银行顾问。翌年 6 月创办上海商业储蓄银行。1927 年任国民政府财政委员会主任委员,负责为蒋介石筹募军饷。同年创办中国旅行社。1928 年出任江苏省政府委员、中央银行理事、中国银行常务董事和交通银行董事等职。1931 年与英商太古洋行合资开设宝丰保险公司。1936 年 3 月,任国民党政府财政部高等顾问。1937 年,任大本营贸易委员会中将衔主任委员。抗日战争时期,历任国民参政会参政员,国立复兴贸易公司董事长,中、美、英平准基金委员会主席。1947 年任国民政府委员,并主管中央银行外汇平衡基金委员会。1948 年当选立法委员。1950 年陈光甫将上海商业储蓄银行香港分行易名为上海商业银行,在香港注册。1954 年定居台湾。1965 年上海商业储蓄银行在台北复业,任董事长。1976 年卒于台北。

第六讲

近代工业化的艰难发展

思考题

1. 结合第二、六讲有关内容,试评析买办制度的历史作用。

2. 您认为张謇、陈光甫、范旭东、卢作孚等企业家在与强大的外国资本竞争中有哪些经验值得后人学习?

3. 请结合某行业史实分析国家资本及民间资本在近代经济发展中各自作用及局限性。

工业化是经济现代化的核心内容,其主要特点是:机器逐步取代手工工具,非生物性能源在生产和流通中使用比重增加,制造业活动和第二产业所占国民收入比例提高,在制造业和第二产业就业的劳动人口的比例也有增加的趋势,"除了暂时的中断以外,整个人口的人均收入也增加了"。[1] 19 世纪 60 年代洋务新政开启了中国工业化历程,但是近代中国主要由于半殖民地半封建社会条件的影响,工业化进展异常艰难。

一、民族近代产业产生与发展的主要条件

近代中国使用机器和非生物性能源的新式工矿业和交通业(常被合称为近代产业)的产生,主要有两大历史因素:一是清代国内商品经济的发展,二是西方工业文明的影响。这两大基本因素交互作用,为民族近代产业的产生与初步发展,为中国工业化早期发展,在商品市场、劳动力市场、技术进步和货币财富的积累(有的学者称其为原始积累)等方面[2] 提供了必要的条件。

清代长距离贩运贸易的发展,国内市场的扩大,为近代产业的发展提供了一定的市场条件。外国资本进入中国后,也需要众多的华商企业协助维修其船只,为其商品进行加工、包装、运输等,这在客观上也为民主近代产业的初兴提供了一定的市场条件。从前述洋务派所办企业及民间继昌隆丝厂等创办情况看,商品市场尚未成为它们发展的主要障碍,反而成为一种助力。清末状元张謇在南通创办大生纱厂时遇到很多困难,张謇等人注意与当地商界头面人物保持紧密联系,实行"土产土销"、重视市场营销的经营方针,因此在创办纱厂最困难时通海土布四大关庄之一"同兴宏"老板、大生纱厂股东沈敬夫向张謇提出"尽花纺纱,卖纱收花,更续自转"以维持纱厂营运的建议,张謇采纳后大获成功,大生机纱销路很好,纱厂起死回生,并当年赢利。南通广大农民织布所需的棉纱市场,对大生纱厂提供了有利的生长环境。

但是当民族近代产业创办成功后要进一步发展时,就面临十分激烈的市场竞争。以清末棉纺业为例,"1894—1899 年间日货对华倾销尚在试验时期,中国纱厂尚能维持相当的繁荣。可是 1899 年后日货并力锐进,繁荣亦随之消逝……日俄战后,日货无暇东顾,中国进口棉纱因以大减时,中国纱厂又得以恢复繁荣,而其后日货重来,繁荣乃有归消逝"。[3] 大生纱厂在强大的外国纱厂占领通商口岸棉货市场形势之下,只能依靠供应本地土布业所需用的机纱而存在和发展。当日本在东三省的势力日趋扩大之时,以东北为主要销场的南通土布——关庄布,销路大幅度下降,南通土布业和大生纱厂的短暂繁荣也一并结束。[4]

清代人口增长迅速,已有大量具有一定技能的雇佣劳动者及过剩劳动力,为民族近

代产业提供了一定的劳动力市场条件。[5] 但是这并不意味民族近代产业发展所需劳动力条件不存在问题。大生纱厂刚创办时由于南通社会风气未开,民间流传"工厂要拿童男童女祭烟囱","女工要被洋鬼子割乳房"等,大生招工南通地区"应者寥寥"。张謇为了使纱厂顺利投产,不得不从风气先开的上海、无锡、常州等地招收了一批工人,先把机器开动起来;然后让工头们劝厂区附近来放牛割草的农村孩子上车试试,对其中做满一星期者立即发给工钱;纱厂还实行"亦工亦农,工耕结合"的劳动制度,每到农忙季节,纱厂就关门停产,放工人回乡忙农活,"使大生纱厂工人谋生的手段多样化,有安全感"。[6] 当地人愿意做工者渐渐增加,并有很多妇女加入工人行列。其他民族近代工交企业在风气先开的上海等地招工一般较顺利。

伴随着中国商品经济的进一步发展,外来工业文明的示范作用也产生了越来越大的影响。在生产和流通中使用机器和非生物性能源,不是出自中国封建社会内部手工业生产力的自然发展,而是来自入侵的外国资本主义的技术引进。汪敬虞教授认为外国资本主义新的生产力的引进是中国资本主义现代企业产生的历史条件中"带有决定性的因素"。[7] 他指出,鸦片战争以后西方资本主义国家在中国开始建立船舶修造厂及外贸商品加工厂,至 19 世纪 70 年代已经建立了 78 家工厂企业。其中有后来称霸上海的大型造船工业——祥生和耶松船厂,有垄断华南造船工业的香港黄埔船坞公司。这些船厂,不但制造了不少轮船和机器,而且引进了大量的造船设备和技术人员。当时不仅洋务派企业要引进外国技术,李鸿章在购买上海美商旗记铁厂全部设备基础上建立了江南制造局;中国最早的民间自办机器厂——广州陈联泰机器厂要引进外国技术,上海发昌船厂则是作为外国在华造船工厂的附属工场而存在的。中国资本主义现代企业的发生,和外国资本主义对中国的入侵,外国生产技术对中国的引进,"是分不开的"。[8] 许多案例表明,民族工交企业幼年期在技术、设备、动力和若干原材料上依存于外商[9],外国资本的存在是民族资本发展的一个重要条件,是中国早期工业化发展的一个重要条件。"当然,西方资本主义对中国的入侵,决不是要把封建主义的中国变成资本主义的中国,它们只是要把中国变成供它们进一步掠夺的半殖民地和殖民地。"[10]

关于资本原始积累,可理解为资本主义前史时期创造资本关系的过程,这个过程在鸦片战争前已存在于中国,但是中国的这个过程尚未完结,即社会的生活资料和生产资料之转化为资本和直接生产者之转化为雇佣工人,还没有达到创造资本关系所要求的程度时,外国资本主义就拦腰插了进来,打乱了这一过程的程序。中国资产阶级不是(或主要不是)来自手工工场老板或商人包买主,而是(或主要是)来自官僚地主和包括洋行买办在内的新式商人。如前所述,洋务派官僚利用国家资本经办了一系列洋务企业,形成一定气候。除此之外,早期投资于近代产业的华人"十之八九是洋行买办或与洋行有密切关系的商人"。买办是半殖民地上特有的商人,有着一般商人所没有的特殊身份和地位,凭借着这种特殊的身份和地位积累了大量货币财富。除封建国家资本外,买办资本成为中国近代产业早期资本的主要来源,这是半殖民地条件下中国原始积累的一大特点。历史是辩证地发展的。"帝国主义给中国造成了买办制度,"但同时又"造成了中国的民族工业,造成了中国的民族资产阶级。"[11]在中国资本主义的产生时期,大量地存在买办资本向民族资本的转化。[12]

上述主要因素使得在近代中国半殖民地半封建社会条件下民族近代产业产生并有初步发展,但是由于内外因素的交互作用又不能充分发展[13],中国工业化早期进展异常坎坷艰难。

二、主要工矿行业发展概况

甲午战前,中国近代产业发展占主导地位的是李鸿章、张之洞等洋务派官僚主持的官营模式,在主导行业方面如同吴承明先生所说走的是"机船路矿"道路。甲午战争后,清廷在政策上放宽对民间创办实业的限制,在"设厂自救"的呼声中,中国民营新式工矿企业的兴办引人瞩目。自1895年至1911年民用新式工矿企业投资迅速增长,虽然中间曾因八国联军侵华战争而一度减少,但是以1万元以上资本的企业计算,这17年间创办企业数仍有800个。这新创办的800家工矿企业,绝大部分为民营企业,且以轻纺工业为多。轻纺工业一般投资较少,获利较快,且与农业经济联系较为紧密,英、美、德、法、俄、日等主要资本主义国家的工业革命,几乎都是从轻纺工业,特别是棉纺织业起步的。中国在实业救国热潮中,民间纷纷选择轻纺工业进行投资,使得新式轻纺工业企业迅速发展,其中发展最快的是棉纺织业、缫丝业和面粉业。

辛亥革命推翻了封建帝制,建立了中华民国。新政府制定了一系列鼓励民族工业发展的政策,激发了民族资本家投资建厂的热情;新式交通事业的扩张、金融业的发展、市场的扩大,也使中国工业企业发展的外部条件有所改善;第一次世界大战使得欧洲列强无暇东顾,对华经济侵略有所放松,大战期间原为西方对华商品侵略之大宗的棉布、棉纱及其他轻纺工业品进口量不断下降,这些因素都促进了民国初年中国民族工业的发展。1912—1920年间,国内工业产品销路扩大,企业利润丰厚,新厂不断开设。这9年全国工业生产按总产值计,平均年增长率为16.5%;按净产值计,平均年增长率为13.4%。[14]因而这一时期被一些史学家称为是中国近代民族工业的"黄金时代"。战后西方工业品卷土重来,给中国民族工业造成极大的市场压力。民族工业在激烈的市场竞争中进行了行业调整及企业内部经营管理体制的改革,在一度萧条后又有了新的发展。工矿业门类较多,我们选取棉纺织、缫丝、化工、矿冶业进行考察。

1. 棉纺织工业的曲折发展

1879 年,李鸿章筹建上海机器织布局,并规定"十年以内只准华商附股搭办,不准另行设局",给予织布局十年专利。因内部权力纷争,织布局直到 1890 年才开工生产。它是中国第一家棉纺织工厂,其机器设备计有美国制纱机 35 000 锭,英国制布机 530 台,以及锅炉、蒸汽机等其他配套设备。织布局开工后,每天能出平纹、斜纹布五六百匹,销路不断扩大。销往天津、镇江、宁波、牛庄等地的布,1891 年为 22 050 匹,1892 年增至 96 257 匹。其利润也相当丰厚,每日获利约 500 两,每月可得 12 000 两。其中,尤以纺纱利润更多。不料,1893 年 10 月织布局清花间发生火灾,延及全厂,筹建十年多的上海机器织布局毁于一炬。

织布局虽被焚毁,但其一度创造的优厚利润使李鸿章等难以忘怀。李鸿章和盛宣怀等又在织布局旧址上筹建了华盛纺织总厂。新厂于 1894 年开工,其设备规模超过旧厂,计有纱机 65 000 锭,布机 750 台。后来华盛转变为盛宣怀等官僚控制的私产。[15]

1895 年清廷放宽限制后,出现民间资本投资棉纺织业的高潮。19 世纪末新建并投入生产的有上海的裕晋、大纯、无锡的业勤、宁波的通久源、南通的大生等 10 家。其中,除宁波的通久源有 400 台布机从事织布外,其余都是专业纺纱。这是由于企业的投资者认识到"织布厂资巨而任重,非有大力者不能为",而创办纺纱厂"资本可以稍轻",其规模可"随其资本之大小而设立"。但是即使如此,纱厂在集资过程中仍遇到很大困难。

张謇创办大生纱厂时虽然能得到两江总督刘坤一等官员支持,具有比其他实业家有利的条件,但他在集资过程中仍然屡遭挫折,自称"仰天俯地,一筹莫展",曾被迫借月息高达 1.2 分的高利贷以渡难关。后来因为大生纱厂能较好地利用地利,与当地农村植棉业和手织土布业有机结合,才得以发展。

这 10 家企业,共有纱锭 19.5 万枚,资本 500.7 万元。其中,除湖北纺纱官局拥有资本 120 万元,纱锭 5 万枚外,其余各厂的纱锭有 1 万至 2 万余枚,资本额在 20 万至 70 万元之间,平均约有 41.5 万元,大体上是一批中型工厂。这一时期华资棉纺织业的主要投资人多为官僚士绅,同清廷都有比较密切的关系。

因集资困难,为了招徕社会资金,维持工业投资,像大生这样的纱厂,乃至其他的民族近代企业中,普遍实行"官利"制度,即不论企业盈亏,股东定期必分官利,其数额一般在 8% 以上。张謇曾认为当时中国如无官利制度,则"资本家一齐猬缩矣,中国宁有实业可言?"官利的水准,受当地高利贷利率所左右。[16]

1894—1899 年间"日货对华倾销尚在试验时期",进口棉纱除 1899 年突破 200 万担以外,平均每年进口量不到 150 万担。同时国内市场消纳能力日益扩大。民族资本纺纱厂因而能竞相勃起;可是 1899 年后,"日货并力锐进",连同英、印棉纱,1901—1905 年中国年均进口棉纱达 246 万担,对华商纱厂有很大的威胁;这一时期中国棉花市价因需求量增加而上涨,华商各纱厂在储备原料时,常为棉价上涨,流动资金拮据而感到困难。从 1900 年至 1904 年,5 年内竟无一家新的华商纱厂成立。1904—1905 年,日俄两国开战,战争使日本棉布输华量减少。1905 年以后,由于抵制美货运动的开展,"各处相戒不用美货,是以本布销场,顿形畅旺"。这几方面因素给中国织布业带来了新的刺激。从通商口岸到内地城镇都出现了择址设厂,购买机器,从事织布生产的活动。从 1905 年至 1909 年,在上海、北京、广州、安徽、江苏、河北、福建、山西等地设立织布工厂计有 23 家,共拥有资本 55.9 万元。从 1905 年至 1910 年,还设立了 61 家手工织布工场,它们分布在江苏、四川、广东、直隶、山西、奉天、湖北和福建等省,大多购置国外制造的手织足踏铁轮机或使用旧式木织机织布。华商纱厂的增设也出现新的高潮。但是好景不长,"其后日货重来,繁荣乃再归消逝。"[17]

由于这一时期中国新式纱厂的创办人仍然多半是官僚士绅。他们对于纺织业的经营、生产技术和工厂管理等方面都缺乏应有的知识,习惯于用封建经营管理的落后办法来领导和组织新企业的生产。因此,在新纱厂投产后不久,他们发现自己的产品在进口洋纱和外资在华纱厂的产品面前缺乏竞争能力,难以实现原来期望的利润。除了南通大生纱厂经营比较顺利,生产规模有所扩大外,其余纱厂多数处境困难,甚至出现亏蚀。著名经济史家严中平先生将这一段发展过程称为"跛行"发展。

张謇在大生企业产权关系、经营管理体制和利润分配制度等方面进行了一系列制度创新,并使纱厂的生产经营与农村植棉业、手工业有机地结合起来,摸索出了一条"以大工业为中心,以农村为基地,工农商协调发展的乡土经济发展路线"。[18]张謇所开创的这条南通区域经济发展路线,一度成为当时国内的一个样板。

1914 年至 1922 年是中国棉纺织工业发展最快的时期,主要因第一次世界大战期间西方列强输华棉纺织品大大减少,国内市场需求旺盛,以致"在第一次世界大战后的四年中,不论旧开新设,规模不同的纺织厂都可获致丰厚的利润","整个纺织业处在兴旺乐观的气氛之中"。厚利趋势直至 1921 年,[19]极大地刺激了对棉纺织业的投资国内棉纺织业企业不断增加,这些年新增纱厂 44 家,纱锭增加 2.2 倍。这一时期民族资本棉纺织业已不像前期之集中于上海、江浙一带,而向北方和华中发展。到 1922 年华商纱厂的地区分布,按纱锭计,大约上海占 38%,江浙其他地区占 25%;天津占 14%,华北其他地区占 10%;武汉占 10%,华中其他地区占 3%。[20]1914 年夏曾经留学美国获硕士学位的穆藕初,回国创办德大、厚生、豫丰等纱厂。他引进西方先进的科学管理思想,改革企业管理体制,取得一定成效。穆藕初被称为中国传播科学管理思想、改革企业管理的第一人。[21]

1918年初,华商纱厂联合会在上海成立,穆藕初等推举张謇为首任会长。该联合会在团结中国棉纺织业企业家,改良经营管理,联合对抗外资侵略势力等方面作出了贡献。

这一时期中国棉纺织业的发展过程,仍然充满着中外资本的激烈竞争。日资已成为外资在华棉纺织业投资的主力。日资内外棉株式会社在上海、青岛等地设立了4家新厂,并收买了华商裕源纱厂;日资上海纺织会社也增设了3家纺织厂。第一次世界大战期间及战后几年间,虽然华资纱厂纱锭和布机数逐年增加较多,但是它们占全国的比重增长不大,其主要原因就在于同一时期日资在华工厂的纱锭和布机也在增加,有的年份其增幅超过华资工厂。大战结束后,外国资本加强了对华纺织业投资,又以日本为急先锋,仅1921至1922年一年中,日本在华就新建了11家棉纺织厂,1924至1925年新建达15厂。[22]同时,英、美等国在华棉纺织业投资也有所扩张。外资棉业在华势力的扩张,使华资棉纺织厂在原料收购和销售市场上的压力加重。

此外,第一次世界大战结束后欧洲工业品又重新涌来东方,日本所产棉纱也挤向中国市场。当新增华厂纺织设备大量开工生产时,国内市场已不景气,纱价自1922年初便猛跌。与此同时,棉花价格却迅速上涨,纱花交换率(每件纱可换棉花)1923年夏曾低至376斤。棉贵纱贱,使华商纱厂16支纱每包(100磅)的赢利,从1921年秋季前的赢利22~30两,转为1922年夏秋的亏损5~7两,1923年全年度亏损8~14两。由于巨额资本已投入,生产能力已经形成,尽管市场行情极为不利,各厂仍不能不生产营运,都希望自己在严酷竞争中侥幸获利,结果造成大多数纱厂的严重亏损。华商纱厂联合会不得不议决于1922年12月18日起停工四分之一,以3个月为期。1923年又议决停工一半,2个月为期。在这期间因亏本而易主的有德大、常州、大丰等厂,因经营困难而改组的有大纶、裕泰、苏纶、振华、太仓等厂,完全停工的有福成、鼎新、久安等厂。[23]处境日益艰难的华商厂不断出现改组、拍卖和闭歇消息。

20世纪20年代中国棉纺织业开始进行较大规模的诸如改革旧的工头制度等方面的经营管理体制改革,例如申新总公司决定在申新三厂试行聘用技职人员[24]替代工头管理,生产效率有了明显提高。[25]中国棉纺织业还经过了一段痛苦的行业调整,此后继续发展,并仍然是国内最主要的工业行业。1925年"五卅"运动中,全国掀起了轰轰烈烈的抵制英、日货运动,再加上1926年棉价下降,这期间的银价低落及物价上升等因素的影响,华资棉纺织业从1922年开始的萧条中逐渐恢复。从主要纱厂资本纯益率(纯收益占实有资本的比例)看,全国华商纱厂平均从1924年的34%上升到1928年的

175％;1929 年至 1931 年,分别为 223％、113％、166％,全行业总规模继续扩大。不久,由于 30 年代中国农村经济危机,农村市场的购买力下降;再加上国际上主要资本主义国家向中国转嫁经济危机,使银价和银汇率上升,中国国际贸易条件恶化;美国实行购银法案后,中国白银大量外流,导致中国市场银根偏紧,工商企业缺少流动资金;日本占据中国东北,使原来关内棉纺织业在东北的市场消失,同时大量日货又涌入中国关内挤占纱布市场等因素的影响,加深了中国棉纺织业市场的困难,自 1932 年到 1935 年,中国棉纺织业步入危机,机纱产量逐年下降,纱厂机布产量亦降。1932 年部分纱厂停工数周,1933 年 4 月纱厂联合会又议决停工 23％,为期一个月。到期后又议决各厂自行减、停工。自 1932 年至 1935 年,主要华资棉纺织厂的资本纯益率分别下降为 86％,9％,−28％,26％。[26]

到 1935 年 11 月以后,南京国民党政府实行币制改革,1936 年国内农业丰收等因素,又促进了棉纺织品的销售,中国棉纺织工业于 1936 年出现明显的回升,尤其是机织工业的布机数和产布量都达到了近代历史上的最高峰。

华商棉纺织业在民国初年的发展和 20 世纪二三十年代行业调整过程中,逐渐兴起了若干重要企业及企业集团:

① 以大生纱厂(设在南通)、大生二厂(设在崇明)等棉纺织企业为基础的大生企业集团,由张謇等人创办。其发展历史较早,在 1910 年时已拥有包括纺织、农垦、航运、食品加工、机械等行业在内的 10 多家企业,近 300 万两资产,是当时中国最大的民营企业集团;民国初年继续发展,到 1921 年又建成大生三厂(设在海门),有 40 多家企业,所控制的资金总额总计 2 480 余万两,各纺织厂拥有纱锭 16 万枚,布机 1 300 余台。[27]1925年因负债过重,大生纱厂 1925 年被债主上海银团接管。

② 申新纺织公司,由荣宗敬、荣德生兄弟 1915 年在上海创建。其后来居上,通过租办和收买方式兼并其他企业,至 1936 年已拥有 9 家纱厂,纱机 57 万锭,布机 5 304台,资产总值达 8 555 万元,势力扩展到无锡、汉口等地,是旧中国最大的民营棉纺织工业企业。

③ 华新纺织公司,由周学熙、杨寿枏等人于 1919 年在天津创办。其先后在天津、青岛、唐山、河南卫辉等地开设纱厂,1922 年时共有纱机 10.8 万锭,成为北方一大棉纺资本集团。

④ 裕大华棉纺织企业集团,由徐荣廷、苏汰余等人在 1913 年租办原官办湖北布、纱、丝、麻四局基础上创办。1919 年先创办武昌裕华纱厂,1922 年继设石家庄大兴纱厂,20 年代末时已拥有纱机 6.7 万锭,布机近 900 台;1932 年在湖北大冶设立利华煤矿公司,1936 年又创办西安大华纱厂。到 1936 年底,已拥有纱机 8.55 万锭,布机 1 324

台,资产总值达 970 万元,成为雄踞华中的民营企业集团。

⑤ 永安纺织印染公司,由郭乐兄弟集聚侨资,1922 年在上海创办。后来不断发展,到 1936 年已有 5 个棉纺织厂,1 个印染厂,1 个发电厂,1 个大仓库,1 个打包厂和 1 个正在兴建中的机器厂,有纱机 25.6 万锭,布机 1 542 台,线锭 31 904 枚,印染机 244 台,[28] 成为规模仅次于申新的棉纺织资本集团,并初具纺织印染全能企业规模。

总的来说,抗日战争前夕中国机器棉纺织业发展畸形之处有三:第一,四分之三以上分布在上海、天津、青岛等少数沿海大城市,其他地区生产能力较小;第二,外资比例大;第三,机器设备仍然要仰赖外国。

2. 机器缫丝业的发展与困境

数千年来,丝绸是中国重要出口上品。19 世纪 70 年代,在中国生丝大量出口的推动下,从广东侨商陈启源创设继昌隆缫丝厂开始,机器缫丝业先在广东有了初步发展。但是广东机器缫丝业常受官府歧视和社会上守旧势力的干扰,长期难以得到更大发展。[29] 在上海,先有外商于 1881 年创办机器缫丝厂。1882 年,公和洋行买办黄佐卿开设了公和永丝厂。此后,上海华商丝厂不断增设。上海丝厂资本额一般都比广东高,且都是使用蒸汽动力,丝车也用较先进的意大利式。机器缫丝业还扩散到山东、四川和东北等地。1895—1911 年间新设创办资本万元以上的丝厂全国共有 140 多家,它们多数设在长江三角洲和珠江三角洲。广东蚕一年可有六七造,丝厂可长年开工;江南蚕一年只一二造,丝厂用头造,只能季节开工。这又助长了上海丝厂的租厂制度[30],工厂经常易主、易名。这些也阻碍了上海丝厂的进一步发展。清廷的赋税搜刮,特别是厘金的征收,对民营缫丝企业很不利。上海的民营丝厂"都苦于内地收购蚕茧方面厘金负担过重,再加上复进口税和出口税,⋯⋯差不多占厂丝总值的 10%",有些华商丝厂为了免受厘金之苦,就挂了洋行的牌子。[31]

欧洲是中国出口蚕丝的主要市场。在第一次世界大战期间,由于汇率变动,再加上欧洲销区战火蔓延,中国蚕丝出口量减少,因此与棉纺织业的繁荣成对照,中国机器缫丝业反而呈现萧条的趋向。[32] 在中国海关的《1912—1921 年十年报告》中,曾特别提到上海的丝厂"在汇率不利于其产品的出口和国外又无其产品销路的情况下,面临严重的困难,不少丝厂宣告破产"。1914 年仅上海一地的 56 家丝厂中,停工歇业的达到 30 家之多。[33]

第一次世界大战结束后,欧洲国家经济逐步恢复,中国机器缫丝业也有较快的发展,例如上海地区的开工厂数从 1922 年的 65 家增至 1929 年的 104 家,无锡地区的开工厂数从 1922 年的 19 家增至 1929 年的 46 家。厂丝产量也逐渐增加,全国厂丝出口量则从 1922 年的 8.9 万担增加到 1929 年的 13.3 万担,因此有专家认为 20 年代是中国机器缫丝行业的"黄金时代"。[34]

虽然从国内生产看上述时期中国缫丝业有一定发展,但国产厂丝主要是供出口,在国际生丝市场上,中国丝所占相对份额却明显下降,从 1895 年的占世界主要生丝出口国输出量的 65.74% 下降到 1930 年的 21.76%,同期日本所占份额却从 34.26% 上升至 68.04%。

对中国在世界市场上败于日本的原委,日本人有如下分析,即:日本生丝的激烈竞争;人造丝的压迫;金融补助的缺乏;交通运输的不便;生产方法的不良;研究机关的失职;制丝厂家的投机;小量生产成本高;产品不统一等等。[35]中国人则有更深刻的见解:①为无政府之善意保护与奖励,反而勒索重税;②为丝业之贪近利,只知多量生产,不知质之改善;③为世界之金融之中心被人控制,中国对外汇兑不能稳定……总之,一为殖民地之中国民族工业受外力压迫而发展困难,二为中国政府与国民之不知科学改良。[36]后来也有专家指出,租厂制的流行及其存在的种种弊病,是近代中国缫丝工业走向衰败的一个重要原因。1919 年租厂制企业的家数为上海缫丝行业总数的 86.2%,拥有的丝车数为行业总数的 78.8%。至 1931 年,这两项比重又分别增长为 91.9% 和 91.0%。就全国而言,1933 年缫丝业租厂制企业家数也占全国缫丝工厂总数的 83.8%。租赁经营者因租厂经营所需流动资金甚少,租赁期又短,他们关心的只是丝价的涨落和利润的大小,无须对生产设备进行改进或更新,因此他们愿冒风险短期承租经营。出租者则不担风险,坐收租金。双方都只图短期利益,不注重设备的改进和技术的改良,缫丝企业的业务经营很不规范,一个租赁厂往往在一年内要更换几个厂名招牌。这使生丝品质不一,规格混乱,生丝质量日趋退化,最终丧失了在国际生丝市场上的竞争力。[37]

1929 年后,由于世界经济大危机的影响,中国生丝出口急剧衰减,国内缫丝工业也因此陷入空前困境。1929 年至 1936 年,丝厂开工数由 104 厂减至 49 厂,下降了 53%;丝车由 23 582 部减至 11 116 部,下降了 53%;出口厂丝从 132 991 关担跌至 29 600 关担,下降了 78%。

3. 化学工业的崛起

在基础化工方面,民国初年在四川彭山、吉林长岭、张家口、宾江、汉口等地已有若干碱厂相继设立。1917 年,海外留学归国的范旭东[38]、侯德榜等人在天津创办永利制碱公司,于 20 年代生产出商品碱。垄断中国碱业市场的英商卜内门公司曾企图控制永利,后又通过压价抛售洋碱企图挤垮永利。范旭东等人重视科技引进和创新,克服了种种困难,努力挫败英商的企图,永利公司逐渐成长起来。由侯德榜发明的制碱技术被化工界定为"侯氏制碱法",这项技术还曾输往国外;永利公司生产的红三角牌纯碱,由于质量高,在1928年美国费城万国博览会上荣获金奖;其市场逐渐打开。[39]

20世纪20年代以前,日本生产的调味粉"味之素"行销中国。20年代初,中国企业家吴蕴初为了用中国自己的产品取代日本货,运用自己所掌握的化学知识,经过多次试验,终于试制成功国产调味粉,吴蕴初把它称为"味精"。1923年,吴蕴初与一酱园老板合伙创办"上海天厨味精厂"。天厨味精投入市场后,不仅成为上海等地的热销商品,而且在南洋各地也得到相当的声誉。其产量不断增长,到1928年已从1923年年产3 000公斤增至年产51 000公斤。为了进一步保障味精的产销,1926—1927年间吴蕴初等又将味精制造方法向美、英、法等国申请专利。这些专利权之取得,是中国化工产品在国际上获得专利的先声。

这一时期中国用新法制造肥皂、油漆、油墨、制革,以及制造玻璃、橡胶用品、搪瓷用品等日用化工工业也发展起来。为了满足日用化工产品的原料需求,国内一些生产釉料、颜料、碳酸镁、碳酸钙等工厂也相继产生。固本皂厂在中国日用化工工业中具有一定的典型意义。1917年,主持五洲大药房的项松茂盘进德商在上海设立的固本皂厂,更名为五洲固本药皂厂。为了提高肥皂质量,项松茂曾派人到英商肥皂公司做工,学得其技术奥秘后又回厂加以改进,使得固本肥皂的质量胜过了英商厂的产品。在项松茂的悉心经营下,固本皂厂产品品种增多,市场占有率不断提高,在与外商厂的竞争中占据优势,并逐渐成为首屈一指的民族资本肥皂厂。[40]

20世纪30年代时,中国农村使用硫酸铵做肥料的风气日盛,每年要从国外进口硫酸铵约20万吨,支付外汇数千万元。1934年国民党政府计划依赖英、德两国的资金和技术建立硫酸铵厂,因对方条件苛刻,谈判破裂。范旭东得知此事后,主动申请承办硫酸铵厂,得到国民党政府的批准和贷款支持。他将永利制碱公司改组为永利化学工业公司,并在南京筹建工厂。经过两年多的奋斗,1937年2月永利硫酸铵厂正式投产。这是当时远东第一流的大型化工厂,日产硫酸铵120吨,硝酸40吨。范旭东自豪地宣布:"中国基本化工的两翼——酸和碱已经成长,听凭中国化工翱翔,不再怕基本原料的恐慌了。"[41]

吴蕴初也创办了上海天原电化厂等基本化工企业。"北范南吴"成为中国化工界的骄傲。到抗战爆发前,中国民族基本化工企业已有20多家,年产硫酸55 000吨、硝酸5 500吨、盐酸3 700吨、醋酸360吨、碱类产品9万多吨。经过20多年的努力,在学习外国科技基础上进行自己的技术创新,使得中国基础化工工业在东方迅速地崛起。

4. 三类资本激烈争夺下的矿冶业

清廷原先对民间开矿要经申报核准,按产品收税。自 1875 年李鸿章等奏准在直隶、台湾试办采矿以后,形成一个开矿的小高潮。据统计,甲午战争前除官办和直接由政府控制的 15 所矿场外,由民间集资开采的有煤矿 9 处,铜矿 4 处,金矿 5 处,银矿 3 处,铅矿 1 处。这些矿场是土法上马,多经过矿师勘察,个别还经过钻探,然后添置机器。机器主要用于抽水,仅个别矿用卷扬机提煤,一些金属矿用蒸汽动力带动铁制舂捣机来捣碎矿石,大量的采掘和运输工作仍然靠人工。[42]尽管这一时期民办矿主往往与官方有密切联系,但是他们仍然一再遭到清廷内部守旧势力的打压。1895 年,山东巡抚李秉衡奏请将山东登、莱等府矿务"一体封禁",竟然得到朝廷批准。[43]

甲午战后,外国列强加紧抢夺中国矿产资源,终于激起中国人民的反抗斗争。1905 年,山西留日学生李培红为抗议外资对中国矿权的侵占,愤而投海。噩耗传来,山西全省震动,商界、学界及一些士绅等群起要求收回矿权自办。票号商人号召各界筹集资金,于 1907 年初成立"保晋矿务公司",自办山西各矿。英商福公司不得不妥协,山西五处矿权由山西省以 275 万元的代价赎回,交保晋矿务公司自办。在山西的带动下,各省收回矿权运动蓬勃开展。自 1908 年到 1911 年,山东、奉天、安徽、四川、云南、湖北等省又有一些地方矿权相继被收回。

但是所收回的矿权都是中方付出巨款赎回的,其中有些外商并无投资,或仅有少量设备。由于清廷软弱无能,这些矿权在先被强占继而赎回的周折中,使中国蒙受了一定的经济损失。况且,所收回的部分仅占帝国主义在华掠夺之矿权的一小部分,多是尚未开采或未见成效之矿,重要大矿如开平、抚顺、本溪湖等仍然被外国资本所控制。

尽管如此,矿权收回运动造成的很大声势,在不同程度上改变了绅商的观念。以煤矿业为例,据专家统计,各年新设采煤企业数,1896—1898 年三年全国有 15 家,1905—1907 年三年有 19 家,先后出现两次小高潮。在 1906 年至 1911 年收回矿权运动期间新设民族资本矿场约 40 家,投资约 1 400 万元,更是形成了一个办矿高潮。[44]只是这些矿场回收后因经营不善等原因,多数效益不好,影响了私人投资的积极性。以后民族资本办矿活动此起彼伏,续有开展。

1914 年 3 月,民国政府颁布了《矿业条例》,规定地下矿藏皆为国有,不同于一般工商行业,但也基本上准许民办,而且规定对于金、银、铜、铁等矿,"无论地面业主与非地面业主,应以呈请矿业权在先者,有优先取得矿业权之权",表现出轻地主之权、重矿商利益与优先权的倾向。《矿业条例》还取消了前清《矿业章程》规定的矿商应上缴政府的,占余利 25％的"报效金";矿产税则由原先的 3％、5％、10％,降低到按产地平均市价的 1％～1.5％计。这有助于减少封建制度对资本主义矿业发展的阻力,起了鼓励商民投资矿业的作用。在第一次世界大战期间,一些金属产品世界市场价格上涨,也刺激华商投资矿冶业。因此,民国初期中国矿冶业出现了发展高潮。

以煤矿业而言,第一次世界大战期间及其后两年,中国新设采煤企业数猛增,1915—1917 年三年有 16 家,而 1918—1920 年有 40 家;1921—1927 年间新开煤矿亦有不少。[45] 全国年产煤量从 1912 年的 906.7 万吨增至 1927 年的 2 417.2 万吨,年均增产100 多万吨。

这一时期煤炭生产的机械化程度不断提高,新增煤产量绝大部分来自于机械产煤,机械每年产煤量从 1912 年的 516.6 万吨增至 1927 年的 1 769.4 万吨,增产量占同期煤炭总增产量的 83.5％;1928—1936 年间土法采煤量下降,煤炭总增产量则全部来自于机械产煤。[46]

民国初年时,中国所产铁矿砂和生铁之中,用机械生产的比重尚且远远小于土法生产;而到抗日战争之前中国土法开采铁矿及用土法冶炼生铁的情况仍然存在,但是它们所占比重已经不断缩小,机械生产已经占据明显优势。

中国年产煤在 10 万吨以上的较大煤矿,1912 年时有抚顺、开滦、中兴、鲁大、临城、萍乡、本溪湖、扎赉诺尔等 8 家;到 1922 年,除上述 8 家外,又有井陉、焦作、中福公司、柳江、怡立、六河沟、保晋、贾汪、南昌等 9 家;1934 年,又增加了正丰、门头沟、悦升、博东、晋北、大通、淮南、长兴、烟台、复州湾、西安、鹤岗、穆陵、北票等 14 家。这些较大煤矿多分布在东北、华北等地,且邻近铁路,有相当一部分被日资、英资等控制,也有一些为国民党国家资本所管辖。"七七事变"后,上述各大煤矿,除萍乡外,其他全部被日本人所占。

民国年间,外国资本、本国民间资本和国家资本这三种资本在矿冶业的争夺十分激烈。由于冶金工业需要较大的投资,生产周期长,技术含量高,因此在竞争中北洋政府后期冶金行业的生产已大部分被外资所控制,例如钢铁企业中鞍山、本溪湖、弓长岭、汉冶萍等最重要者都落入日本资本的控制之中。

南京国民党政府建立以后,较为重视矿冶业的发展。南京政府于 1930 年公布了《矿业法》,对划归国营的矿产作了广泛的规定,例如规定铁矿、铜矿、石油矿及钨、锰、铝、锑、铀、钾、磷等矿的开采,矿产的收购等,政府享有优先权。

钨、锑、钼等是现代工业重要原料和不可缺的战略物资,在全世界地质储藏量很少,属于稀有金属,而在中国储量较多,因此在民国时期成为中国重要的出口矿产品;锡、汞、铋在当时中国出口商品中地位也很重要。民国初年,民营经济在这些矿产生产方面曾经很活跃。20 世纪 30 年代,国民党政府不断加强了对这几种矿(当时统称为"特矿")生产和运销的统制。

以钨为例。由于当时中国无力冶炼钨钢,所产钨都是以矿砂形式出口到欧美诸国。第一次世界大战期间,世界市场钨价暴涨,湖南、江西等地很快兴起20多家开采钨矿的企业。全国钨产量从1914年的20吨猛增至1918年的10 200吨,1918年中国出口钨砂年达万吨,已居世界第一。大战结束后,世界市场钨价又大跌,使得中国钨业生产大受打击,1919、1920两年钨产量连年下跌,1921年跌至3 500吨,其后产量又回升,二三十年代里中国钨产量常年占世界总产量一半左右。[47]

当时中国钨砂主要是用手工采掘生产,生产的具体组合形式主要有合伙制、棚主制、家庭作业制等。[48]生产资金主要向商人借贷,生产者购买物料等必须到该商贩所开店铺,所采矿砂必须售予该商。商人通过贷款及控制钨砂收购来操纵钨砂生产。钨砂经过多个流转环节,最终转售给上海、香港等地外商洋行,收购价最终由与世界市场联系密切而资金更为雄厚的洋行操纵。中国钨产量虽占世界首位,定价权却被外商控制。

在二三十年代里,江西、广东等地方军政势力开始实施地区钨业统制。但是他们并没有改变钨业生产的落后方式及其受制于外国洋行的处境,只是从钨商们手中分到了较多利益。

1934年后,因欧洲各国加紧军备竞赛而导致世界市场钨价上涨,各地方势力对钨业的统制利益增加,一些地方势力还以出口钨砂换取外国军火,引起了国民党中央政府的恐惧,加强了其统制全国特矿的决心。

1935年,国民党政府资源委员会通过详细调查,拟定了《统制全国钨矿方案初稿》、《钨锑统制实施纲要》等文件,分析了当时钨锑业的生产方法和生产效率、经营状况以及各省统制方法等,主张由中央政府从生产、运输、贸易各方面分三阶段实施统制,认为这样做可以降低钨锑生产成本和运输成本,增加盈利,进而争取控制世界钨砂市场。其时,国民党中央政府通过推行币制改革,加强了对全国金融业的垄断,其政治、经济实力已大大增强。再加上资委会所提方案较切合实际,照顾到中央与地方各方面的利益,经过与地方势力的一番讨价还价,资委会开始了对全国钨业的统制。资委会建立全国钨业统制机构后,首先改革商贩控制钨砂生产的旧制度。资委会钨管处在富产钨砂的县份设立事务所,在各矿山设立收砂站,直接向矿工收买钨砂,不再假手商贩,并举办矿业生产低息贷款等。这一改革遭到旧钨商群起反对,与钨商关系密切的一些地方军政要员们也纷纷致电蒋介石指责钨管处的举措。资委会坚持推行改革,同时招收一些旧钨商在各县办事处任职以维持他们的生计,终于淘汰旧商贩制,使钨业生产经营进入了由国家资本主义控制的新阶段,定价权长期被外商掌控的状况也开始改变。[49]

三、交通运输业的发展

1. 轮运业的发展

甲午战后,由于外国轮船公司已在远洋和江海大中型轮船航运方面占有优势,中国民族资本的航运业只好向内港小轮船航运方面发展。原来从事内港水运的木帆船大量为轮船和拖驳船所代替。到 1911 年全国有大小近 600 个商办轮运企业,各种轮船共 1 100 艘。不过,这些轮运企业规模不大,在这近 600 个轮船企业中有 560 多家是小火轮公司,拥有小火轮 978 只,总吨位仅 28 274 吨;一家公司往往只有一二只小火轮,每船吨位不足 100 吨。据统计,自 1901 年到 1911 年,进出中国沿海和大江河通商口岸间的中国轮船,在只次上从占 22.3% 增加到了 39%,但在吨数上从占 11.6% 只上升到占 15.7%,外资轮船仍占有绝对优势;而同期的内港航运,中国轮船只次从占 53.7% 上升到 91.0%,吨数从 59.7% 上升到了 68.5%。1911 年,全国有 15 个省区有内港航运业,最发达的是上海附近,其次是长江干支流和东南沿海与珠江流域,内港轮船航运业亦相当普遍。北方内河水量不足,泥沙淤积较多,工商业又不如南方发达,所以内港航运业也较落后。

当时中国已有不少地方能够制造小型轮船,如上海 23 家华资轮船修造厂多数能制造小火轮船;广州、汉口、九江、宁波、厦门、天津等地均有华资轮船修造厂或机器厂能制小火轮船。

内港轮船航运业的迅速发展,极大地改善了商品运输条件,为工业发展起了良好作用。同时,也为大中型轮船事业的发展准备了一些技术、管理经验、劳动力和资金等条件。

第一次世界大战时期,各参战国大批商船或被军队征用,或被战争损毁,西方各国大大减少来华和在华航行的船只,既减少了对中国民族资本航运业的压力,又为中国航运业持续发展提供了机会。到 1921 年,全国有 1 300 多个轮船企业,资本总额近 9 000 万元,各种轮船 2 332 艘,总吨位 48.9 万吨。1921 年航运业资本额比 1911 年增长了 307%,船只数增长了 114%,船只吨位增长了 233%。1911 年中国 5 000 吨以上的轮船只有一艘,到 1921 年增加到了 10 艘,其中有 4 艘万吨以上的巨轮,2 000～5 000 吨的中型轮船由 10 艘增加到了 37 艘。这一时期中国航运企业的远洋航线主要是南洋群岛各航线及到日本、海参崴的航线,旅美华侨联合国内外各埠广东籍商人创办的中国邮轮公司则有三艘万吨邮轮行驶在中美之间的太平洋航线上。

　　民国年间,内港小轮船航运业也有较快的发展,出现和增加了一大批拥有多只小轮船,能够开设多条航线的小轮船企业;同时小轮船的航线推广到以当时的条件能使小轮船通航的几乎所有河流和港道,使中国内港航运的面貌有了明显的改变。到1921年,全国小轮船企业共有1 221家,资本1 763.2万元,轮船1 932只,总吨位73 409吨。与1911年比较,企业增长了118%,资本增长了121%,轮船只数增长了98%,总吨位增长了160%。

　　到1921年,中国轮船航运业已经形成了一个初具规模的国内轮船航运体系:大型企业和较大规模的中型企业连接江海各航线,数十个中型企业分别在各个江海航线航行,又有一千余个小型企业深入广大内河内港,航运业已成为国民经济中不可或缺的组成部分。

　　第一次世界大战结束后,外国航运势力卷土重来,不但迅速恢复到原有的态势,而且开始新的扩张,使中国民族资本航运业的发展受到了压迫。1920年在往来各通商口岸的轮船进出口总吨位中,中国轮船占到了23.7%,到1930年,这一比重即降到了17.2%。

　　1928年,国民党政府设立了交通部航政司,管理航运行政、船舶海事及海员等各项事务。这使得中国航政不再由海关兼管,开始有了正式的管理机关。

　　当时中国最大的航运企业轮船招商局管理混乱,亏损严重。国民党政府于1928年开始对招商局进行整顿,后来将招商局正式收归国营,属交通部管辖,并派著名企业家刘鸿生出任招商局总经理。刘鸿生等对招商局经营管理制度进行了一些改革,使得该局经营状况好转。该局的船只行驶于以上海为中心的沿海、沿江及远洋航线上,仍然是中国航运业的中坚。到1936年,该局拥有的海轮、江轮连同小轮拖轮共达8.6万余吨,占全国总吨位的15%。

　　这一时期商办航运企业中,虞洽卿的三北轮埠公司、鸿安轮船公司和宁兴轮船公司已形成一个实力仅次于招商局的航运集团,有各类船舶65只,9万余吨,行驶宁波—上海、长江和沿海航线,并不定期航行南洋、日本。

　　卢作孚[50]于1926年创办了民生实业公司,其时实收资本仅8 000元,靠借贷订购70吨小轮船一只,航行于嘉陵江合川—重庆线。卢作孚注重企业文化建设,提出"服务社会,便利人群,开发产业,富强国家"的经营宗旨,并废除了买办制,建立了集中领导下的分级管理分工负责制,使民生公司服务态度优于其他公司,效益不断提高。到1935年,该公司已发展到轮船40只,总吨位16 884吨,职工近3 000人,资本增至120.4万元,在竞争中挤垮了美商捷江公司,并迫使怡和、太古等外国公司退出川江,基本垄断了川江航运。到抗日战争爆发前,该公司船只已增至46只,承担了长江上游70%的运输任务。

当时帆船在内河航运,特别是短途水运中仍有一定地位。据估算,20 世纪 30 年代时全国有木帆船 98.8 万只,收入 4.88 亿元,木帆船的收入是轮船的 2.5 倍多。[51]

2. 铁路建设的两次高潮及经营管理特点

甲午战前,铁路建筑遇到清廷内守旧势力的阻挠,尽管有李鸿章等人的一再努力,到 1894 年时只建成了天津到山海关和台北到新竹间的铁路约 400 公里左右。甲午战后,西方列强以种种手法攫取了中国多条铁路的筑路权和经营权。1895 年,清廷准各省商人筹资设铁路公司,中国铁路建设出现第一次高潮。此后直至 1912 年,由中央政府主持筑成的铁路,较主要的有:京奉铁路,北京至沈阳,干线长 843 公里;京汉铁路,干线长 1 214 公里;津浦铁路,干线长 1 013 公里;沪宁铁路,共长 327 公里;沪杭甬铁路,由上海经杭州至宁波,全长 353 公里;正太铁路,由河北省正定至山西太原,干线长 250 公里;京张铁路,长 199 公里,后延长至归绥(今呼和浩特);广九铁路,长 143 公里;吉长铁路,干线长 128 公里等。这些铁路中,只有京张铁路是完全由中国人主持修筑[52],且未借外债,其他各铁路都是借用外债,延用外国工程师,受到外国人不同程度的控制。清末外国人筑成和直接经营的铁路主要有:俄国修筑的东清铁路暨北满支路,共长 1 700 多公里;日本修筑的南满铁路,长 1 100 多公里;德国修筑的胶济铁路,长 446 公里;法国修筑的滇越铁路,长 464 公里;广九铁路英国段 36 公里。清末所修铁路中有近一半由外国人修筑。

民营铁路有广东省的潮汕铁路和新宁铁路,江西省的南浔铁路,粤汉铁路的广东段(1911 年完成广州到黎洞)和湖南段(1911 年修成长波到株洲),福建省的漳厦铁路等,共长 900 多公里。

1912 年到 1927 年北洋政府统治的 16 年间,因军阀混战,北洋政府财政困难和国家政令不统一等,全国新增铁路只有 3 400 多公里,主要有陇海铁路的大浦至灵宝段,粤汉铁路的武汉至长沙段和黎洞至英德段等。

南京国民党政府统治初期,特别是 1932 年后,出现了铁路建设第二次高潮,1932—1937 年间平均每年筑成铁路 1 300 多公里,是清末 1895—1911 年间年均筑路长度两倍多。这一时期修建的铁路主要有:浙赣路的杭州—玉山—南昌—萍乡段 1 004 公里,粤汉铁路的株洲—韶关段 450 公里,陇海铁路的灵宝—西安—宝鸡段 400 余公里,同蒲铁路 850 公里,淮南铁路 215 公里,沪杭甬铁路杭州—曹娥段 77 公里,以及江南铁路、苏嘉铁路等支线。另外,还建成了南京下关至浦口的火车轮渡线和钱塘江公路铁路两用大桥等。这样,以往长江以南铁路线路少的状况已经初步有所改观,到抗战前,中国东部已经形成纵横交错的铁路干线,并向西北延伸。中国自己的工程技术人才和管理人才,在这一阶段铁路建设中发挥了相当突出的作用。

自 1911 年清廷将商办铁路收归国有后,中国铁路除外国资本直接经营者外,基本上属于官僚资本或国家资本企业,因而在经营管理上带有两大特点:一是垄断性,没有竞争;二是腐败性,机构臃肿,人浮于事,效率低下,造成铁路运输成本昂贵浪费。此外,政府提款[53]和沉重的外债负担都使铁路财务经常处于困难境地。国民党政府为改良铁路经营,曾组织半官方的公司,试行使铁路通过民营企业方式经营。如设江南铁路公司以管理江南铁路,抗战前刚有短期经营,资产收益率达 11%,比以国营企业方式经营的铁路要高得多,可见这种改革是有成效的。

3. 公路建设及运输的逐步开展

中国最早的公路于 1906 年修筑,自龙州至镇南关,长约 50 公里。1913 年湖南省修筑了长沙至湘潭的公路,此后,一些地方修筑了一些距离较短的公路。1919 年,河北省德南长途汽车公司集资修建了德县到南宫的汽车路,这可以说是中国较早的商办公路。(此前的张家口到库伦的公路只是对原有官道的简单修整)1920 年,北洋政府交通部用人工代赈的方法修筑了烟(台)潍(县)和沧(县)石(家庄)两条铁路的路基,由于路款不足,1921 年停工,将烟潍路改筑为公路。同时,美国红十字会和华洋义赈会于山东、山西、河北、河南等省举办了筑路工赈。上海、南通等经济较发达的地区则有商人集资修路。到 1928 年,全国有公路 29 127 公里,均系各省零星自筑,缺乏统一领导和规划。

国民党政府成立后,至 1930 年全国公路发展到 4.5 万公里。1931 年全国经济委员会筹备处成立后,对国道、省道以及各省的支道开始作了总体规划。国民党政府把公路建设作为围剿红军的重要一环,要求各省的公路互相连接,在经委会监督下修筑"联络公路",并从 1934 年起由经委会直接主持修筑西北公路。配合围剿中央苏维埃根据地和鄂豫皖等革命根据地的红军,从 1932 年起经委会重点督造苏、浙、皖、赣、鄂、湘、豫、闽等省的公路。1935 年后,为了经营西南及配合国民党军队追赶长征途中的红军,国民党政府又修建了川陕、川鄂、川湘、川黔、黔湘、黔桂、黔滇、川滇等公路。各省政府在公路建设上也作了不同程度的努力。至 1936 年,全国公路通车里程约为 12.13 万公里,如果能加上县级公路的统计,公路里程还应该更多。原先公路布局极不合理的状况也有改观,抗日战争爆发前,可以说中国已无一省没有公路。公路运输所需汽车要靠进口,1927—1936 年间中国平均每年进口客货汽车约 5 000 辆。

公路运输除军车外,有三种经营形式:一是由各省市公路局等机构官营;其二是商办汽车公司;其三是采用官督商办方式。官筑的公路一般也允许民营公司使用。当时,不少省份公路运输以官营为主。官营运输机构一般规模较大,容易形成规模效应。

4.民用航空事业的发端

1929 年 5 月,南京国民党政府交通部成立了泸蓉航空线管理处,当年购买了美国小型客机 4 架,开辟了上海—南京航段,是为中国民用航空事业的发端。这一年,交通部还成立了中国航空公司(简称中航),与美国航空发展公司合作经营。1930 年 8 月,改组为中美合资的中国航空公司,资本 1 000 万元,交通部占 55%,美方占 45%。同时,交通部撤销了泸蓉航空线管理处,将其业务并入中航。到 1936 年底,中航的航线里程共有 6 100 多公里,拥有各型飞机 12 架,营业收入达到 500 万元。抗战前中航开辟的主要航线有:沪蓉线(上海—成都)、沪平线(上海—北平)、沪粤线(上海—广州)。

1930 年,国民党政府交通部为发展欧亚国际航空事业,与德国汉莎航空公司签订合资经营航空公司的合同,后于 1931 年 2 月成立了欧亚航空公司,资本 300 万元,1935 年增到 750 万元,1936 年又增到 900 万元,中资占三分之二。欧亚航空公司拟定开辟飞往德国柏林的航线,先从 1932 年 4 月开辟从上海经南京、洛阳、西安、兰州到迪化(今乌鲁木齐)的航线,但是终于未能飞到欧洲。欧亚公司还开辟了数条国内航线,到1936 年底,经营的航线里程共 7 600 公里。[54]

1933 年,广东、广西、云南、贵州和福建 5 省政府筹集资金 200 万元,合组西南航空公司。该公司规模较小,只有客机三架,游览机一架,1934 年 5 月正式营业。其开辟的航线主要是连结 5 省,并与法国航空公司合作,开辟了广州—河内国际航线,与法航的欧洲航线衔接起来。

四、中国近代工业化发展的主要特点

(1) 从发展模式来看,中国近代工业化大致经历了"**国资启动—民营为主—国资垄断**"三阶段。英、美等国工业化以产业民营化为主,发展较平稳、城乡发展较均衡。而中国近代工业化历程却是波动曲折。

从 19 世纪 60 年代开始 30 多年可谓"国资启动"阶段。清政府洋务派官僚利用国家资本启动工业化,功不可没。但是这一启动时间延续太长,长期实行以"机船路矿"为中心的发展路线,在中国新式产业中官办、官督商办等官营体制占据了统治地位,民间创办新式产业的活动受到压制,官商矛盾日益恶化,沉重地打击了民间投资新式产业的积极性,成为当时中国新式产业发展的极大障碍。

甲午战后 30 多年里原来的"官督商办"体制走向没落,中国新式产业发展进入民营化为主阶段。清末新政中官商关系的若干变化,促进了这一时期产业民营化的发展。清末产业民营化主要分两条途径展开,新的民营工矿交通企业大量创办,逐渐占据了中国产业的主要地位,成为这一时期中国新式产业民营化的主流,成为中国资本主义发展的标志。张謇是清末新式产业民营化主流途径的代表人物。民营化的第二条途径是旧的官办、官商合办或官督商办企业被主持的官僚化公为私,转为商办(例如招商局、汉冶萍公司),企业掌权人还是原来的官僚,这条途径是产业民营化的支流,盛宣怀是其代表人物[55]。

清政府对外妥协投降,对内实行封建压迫的本性,又使得其经济政策矛盾混乱,并一再倒行逆施,使得民族工矿交通企业的进一步发展受到极大限制,政治革命成了为工业化发展开道的必要手段。

辛亥革命后产业民营化的主流有了进一步的发展,而支流因难以避免旧衙门习气影响,业绩不佳。这一时期从新式产业的行业结构来看,是以轻纺工业为主,出现轻工业重,重工业轻的局面。

国民党建立全国政权后,以将招商局收归国营为开端,逐步加强了国家资本主义举措,逐步建立了在新式产业中的国家资本垄断,同时也注意发展重工业。这种趋向在抗战前已经开始,在抗战时期进一步加强,抗战胜利后国家资本垄断地位更加巩固。

(2) 近代中国工业化虽有所发展,但发展水平较低。甲午战后至抗日战争爆发前的这 40 多年,与以往相比,是中国近代工业发展最快的一段时期。1894—1936 年本国工业资本从 4 954 万元增至 246 502 万元,增加了 241 248 万元,年均增长率为 9.75％;如果再加上交通运输业,则本国产业资本年均增长率更高,1894—1920 年一度达 10.38％。[56]但是我们进一步考察时,就会发现,增长率之所以高,主要是因为基数太低。要想考察生产发展水平及其未来趋势,还需要估算当时我国的生产投资率。按西方著名经济学家罗斯托的理论,生产投资率从占国民收入的 5％提高到 10％以上,才能实现经济起飞。那么 20 世纪前半期我国的生产投资率有多高呢?据巫宝三先生有关 30 年代的估算,1936 年投资占国民收入比率为 5.50％,为最高,1931—1936 年平均投资率则只有 1.23％。[57]这里的投资包括了各行业的投资,至于工业投资占国民生产总值的比率,更令人心酸,据估计 1894—1920 年这 26 年间中国工业投资(包括外国在华资本在内)占国民生产总值比率不到万分之四;如果仅算本国工业投资,则不到万分之二。[58]1933 年中国工业净产值只占国民净产值的 8.5％,其中工厂的净产值在国民净产值中只占 1.9％。在工业总产值中,工厂只占 25％,手工业却占 75％。30 年代初世界经济大危机使西方发达国家工业遭到极大打击,但是 1933 年工厂净产值美国仍是中国的 162 倍,德国是中国的 64 倍,英国是中国的 50 倍。当时中国工业生产率低下,只相当于美国的 1/19。在近代中国工业发展峰顶的 1936 年,中国钢产量仅为英国的 1/29,苏联的 1/39,美国的 1/117;电力供应量为英国的 1/6,苏联的 1/10,美国的 1/39。[59] 中国的工业产量甚至连印度也赶不上,例如 1933 年生产的钢,中国产量只是同年印度的 3.7%,铣铁是印度的 20%,纱锭是印度的 10%,布机是印度的 18%。这些事实清楚地显示了中国的**工业化仍处在幼稚的阶段**。[60]

　　(3) **发展很不平衡**:**在地理分布上**,工业过分集中于沿海沿江城市,在国民党政府实业部登记注册的全国 2 435 家工厂中仅上海一市就集中了 1 186 家。上海、天津、无锡、武汉、广州这 5 个城市集中了全国工厂的 60%。交通业运力也多在东部;**在产业结构上**,轻工业重,重工业轻。20 世纪 30 年代中国工厂雇工 60% 多集中在纺织工业。纺织、服装和饮食烟草业的产值加在一起,约占工业净产值的 74.5%,而相比之下美、德两国这三项之和都只占 30% 左右。金属、机械、车船等加在一起,中国约占工业净产值的 6%,但德国则高达 40.3%(见表 6-1);**在工商资本比较方面**,1920 年中国(不包括外国在华资本)商人资本(商业与金融业)约有 35.6 亿元,产业资本(工矿交通业)12.4 亿元;1936 年(包括东北)商人资本 122.5 亿元,产业资本 42.7 亿元[61],商人资本大大超过产业资本。

表 6-1　中、德、美三国工业生产结构　　　　　　　　　　%

部　门	中国(净产值)			德国	美国	中国 (雇工)	德国 (雇工)	美国 (雇工)
	工厂	手工业	合计	净产值	净产值	(1933)	(1936)	(1935)
金属	7.9	0.5	2.1	18.9	14.3	3.8	17.9	15.2
机械、车船等	6.6	3.5	4.1	21.4	18.3	8.3	19.4	16.1
化学	7.4	1.6	2.9	9.9	9.8	6.4	5.0	5.2
纺织	40.7	19.3	24.0	11.0	8.0	60.2	15.2	15.1
服装等	4.0	6.1	5.7	4.0	7.7	2.2	5.6	11.6
胶革	3.2	2.8	2.9	2.0	3.1	2.1	2.4	3.1
土石	5.3	4.0	4.3	6.7	3.2	3.2	9.5	3.2
制材	0.3	3.4	2.7	4.0	4.7	0.4	6.1	8.0

续表

部　门	中国(净产值)			德国	美国	中国 (雇工*)	德国 (雇工)	美国 (雇工)
	工厂	手工业	合计	净产值	净产值	(1933)	(1936)	(1935)
造纸印刷	5.6	4.2	4.5	5.7	11.8	3.0	6.4	7.5
饮食烟草	17.7	52.4	44.8	14.0	16.5	9.4	10.2	12.3
杂项	1.3	2.2	2.0	2.4	2.6	1.0	2.3	2.8
合计	100.0	100.0	100.0	100.0	100.0	100.0	100.0	100.0

　＊ 只含工厂工人。

　资料来源：据汪敬虞《中国资本主义的发展和不发展》第 423 页表改编。

注　释

1. 参见《新帕尔格雷夫经济学大辞典》,中译本,第二卷,第 861 页,北京,经济科学出版社,1992。

2. 张国辉:《论中国资本主义现代企业产生的历史条件》,载《中国社会科学》,1986 年第 3 期。

3. 严中平:《中国棉纺织史稿》,第 147 页,北京,科学出版社,1963。

4. 参阅林刚:《试论大生纱厂的市场基础》,载《历史研究》1985 年第 4 期。

5. 详见张国辉:《论中国资本主义现代企业产生的历史条件》,载《中国社会科学》,1986 年第 3 期。

6. 穆烜等:《大生纱厂工人生活调查(1899—1949)》,第 200～215 页,南京,江苏人民出版社,1994。

7. 汪敬虞:《中国资本主义的发展和不发展》,第 59 页,北京,中国财经出版社,2002。

8. 详见汪敬虞:《中国资本主义的发展和不发展》,第 59～70 页,北京,中国财经出版社,2002。

9. 许涤新、吴承明主编:《中国资本主义发展史》,第 1 卷,第 17 页,北京,人民出版社,1985。

10. 汪敬虞:《中国资本主义的发展和不发展》,第 70 页,北京,中国财经出版社,2002。

11. 《毛泽东选集》,第 1488～1489 页,北京,人民出版社,1964。

12. 详见汪敬虞:《中国资本主义的发展和不发展》,第 77～100 页,北京,中国财经出版社,2002。

13. 详见汪敬虞在《中国资本主义的发展和不发展》一书中的讨论。

14. 转引自许涤新、吴承明等:《中国资本主义发展史》,第二卷,第 858 页。

15. 详见张国辉:《洋务运动与中国近代企业》,第 272～282 页。及许涤新、吴承明等:《中国资本主义发展史》,第二卷,第 413～418 页。

16. 详见汪敬虞:《中国近代工业史资料》,第二辑下,第 1011～1015 页,北京,科学出版社,1957。

17. 严中平:《中国棉纺织史稿》,第 133 页,1963。

18. 著名经济史学家吴承明先生认为,这种乡土经济发展路线"不失为中国式的近代化的途径之一",

比起那种"以洋行为中心,以租界为基地,脱离农村以至于对立于农村"的近代口岸经济发展路线,乡土经济发展路线"应当有更广阔的前途"。见吴承明:《中国近代经济史若干问题的思考》,载《中国经济史研究》,1988 年 2 期。

19. 严中平:《中国棉纺织史稿》,第 186 页。

20. 许涤新、吴承明等:《中国资本主义发展史》,第二卷,第 861 页。

21. 1917 年,穆藕初参与发起中华职业教育社,推动了中国职业教育的开展。

22. 丁昶贤:《中国近代机器棉纺工业设备、资本、产量、产值的统计和估量》,载《中国近代经济史研究资料》(6)。

23. 张国辉:《中国棉纺织业 1895—1927 年的发展和不发展》,载《中国社会科学院经济所集刊》(十),第 213 页。及许涤新、吴承明主编:《中国资本主义发展史》,第三卷,第 132 页。

24. 在日商纱厂工作过的和从专门技术学校接受系统专业教育毕业的技术人员为新职员,厂方称他们为技职人员。

25. 此后,申新在体面地保留工头制的前提下,逐步缩小工头的权限,以至最后将工头制完全淘汰废除。

26. 许涤新、吴承明主编:《中国资本主义发展史》,第三卷,第 138～139 页。

27. 《大生系统企业史》,第 204～208 页。

28. 《永安纺织印染公司》,第 134～139 页,北京,中华书局 1964(内部发行)。

29. 严中平主编:《中国近代经济史,1840—1894》,第 1437～1440 页。

30. 租厂制是原有工厂企业的业主,将其厂房、机器等固定资产出租给承租人,由承租人根据租赁合同按期交付租金,在租赁期内承租人享有完全的经营管理权。租赁期满,由原业主收回,也可以经双方商定后由承租人继续租赁经营。

31. 杜恂诚:《民族资本主义与旧中国政府》,第 56～57 页。

32. 张国辉:《甲午战后四十年中国现代缫丝工业的发展和不发展》,参阅《中国经济史研究》,1989 年第 1 期,第 92～93 页。

33. 张国辉:《近代上海地区缫丝工业研究》,参阅《上海研究论丛》,第 6 辑,第 70 页,1991。

34. 徐新吾:《中国近代缫丝工业史》,第 168 页,1990。

35. 转见徐新吾:《中国近代缫丝工业史》,第 160 页,1990。

36. 陈真:《中国近代工业史资料》,第四辑,第 133 页。

37. 徐新吾主编:《中国近代缫丝工业史》,第 88 页。

38. 范旭东(1883—1945),又名锐,湖南人。曾就学于梁启超主讲的时务学堂,深受梁启超爱护,得兼理学堂事务,半工半读,以赡养老母和培育幼弟读书。后东渡日本留学,以优异成绩毕业于京都帝国大学理科化学系。毕业后曾留校担任专科助教。1911 年回国,在北洋政府北京铸币厂负责化验分析,不久被派赴西欧考察英、法、德、比等国的制盐及制碱工业。1914 年在天津创办久大精盐公司。1917 年创建永利碱厂。1926 年先后在青岛开办永裕盐业公司,在汉口开办信孚盐业运销公司。1933 年创办永利硫酸铵厂。该厂于 1937 年 2 月生产出硫酸铵及硝酸,为当时具有世界水平的大型化工厂。抗战期间,范旭东继续在大后方创办实业。1945 年当选为中国化学学会理事长。同年病逝。毛泽东为其题写了"工业先导,功在中华"挽联。

39. 杜恂诚:《民族资本主义与旧中国政府》,第 422 页。

40. 孔令仁主编:《中国近代企业的开拓者》,上,第 217 页,济南,山东人民出版社,1991。

41. 孔令仁主编:《中国近代企业的开拓者》,下,第 12～13 页,济南,山东人民出版社,1991。

42. 许涤新、吴承明等:《中国资本主义发展史》,第二卷,第 477～479 页。

43. 许涤新、吴承明等:《中国资本主义发展史》,第二卷,第 484、485 页。

44. 许涤新、吴承明主编:《中国资本主义发展史》,第二卷,第 641 页。

45. 杜恂诚:《民族资本主义与旧中国政府》,第 460～470 页。

46. 据严中平等《中国近代经济史统计资料选辑》表 3 计算。

47. 杨大金:《现代中国实业志》,上,第 434～436 页,商务印书馆 1940。

48. 合伙制是由众多采矿生产者结合成一个个"工棚"合伙采矿,每棚的伙友人数少则数人,多则数十人,甚至可达百余人,占据矿山一部分作为"口子"采挖钨砂,这种"口子"往往需要出资购买。伙友们共同集资,共同生产,利益均分。每棚推举出一位"棚目"负责办理公共事务,"棚目"在分配售砂价款时可多得若干作为办公事的酬劳。在棚主制中,"棚目"已不是由众伙友推举产生,而是由"棚目"垫支生产工具及生活必需品等,由其决定招工或解雇,售砂后"棚目"除扣回垫支折款外,还多抽取一部分纯利,名曰"缴棚"。"棚目"已蜕变为占有生产资料的棚主,只不过矿工们不拿工资,而是将扣除"棚目"垫支和"缴棚"后的余利按各人实际工数分配。家庭作业制由一家数口经营,至多有一二亲戚帮忙,以开采小矿为主,尤以"土洞"为多。

49. 详见郑友揆等:《旧中国的资源委员会——史实与评价》,第 247～255 页,上海,上海社科院出版社,1991。

50. 卢作孚(1893—1952),重庆合川人。曾参加同盟会从事反清运动。后回乡在合川中学任教,1919 年接任《川报》社长兼总编辑,积极投身五四运动。1921 年任泸州永宁公署教育科长,积极开展通俗教育活动。1924 年,到成都创办民众通俗教育馆,任馆长。1925 年创办民生实业公司,开辟嘉陵江渝——合航线。1927 年卢作孚到北碚出任江(北)、巴(县)、璧(山)、合(川)峡防团务局局长,在清剿匪患的同时对峡区进行乡村建设实验。在这里建成了四川第一条铁路——北川铁路;组建了当时四川最大的煤矿——天府煤矿;创建了西南最大的纺织染厂——三峡织布厂;创立了中国唯一最大的民办科研机构——中国西部科学院;在四川率先架建成了乡村电话网络;开辟了被誉为重庆北戴河的北温泉公园。1929 年被刘湘任命为川江航务管理处处长。还曾担任四川省建设厅长、交通部次长、全国粮食管理局局长、全国船舶调配委员会副主任委员、军事委员会水陆运输管理委员会主任等职,为抗战时期的军需民运作出了重大贡献。

51. 许涤新、吴承明主编:《中国资本主义发展史》,第三卷,第 792 页。

52. 京张铁路原来计划需时六年才能完工,在总工程师詹天佑和铁路工人的努力下,只用四年的时间(1905—1909),就提前大功告成,而且还节省了 28 万余两银子的工程费用。

53. 政府提款主要是用铁路运输军需、物资和军队时不付运费,有时铁路还要拨给地方军队协款。

54. 参见王乃天主编：《当代中国的民航事业》，第3～8页，北京，中国社会科学出版社，1989。

55. 详见陈争平：《试论辛亥革命前中国产业民营化的两条途径》，载于《辛亥革命与20世纪中国》(北京，中央文献出版社，2002。

56. 据吴承明《中国近代资本集成和工农业及交通运输业产值的估计》有关数据计算。

57. 巫宝三：《"中国国民所得，1933年"修正》，载《社会科学杂志》，第九卷第二期。

58. 陈争平：《1895—1936年中国国际收支研究》，第155～156页，北京，中国社会科学出版社，1996。

59. 国家统计局编：《我国的国民经济建设和人民生活》，1版，第5页，北京，统计出版社，1958。

60. 详见汪敬虞：《中国资本主义的发展和不发展》，第415～424页，北京，中国财经出版社，2002。

61. 据吴承明《中国近代资本集成和工农业及交通运输业产值的估计》(载于《中国经济史研究》1991年4期)表1改编。

第七讲

农业经济的缓慢发展

思考题

1. 为什么说近代中国农村封建土地关系仍然占据统治地位?

2. 评析近代中国农业经济中出现的新事物(可选择其中一至两项)。

3. 论述近代中国农业生产的基本特点及其原因。

　　抗战前的中国农业，从总体上看仍是封建性生产关系占统治地位，封建剥削且有加重趋势。我们也应该看到，当时农业的生产方式中已经发生了某些重要变化，这主要体现在东北、苏北等地农业开发中出现了规模较大的生产组织，特别是出现了新型农业公司；伴随着商品经济的发展，在一些城市附近出现了为市民提供果蔬蛋奶等的农牧公司，以及经营性地主、新式富农；苏区开始了土地革命等新事物。虽然当时新型农业公司和苏区的土地革命所涉及的田地面积，在全国土地中所占的比重都还很微小，但它们都已孕育了新的生产方式。在当时历史条件下，农业公司这种有一定资本主义性质的新路终未走通。而土地革命所开创的苏区经济却渐成燎原之势，孕育了日后取得全国胜利的新民主主义经济，从而敲响了旧中国农村封建经济制度的丧钟。

一、封建性地权分配关系与租佃关系

　　关于 20 世纪上半叶全国农村地权分配情况，国家统计局曾有一权威统计（见表 7-1）。

表 7-1　全国土地改革前各阶级占有耕地情况

	户数（万户）		人口（万人）		耕　　地			
	合计	%	合计	%	合计（万亩）	%	每户平均（市亩）	每人平均（市亩）
合　　计	10 554	100.00	46 051	100.00	150 534	100.00	14.26	3.27
贫雇农	6 092	57.44	24 123	52.37	21 503	14.28	3.55	0.89
中　　农	3 081	29.26	15 260	33.13	46 577	30.94	15.12	3.05
富　　农	325	3.02	2 144	4.66	20 566	13.66	63.24	9.59
地　　主	400	3.79	2 186	4.75	57 588	38.26	144.11	26.32
其　　他	686	6.49	2 344	5.09	4 300	2.86	6.27	1.83

　　注：1. 户数、人口、耕地总数是用 1950 年农业生产年报资料。

　　　　2. 各阶级数字是根据各地区土改前各阶级比重推算的。

　　　　3. 土改前各阶级是指土地改革前三年的阶级成分。

　　资料来源：据国家统计局编《中国农村统计年鉴（1988）》第 31 页表改编，北京，中国统计出版社，1989。

　　这方面的较新研究，可见表 7-2。

表 7-2   旧中国土地占有状况   ％

	1925—1937 年		1937—1948 年		全国解放前夕	
	户数或人口	土　地	户数或人口	土　地	户数或人口	土　地
地　主	3.11	41.47	4.82	41.24	3.45	32.16
富　农	6.38	19.09	5.78	15.4	4.86	13.75
中　农	24.02	25.87	28.72	31.39	28.93	30.89
贫雇农	61.4	20.77	58.49	16.13	53.62	17.23
其　他	4.5	0.72	2	0.25	10.83	3.41

　　资料来源：据郭德宏《中国近现代农民土地问题研究》(青岛，青岛出版社，1993)表 1-16 改编。郭德宏先生是近现代中国土地问题研究专家，他所引用的资料面广且详，但是将表 7-2 中各阶级有关数据合计，则可发现其中有些小疵，例如 1925—1937 年户数或人口合计只有 99.41％；而土地数合计达 107.92％。现暂按原表数据，请读者引用时注意。

　　从表 7-1 和表 7-2 可以看出：旧中国农村占人口约 4％的地主，却占有了三分之一还多的土地；富农占人口比重不高而占地却很多；占人口多数的贫雇农拥有的土地却很少。可以说，在旧中国农村，直到土地改革前，封建土地关系长期以来一直占统治地位。占有大量土地的地主自己并不(或很少)进行耕种劳动，而无地和少地的农民为了维持生计不得不向地主租佃土地。

　　近代中国的土地租佃关系，主要发生在地主与贫农之间。中农也有租种地主土地的，其比例较小。另外，也存在少数带有资本主义性质经营的富农佃种地主土地的情况(即佃富农)，其比例更小(据 1933 年广西省立师专师生对 22 县的调查，在佃农和半佃农户数中，富农仅占 1.8％)，可谓微不足道。广大无地和少地的贫苦农民，为了获得土地使用权，不得不以交纳地租的代价租种地主土地。地主凭地权所获取的地租，不是像资本主义地租那样的平均利润以上的余额，而是一种吞噬农民全部剩余劳动的封建性地租。此外，在近代农村租佃关系中，还存在着超经济强制和佃农对地主的人身依附关系。因此，在近代中国占统治地位的土地租佃关系是一种封建性质的租佃关系。[1]

　　抗战前几十年间中国农村土地租佃关系状况及其变化，可从佃农与自耕农的比例、租佃制度、地租形态和地租率等方面来考察。

　　清中叶后，官田逐渐转化为民田，原先带有某种农奴性质的官田佃农转化为民田佃农或自耕农；太平天国等农民大起义又使地主阶级受到严重打击，许多省份地权分散，自耕农数量大增。19 世纪 70 年代以后，军人地主和商人地主兴起，使地权有所集中，佃农增加，但是自耕农(包括地主、富农、中农等)仍然高于佃农。民初时，自耕农比例略低于佃农与半自耕农之和。至抗战前,佃农与自耕农的比例变化总趋势是自耕农比例下降,佃农比例增加,这表明租佃关系的范围在扩大。不过,这种变化的幅度,根据全国各省加权平均数看来,尚不算大(见表7-3)。

从表7-3看来,自1912年至1937年,各类农户比例变化不大,自耕农比例下降了3%,半自耕农上升了1%,佃农上升了2%。抗战以后,这种佃农比例上升的趋势进一步加强。这是全国各省加权平均的结果。实际上华北各省除河南外,自耕农比例都在上升,佃农比重下降;华中江浙两省是自耕农减少,佃农增加,皖、赣和两湖则是佃农比重也下降,皖、赣、湘等省半自耕农比例增加较大;西南四川、云南和贵州3省自耕农大量减少,佃农比重增加,尤其是云贵两省有明显的佃农化、无地化趋势;西北地区这种趋势不明显。[2]

表 7-3　各类农户比重的变动

1912—1947 年　　　　　　　　　　　　　　　%

年　份	报告县数	自耕农	半自耕农	佃　农
1912	655	49	23	28
1933	730	45	23	32
1937	1 058	46	24	30
1947	42	25	33	

资料来源:据许涤新、吴承明主编《中国资本主义发展史》第三卷第292表缩编。

近代中国的土地租佃制度根据土地和其他生产资料同农民的结合方式,可分为租种制、伙种制和帮工佃种制三类。

租种制是近代中国农村主要租佃形式。在租种制下,地主只出租土地,其他生产资料由佃户自备。分租制曾长期在中国封建社会实物地租中占主导地位,到了近代其所占比重已逐渐减少。据国民党政府中央农业实验所1934年对22省879县的调查,在全部租佃关系中分租制只占28.1%,而定租制占71.9%。

伙种制是地主不仅出租土地,还提供牲畜、农具、种子、肥料等生产资料的一部分,土地收获物在地主与佃户之间按事先规定的比例分配。它多见于陕北和华北地区。伙种制下,地主因为还提供了一些其他生产资料,其分成比例要高于分租制。

帮工佃种制或称"分益雇役制",其特点是地主除出租土地外,还提供牲畜、饲料、种子、肥料等生产资料的大部分,有些还借给佃户本人及家属口粮和燃料,以至住房和用具;一般农具由佃户自备。土地收获物在地主与佃户之间按事先规定的比例分配,同时佃户将借用的种子、口粮等加利息归还地主。地主所获土地收获物的比例更高,一般是在八成,有的达到九成。帮工佃种制另一特点是,佃户要无偿为地主承担较多的诸如赶车、运货、饲养牲口等劳役,佃户的妻子及儿女也要无偿为地主纺线、织布、洗衣、做饭、看护孩子等。帮工佃种制介于土地租佃和劳力雇佣这两种剥削方式之间,其佃户是丧失了一切生产资料的赤贫农户,他们不得不既要承受地租剥削,又要承受粮食等借贷高利的盘剥,还要承受大量劳役剥削。由于帝国主义侵略的加深和国内商品经济的发展,中国农民分化加剧,贫农丧失生产资料的情况愈加严重,所以甲午战争后帮工佃种制在北方地区得以广泛流行,在南方地区也有发展。[3]

近代中国的地租形态,实物地租仍占主要地位。从表7-4看,实物地租仍占70%多;货币地租虽有发展,但速度很慢。

表 7-4　各种地租形态的比重　　　　　　　%

年　份	实　物　地　租		货　币　地　租		合　计
	谷租	分租	钱租	折租	
1924	42	32	17	8	100
1934	41	32	18	9	100

资料来源:据严中平等《中国近代经济史统计资料选辑》表44改编。

另外,在近代中国农村,劳役地租不仅在边远少数民族地区还存在着,即使在上海、苏南等经济较发达的汉族地区也仍然存在"脚色制"等劳役地租残余,例如宝山县农村,实行"脚色制"时,地主出租一亩耕地,不收租金,但佃户必须为地主做一至两个月工。[4]

关于近代中国农村地租剥削的程度,可以地租"购买年"(即多少年的地租等于地价)作国际比较,20世纪30年代中国农村平均地租购买年为7~9年,第一次世界大战后德国为20年,英国为27~30年,可见当时中国地租剥削比英德等国苛重得多。[5]

近代中国农村的地租率,从多数史料看来,呈逐渐增长趋势,例见表7-5。

表 7-5　南通、宿县地租指数变化(以 1905 年为 100)

年　份	南　通			宿　县		
	上等田	中等田	下等田	上等田	中等田	下等田
1914	147	157	174	81	96	64
1924	229	240	255	148	169	160

资料来源:冯和法编:《中国农村经济论》,第267页,上海黎明书局,1934。

预先交纳的货币地租又称"预租",抗战前随着商品经济的发展,地主为了早日得到货币以作经商及放贷资本,强迫佃户预先交租,预租制因之呈增长趋势。

押租制也呈日益增长趋势。押租不生利息,直到退佃时才归还佃户。秋后佃户如欠租,地主则从押租中扣除。佃农为了得到地租土地的佃种权,不得不预交相当于一年或几年地租额的保证金作为押租。有押租田占农村全部租田的比重,1905 年时江苏南通县为 72.9%,昆山县为 25.5%;此后不断增长,至 1924 年南通县已增至 88.1%,昆山县增至 61.8%。押租金额也日益增长,如宝山县每亩押租在 1923 年至 1933 年 10 年间,增加了 66% 至 155% 不等;其他地方,如浙江、四川、广东等省,押租亦有增加。[6]地主将押租金用作经商或放高利贷的资本,成为进一步榨取农民的手段。押租金本来是农民可用于农业生产的资金,被地主夺去,对农业生产发展是一种障碍。无力支付押租的佃农,常因此又陷入高利贷的盘剥之中。另外,佃农为保有押租金的索回权,不敢随意离开地主土地,无形中强化了佃农对地主的依附关系。[7]

在近代中国农村,封建性的土地租佃关系一直占统治地位,并且从总体上看抗战前几十年间农村的封建地租剥削有加重趋势。

二、局部农业开发及农业新经营方式的出现

1. 东北、苏北的农业开发

清末民初在东北和苏北以开垦荒地为主的土地开发,是当时发展农业的重要措施。

清王朝把东北视为"龙兴之地",曾长期禁止汉民开垦东北、内外蒙古等处荒地,也不准满蒙王公贵族等私自放垦。后来在太平天国等农民起义打击下,清廷财政窘困,把放荒招垦作为解决财政困难的一条途径,逐渐开放了部分荒地。甲午战争以后,日、俄等国不仅大大加快了对中国东北的侵略步伐,而且加紧向东北地区移民,使得在中国东北的俄、日、韩侨民迅速增加,大有"鹊巢鸠占"之势。针对这一情况,清廷为了达到既增加垦荒劳力,又充实边境的目的,不仅逐步开放了东北和内外蒙古各旗全部荒地,还采取种种优惠措施,吸引和鼓励关内农民到关外边远地区垦荒;对某些不愿放垦的蒙旗王公贵族则给予处分。清廷原来对其他地方如浙江沿海岛屿的禁垦条例,也在光绪年间被废除。

辛亥革命后不久,北洋政府针对清末东北土地开发过程中出现的放而不丈、领而不垦、荒地放出者多、实垦者少等问题,对各类荒熟地亩着手进行清查、丈量,采取限垦、催垦、抢垦和全面招垦措施,把东北的土地开发推向一个新的发展阶段。北洋政府采取诸

如减缓赋税、官办轮船和铁路对移垦户车船票减价优待、政府发放贷款补助等优惠措施,鼓励关内向东北移民。由于关内灾荒、兵祸等,山东、直隶(河北)、山西、河南等省不少农民不得不离乡背井"闯关东",开荒谋生。因此以农民为主的关内人口大量移往东北。[8] 据估计,山东、直隶两省向东北的移民人数,1912 年为 5 千人,1919 年为 5 万人,1927 年达到 100 万人,16 年间增加了近 200 倍。[9]

大量关内农民"闯关东",为东北农业开发提供了充足的劳力,东北三省的耕地面积都有较大幅度的增长,原来农业基础薄弱的吉林、黑龙江两省更为突出(详见表 7-6)。从 1887 年到 1927 年,东三省耕地面积增加了 1.4 亿亩,增长了 4.7 倍。其中,吉林增加耕地最多,增量达 6 472 万亩;黑龙江增幅最大,达 614 倍;奉天因原有基数大,增幅不到一倍,但也增加了 2 687 万亩耕地。随着土地的大量开发,东北地区的农业,尤其是商业性农业迅速发展,产量不断提高。以小麦为例,1914 年黑龙江、吉林、辽宁三省产量分别为 290 万担、261.6 万担以及 114.5 万担,10 年后三省年产量分别增长了 4.1倍、5.3 倍和 2.6 倍。1929 年东北小麦总产为 230.1 万吨,其中有 2/3 以上原麦和面粉形式销往境外。大豆,是东北农业最主要的特产,其产量也不断增长,至 1927 年达444 万多吨,其中近 90% 输往关内和国外。大豆于 1909 年第一次成为大宗出口商品,这一年出口豆类、豆饼和豆油共 1 732 吨;其后出口量逐步增加,至 1925 年,大豆三品出口量已达 30 654 吨;到 1929 年出口达 42 671 吨,是 1909 年的 20 多倍。东北不仅吸收和消化了关内部分过剩人口,而且已经成为关内重要的农产商品供应地,并取代关内而发展为中国最重要的农产品出口地。[10]

表 7-6   1887—1927 年东北三省耕地面积的增长

年 份	奉天(辽宁)		吉 林		黑 龙 江	
	面积(万亩)	指 数	面积(万亩)	指 数	面积(万亩)	指 数
1887	2 849.59	100	149.79	100	8.16	100
1894	2 849.59	100	2 269	1 515	990.23	12 135
1914	5 141.27	180	4 781.01	3 192	3 480.66	42 655
1927	5 537.3	194	6 621.8	4 421	5 017.4	61 488

资料来源:据刘克祥《清末和北洋政府时期东北地区的土地开垦和农业发展》(载于《中国经济史研究》1995年 4 期)表改编。

苏北南起南通,经如皋、东台、盐城、阜宁,北至灌云,长 700 里、宽 100 里地区,为长江、淮河入海淤积的平原,原为淮南盐场。由于长江、淮河不断带来大量泥沙,在海边沉积为广阔的滩涂,"弥亘极望,惟仰苍天白云,俯有海潮往来而已"。海岸线不断东移,盐场距潮汐日远,盐产日衰。1901 年,张謇等人创办了"通海垦牧公司",将大片荒漠盐滩开垦为棉田。在其影响下,一些官僚和商人也相继在苏北开设垦殖公司。民国年间,先后有 40 多家垦殖公司加入开垦这片盐碱地的行列。这些垦殖公司投资数千万元,吸收了数十万移民,在海滩上筑堤围圩,挖沟排盐,开荒种棉。至 20 世纪 20 年代时,这些公司已拥有土地 2 000 余万亩(包括围而未垦者),植棉 400 余万亩,年产棉花 60 余万担。[11] 这些棉花质量优良,在上海和国际市场上都是著名的棉纺织原料。

国内其他地方也有土地垦殖事业的扩展活动,规模不如东北和苏北。在局部农业开发过程中,开拓者们承担了极大的风险,付出了极为艰苦的努力。1906 年在荆棘丛生、山岚瘴气的海南岛上,创办中国第一家橡胶垦殖公司的何麟书,数年来胼手胝足,身体力行,艰苦备尝,终于垦出了 200 多亩胶园,为农场奠定了基础。他引进橡胶的最初 4 年,几次播种,全都失败。在股东纷纷要求退股的情况下,他变卖自己的产业,清偿旧股,重招新股,继续进行试验,精心培育,终于探索出一条从播种树种到移植树苗的成功办法。乳白色的胶汁,第一次在中国的土地上,从橡胶树上流了下来。[12] 其他地区,无论是东北,还是苏北,新开辟的每一块耕地中都浸透了中国拓荒者的血汗。

近代中国拓荒者们流尽血汗,换来的是耕地面积不断有所增加,而且在 1893 年后增幅较大。参见表 7-7。

表 7-7　耕地面积增长速度估计

年　　　度	年　数	增长幅度(%)	年均增长率(%)
1812—1887	75	19.5	2.3
1873—1893	20	3.8	1.9
1893—1913	20	6.6	3.2
1913—1933	20	10.8	5.1
1933—1949	16	5.5	3.3

资料来源:《中国资本主义发展史》,第三卷,第 272 页。

2. 农牧垦殖公司和资本主义中小农场的出现

近代中国农业中还出现了一种新的组织形式——农业公司。农业公司的兴起,主要不是传统的小农经济资本主义化的结果,大部分是由开垦荒地引起的,时称垦殖公司、垦牧公司、盐垦公司等等,此外还有一些小型的经营农、林、果木、桑蚕等业的农场,亦通称农业公司。这些农业公司的经营,大体有三种情况。[13]

第一种是非生产的垦务组织。其一般是由官僚、豪绅、巨贾或地方垦务机关组成,规模较大,承揽大面积官荒,转手出卖,或由公司稍事整理以提高地价,边垦边卖。有的卖地后即行解散,纯属土地买卖性质。这类公司以在东北、内蒙的官地放垦区为多。又多在早期,1920年以后就少了。

第二种是自垦与出租双重业务的公司。投资者有商人,亦有官僚、豪绅等,由投资者组成股份公司,按股投资,购入荒地,进行一定的农田水利基本建设,部分由公司雇工垦殖,大部分出租给农民,或分给股东,再由股东自营或出租。这种公司数量最多,分布最广,以苏北的盐垦公司为典型。东北亦有垦殖公司,不过更多的是购置一定的设备,贷给佃户垦殖。

第三种是主营园艺、果树、饲养或生产牛奶、蜂蜜等的小公司,主要在大城市附近,多雇工进行商品生产,有较完全的资本主义性。如上海殷行的陈森记牧场,江湾芦泾浦的畜殖公司,重庆商人赵楚梅等组织的树畜公司,广东的大量果园等等。

1897年时,中国已有杭州有恒农业公司、江苏维扬种树公司等农业公司出现,但规模很小,资本均不到1000元。以后各种农业公司不断出现,以垦殖公司为多,次为桑蚕、种植等公司。到1909年共约有90家。其中以1901年张謇创办的通海垦牧公司经营殊有成效。从1912年到1920年,农业公司有较大发展。苏北盐垦区的5大公司均在此时创办,资本各在100万元以上。东北在此间开设农垦公司137家。广东的农业公司也颇有发展。近代中国处于外有帝国主义压迫、内有种种旧社会制度弊端,农业公司,尤其是农垦公司发展十分艰难。自1931年起,中国发生农业危机,农垦亦陷于停顿,1935年以后才有转机。东北被日本占领后,农垦公司渐被日本移民垦殖取代。

3. 经营地主和富农经济的发展

经营地主与传统封建性地主的基本区别在于雇工自营进行商品生产,之所以如此,从经济学上分析,是因为雇工自营的经济收益比出租土地获取地租高。这一般取决于:第一,市场因素即农产品有一个趋于扩大的商品市场及明显赢利的市场价格。第二,生产成本因素即以雇工经营生产取得农产品较用租地方式取得农产品的代价为低。然而,这两个因素在近代中国都是不确定的。甚至可以说,在大部分地区和大部分时期中,这两个因素都不明显。经营地主虽然有较好的土地、农具、劳力、牲畜和肥料等生产资本,但其经营效果及生产效率(投入/产出比)是否一定优于小农户生产,是很值得讨论的,以至有研究者认为,"从生产要素的投入看,经营地主之于个体农户有很大的优越性,而从经营效果即产出看,其优越性并不突出"。[14]这种情况使得经营地主型的农业生产方式在近代中国十分有限,也导致了这样一种奇特现象:在北方商品经济较发达的区域经营地主有一定数量,但在商品经济更为发达的苏南地区,经营地主却十分罕见,绝大部分地主均出租土地。[15]

影响经营地主大量出现的经济背景也关系到中国近代富农经济的状况。

中国富农经济有两种类型,一种是自有土地,雇工耕种,自己也参加劳动;亦常有少量土地出租。另一种是以租入土地为主,雇工经营,自己也参加劳动或管理,这是佃富农。佃富农的资本主义性质比较明显,因其一般不出租土地,无封建式地租剥削,而是租入土地,雇工进行较大规模生产。

进入民国后,有关富农的记载渐多,如:1915 年,湖南沅江商人范煜斋等集资 40 万元,买田十方里,种蔗制糖。粤商杨某在上海江湾租地 60 余亩,仿西法种靛,获利 2 倍于种棉植稻,次年扩充租地 200 亩。南通有某家在芦泾港养鱼 120 万尾,雇工 7 人,不给工资,而分给红利 20%。南通类此的养鱼户有 16 家。[16]"大约到 20 年代,中国富农经济已有一定的发展,形成一种经济成分。"[17]

一般富农经营的优势,不是扩大商品生产的规模乃至向机器生产过渡,而是由于家庭劳力素质、数量高,致使家庭生产和收入高于其他农民。有人这样评论富农经济:"富农在生产上的优越性主要在劳动力上。富农家庭人口较中农、贫农多,劳动力也多,一般每户都有 2 个以上成年劳动力参加生产劳动……富农则大都是力农发家,由贫农中农上升而来,自幼勤劳俭朴,谙悉各种农活。由他们带领、指挥雇工生产,效率自高。"[18]但正由于富农经济的这种特征,在土地稀缺、劳力充裕、农业生产技术水平普遍较高的高集约化农区,富农经济的优势就难以显示。长江三角洲地区这一我国农业集约化程度最高农区,富农经营很不发达,其原因可能正在于此。黄宗智通过对 1939—1940 年的南通、无锡、常熟、太仓、嘉定、吴县、吴江、松江等地的村庄典型调查资料及华东军政委员会 1949 年苏南土地调查等资料的研究后认为:"20 世纪 30 年代的长江三角洲实际上不存在华北平原那样的经营式农业。"[19]这里所说的"经营式农业"可以理解为雇工进行商品性生产。

随着农村经营地主与富农经济的发展,农业中的雇佣劳动也有增长,并出现了"短工数量增加,长工佣期缩短"的变化,雇农对雇主的人身依附关系进一步减弱。到 20 世纪二三十年代时,长工和短工基本上已是自由劳动者。封建性的雇工,虽然仍有,在整个农业雇佣劳动中仅占很小比重。[20]

三、农业科技推广及其障碍

甲午战争后,在严重的民族危机面前,不少爱国志士多方探讨救亡强国之路,其中也有一些人认识到农业是发展国民经济的基础,是使中国强盛的根本,并主张学习西方先进的农学知识和农业技术。例如,1895 年改良派首领康有为发起"公车上书",要求光绪帝变通旧法时,就提出要翻译西方农书,传播至国内各地的具体意见;1897 年,梁启超在《农学报》序中提倡"以西国农学新法"经营中国农业;同年,张謇在《请兴农会奏》中也主张"行西国农学所得之新法"。[21]

这些主张引起了清廷的重视。1898 年光绪皇帝颁布的《明令国是》诏书中,就有引进和推广西方农学和农业技术的内容。后来慈禧太后虽然废除了光绪帝的变法新政,但她仍然于 1899 年下旨"劝农设学",要《农学报》广译报章等。在 20 世纪初,两江总督刘坤一和湖广总督张之洞联衔上奏折就采用西法提出了 11 条建议,其中关于"修农政"中,主张"先兴农学",主张在各省和京师设立有关机构。[22]这些主张在清末新政中得以体现。

因此在 19 世纪末 20 世纪初,朝野上下推广西方农学的风气大开。国外农学书籍也大量翻译发行。其中,罗振玉编辑了《农学丛书》,收农书 152 种,其中 111 种是西方近代农学书籍,全面介绍了有关农业原理、作物各论、土壤、肥料、气象、农具、水利、蚕桑、畜牧、林业、水产、园艺、植保、兽医、农经等方面的科学知识;范迪吉等人翻译的日本《普通百科全书》共 100 册,内有不少是日本农业学校的教科书,有许多知识是中国人过去从未接触过的。西方农学的引进,为人们提供了一种观察和处理农业问题的新工具。[23]

清末全国各地纷纷建立农业学堂,据不完全统计,1909 年时全国已有 95 所农业学堂。各省区还纷纷成立农学会,到 1907 年全国建立的农学会已有 28 个以上。它们或引进外国优良品种,或购买外国农具试用,或引进西方先进的农学知识和农业技术。

北洋政府时期兴办一些示范农场、农林业试验场等,但是多虎头蛇尾,或半途而废。国民党政府统治初期,成立了中央农业实验所等机构,在改良品种、推广农业生产先进技术方面取得了一定成效。

但是推广农业新技术,比翻译引进西方农学等工作要困难得多。新技术推广方面虽然也取得了一些成绩,但是所受到的阻力和障碍更大。我们可以从农作物优良品种的培育和推广、先进农机具的推动以及化肥的使用这三方面来考察。

农作物优良品种的选育和推广,是提高农业产量的重要一环。早在 19 世纪 80 年代末，江苏有些地方官就"曾劝民种黑核洋棉"。90年代初，湖广总督张之洞，在奏设织布局的同时，就注意到讲求棉花的种植。他"历考棉花之佳，以美国所产者为最"。于是"不惮烦费"请人"在美国选择佳种，取其与湖北省气候相仿地土相宜者，采购棉子，寄鄂试种"，并"拨给官地二千亩为试验场，讲求种植"。[24] 20世纪初，清廷农工商部在北京首创京师农事试验场，接着福建、湖南、四川、山东等省相继仿办。与此同时，在清廷的支持下，各省地方设立的农会等机构大多以培育新品种、提高作物产量为己任。其中仍以棉种引进声势最大。例如，山东、直隶、广东、广西等省也都为引进优良棉种做了不少工作。其他作物如烟草、花生、甘蔗等新品种也得到了引进和推广。

但是就植棉而言，到了20世纪30年代初，上海华商纱厂联合会的一项调查中说："我国棉田面积有三千二百万亩，苟每年换种三分之一，需用良种约一百万担。""现在各省所有公立棉场每年出产良种不足一千担。杯水车薪，无济于事。"而且由于"栽种失法，粗放从事，育种固非所知，选种亦鲜注意"，造成棉质退化。中国棉产改进会议公布的一项材料也指出："现在华各省所植者，多退化美棉。""其退化最甚者，反有比中棉为劣。"因此，在全国范围内改良棉种声势最大，但是实际所起的作用，并不令人乐观。

其他如蚕种的改良，在19世纪末至20世纪初，曾经受到全国上下的普遍注意。然而在改良蚕种闻名全国的江苏无锡，真正接受改良蚕种的养蚕户，不过占总养蚕户的3%。[25]

在20世纪初，中国引进了多种外国农具，使用动力的农机如拖拉机、排灌机等也开始试行于个别地区。在江南某些电力比较充足的地区，使用电力的排灌机还得到一定程度的推广。到了20年代，江苏、浙江、安徽、福建等省，使用电力或汽油的抽水机逐年增加，据说仅"沪杭线一带，已有一千架以上"。[26]中国人自己对农具也进行了改进。例如，在中国第一次全国规模的博览会——1910年南洋劝业会的展览中，展出了国人自制的一种将点穴、撒种、施肥、覆土一次完成的播种机。[27]

然而，一直到抗战前夕，海关报告中的农机进口，经常在10万关两以下徘徊。1912年是农机进口最多的一年，价值达到220万关两，但是直到5年以后，这批进口农机仍然没有销售出去。[28]机器排灌的农田，即使在受益最高的江浙两省，30年代以前也不足两省农田面积的1%。[29]

进口化肥大约是20世纪20年代开始的，主要用于农业集约化程度较高的江南无锡等地。30年代中曾对中原地区平汉铁路沿线一带农村进行选样调查，发现"在五十五户当中，用钱买肥料者，仅得八家"，而且并没有说明是购买化肥。[30]中原地区如此，偏远贫困地区，更可想见。因此从全国范围看，使用化肥的作用也很有限。

中国农史专家章有义先生指出，新式农机具、化肥、外来良种等，"都不过是汪洋大海的传统农业中迸发出的几点火星,远未形成火炬。时至 20 世纪二三十年代,即使在通商口岸附近地区,农民一般依然因袭着传统的手工劳动方式、古老的耕作方法,极少改进"。他认为这不应归咎于农民的因循守旧,而是与农民的贫困化密切相关。他援引30 年代国民党政府一位官员的话说,农民"救死不遑,籽种耕牛穷无所措,讵有提倡科学化之余地"。[31]

四、农业生产基本状况及 30 年代的危机

虽然近代中国农业经济中出现了一些新事物,但是旧势力的影响仍很强,因此及至20 世纪 30 年代中国农业生产基本状况仍可概括为以下主要特点。

1. 狭小的经营规模

直至 20 世纪上半叶,中国传统农业仍以家庭为基本生产单位、农民家庭成员为主要劳力。在清前期由于人口增长快于耕地增加,人多地少的矛盾已日益突出。尽管如前所述近代耕地总面积有所增加,但是其增长速率仍然低于人口增长速率,人多地少的矛盾又有加剧趋势。据估计,全国人均耕地面积 1887 年为 2.99 市亩,至 1912 年降至2.77 市亩。[32]这使得农户土地经营规模受到更大限制,更为狭小。再加上社会动乱,土地买卖频繁等因素,很多农户的地块分割也越来越零碎,往往形成互不连接的插花地。这种**经营规模狭小及地块零碎化**状况给农业生产的发展造成极大的障碍。

2. 落后的生产工具和生产技术

旧中国广大农村生产动力仍然基本依靠牛耕和人力,农具和生产技术基本上依然沿用旧方式。甲午战争后,农民生活更加贫困,有的贫苦农民为了渡过饥饿的年关,在严冬把仅有的耕牛低价典出,到来年春耕时高价赎回,使自己"永远陷于无穷的灾难"。[33]从全国来看,农用役畜短缺情况越来越严重,据北洋政府 1914 年统计,全国平均每两家农户才有 1 头役畜。很多贫苦小农"不得不以自己的体力替代畜力",出现了"**犁耕**"向"**锄耕**"的生产力历史倒退。[34]在这种情况下,难以谈及生产技术的改进。

3. 低而不稳的土地产量

晚清及北洋政府时期,中央和地方财政困窘,加以社会动荡,政局混乱,致使许多地方水利设施年久失修,生态环境和农业生产条件恶化,农民抵御自然灾害的能力越来越差,靠天吃饭现象更为严重,农业收成低而不稳。曾是中国出口商品最大宗的茶叶,随

着在国际市场上竞争的失败,其种植面积和产量都呈缩小的趋势。全国茶田面积在
1914—1916 这三年间由 535.3 万亩迅速下降为 392.3 万亩。茶叶产量,在 1909 年至
1927 年中,由 90 万公担下降到 50.6 万公担。[35]30 年代以后,中国的茶田,更是一片破
败景象。有着悠久历史的中国茶叶,已经被人看作是"在死亡线上挣扎"。[36]抗战前虽然
一些主要农作物的种植面积和总产量均有所增加,但是总产的增加幅度小于种植面积
的扩大,表明单位面积产量的下降(参见表 7-8)。

表 7-8　主要农作物亩产量估计　　　　斤/亩

时　　　期	粮　　食		油料作物		棉　　花	
	X	P	X	P	X	P
1914—1918	210.6	198.4		142.9		23.0
1931—1937	203.9	192.9	137.6	99.0	28.5	23.8

说明:1.　"X"栏系根据许道夫有关数据计算;"P"栏系根据珀金斯有关数据计算。
　　　2.　粮食包括薯类,薯类按 4 斤折粮 1 斤;油料作物包括大豆、花生、油菜籽和芝麻。

资料来源:据许道夫《中国近代农业生产及贸易统计资料》第 339、341 表及许涤新、吴承明主编《中国资本主义
发展史》第三卷表 3-5 改编。

　　在这种状况下,为了满足众多人口的粮食需要,我国形成了以种植业为主的农业经
济结构。旧中国农业总产值的构成情况为:种植业占 82.5%,林业占 0.6%,牧业占
12.4%,副业占 4.3%,渔业占 0.2%,种植业中又以粮食生产为主。[37]

　　粮、油等主要农作物单产下降,与农村旧生产关系的束缚,农业生产方式的落后,及
农民的贫困化密切相关。这说明近代中国农业生产发展仍然潜藏着深刻的危机。到
20 世纪 30 年代时,由于国际局势和国内局势都出现了一些新情况,这种危机逐渐表面
化、尖锐化。

　　在国际新情况方面,日本帝国主义于 1931 年发动"九一八事变",侵占了东三省后,
在东北实行其殖民统治,使得东北地区农业生产逐年衰退;在关内,主要是受资本主义
世界空前经济大危机的波及。西方的过剩农产品如稻米、小麦、棉花等大量涌入中国。
外粮净进口量从 1924—1929 年间的年均不到 3 000 万担,迅速增至 1931 年的 4 534 万
担,1932 年又猛增至 7 850 万担。西方资本主义采用跌价倾销的手段侵占中国市场,极
力排挤中国农产品。中国市场每担米价由 1926—1930 年的平均 7.09 元,跌至 1931—
1936 年的平均 5.43 元;小麦、棉花等价格都在下跌,造成了严重的"谷贱伤农"局面,农
民所得不敷成本,大批破产,使农业生产受到沉重打击。世界市场银价的剧烈波动,又
使中国白银潮水般地外流,加剧了农村白银向口岸城市、向国外的流失。农村金融枯

竭,高利贷猖獗,成为全国普遍现象,农民多半处于负债甚至破产的悲惨境地。[38]

　　国内方面,除了农村旧生产关系的束缚,农业生产方式的落后等因素外,也出现了一些新情况。南京国民党政府成立以后,国民党新军阀先联合北伐。在战胜奉系军阀后不久,国民党新军阀内部各派系之间又相继爆发战争,内战几乎没有停止过。战祸遍及中国,对农村经济造成了极大的破坏。国民党政府加重捐税的征收及实行农产统制政策等影响,也使得农村经济日趋凋敝。再加这一时期严重的水、旱、风、雹、虫等自然灾害频繁发生,使得农村经济损失惨重,人口大量死亡。其中仅 1930 年陕、晋、察、甘、湘、豫、黔、川、热、苏、赣等省的水旱灾害就造成约 20 亿元的损失;1931 年苏、皖、赣、鄂、湘、豫、浙、鲁 8 省大水,也使数亿亩田地被淹,农产品损失达 4 亿 5 千万元;其他灾害造成的种种损失也很严重。据不完全统计,1928—1931 年全国死于灾难人数达 1 370 万人以上。[39]

　　　　30 年代,许多农民离乡背井,外出逃荒,耕地荒芜的面积不断扩大,农作
　　　　物总产量和单产普遍下降,农业生产危机加深。

　　国民党政府为了兴修水利、防治旱涝灾害,先后成立了导淮委员会、黄河水利委员会、扬子江水道整治委员会等机构,但这些机构效益低下,水旱灾害仍然很严重;国民党政府还颁布了《合作法》等,推行农业合作运动,并注意加强农村金融组织的建设和农贷工作。这些措施部分地改善了一些农村的经济困境,1936 年农业生产明显回升,但是农村经济的落后状况并没有从根本上改变。

五、苏区的土地革命

　　封建土地所有制在近代中国已成为社会生产力进一步发展的障碍,成为广大农民以至整个国家贫穷、落后的根源。1925—1926 年,中国共产党与国民党第一次合作时期建立的广东国民政府,曾经发动农民起来向封建土地所有制作斗争,使大革命得到了农民的支持,帮助北伐战争取得了初步胜利。

　　大革命因国民党右派的背叛而失败以后,在国民党政府统治下封建土地所有制继续保持。中国共产党领导人民进行了土地革命战争,先后创建了井冈山等十几个革命根据地(可简称为"苏区")。中国共产党在苏区开展土地革命运动,赢得了广大农民的拥护。

　　较早实行土地革命的地区主要有:湘赣边界的井冈山、广东的海陆丰、湘东的醴陵、闽西的永定及海南琼崖等。其中,毛泽东等在湘赣边界开始的土地革命实践影响较

大。毛泽东率领工农革命军到达井冈山后,就把土地革命与武装斗争和开创革命根据地紧密结合起来。他于 1928 年 3 月率工农革命军第四军(后改称为红军第四军)在桂东沙田一带进行没收分配土地的试点。之后,湘赣边界各县、区、乡普遍建立了土地革命委员会以分配土地。

1928 年 10 月,在毛泽东的主持下召开的中共湘赣边界第二次代表大会,总结了一年来土地斗争的经验,于 12 月颁布了《井冈山土地法》,这是中国共产党开创农村革命根据地后的第一部土地法。它用法律形式否定了封建地主土地所有制,肯定了农民经过土地革命享有的耕种土地的权利。同时,它也贯彻了当时中央提出的没收一切土地归国有的错误政策。

1929 年 1 月,为了粉碎国民党反对派对井冈山根据地的第三次“围剿”,毛泽东、朱德、陈毅等率领红四军进军赣南、闽西地区并在那里进行没收分配土地的斗争。1929 年 4 月,毛泽东在兴国主持制定《兴国土地法》,将原来的《井冈山土地法》中规定的“没收一切土地”改为“没收公共土地及地主阶级土地”。7 月,中共闽西第一次代表大会召开。会议在毛泽东的指导和帮助下,认真总结了闽西革命根据地土地革命的经验。大会作出的《政治决议案》和《土地问题决议案》,对没收和分配土地的许多具体政策,有了新的发展。决议中的新规定有:①没收一切地主的土地,对大中地主区别对待,并给以生活出路,对在乡地主“将酌量分与田地”。②“中立”富农,“不打击富农”,在土地革命的不同时期,对富农采取不同的政策。在初期,“不没收其土地并不派款,不烧契,不废除其债务”,在分配土地中,“富农田地自食以外的多余部分,在贫农群众要求没收时应该没收”。③对中农的“田地不没收,田契不烧毁”,“对自耕农的中农不要与任何的损失”,争取其参加革命。④对大小商店采取一般的保护政策(即不没收)。⑤在分配土地中,提出了“以乡为单位由某乡农民将他们在本乡及邻乡所耕田地总合起来共同分配;分田时实行”抽多补少,而不采取打乱平分。

苏区的土地革命运动,经过几年的实践,逐步克服了“左”倾错误影响,逐渐探索出一系列较为合理、较为完善的土地革命路线和政策。其中心内容可以概括为:依靠贫雇农,联合中农,限制富农,保护工商业者,消灭地主阶级,变封建的地主土地所有制为农民的土地所有制;土地分配的主要方法是以乡为单位按人平均分配,以原耕为基础,抽多补少,抽肥补瘦。

土地革命的深入开展,摧毁了几千年来压在农民头上的封建土地制度,根本改变了根据地农村的社会面貌。根据地广大农民在政治上、经济上翻了身,他们亲身感受到共产党和红军是为他们谋利益的,因此积极参加保卫土地革命成果的斗争。这样就使得红军在革命战争中能得到源源不断的人力、物力的支援,不断壮大,革命根据地也迅速扩大。正如毛泽东所指出的:"根据地虽小却有很大的政治上的威力,屹然和庞大的国民党政权相对立,军事上给国民党的进攻以很大的困难,因为我们有农民的援助。红军虽小却有强大的战斗力,因为在共产党领导下的红军人员是从土地革命中产生,为着自己的利益而战斗的,而且指挥员和战斗员之间在政治上是一致的。"[40]

　　土地革命解放了农村生产力,调动了广大农民的生产积极性,再加上农业互助合作运动的开展,使苏区农业生产得到了恢复和发展。例如,中央根据地粮食生产 1933 年和 1932 年相比,增长了 15%;闽浙赣根据地增长了 20%。[41]川陕根据地也"收成良好",南江、巴中一带 1933 至 1934 年粮食亩产 200 斤至 300 斤,比 1933 年前增长了一倍多。[42]农业生产的发展,保障了根据地的军需民食,为根据地的经济建设打下了坚实的基础。

注　　释

1. 参见陈廷煊:《近代中国地主土地所有制下的租佃关系》,载《中国经济史研究》,1991 年 4 期。
2. 许涤新、吴承明主编:《中国资本主义发展史》,第三卷,第 291～293 页。
3. 以上参见陈廷煊:《近代中国地主土地所有制下的租佃关系》,载《中国经济史研究》,1991 年 4 期;及刘克祥:《试论近代北方地区的分益雇役制》,载《中国经济史研究》,1987 年 3 期。
4. 以上参见陈廷煊:《近代中国地主土地所有制下的租佃关系》,载《中国经济史研究》,1991 年 4 期。
5. 严中平等:《中国近代经济史统计资料选辑》,第 310 页。
6. 严中平等:《中国近代经济史统计资料选辑》,第 310 页。
7. 陈廷煊:《近代中国地主土地所有制下的租佃关系》,载《中国经济史研究》,1991 年 4 期。
8. 刘克祥:《清末和北洋政府时期东北地区的土地开垦和农业发展》,载《中国经济史研究》,1995 年 4 期。
9. 章有义编:《中国近代农业史资料》,第二辑,第 659 页。
10. 以上详见刘克祥:《清末和北洋政府时期东北地区的土地开垦和农业发展》,载《中国经济史研究》,1995 年 4 期。小麦分省产量及东北大豆出口量数据见许道夫编:《中国近代农业生产及贸易统计资料》,第 80、81、83、190 页,上海,上海人民出版社,1983。
11.《大生系统企业史》,第 179 页,南京,江苏古籍出版社,1990。
12. 林金枝、庄为玑:《近代华侨投资国内企业史资料选辑》(广东卷),第 314 页;及林金枝:《近代华侨投资国内企业概论》,第 180 页。
13. 参见《中国资本主义发展史》,卷三,第 344～347 页。
14.《中国资本主义发展史》,卷三,第 317 页。

15. 曹幸穗：《旧中国苏南农家经济研究》，第 61 页，1996。

16. 《中国资本主义发展史》，卷三，第 331 页。

17. 《中国资本主义发展史》，卷三，第 331 页。

18. 《中国资本主义发展史》，卷三，第 338～339 页。

19. 黄宗智：《长江三角洲小农家庭与乡村发展》，第 59～62 页，1992。

20. 许涤新、吴承明主编：《中国资本主义发展史》，第三卷，第 295～300 页。

21. 中国史学会编：《戊戌变法》(二)，第 307～309 页，上海，上海人民出版社，1961。

22. 《张文襄公全集》，卷 54，奏 54。

23. 农业博物馆编：《中国近代农业科技史稿》，第 11～15 页，北京，中国农业科技出版社，1996。

24. 《中国近代农业史资料》，第一辑，第 891～893 页。

25. 高景岳、严学熙编：《近代无锡蚕丝业资料选辑》，第 298 页，1987。

26. 参阅李文治编：《中国近代农业史资料》，第一辑，第 696 页，1957；章有义编：《中国近代农业史资料》，第二辑，第 512、514～515 页，1957。

27. 商务印书馆编译所编：《南洋劝业会游记》，第 20 页，1910。

28. J. Arnold：*China. A Commercial and Industrial Handbook*，第 89、101 页，1926。到 1949 年止，全国只有拖拉机 401 台，平均 5 个县才分到 1 台拖拉机。而且这些拖拉机中有不少是日本帝国主义侵占东北时，为了加强对东北的农业掠夺而引进的(1941 年在东北使用了 397 台拖拉机)。

29. 王方中：《旧中国农业中使用机器的若干情况》，载《江海学刊》，1963 年 9 期。

30. 陈伯庄：《平汉沿线农村经济调查》，附件一、第 4～5 页，转见章有义编：《中国近代农业史资料》，第二辑，第 879～880 页。

31. 章有义：《海关报告中的近代中国农业生产力状况》，载《中国农史》，1991 年 2 期。

32. 章有义：《近代人口和耕地的再估计》，载《中国经济史研究》，1991 年 1 期。

33. Herald，1907 年 10 月 25 日，11 月 8 日，第 205、333 页。

34. 曹幸穗：《旧中国苏南家庭农场的规模效应研究》，载《中国经济史研究》，1990 年 3 期。

35. 许道夫：《中国近代农业生产及贸易统计资料》，第 238、239 页。

36. 章有义：《中国近代农业史资料》，第三辑，第 632～633 页。

37. 国家统计局编：《中国统计年鉴(1983)》，第 151 页，北京，中国统计出版社，1983。

38. 详见章有义：《中国近代农业史资料》，第三辑，第 675～681 页。

39. 章有义：《中国近代农业史资料》，第三辑，第 610～613 页。

40. 毛泽东：《中国革命战争的战略问题》，《毛泽东选集》合订本，北京，人民出版社，1968。

41. 毛泽东：《我们的经济政策》，《毛泽东选集》，第 1 卷，北京，人民出版社，1991。

42. 林超主编：《川陕革命根据地历史长编》，第 410 页，成都，四川人民出版社，1982。

第八讲

抗战时期的经济战线

思考题

1. 论述抗战时期日本帝国主义疯狂掠夺中国东北农产品的历史。

2. 论述抗战时期日本帝国主义抓捕和奴役中国劳工的史实及其对沦陷区经济所造成的恶劣影响。

3. 评析抗战时期日方对华发动货币战、贸易战、物资战中国民党政府的应对措施。

4. 评析国民党资源委员会抗战时期在后方发展工矿业的历史作用。

军事与经济历来密切相关,世界历史上用军事手段谋取经济利益,或用经济力量支持战争的案例,比比皆是,数不胜数。近代资本主义列强在对华关系上常用炮舰政策谋取在华经济特权,用战争为资本开道。日本作为一个近代新兴的对外扩张性极强的帝国主义国家,把掠夺中国资源视为实现其全球战略必不可少的前提。1927 年曾任日本首相的田中义一在给天皇奏折中说,"欲征服支那,必先征服满蒙;如欲征服世界,必先征服支那……以支那之富源而作征服印度与南洋群岛以及中小亚细亚以欧洲之用"。这一侵略计划在后来也成为首相的小矶国昭所作《帝国国防资源》的报告中也有所透露。[1] 日本人曾竭力否定田中奏折的真实性,但其后来的侵略战争步骤恰与田中奏折所言相符。

数千年前就已有人研究战争与经济的相互关系。中国先秦时期商鞅等人的"农战"思想,著名军事家孙武所提出的"军无辎重则亡,无粮食则亡,无委积(物质储备)则亡"(《孙子·军争》),"取用于国,因粮于敌,故军食可足也"(《孙子·作战》)等思想,可谓中国两千多年前的军事经济学思想萌芽。但是直到第一次世界大战结束后的 1921 年,以研究福利经济学而闻名于世的 A. 庇古发表《战争经济学》,人类才有了第一部军事经济学专著,经济学一个重要分支——军事经济学[2] 开始兴起。在 30 年代初的资本主义世界经济大危机中,日本经济也遭到沉重打击,日本工业生产大幅度下降,工商企业不断倒闭,失业人口大增。日本军国主义统治集团指望用对外扩张的办法来缓和国内经济危机和社会矛盾,1931 年 9 月 18 日悍然向中国东北发动大规模武装入侵。现代战争对国民经济的依赖性极大,可以说,它是参战各方以经济为基础的综合实力之决斗。日本在 1937 年 7 月进一步发动全面侵华战争前,对军事经济学有关内容,对华经济作战等有较详细研究,有较多的准备。而中方这方面准备不足,所以在抗战初期中方在经济战线上也和军事战线上相似,处于被动挨打局面,造成用中方经济资源资敌的严重后果。日本帝国主义全面侵华战争打断了中国原有的早期现代化进程,给中国人民带来巨大灾难,给中国经济造成不可估量的损失,延缓了中国由贫穷走向富强的经济发展速度。

战时中国出现了日占区的殖民地型经济、国统区的国家垄断资本主义加农村封建主义经济、抗日根据地的新民主主义经济这三种经济体制并存,相互斗争的局面。三种经济制度一方面都受战争条件的制约和影响,另一方面也由于各自的本质区别决定了各自的前途。

一、日伪在沦陷区的金融掠夺及对华货币战

日本帝国主义在其所侵占的中国领土上大肆进行金融掠夺和财税压榨,以为其扩大侵略战争提供资金。其在中国东北的所作所为,就是一典型案例。

东三省官银号、吉林永衡官银行、黑龙江省官银号、边业银行合称为"四行号",原是东北的金融中坚,它们在1931年"九一八事变"前业务也都有所发展。日本帝国主义发动"九一八事变"侵占中国东北后,用武力强行侵夺了中国在东北的官银号、边业银行等财产。1932年6月,以原中国东北金融中坚"四行号"的财产为基础,建立了"满洲中央银行",作为伪满金融总枢纽,其理事会成员中日各占半数,但实权由日本人掌握。东北各地官银号旧址等,全部改为其分支机构,总数达128处。后来日伪政权又在掠夺原东三省"四行号"的多种附属事业基础上,成立了以典当为主要业务的大兴公司。它隶属于满洲中央银行,总公司设在长春,在东北各地设有分支机构,通过"质押"等手段剥削东北人民。又于1936年12月在合并原在东北的朝鲜、正隆、满洲这三家日资银行机构的基础上成立了"满洲兴业银行"。它除了经营一般商业银行业务外,着重于发行以"开发"东北产业为目的的债券,为日本在东北的产业"开发"提供资金服务。日伪还在东北各地相继设立了农村金融合作社、兴农合作社和兴农金库等金融机构。这样,组成了一个以满洲中央银行为核心,包括满洲兴业银行、各地金融合作社、兴农合作社、兴农金库和大兴公司等在内的垄断东北金融的殖民地金融体系。

日伪政权规定东北其他华资银行钱庄等必须将存款余额的30%转存满洲中央银行,经营业务等也要受到满洲中央银行的制约。在日伪严厉的金融统制下,东北的民营行庄不断萎缩,到1945年8月日本投降时,全东北民营银行仅剩下16家,其中多数有伪满中央银行和日本的资本渗入。纯民族资本的银行仅有益发、商工、功成、三江4家,日伪政权对这4家银行也派人打入进行控制,使之成为日伪的附庸。

伪满洲国的财政政策也是为日本帝国主义推行殖民经济与掠夺政策服务的。在财政支出方面一直是以国防治安费和经济建设费占最大比重,财政收入以税收为最大项,东北人民捐税负担不断加重。据统计,"九一八事变"前,东北地方政权征收的国内税共13种,其中消费税4种,流通税2种;到1944年,伪满的国内税达34种,其中消费税11种,流通税13种。这还不包括省、市、县、旗和街、村的地方税。1937年,伪满中央税和地方税总额为2.46亿余元,1943年增至7.57亿余元。6年间增加了2.1倍。人均租税负担,1937年为6.68元,1943年增至16.2元。[3]

满洲中央银行不断增发纸币,也是日伪搜刮东北人民的手段之一。1944年与1937年相比,纸币发行量增加近18倍,致使物价飞涨,沈阳、长春、哈尔滨黑市价格上涨指数分别为7.9倍、7倍和6.38倍,使东北人民又受一层盘剥。

日本帝国主义对东北地区的金融控制和掠夺,除了采取上述种种手段外,还强迫企业和居民参加储蓄。满洲中央银行利用其东北金融总枢纽地位,积极配合日伪政权推行"国民储蓄运动",它的年储蓄目标额,1935年为5亿元,1945年已增至60亿元,十年间增加了 11 倍;其分项包括推销公债 1.9 亿,保甲摊派 3.5 亿,买物品搭售储蓄票 1.92 亿,饮食店附征 1.5 亿,鸦片瘾者储蓄 1.48 亿等等,这一强制"储蓄"计划真可谓无孔不入。1945 年储蓄额已占到国民收入预算额的 46.2%。[4]

货币金融战是抗战时期中日之间一种特殊的战争,它没有枪声,不见硝烟,但却也充满了短兵相接、你死我活的激烈争斗。日本帝国主义在发动全面侵华战争,在华北、华东及华南地区攻城略地的同时,还发动了以货币金融为中心的对华经济攻势,企图一箭双雕——既可以削弱中方战时经济实力,又可掠夺中国经济资源为其全球战略服务。日方进行货币金融战争的主要手段为:①夺占沦陷区中方银行资产,建立伪银行;②发行伪银行货币,并假造法币和边币等,打击、排挤法币和边币等;③利用法币及其他手段套购和夺取中国的外汇;④抢夺中国用外汇进口的战略物资;⑤掠夺中国的黄金白银。

1937 年 7 月以后,日军在破坏和侵占了中国东部富庶地区的工矿交通设施,占领了大片土地的同时,夺占沦陷区的中国银行、中央银行、交通银行等 50 多家公私银行机构及数亿元资金。日军还用刺刀强行在华中、华南大量发行军用券,以掠夺中国战略物资,把战争负担转嫁给中国人民。日本帝国主义对其所侵占的关内和内蒙地区分而治之,分别建立了伪华北政务委员会、汪伪"国民政府"、伪蒙疆联合自治政府等汉奸政权。日本侵略者将抢夺中国金融业的金银外汇等大部分掠往日本,少数留作成立名义上属汉奸政权管辖的伪银行。日本侵略者先后成立了"蒙疆银行"、"中国联合准备银行"、"中央储备银行",分别作为伪蒙疆联合自治政府、伪华北政务委员会、汪伪"国民政府"的"中央银行",实行金融统制。日方利用这些伪银行分别发行"蒙疆券"、"联银券"、"中储券"等伪币,用它们搜括日占区百姓,收兑民间法币,解决伪政权的财政困难。日方规定"中储券"等不得采取对日本军用券不利的措施,而且必须对日方军用券政策加以协助。到抗战后期,各伪政权竭力扩大伪币发行额,用通货膨胀政策加紧搜刮日占区老百姓。以 1945 年 8 月日本投降前夕的伪币发行额与 1938 年底发行额相比,"联银券"发行额增加了 1 200 倍,"蒙疆券"增加了 100 倍。而"中储券"从 1941 年 1 月到 1945 年 8 月,4 年零 8 个月间发行额增加了 34 万倍。

战前日本由于军事工业的极度发展,耗费了大量外汇储蓄以进口原材料,以致日本在 1937 年发动全面侵华战争前已不得不在国际市场上出售黄金。战争爆发后日本侵略者想方设法夺取中国的外汇。日本特务组织——杉机关等伪造并发行了 40 亿元法币,相当于 1937 年全年国民党政府发行法币的 2.7 倍。日本特务组织后来又伪造边币、抗币等。

1937 年 11 月日军侵占上海后,由于当时日本尚未与英美等国开战,英、美、法等国控制的上海租界成为"孤岛",国民党政府银行仍坚守在"孤岛"供应外汇。日方派特务汉奸等混入租界,用抢占沦陷区原中方银行所掠取的法币、伪造的法币和用伪银行纸币兑换的民间法币,在上海等地大量套取中方的外汇。有些学者认为上海等地已陷入日军手中后国民党政府仍然命令中方银行在上海租界供应外汇,是国民党当局讨好英美,以求外援的做法。[5]

国民党政府认为稳定汇价可以维持法币信用,在战争开始后仍然决定维持原来每1元法币合30美分或1先令2.5便士的汇率,为此,必须由中央银行按照这一汇率在上海等城市无限制地供应外汇。这样做的结果是造成大量资金外逃。抗战前夕国民党政府手中约有2.5亿美元的外汇储备,战争爆发后才半年时间就已损失了原外汇储备的36%。国民党政府如梦初醒,急忙于1938年3月12日颁布《购买外汇请核办法》及有关规则,停止无限制供应外汇的做法,改为由中央银行总行或其驻香港通讯处办理出售外汇事宜,须用外汇者可向中央银行申请,由中央银行核准后再卖给外汇。英美等外商银行不同意这一办法。国民党政府开始对外汇实行管制,但又对外商的反对有所顾虑,所以执行时并不严格,申请外汇一般都能获准。实行外汇核准后,在上海的外商银行不再遵守与中央银行以前订立的"君子协定",它们的外汇挂牌与法定汇价不再一致,上海外汇黑市因此活跃起来,这使得日伪可以继续通过外汇黑市用法币套购中国外汇。

尽管如此,国民党政府仍然命令中方银行在上海租界按官价供应宝贵的外汇,并从1938年7月起由在上海的中国银行暗中提供外汇,委托上海的汇丰银行出面以黑市价格(即汇丰银行的牌价)出售外汇。而国民党政府外汇储备到1939年初已经枯竭,只好向英美乞援。英国政府决定帮助稳定中国的法币,于是由汇丰银行和麦加利银行代表英国政府出资500英镑,以年息2.75%的低利率贷放给中国,是为"中英平准汇兑基金借款";中国方面也拿出500万英镑,合成1000万英镑的平准基金,中英双方成立平准基金委员会对平准基金进行管理。委员会由五人组成,中方二人,英商银行二人,另有一名是由中国政府委派、经英国财政部认为合格的英国人。平准基金成立后,在对付日本人的货币战方面,仍然陷于被动吃亏局面。由于国民党政府将维持法币汇率这一目标看得过重,为此又一再投入大量英国贷放的平准基金,这些宝贵的外汇基金很大部分又被日伪方面用真假法币套购了去,到1941年初,所剩下的平准基金又难以维持。因法币汇率与英镑、美元挂钩,1941年4月英、美两国同时向国民党政府贷放平准基金借款。英国第二次平准基金借款数额仍为500万英镑,年息只有1.5厘。美国贷放的平准基金借款为5000万美元,年息也为1.5厘。此后,重新组织有中、英、美三方人员参加的新平准基金委员会,主持运用和管理平准基金。[6]新平准基金仍又有被日伪方面套购的。中方在日本侵略势力发动的货币金融战攻势中应对失措,使中国遭到巨大损失,造成用中方宝贵的经济资源资敌的严重后果。

二、日伪在沦陷区的工农业掠夺和统制

日本帝国主义在其侵占的中国东部富庶地区大肆进行工农业统治和掠夺,中国东北在这方面是一重要典型,日伪政权在关内沦陷区进行工农业统治和掠夺的举措也与在东北的相似。

1.对中国东北工矿交通业的掠夺和统制

日本帝国主义对中国东北工矿交通业的掠夺和统制,是所谓"产业开发"的主要内容。日本侵占中国东北期间,东北工矿业为日本帝国主义进行侵略战争提供了大量军事物资。太平洋战争爆发前,日本所需的 38 种重要军需原料,有 24 种是东北提供的。太平洋战争爆发后,东北供给日本的战略物资更多,据估计,1942 年东北生产的钢材约占日本产量的 1/3 以上,日军需要的铣铁一半以上由东北供给,轻金属铝 44% 由东北生产。日本没有石油资源,在东北建立了石化工业,为日本侵略战争提供燃料。这些说明中国东北工矿业在日本战时经济体系中占有极重要的地位。[7]

在 1937 年前,日本已经对中国东北地区凡是涉及国计民生的重要产业实行了严格的统制。1937 年后,为了扩大侵略战争,日伪先后公布了《重要产业统制法》和《产业统制法》,对东北的统制日益加强,统制的范围日趋扩大,已涉及社会经济生活各个方面。在伪满经济统制政策中,特殊公司制度是重要组成部分。所谓特殊公司,即根据特定立法建立的公司,由日本垄断资本与伪满政权合资经营,是推行日本帝国主义殖民侵略政策的机关,因此也常被称之为国策会社。日伪政权通过"特殊公司法"授予特殊公司以种种特权。特殊公司接受日伪政府严格的监督。所谓准特殊公司,其性质介于特殊公司与一般公司之间,它也是由日本垄断资本与伪满政府合资经营,业务上也受伪满政府的监督指导,它不像特殊公司那样有特别立法。据统计,截至 1945 年 6 月,东北特殊公司与准特殊公司实缴资本总额为 37.9 亿元,其中伪满政府投资 7.2 亿元,日本政府投资 8.5 亿元,日本私人资本投资 22 亿元(占 58%)。在工矿业特殊公司的资本实缴总额中,日本私人资本比重更高。1943 年 9 月 1 日统计,伪满的特殊公司有 42 家,准特殊公司 62 家,这 104 家公司控制伪满各行各业。1943 年伪满工矿交通部门企业资本实缴总额为 61 亿元,其中特殊公司、准特殊公司占 59% 以上,处于垄断地位。[8]

伪满的特殊公司大多分属两大会社体系,1937 年 12 月以前,大部分属于"满铁";在这以后大部分改属"满业"。

"满铁"全称南满铁道株式会社,成立于 1906 年,是日本经济侵华的超级康采恩,它以东北南部铁路经营为基础,以东北工矿为重点,广泛渗透到东北农工商各部门。"九一八事变"后,满铁不但垄断东北全部铁路、河川、港湾等水陆交通,还增设大量"关系会社",垄断东北经济命脉,并积极参与日本侵略、掠夺政策的炮制。满业成立后,满铁转向以铁路为中心的东北交通运输综合经营,并向华北进行侵略扩张。

"七七事变"后,日本陆军省为了使中国东北在日本侵略战争中充当其兵站基地的作用,与拥有军事工业生产能力的新兴财阀日本产业会社相勾结,使日本内阁通过《满洲重工业确立要纲》。根据这一"要纲",日本产业会社于 1937 年 12 月从日本迁至中国东北,改称"满洲重工业开发株式会社"(简称"满业")。其资本总额为 45 000 万日元,日本产业会社和伪满政府各持有一半股份。伪满政府规定满业在中国东北对钢铁、轻金属、汽车、飞机、煤炭、金、亚铅、铜以及其他矿业进行投资并指导经营,并对满业资本总额保证六分利润,即在 10 年内总纯益未达到六分时由伪满填补。满业很快代替了满铁的地位,成为日本在中国东北的主要国策会社。它接收了原属满铁的昭和制钢所、满洲炭矿、日满镁、满洲铝矿、同和汽车、满洲石油等重工业特殊公司,创办了满洲飞机、满洲汽车、舒兰煤矿、满洲矿山、满洲重型机械等一批重要的子公司,成为以军事工业为核心的全面经营基础工业和重工业的垄断组织。到 1942 年,满业直接投资的有 16 个,资本总额为 156 700 万日元;间接投资的公司有 17 个,资本总额为 18 060 万日元。[9]

日本侵略者把东北的钢铁、石油、黄金、轻金属、煤、电力、军火等主要工业部门都列入"统制"范围,置于日本垄断资本的统治之下,使中国东北成为日本发动更大规模侵略战争所必需的矿产和动力资源基地。1937 年,由日本当局炮制的伪满第一个"产业五年计划"开始执行。1938 年由于侵略战争需要,对本来已经十分庞大的计划再作修改和扩大。按照计划要求,生铁由 1936 年的 85 万吨增至年产 450 万吨,其中 152.2 万吨输往日本;钢锭由 58 万吨增至 316 万吨,其中输往日本 112.6 万吨;煤由 1 170 万吨增至 3 110 万吨,输往日本 600 万吨;石油由 2.4 万增至 174 万吨,输往日本 145.3 万吨;汽车由当初计划的 4 000 辆增至 5 万辆;飞机由当初计划的 340 架增至 3 万架。这些数字反映了日本帝国主义掠夺我国东北战争资源的贪婪性。

为实施这一计划投入了大量的资金,这一方面是由日伪政权极力榨取东北人民的资金,东北的满铁、满业等资本系统也扩大了对东北工矿业的投资;另一方面日本的三井、三菱、住友、安田、大仓、浅野等其他财阀资本也纷纷投资于中国东北的钢铁、煤炭、电气、化学等行业。日本在中国东北的工业资本 1940 年比 1931 年增加了 72 倍,其中重工业投资占总投资比重由 1936 年的 74.1%,增至 1939 年的 87.5%。据满铁调查部1941 年的统计,此时日本产业资本在中国东北的法人数已达 1 896 家,资本额 26.11 亿日元。其中矿业 148 家,8.46 亿日元;工业 1 748 家,17.65 亿日元。这些投资集中程度很高,1 748 家工业企业中 17 家特殊会社和 7 家准特殊会社的资本额占了总数的一半。[10]

由于日本集中了较多的人力、物力、财力于煤铁等基本资源产业,从伪满第一个产业五年计划执行情况看,生铁和煤炭增长显著,而其他产品产量无多大增长,还有的出现负增长。所以尽管投资很大,第一个产业五年计划并没达到预期目的。

1941 年 9 月,为了支撑侵略战争,日伪确定了伪满第二个产业五年计划。与第一个计划相比,新计划更着重于煤、铁、农产品、电力、液体燃料等战争资源的掠夺,并把确保"供应日本的物资"作为计划第一目标。随着日本在侵略战争中形势日益窘迫,它对中国东北的掠夺更为疯狂。伪满产业计划一再修改,粮食开始摆在第一位,其次为铁、煤、非铁金属、人造石油等。1945 年第二个产业五年计划尚未结束,日本战败投降。

在交通运输方面,伪满成立后满铁的势力更为扩大。伪满不仅把名义上属中国所有的东北铁路及其附属财产,以及从苏联收买来的中东铁路,全部"委任"满铁经营,还将计划要修筑的铁路也交满铁负责。

伪满时期在满铁经营下,东北铁路营业里程由 5 572 公里增至 11 270 公里,公路营业里程由 45 公里增至 19 803 公里。东北华商航运业原有一定基础。"九一八事变"后北满三江航线由满铁垄断。1937 年加强管制后,北方、直东、政记等轮船公司破产,其他航运公司朝不保夕。1943 年伪满将华商各公司船只全部并入满洲海运会社。华商轮船遂绝。[11]东北的通讯设施在"九一八事变"后,也被日本帝国主义用军事方式强占,置其于军事控制之下,为其侵华战争服务。

日本为把中国东北变成其重工业和军事工业基地,在东北的"产业开发"畸重畸轻状况十分明显。东北一些主要工业产品,尤其是基本资源产品,产量显著增长,从1937—1944 年,煤增长 84.4%,生铁增长了 57.1%,电力增长了 175.9%。从生产指数来看,1937—1943 年重工业增长了 213.5%,但是轻工业却是负增长,民生用品生产甚少增长,有的还大量减产,说明伪满重工业的发展是以人民生活资料的生产为牺牲的,到头来势必造成工农业脱节,比例失调,产业结构不合理。东北工矿业总产值如以1926 年不变价计,1936 年为 5.10 亿日元,1942 年达于最高峰 9.47 亿日元,随即转为衰退。1943 年后伪满的生产衰退有日本侵略战争失利等原因,同时也反映了国民生产的结构危机。[12]1937 年统制加强后东北民族资本产业普遍衰落,是伪满后期工矿业衰退的一个重要因素。

2. 对东北农业的统制和掠夺

日本帝国主义对东北农用土地及农产品也进行了严格的统制和疯狂的掠夺,其主要集中在以下三个方面。

(1) **武装移民和掠夺土地**。在中国东北武装圈夺耕地,安置日本移民,是日本大陆侵略政策的重要组成部分。因为它不仅可以减轻日本的人口压力,而且可以直接加强对中国东北人民的殖民主义统治,并为侵华日军就地提供新的兵源,其意义已远远超出了经济的范围。

"九一八事变"前,日本侵略势力就提出"韩民移满,日民移韩"的口号,把朝鲜移民作为日本移民的先遣队和"安全阀"。"九一八事变"后日本人强行将数十万朝鲜移民迁往中国东北,同时日本本土也对中国东北进行了几次试验性质的移民。同时,伪满洲国奉命特设"拓务司"专门承办日本移民事务,1936 年 2 月日伪合办"满洲拓殖会社",负责圈占土地,驱逐原住居民,为日本移民扫清道路。[13]

随之,日本侵略者于 1936 年制订了一个庞大的百万户移民计划,它被日伪当局作为基本国策。这一计划规定从 1937 年起,每 5 年一期,每期移民户数递增,在 20 年内从日本向中国东北移民(日伪当局称之为"开拓民")100 万户、500 万人,使日本"开拓民"至少占伪满总人口的 10%,成为伪满的"中坚分子"。按照这一计划,东北要划出16 000 万亩肥沃土地安置移民,已远远超过当时东北实际耕地面积。

这一计划实行结果,第一期移民 8.5 万多户,其中既有日本政府直接组织的"集团开拓民",也有民间组织的"集合移民"、"分散移民"等。日本移民中,还有称之为"义勇队"的组织。从 1938 年开始,日本在国内接收 16～19 岁的青少年,进行为期三年的训练,然后组成义勇队开拓团进行移民。到 1945 年止,各类移民共约 10 万户、30 万人,其中义勇队移民达 10.8 万人。这种义勇队计有 243 个团,都分布在东北边境和军事要地。义勇队开拓民平时除参加农业生产外,还要进行军事训练,实际上是侵华日军的后备队。这一庞大的移民侵略活动,因日本战败投降而中断。[14] 日本战败投降后这些日本开拓民成为日本帝国主义侵略政策的替罪羊,遭受了很大的苦难。

为了掠夺土地以安置"开拓民",伪满政府先后设立了"土地局"和"地籍整理局",进行所谓整理,剥夺农民地权,以供日本移民使用。由于太平洋战争和后来日本帝国主义的战败,移民和圈地计划未能全部实现,但据统计,截至 1944 年底,日本移民占有的土地已达到 152.1 万公顷,相当于当时东北耕地总面积的 1/10。为了圈占土地,日伪当局不惜动用飞机、大炮和机枪,整村整村地驱赶和屠杀原地农民。如 1934 年 3 月,日本帝国主义在向依兰土龙山地区武装移民时,出动部队千余人,轰炸机 10 余架以及大炮、重机枪,对无处撤离的农民进行惨无人道的大屠杀,把土龙山附近的 17 个村庄轰为平地,轰毙农民 5 000 余人。[15]全东北被赶出家园而流离失所,冻饿死于田野路旁的中国农民不计其数。

(2) **农产品搜刮**。"九一八事变"前,由于东北土地肥沃,地广人稀,在扩大垦荒中农业生产逐年上升。而"九一八事变"后,由于日本帝国主义的野蛮侵略,实行经济统制、土地掠夺以及其他倒行逆施,加上世界经济危机和自然灾害,导致东北农业生产的破坏和衰退。1931 年全东北出产谷物 1 845.7 万吨,至 1935 年下降至 1 535.7 万吨,1942 年只有 1 513.2 万吨;每公顷产量也由 1930 年的 1 344 公斤,降至 1942 年的 1 029 公斤。[16]日本帝国主义相继对东北的鸦片、棉花、粮食等农产品实行产销"统制"。为掠夺和摧残中国民族,日本帝国主义一方面在东北鼓励和推广鸦片种植,同时又在 1939 年成立"专卖局",实行鸦片专卖。1935 年成立满洲棉花股份有限公司,统制棉花买卖,垄断东北棉花市场。对某些粮食,更一开始就进行限制强制收购。"七七事变"后,随着战争的扩大,日本的饲料和粮食供应方面对中国东北的依赖性越来越大。在这种情况下,日本帝国主义强化了变东北为日本与亚洲粮食供应基地的政策。为此日伪政权颁布了《米谷管制法》和《主要特产物专管法》等法令,对东北农产品进行严格统制;还采取了诸如改良品种、加强灭虫除草、设立农业试验场和模范农场等农业"改良"措施,并通过不断加大农民劳动强度和强化对农民劳动统制等手段,以期达到提高农业产量的目标。尽管如此,由于日本侵略者的统制和掠夺,东北农民生活极为贫困,农业单位面积产量仍然连年下降。

1941 年太平洋战争爆发后,日本越发感到粮食和农产原料补给困难,日本侵略者对东北农产品需求日增,农产品逐渐成为其在东北的第一号掠夺物资。为此,日伪当局颁布了《促进农地利用》敕令,拟定《战时紧急农产物增产方策要纲》、《农产品强制出卖法》等等,在东北加力推行增产和收购措施。日本侵略者推行所谓"粮谷出荷"(即强迫农民低价售粮)政策,并把收购数量层层分摊到县。为了完成收购数量,起初还采取预付部分现款的所谓"先钱契约制度"等欺骗手段,以后则普遍动用警察催逼,实行赤裸裸的武力掠夺。太平洋战争爆发后,又实施"决战搜荷方策",对农产品进行"彻底搜荷",把征购数量摊给每户农民,不论有无一律强制交纳。为了完成"搜荷"任务,保证侵略战争的粮食补给和日本国内粮食供应,伪满政权成立"搜荷督励本部"、"出荷督励班"以及搜荷工作班、取缔班、情报班、配给班、宣传宣抚班、青年特别工作班、少年特别工作班等五花八门的搜荷领导和办事机构,倾巢出动,并调派全部经济和行政警察,对各地粮食进行全面封镇,对农户进行普遍搜查,对一切所谓"违反命令"者进行监禁、殴打、拘留。

随着粮谷搜荷手段愈来愈毒辣,搜荷的粮食数量也逐年增加,据显然缩小了的统计,1940 年的粮食出荷总数为 600 万吨,1941 年 680 万吨,1942 年 720 万吨,1943 年 780 万吨,1944 年 820 万吨,日本投降的 1945 年为 900 万吨。这些粮食按照所谓"物动计划"分别被运往日本、朝鲜、关东州、华北等处。[17]当时东北的粮食年产量约为 1 800 万吨,粮食出荷量一般都占总产量 40％以上,最高超过 50％,甚至达 100％。1944 年吉林、蛟河两县各产粮食 5 万吨,都全部被迫出荷了。农民不仅大部分口粮被搜刮,有的甚至被迫把种子出荷,或出钱买粮出荷。吉林九台、德惠两县农民,种子和口粮全部出荷,扶余县有的农民因交不出足够粮食,只得将地照贴在门上全家外逃。[18]农民的粮食被迫出荷后,普遍没有口粮,成年只能以野菜、树叶、草根、糠皮度日。人民健康状况严重下降,瘟疫、疾病和死亡率急剧增高,成千上万的人不是冻死、饿死,就是被迫自杀。

日伪对城市居民食粮实行严格配给制,对一般居民每月供应很少一点杂粮和麦麸之类。至于面粉和大米,中国居民不准吃,更不准贮存,否则以"经济犯"论处。粮食配给量不断减少,致使城市居民口粮严重不足,长期在死亡线上挣扎。[19]

除了粮食和农产原料,日本帝国主义还大量掠夺牛、猪、羊、鸡、鸭、鱼,以及鸡蛋、毛皮、动物油脂等。伪满政府设有"满洲畜产公社",专门贱价强制收购牛、猪、鸡、鸡蛋等,供给日军。仅在伪间岛省,即向农民掠夺了 30 万头猪、60 万只鸡、1 200 万个鸡蛋,在长春制成罐头,供日军用。

(3) **劳力统制和掠夺**。日伪统治东北时期,修路、开矿、垦荒、造田、兴修水库、修建军事设施、运输军用物资等,都是无偿征派劳工承担。随着战争的扩大和长期化,加上大量劳动力的非正常死亡,东北地区劳动力日益紧缺,日伪当局征派劳工的范围不断扩大,手段越来越毒辣。

1938 年 2 月伪满设立劳务委员会,由伪满国务院总务长官任委员长,有关部门代表任委员,成为伪满最高的劳动政策制定与审议机关。1941 年 9 月伪满公布《劳务新体制确立要纲》,将原来的劳动"统制"强化为"国民皆劳"的劳务新体制,即全体国民都必须无偿服役。1942 年又颁布《国民勤劳奉公法》等,规定 20～30 岁的未被征为"国兵"的男青年,必须参加"勤奉队",按军队形式编组;"勤奉队"成为日伪当局强征青年无偿服劳役的主要形式。同年,日伪政权还发布了《劳动者紧急就劳规则》,即伪满当局认为有紧急需要时,可以使全体人民从事指定的任何劳役。

日本侵略者在东北的劳力掠夺,很快发展为公开抓捕劳工。日伪当局以抓捕逃匿劳工或所谓浮浪者为幌子,出动警察、汉奸,闯入民宅、公共场所或拦截马路,进行抓捕。据统计,自 1941 年实行劳务新体制后,关东军和日伪当局常年驱使 200 万以上中国人(主要是农民)从事各种苦役,其中至少有四五十万人在关东军刺刀下负担着沉重的劳役。

一旦被抓去当劳工,就等于进了地狱。据汉奸供称,路远的劳工,全用闷罐车运送,吃饭睡觉、大小便全在闷罐车里。冬天是冰窟,夏季成蒸笼。到了换车的车站,一停就是两三天,不到工作地点已有不少人死亡。到了工地,也都是风餐露宿,即使有歇息之处,也是不遮风雨,不避寒暑的茅草窝棚。加上劳动时间长、强度大、饮食量少质次,环境卫生恶劣,成千上万的劳工因饥寒劳累、疾病工伤而死亡。

日本侵略者征集劳工的手段横暴野蛮,对劳工的役使更是惨无人道。据报道,通化县逾千名青年勤奉队员,无病者只占 25%,75%患有各种疾病;1942 年上半年,东边道开发公司 3 000 多名工人中,患病者达 1 030 人,死亡 268 人。半年中的死亡人数将近占总人数的 10%;据一名日本战犯供称,在 1943 年兴安岭筑城工程中,4 万名劳工中有 3 千人死亡。[20]因此,凡在使役劳工集中的地方,都毫无例外地有埋葬中国劳工尸骨的"万人坑"。需要指出的是,并非所有的死亡劳工都是死于饥饿冻馁或疾病工伤,还有不少是死于日本侵略者的刺刀、皮鞭或被狼狗咬死,或是被认为患有传染病而被活埋的。

3. 对关内沦陷区工农业的统制与掠夺

1937 年"七七事变"后,日本侵略者在中国关内各地城乡狂轰滥炸、烧杀奸淫、肆意破坏的同时,对关内沦陷区进行了空前规模的经济掠夺。日本对关内经济掠夺的机构众多,较重要者有兴亚院、华北开发公司、华中振兴公司等。兴亚院成立于 1938 年 12 月,是直辖于日本内阁,专门负责处理侵华事宜的侵略机构,日本首相兼任其总裁,外相、藏相、陆相、海相兼任其副总裁。它在中国北平、上海、广州、汉口、张家口等地设分支机构,以加强对华政治、经济、文化侵略,其第二部管辖经济掠夺等事宜。日本帝国主义对其所侵占的关内和内蒙地区分而治之,分别建立了"华北临时政府"(后改称"华北政务委员会")、汪伪"国民政府"、伪蒙疆联合自治政府等汉奸政权,作为其掠夺中国资源、奴役中国人民的工具。通过这些机构,日本帝国主义对关内沦陷区的工农业资源进行了野蛮的劫掠。

日本侵略者对关内沦陷区中国厂矿采取了军管理、委托经营、中日合办、租赁、收买 5 种掠夺形式。委托经营日军将掠夺的华资企业交由日本国策企业经营,或由日本国策企业在日军支持下自行劫夺华资企业,并对之经营。中日合办,实权操于有日军为后盾的日资企业手中。租赁、收买往往是象征性地给点钱,实际上仍是掠夺。据当时人估计,日本掠夺了关内沦陷区全部的铁矿、炼铁、炼焦、电力、电灯厂以及盐场、水产、机器缫丝等业,棉纺织业有 54 个厂被夺,其设备占民族资本纱厂设备的 70%;48 家面粉厂被夺,占中国面粉产量 90％。[21]沦陷区的交通通讯设施等,也都被日本侵略者所夺占。

由于日军杀鸡取卵的掠夺政策,使关内工矿业生产停顿。在日军侵占武汉、广州后,抗日战争进入相持阶段。这时日本侵略军因战线拉长,战争范围扩大,迫切需要在中国建立新的军需工业,以补充其战争消耗。他们提出了"以战养战"政策,对关内沦陷区工矿业的掠夺,由赤裸裸的军事霸占,改为所谓"中日合作"方式经营,以便更好地掠夺中国资源,实现侵华日军需物资就地供给。日本工商资产阶级也希望就地利用中国的资源,在中国扩张他们的产业投资和商业活动。在这种情况下,日本侵略者对中国关内工矿业的掠夺政策作了一些调整,把沦陷区工矿业分为"统制事业"与"自由事业"两大类。"自由事业"则是为满足日本工商资产阶级在华投资经营活动所要求的一般工业和商业,包括纺织、面粉、烟草、啤酒等行业,日商私人可以投资经营,但仍有一些限制。"统制事业"代表日本军阀的利益,其目的是为了攫取中国的重要战争资源,包括日本所缺乏的军事资源及与军事直接相关的交通通讯事业、公用事业,以及与日本经济发生摩擦的蚕丝、水产事业等,只能由属于华北开发公司、华中振兴公司等国策会社系统的企业来经营。随着战争的进展,日本在关内沦陷区由全面的开发掠夺,转为重点经营,其掠夺重点为二黑(煤、铁)、二白(盐、棉),及交通运输等直接与战争有关的部门,都属于"统制事业"。

日本帝国主义对关内沦陷区的农业掠夺主要集中在土地掠夺、农产品搜刮和劳力奴役等方面。日本帝国主义在华中、华南地区掠夺农产品的重点,初期是蚕茧、猪鬃、茶叶、桐油、黄麻、皮革、蛋及蛋制品等。太平洋战争爆发后,日本的粮食供应愈益紧张。日本在沦陷区的农产品掠夺重点也转为粮食,全部粮食尤其是大米,都严格划定区域由指定机构限价收购,每当收获季节,日伪军便倾巢出动,武力胁迫农民缴粮,严禁农民和中国其他居民食大米。为了把沦陷区人民的粮食消费降低到最低限度,日本侵略者对城市居民实行严格的粮食配给。北平地区配给的是由豆饼、橡子、树皮、草根等 54 种杂物磨成的混合面,既无营养,配给量又少得可怜,因而造成普遍的腹泻、饥饿和死亡。据不完全的统计,1943 年,北平平均每天冻死、饿死 300 多人,上海在 1942 年 2 月间的几天内,因冻饿而死者达 800 余人。[22]为了生存,许多居民只能靠剥树皮、掘草根充饥,北平有的居民甚至冒着生命危险到西郊日本军马场铁丝网外偷扒马粪,用水冲洗,将马粪中尚未完全消化的玉米粒熬粥充饥。日本侵略者还经常在游击区和解放区强制征粮或武装抢粮。

在关内沦陷区,日本侵略者不仅经常和大量征派劳力从事修筑碉堡、砲楼,开挖壕沟,修建军用公路,运输军用物资等各种苦役等,还诱骗和抓捕关内青壮年到伪满和日本服劳役。据不完全统计,从 1937 年到 1942 年的 6 年中,被抓捕和诱骗出关的壮丁达

529 万人。[23]另有记载说从 1939 年到 1942 年 6 月以前,日本侵略者仅在华北就劫走 600 万青壮年到东北等地从事苦役劳动。[24]1944 年有 22.6 万人被抓到日本当苦工。这些苦工的境况比古代的奴隶还要悲惨。由于恶劣的条件、残酷的折磨和超负荷的劳役,许多劳工服役不久甚至运输途中就被折磨致死。被日本侵略者抓捕出关或往日本的劳工最后活着返乡的极少。

三、日伪贸易垄断政策及对华贸易战和物资战

日本侵略者积极推行对华贸易统制政策,采用封锁、走私等手段,一方面对中国海陆空三路都实行封锁,企图堵死国统区和抗日根据地的物资来源与出路,困死中国的抗日力量;另一方面也尽量抢掠中国的物资。同时,日伪设立"物资统制审议委员会"、"全国商业统制总会"等,组成庞大的贸易统制网,对关内沦陷区实行严格的贸易统制,以最大限度地掠夺沦陷区物资。

由于日本作为占领国,控制了关内沦陷区的对外贸易,因此无论是进口贸易,还是出口贸易,日本所占比重一直远远超过其他国家。不过,日本自 1938 年 2 月起将华北的"联银券"与日元等价联系,这样原本是为了便于对该地区的经济掠夺,不料由于华北物价上涨速度比日本国内快,从日元集团地区向华北输入的商品迅速增加,而华北向日元集团地区的出口却因价格差异而受阻,造成华北沦陷区的贸易逆差不断增大,反而成为日本的一个负担。

在沦陷区与非日元集团地区的贸易方面,大致可以太平洋战争的爆发分为前后两个阶段。在太平洋战争爆发前,尽管日本人企图排除美国在远东的经济势力,但沦陷区与美国之间的贸易却日益兴旺。在进口方面,当时只有美国有能力向沦陷区提供棉花、烟叶、化学品等工业原料以及机器设备等,以维持中国沿海地区工厂开工运转。沦陷区所需要的面粉、煤油和其他各种日用品也要从美国进口,美国来的进口商品值从 1938 年的 2 590 万美元增至 1940 年的 9 610 万美元,两年间增加了 2.7 倍多。在出口方面,沦陷区的大宗出口商品,如生丝、丝绸、猪鬃、植物油和籽仁、针织品等,过去主要运向欧美市场,欧洲战争爆发后则集中运往美国,使得对美出口值从 1938 年的 1 460 万美元增至 1940 年的 3 000 万美元以上。同期,沦陷区与欧洲国家之间的贸易有所下降,而与东南亚国家和印度之间的贸易有所上升。[25]

1941 年 12 月太平洋战争爆发后,沦陷区与美英等国的贸易关系被完全切断,因而沦陷区对外贸易的结构和性质立即发生了剧烈的变化。由于缺乏船只,海上运输又极为危险,沦陷区与东南亚国家及印度的贸易逐年下降。沦陷区的对外贸易总额逐年下

降。而另一方面,日本将其过剩的消费品,如人造丝、纸张、糖等向沦陷区倾销,使之成为沦陷区的主要进口商品;同时日本又竭力搜刮沦陷区的煤、铁、棉、盐等原料,这 4 种原料 1941 年时仅占沦陷区出口值的 8.6%,到 1942 年立即上升至 39.7%,1943—1945 年又达到 44%~51%。沦陷区更进一步地变为日本的经济殖民地。[26]

太平洋战争爆发后,日军占领了上海租界,日方已无法利用租界套购中方外汇,再加上由于战争消耗及国际贸易停顿等因素使其物资匮乏,把经济战重点由货币战转向物资战。日军建立了大批走私据点,利用汉奸、奸商以及国民政府内一些唯利是图的官僚与军人,进行大量走私活动,抢购中方物资。

四、国统区战时经济体制的调整及对日经济作战

在整个抗战时期,国民党政府面临的经济形势相当严峻。国民党当局把经济战线的斗争放在至关重要的地位,进行了全国经济总动员,对经济政策进行了一系列调整,运用国家力量迅速发展大后方国防工业、重工业、能源工业及交通运输业,并实行包括工矿、交通、金融、贸易、物价、物资等方面内容的战时经济统制以及田赋征实等重大举措,实现了国民经济体制由平时向战时的转轨。这些措施促进了战争初期后方工农业生产的发展,加强了大后方经济建设,为坚持长期抗战提供了物质保证。

但是由于国民党当局缺乏长期抗战准备,总是对英美的外援寄予过高的期望,这对国统区财政、金融、产业等政策造成了不良影响。国民党的吏治腐败给抗战期间国统区经济带来巨大的腐蚀和破坏,以致一些本来有利于抗战的经济政策,在实行过程中走样变形,弊端丛生,被贪官污吏用以发国难财。战争后期,国统区工农业生产等普遍出现衰退。

1. 厂矿内迁

战前,中国有限的工矿业约有 80% 以上集中于东部沿海和沿江城市,在国民党政府实业部登记注册的全国 2 435 家工厂中仅上海一市就集中了 1 186 家。上海、天津、无锡、武汉、广州这 5 个城市集中了全国工厂的 60%。战争一打响,上海这样的城市必然成为敌人抢夺的首要目标。沿海城市工业力量如能保存下来用于抗战,将大大增加中方实力;如毁于战火,则是中国一大损失;如被日军夺占则将加强日本人的经济实力,对中国更加危险。但是这一至关重大的问题,国民党政府在战前却毫无准备。

战争一爆发,日军立即将进攻矛头直指上海,上海等沿海城市厂矿内迁之事迫在眉睫。不少民族资本家纷纷向国民党政府申请将工厂迁往内地。国民党政府决定由资源

委员会翁文灏[27]等人立即成立有关机构,协助上海爱国实业家将工厂内迁。工厂内迁是项极为复杂艰巨的工作。尽管广大职工冒着敌机轰炸的危险,拆迁机器、抢运设备等,国民党政府在组织内迁工作中也花了很大气力,但是由于军情紧急,仓促混乱中上海民营工厂只迁出146家,其余绝大部分工厂陷入日军控制之中。天津工厂全被日军所占,河北省仅运出材料一批,未能迁出厂矿;苏州、无锡、常州、广州以及山东等地也只迁出少数几家工厂,中国工业经济遭到十分沉重的打击。

1938年6月下旬,日军逼近武汉。国民党政府下令武汉各业工厂不论大小一律内迁,凡来不及拆迁者一律炸毁。内迁厂矿大致分3路:①向南迁往湘西、湘南和广西等地;②向北迁往陕西;③大部分厂矿则向西迁往四川。其中,由上海、江苏、山东等地迁聚武汉的一些工厂刚刚复工,又因武汉危急,不得不进行第二次大迁移。

到1938年10月武汉沦陷时为止,经过武汉及由武汉起运的内迁厂矿共计304家,物资5万多吨,技术人员达万余人。这些物资和人员先到宜昌,然后分迁各地。入川运输主要由卢作孚领导的民生轮船公司承担。民生公司员工冒着敌机的猛烈轰炸,历尽三峡的急流险滩,竭尽全力投入抢运,终于将内迁物资和人员等全部运入四川。

1938年10月,广州、武汉沦陷后,大规模的厂矿内迁运动暂告一段落。以后仅是在战局变化中的局部零星迁移。据统计,截至1940年底,内迁的厂矿共计600余家,机器材料等共12万吨,还有12 000多名熟练技工一同迁往内地。大批厂矿迁入后方,对于战时军需民用的供给,对于改变近代中国工业的不合理布局,起到了十分重要的作用。在两次大迁移中,军情紧迫,交通困难,运输拥挤,再加敌机轰炸、船只沉没、人员伤亡之事常常发生。600多家厂矿员工不避艰险,共赴国难,历经艰辛将工厂拆迁运往内地,是中国经济史上的一大壮举。

2. 战时经济体制的建立

抗日战争的长期性和残酷性,迫使国民党政府必须动员一切人力、财力、物力为战争服务,为此要求国家机关对国民经济实行全面的控制。1938年3月,国民党临时全国代表大会强调由国家控制经济,经济建设必须以军事为中心。大会通过了《抗战建国纲领》,其中"经济章"提出"经济建设应以军事为中心",要"实行计划经济,奖励海内外人民投资,扩大战时生产";要"以全力发展农村经济,奖励合作,调节粮食,并开垦荒地,疏通水利";要"开发矿产,树立重工业基础"等等。大会通过了《非常时期经济方案》,提出战时一切经济设施"应以助长抗战力量,求取最后胜利为目标","以期集中物力、财力";对于战时的生产事业,"应以供给前方作战之物资为其第一任务"。《方案》还从农业、工矿、交通、金融、贸易、财政等方面对《抗战建国纲领》作了阐述和具体化。通过这次大会,国统区战时经济方针初步确立。至此,国民党政府在战略防御阶段中,由刚开战时的手忙脚乱到初有章法,开始了向战时经济的转轨过程。

为了实行向战时经济的转轨,国民党政府颁布了一系列经济法令和条例,例如1937年12月国民党政府公布了《战时农矿工商管理条例》,次年10月又修正为《非常时期农矿工商管理条例》。据此条例,经济部可以呈准行政院,对一些重要矿产及其制品、棉丝麻毛及其制品、粮、油、茶叶、糖、主要燃料和一些基本工业品以及生产经营这些物资的企业进行统制。为了易货偿债、进口军需物资的需要,由资源委员会对钨、锑、锡、汞、铋、钼等特种矿产实行统购统销,后又由贸易委员会统制桐油、猪鬃、茶叶的收购出口,继而又将统制范围扩大到羊毛和蚕丝。国民党政府为了进一步建立和强化其战时金融垄断体制,由中、中、交、农四大银行在上海组成"四行联合办事处"。同年11月,该处迁往武汉,改名为"四行联合办事总处"(简称"四联总处"),并先后在国内各重要城市设立50多个分处。"四联总处"随着战局变化再迁至重庆,并于1939年9月按照国民党政府颁布的《战时健全中央金融机构办法纲要》进行了改组,由一个联合机构改组为统一的中央集权机构,并扩大组织,提高职权,使其担负起筹划与推行国民党政府战时金融经济政策的任务。为了支持抗战,保证国防耗费及国计民生的最基本要求,国民党政府还陆续颁布了其他许多有关战时经济统制的法令,依靠行政和法律手段,对后方经济生活,从生产、流通到分配、消费等各个环节,实施了越来越严厉的经济统制。

3. 实行通货膨胀政策

因战时财政问题日益严重,国民党政府实行通货膨胀政策,不断增加法币的发行。法币发行量在1937年时为16.4亿元,到1942年时已达343.6亿元,1945年更达10 319.3亿元,比1937年增长了628倍多。通货膨胀政策必然带动物价上涨。1940年农业歉收更使物价上涨速度超过法币发行量增长速度。至1945年8月,重庆批发物价指数比1937年增长了1 792倍,比1941年增长了90多倍。发钞与物价赛跑的局面一直困扰着抗战期间大后方社会经济生活,使社会经济混乱,国民经济几乎崩溃。

通货膨胀对于社会各阶层收入分配发生巨大影响。根据物价指数分析,工农产品价格剪刀差,及农民购买价与出售价的差距日益加大。田赋征实使农民收入逐年恶化。丝、茶、桐油、猪鬃和后期棉花、蔗糖的统购价格都低于市价,甚至低于生产成本。农民成为国民党通货膨胀政策的最大牺牲者。工人、服务业者、公务员和教师的实际收入都由于通货膨胀而下降。士兵的货币兵饷1944年的购买力只有战前的5%。而政府是通货膨胀最大的受益者。豪门资本、投机资本、商业资本也都从通货膨胀中获得好处。[28]

法币发行过量,牵动了后方物价飞涨。而法币汇价过死,又使中国在日本侵略势力发动的货币战中遭到很大损失。尽管如此,国民党政府仍然竭力维持法币的外汇官价,能买到官价外汇的主要是少数有权势的达官贵人,人们多在黑市上炒买炒卖外汇,这样更助长了外汇黑市的活跃,到 1945 年 7 月重庆黑市美钞 1 元要卖法币 2 889 元,是官价的 140 多倍。国民党官僚利用外汇投机大发国难财,蒋、宋、孔、陈等特权家族在美国的 10 亿美元存款,大部分是用这种办法掠夺来的。[29]

4. 发展后方工矿业

为了支持抗战,国民党政府努力发展后方工矿业,尤为注重公营企业的发展。资源委员会成为战时后方国家工业资本最重要的投资部门。1938 年春,国民党政府在调整中央机构时,将资委会改归经济部管辖,并将该会变为"纯粹之国营工业建设机关",并将原归建设委员会办理的电力事业改归资委会办理。1938 年 8 月国民党政府公布有关条例,明确规定资委会的职掌为创办与管理经营基本工业、重要矿业、动力事业及政府指定之其他事业的中央政府机构。[30]其经费来源主要有三方面:①政府预算拨款。国民党政府每年将总预算的 $1\frac{1}{3}$ ~ 2% 拨给资委会,自 1936 年 6 月至 1945 年底共拨给 119.1 亿元,折合战前币值 9 884 万元;②银行贷款。前期贷款不多,1943—1945 年间高达 90 亿元。在剧烈的通货膨胀下,还款已属虚值,实充投资之用;③借外债及易货所得外汇。这时期资委会从历次外债中所得外汇计有 1 508 万美元、61 万余英镑,折合战前法币约值 6 000 万元;1941 年前从出口易货矿产所得外汇中的提成,折合战前法币约值 1 200 万元。此项经费主要用于购买进口器材。[31]

由于经费来源较可靠,再加上资源委员会任人唯贤,注重科学管理,其企业活动在战时得以迅速发展,使其成为近代中国最大的重工业企业集团。资委会所属企业、事业单位从 1938 年的 53 个增至 1945 年的 125 个;所属企业的产量大幅度增长,其主要产品占后方同类产品产量的比重也都有较大幅度的提高。例如抗战时期石油供求矛盾日益尖锐,资委会派人分别在四川、新疆、甘肃勘探,1938 年底筹建甘肃玉门油矿,1939 年 8 月日产石油已达 10 吨。1940 年 3 月组成以孙越崎为首的甘肃油矿局,扩大开发。因战时汽车燃料极缺,资委会又创办动力酒精代汽油作燃料,设立 9 家酒精厂,并带动了后方酒精工业的发展。资委会还创办动力油料厂,用桐油或菜油提炼代汽油、代柴油等。资委会抗战期间共产液体燃料 3 625 万加仑,约占后方总产量的 44%。[32]

1943 年后,整个后方工业生产出现了衰退时,资委会的工业生产仍然在继续增长,只是增长速度有所减缓而已。资源委员会广泛罗致人才,实行专家治厂,在短短几年时间里建立了从原料、燃料到加工的工矿业生产体系,改善了后方工业部门结构,对于提高中国社会生产力,对于支援抗日战争起了积极作用。

除资源委员会外,国民党政府的军事、交通、经济、财政、粮食、国家银行各系统和地方政府系统均直接经营了大量企业。国民党政府还运用金融、物资统制、专卖、市场价格等手段,将大量重要的工矿生产逐步转到国营企业中。抗战时期还出现了一批由贵州、云南、福建、陕西、广西、广东、安徽、甘肃、四川等各省地方政府组织的企业公司(或兴业公司),这类公司又投资和统领了一些企事业单位,成为以省区为限的综合性资本集团。这些省属企业公司中,多把工矿业作为主要投资方向。各省还有不少不属于企业公司系统的省营企业。这些企业以煤矿、电厂、水泥、冶金以及纺织、食品工业为多。[33]

这样,抗战时期在国统区形成了政府控制经济,直接掌管关键产业部门的局面。估计战前官营工矿业生产仅占全部工矿业的 15% 左右,而到 1944 年,官营工矿业与民营的比重已经变为 52∶48。国家资本大体上集中在冶炼、电力、电器、机器、化学等部门,民营企业则在五金、木材、食品、文具、印刷等部门占优势,纺织工业中官、民营各半,金属矿和石油为国家所独占。

5. 对日进行贸易战和物资战

战争爆发不久,国民党政府加强了对进出口贸易的统制,在 1938 年、1939 年分别颁布了《查禁敌货条例》《禁运资敌物品条例》和《非常时期禁止进口物品办法》等,对进出口物品实行较为严格的管制。国民党政府最初完全禁止从日本及其控制地区进口一切商品,各战区都要抓捕和严惩犯禁进口商人,对其中情节严重者可处以极刑。1939年时,国民党政府开始感到这种做法并不明智,放宽对一些重要物资进口的禁令。1940年,转而鼓励汽油、棉织品、钢铁等重要物资进口,不论来自何方均可享受减税优待。太平洋战争爆发后,日用必需品严重短缺,又有 60 多种商品被解除禁令,改用特别许可证来控制。各年进口值亦随政策的变化而升降。1938 年进口值达 8 639 万美元,1939 年因受 1938 年 10 月条例的影响而陡降至 3 908 万美元,后因政策放宽使 1940 年增至6 713 万美元,1941 年激增至 13 595 万美元。这一时期进口商品主要是五金、钢铁制品、机器设备、化学品、汽油、煤油等,主要来自美国、德国、英国和东南亚国家等。

在出口贸易方面,国民党政府将物品分为两大类,一类是紧缺的军需及必要物资,如钢铁、五金及其制品、棉花和粮食等,为保护资源而绝对禁止出口;第二大类为可出口物品,其中又分:①结汇出口的蛋品、肠衣、兽皮、羽毛等农副产品和一些矿产品;②政府机构专营出口的桐油、猪鬃、生丝、羊毛、茶叶等农副产品,及钨、锑、锡、汞、铋、钼等特种矿产。国民党政府设立复兴商业公司、富华贸易公司、中国茶叶公司这三大公司,分别对国统区的桐油、猪鬃、生丝、羊毛、茶叶等农副产品的收购、运销和出口实行独家垄断。钨、锑、锡、汞、铋、钼等特种矿产由资源委员会实行统购统销,出口时须经贸易委员会批准。

太平洋战争爆发后,国统区出口物品主要运往盟国,如钨、锑、锡、汞、铋、钼等特种矿产主要运往美苏两国,支援盟国反法西斯战争。运往苏联的货物,必须穿越漫长的西北公路。对美国的出口货,则几乎全部要由飞机运经印度,再去美国。[34]

1942年5月,国民党政府废止以往有关进出口物品管制的法规,同时颁布《战时管理进出口物品条例》,对进出口的管制有较大程度地放松,对于紧缺物资不管来自何方都鼓励进口,其目的是为了争取物资的输入,调整统制政策的方向更好地发挥对外贸易效用。因而日本货、德国货被私商从沦陷区大量偷运到国统区,偷运敌货的私商由昔日应当枪毙的"卖国奸商"这时变为对敌物资战的爱国英雄。以致1943—1944年来自德国和日本——均为中国的敌国——的进口货占国统区进口总额的比重竟然分别高达46.5%和34.6%,居第一、第二位,美国屈居第三位。进口货主要是棉纺织品、化学品、机器、纸张等。到1945年随着战局变化美国货所占国统区进口总额比重上升至第一位。[35]

国民党政府也颁布了上百个物资作战条例,从中央到各战区、各地方成立主管物资作战的机构,注意政府与党群组织、与商贩的相互配合,到日占区袭击敌运输队、征粮队,抢购抢运物资(主要为五金、电工、西药等敌货,后来又重视粮食、棉花等)。

在经济作战方面,抗战后期国民党政府已由前期的被动挨打一再吃亏状态转为与日方针锋相对互有输赢的相持缠斗状态。

日军偷袭珍珠港后,美国对日宣战。1942年3月美国国会通过了"租借法案",其宗旨为盟国间互相援助,以抵抗法西斯侵略。据此,美国加强了对华经济援助,既以优惠条件贷放外债给中国,又以租借物资形式援助中国。苏、英等国也曾在经济上援助中国抗战。盟国提供的外债以及以租借物资形式的援助在很大程度上解决了国民党政府坚持抗战所需军用物资问题,对支援中国对日经济作战起到了很大的作用;而中国用于偿债的钨、锑、锡等特种矿产品及桐油、猪鬃、生丝、茶叶等农副产品,对于支援苏、美、英等国人民的国际反法西斯战争,也起到了一定作用。

注 释

1.《第一次世界大战以来的帝国主义侵华文件选辑》,第94~96页,北京,三联书店,1958。
2. 又名战争经济学,主要研究战前经济准备、战时军费筹措及经济动员、对敌经济作战、提高军事经济效益等。20 世纪 60 年代亦有国防经济学,其研究内容增添了国防预算与威慑、军备竞赛与军事联盟、核扩散等等。

3. 参见姜念东等:《伪满洲国史》,第 415～416 页。

4. 洪葭管主编:《中国金融史》,第 334 页。

5. 许涤新、吴承明等:《中国资本主义发展史》,第三卷,第 460 页。

6. 《民国外债档案史料》,第十一卷,第 142、348、358 页。

7. 史全生主编:《中华民国经济史》,第 353～354 页,南京,江苏人民出版社,1989。

8. 姜念东等:《伪满洲国史》,第 271、272 页,1980。

9. 陈真等:《中国近代工业史资料》,第二辑,第 498～500 页,北京,三联书店,1961。

10. 陈真等:《中国近代工业史资料》,第二辑,第 473 页;杜恂诚:《日本在旧中国的投资》,第 53～54 页,上海,上海社会科学院出版社,1986。

11. 许涤新、吴承明主编:《中国资本主义发展史》,第三卷,第 414 页。

12. 许涤新、吴承明主编:《中国资本主义发展史》,第三卷,第 407 页。

13. 姜念东等:《伪满洲国史》,第 340～341 页。

14. 姜念东等:《伪满洲国史》,第 343 页。

15. 叶民:《东北劳动大众的亡国奴生活》,载《中国农村动态》,第 158～159 页。

16. 姜念东等:《伪满洲国史》,第 357 页。

17. 伪满洲国大臣金名世口供,转见《东北经济掠夺》,第 545 页。

18. 汉奸华荣栋证词,转见《东北经济掠夺》,第 573 页。

19. 《东北经济掠夺》,第 545～546、549 页。

20. 姜念东等:《伪满洲国史》,第 399～403 页。

21. 郑克伦:《沦陷区的工矿业》,《经济建设季刊》,第 1 卷,第 4 期。

22. 《日本帝国主义侵华史略》,第 158～159 页;中国农村研究会编译:《战争与农村》,第 181 页,1942。

23. 齐武:《一个革命根据地的成长》,第 68 页,1957。

24. 刘惠吾、刘学照:《日本帝国主义侵华史略》,第 159 页。

25. 郑友揆著:《中国的对外贸易和工业发展》,第 158～162 页。

26. 郑友揆著:《中国的对外贸易和工业发展》,第 185～189 页。

27. 翁文灏(1889—1971),浙江宁波人。1908 年赴比利时留学,1912 年获地学博士学位。曾任农商部地质研究所所长,兼任北京大学教授,清华大学地理系主任。1931 年任清华大学代校长。1934 年与竺可桢等发起成立中国地理学会,被选为第一任会长。他为创建中国地质学作出了卓越贡献,曾被称之为中国"第一流人才"。1935 年后历任国民党政府资源委员会秘书长、经济部长等职,为抗战时期后方经济建设作出重要贡献。1948 年曾任国民党政府行政院院长。1951 年后历任全国政协二、三、四届委员,和平解放台湾工作委员会副主任委员等。

28. 许涤新、吴承明主编:《中国资本主义发展史》,第三卷,第 475~479 页。

29. 许涤新:《官僚资本论》,第 75 页,1947。

30. 陈真等:《中国近代工业史资料》(三),第 840 页。

31. 许涤新、吴承明主编:《中国资本主义发展史》,第三卷,第 497~498 页。

32. 许涤新、吴承明主编:《中国资本主义发展史》,第三卷,第 499~500 页。

33. 许涤新、吴承明主编:《中国资本主义发展史》,第三卷,第 514、517 页。

34. 郑友揆著:《中国的对外贸易和工业发展》,第 165~166、192~193 页。

35. 郑友揆著:《中国的对外贸易和工业发展》,第 163~165、190~191 页。

第九讲

新民主主义经济的成长

思考题

1. 论述抗日根据地经济斗争的主要特点及中国共产党的经济政策。

2. 论述土地改革的伟大历史意义。

3. 论述抗战胜利后国统区很快出现经济崩溃的主要原因和主要表现。

4. 论述新民主主义经济制度胜利的必然性及其伟大历史意义。

　　全面抗战爆发后,按照国共合作、团结抗日的原则,红军改编为国民革命军第八路军,南方红军游击队整编为国民革命军陆军新编第四军。八路军、新四军随即开赴抗日前线,深入华北、华东敌后创建抗日根据地,到 1940 年底创建了陕甘宁边区、晋察冀边区等 18 块抗日民主根据地(1944 年后称为"解放区")。在中国共产党统一政策的领导下,各抗日根据地均自成一个战略单位,建立了抗日民主政府,相对独立地统筹本地区的军事、政治、经济和财政,以坚持抗日斗争。在指导这些抗日根据地军民进行敌后斗争和经济建设过程中,中国共产党第一次科学地提出和解释了"新民主主义"的概念,系统地阐明了新民主主义革命的总路线和政治、经济、文化等纲领。中国共产党在抗日民主根据地推行的新民主主义经济制度[1],打击了日伪汉奸的经济利益,保护了一切抗日阶层的利益,在处理民族矛盾,以及处理阶级矛盾问题上都代表了人民的意愿,得到人民的拥护。抗日根据地军民能够在敌伪顽夹击的艰苦条件下,克服严重困难,使农业、工业、商贸、金融等各项经济事业日益蓬勃发展,显示了新民主主义经济强大的生命力和广阔的发展前景。抗战胜利后,新民主主义经济在期间所创造的成就,不仅为各抗日根据地军民坚持抗战提供了物质保障,而且为日后新民主主义制度取得全国范围内的胜利奠定了基础。

一、抗日根据地经济斗争特点及新民主主义经济方针

　　抗日根据地经济斗争有两个主要特点:一是根据地经济建设的条件很差,二是中国共产党对抗战时期中国社会的主要矛盾,对艰巨复杂的斗争形势有较为清醒的认识,采取了一系列正确政策,领导人民艰苦奋斗,在经济战线上取得了很大成就。

　　根据地经济建设条件很差,主要表现在:1. 根据地原有经济基础极差:大多处于数省交界的穷乡僻壤,地瘠民贫,抗战爆发后又多遭受过日军的掠夺与蹂躏;2. 根据地经济建设的外部条件也很差。1938 年 10 月武汉战役后,敌后战场成为抗日战争的主要战场,根据地军民抗击了半数以上的日军和 90% 以上的伪军。日伪军对根据地一再进行"扫荡"、"蚕食"或"清乡",实行了野蛮的烧光、抢光、杀光"三光"政策,极力破坏根据地建设,企图以此灭绝根据地的生存能力。国民党顽固派军队也一再制造反共摩擦,特别是 1941 年后,顽军与日伪军共同对抗日根据地实行了严密的经济封锁,根据地经济一度极为困难;3. 根据地被分割为十多块,处在敌伪顽的包围之中,各根据地之间经济联系困难很大。这种分散性也增加了抗日根据地经济战线斗争的复杂性和艰巨性。

　　中国共产党认识到,反对日本帝国主义的侵略已成为中华民族的当务之急,中日矛盾成为中国社会的主要矛盾,其他中国的内部矛盾应放在次要的与服从的地位。因此,

共产党以抗日民族统一战线为出发点,实行按照多种经济并存的新民主主义经济方针政策,发展根据地的公营经济、合作社经济、劳动人民的个体经济和私人资本主义经济,并将原来的土地革命政策转变为减租减息、交租交息政策,限制但仍然保持根据地的地主经济,保护一切抗日阶层的利益。

各抗日根据地的经济建设都是以农业为基础的。在 1937 年 8 月中共中央提出的《抗日救国十大纲领》中,把减租减息作为抗战时期解决农村问题的一个基本政策。该政策包括双重意义:一方面是减少封建性地租额和高利贷利息额,削弱封建剥削,改善农民的贫困生活,吸引占人口 80％ 以上的广大农民积极参加抗战;另一方面是在减租减息后仍然要交租交息,使地主也能保持一定的经济地位,以争取地主阶级参加抗日。

> 减租减息是抗日战争时期中国共产党经济政策和经济实践中最重要的一个内容,它得到了广大农民群众的拥护,有力地调动了他们抗日与生产的积极性,也有利于团结各阶层组成抗日民族统一战线。

减租减息是对封建土地所有制的一种渐进性的改革,这一运动初步改变了根据地农村的土地关系,土地从地主和旧式富农手中逐渐向广大缺乏土地的贫农、中农及新起的富农手中分散。随着土地占有关系的变化,农村阶级关系也发生了变化。这表现在农村阶级的两极人数缩小,中农人数明显增加。例如,据太行区 12 个县 15 个典型村的调查,1942 年 5 月前各阶级占总户数的比例,地主占 4.34％,富农占 7.25％,中农占 37.8％,贫雇农占 50.83％;1944 年"查减运动"后,地主所占比例下降为 2.23％,富农为 5.99％,中农比重上升为 55.2％,贫雇农的比重下降为 33.82％。[2]

封建剥削的削弱,阶级关系的变化,大大激发了广大农民生产和抗日热情,推动了根据地农业生产的发展。

抗战前,各根据地工业基础都十分薄弱,陕甘宁边区"除粮食羊毛外,其他一切日用所需,从棉布到针线,甚至吃饭的碗均靠外来"。[3] 抗战爆发以后,陕甘宁边区先后建立了难民纺织厂、造纸厂、被服工厂、农具厂及八路军制药厂,其他根据地也分别建立了兵工厂、被服厂等公营工业。由于公营工业建立初期缺乏经验,出现了工厂机关化、管理多元化、不搞经济核算等问题,影响了生产发展。1942 年 12 月毛泽东在《经济问题与财政问题》的报告中,提出公营工厂建立经济核算制和实现领导一元化的问题,陕甘宁边区及其他根据地公营工业进行了由"机关化"向"企业化"的整顿。边区政府还开展了学习边区农具厂模范工人赵占魁的运动,工人们以赵占魁为榜样,遵守劳动纪律,努力提高了生产效率。

各根据地还努力发展农村手工业,鼓励私人投资办工业,鼓励群众合股开采煤矿、盐矿等,并扶助合作社工业,使根据地工业生产发展十分迅速。

各抗日根据地政府在商业政策上,对内实行贸易自由,发展公营商业和合作商业,保护正常的私营商业;对外实行管制贸易,在政府贸易部门的统一领导和管理下,以税收和行政手段对出入口货物加以控制,禁止一切奢侈品和非必需品的输入,禁止内部必需品输出,奖励必需品的输入与内部多余物品的输出。在这一政策指引下,根据地的公营商业、合作社商业和私营商业都得到很大发展。

为适应财政经济发展和对敌经济斗争需要,根据地金融事业也建立起来。1937年10月,陕甘宁边区银行成立。起初它没有发行货币,只是以延安光华商店名义发行"元"以下的代价券。国民党政府停发八路军和新四军军费后,边区政府遂于1941年1月颁布法令,禁止法币流通,授权边区银行发行"边币"规定边区境内只准使用"边币",逐步收回光华代价券。陕甘宁边区银行到1948年1月与晋西北农民银行合并为西北农民银行。[4]1938年3月晋察冀边区银行在五台山区成立,发行晋察冀边币。其他敌后抗日根据地政府也先后建立了自己的金融机构,创建了北海银行、冀南银行、晋西北农民银行、江淮银行、盐阜银行等近40家银行,发行了"北海币"、"冀南币(冀钞)"、"西农币"、"江淮币"、"盐阜币"等根据地货币(也称"边币"或"抗币")。它们受各根据地政府领导和管理,在战时艰苦复杂的条件下除经营存款、发行农贷、投资工商业、办理汇款等业务外,还代理金库、买卖金银、开展对敌货币斗争。[5]

在一些抗日根据地农村还成立了信用合作社。以陕甘宁边区为例,由于消灭了封建土地制度,农村生产发展,人民生活改善,市场日益兴旺,有些农民和手工业者积攒了一些钱,"需要聚零为整,才能办事业"。这为发展农村信用合作社,活跃农村金融提供了物质准备。延安南区沟门信用合作社于1943年3月成立时,有社员128人,股金11.5万元,存款近2万元,放款8.7万元。在边区银行的帮助下,信用社业务迅速发展,到1944年5月,一年多时间内发展到社员648人,股金435万元,存款772万元,放款1 428万元,并带动了边区其他信用合作社的发展。边区信用社在建设过程中,总结了一套好的建社办法,这就是:为人民服务的思想作风,围绕生产的业务方针,民办公助的群众路线,事业需要的集股原则,德才兼备的干部政策。到1944年底,全陕甘宁边区已有30多个信用社,存款总额5亿元。陕甘宁边区的信用社由县联社统一领导,与边区银行互相合作。1945年晋冀鲁豫边区在太岳试办了两个信用合作社。农村信用合作社在调剂农村金融,帮助农民生产,打击高利贷活动等方面发挥了积极作用。[6]

各抗日根据地民主政权都竭力扶持和奖励生产的发展,实行中国共产党提出的开展劳动互助[7]、"精兵简政"、"发展经济,保障供给"、"军民兼顾、公私兼顾"、"生产节约并重"等方针政策。在中国共产党领导下,各抗日根据地军民在敌顽夹击的艰苦条件下自力更生,各自为战,克服困难,进行根据地经济建设,开展对敌经济斗争,取得了很大成就。

二、大生产运动与根据地财政经济的好转

长期战争耗费巨大,给抗日根据地的财政带来巨大的压力。1940 年 12 月以后,国民党政府停发八路军和新四军经费,接着又发动皖南事变,掀起反共高潮,与日军共同加紧了对抗日根据地的封锁,华侨和爱国人士的捐献也断绝,根据地财政突然陷入严重困难境地。

陕甘宁边区政府制定了 7 条渡过难关的具体办法:①确定独立自主,统一领导,分散经营的原则,给各机关部队一部分生产资金,各自经营解决经费困难;②大量开发食盐,发动群众驮运食盐出口,其收入作为军费和军委生产自给的保障;③加强税收工作。成立税务总局,征收营业税作为中央及边区经费收入;④清理公产,整理地方税,以解决各县生产自给之经费;⑤发行建设救国公债 680 万元;⑥征收救国公粮 20 万石,公草 2 600 万斤,以解决人员马匹粮草困难;⑦禁止法币流通,发行边币 1 054 万元。这些办法的重心是加强税收,增加收入。这也使人民负担加重。边区政府对此采取尽量做到合理负担,采取民主摊派等办法征收,并采用量出为入和量入为出相配合的办法处理财政问题。1940 年 11 月晋察冀边区公布《统一累进税暂行办法》,创造了融合财产税、所得税和营业税的,统一累进征收的直接税。1943 年晋冀鲁豫边区、陕甘宁边区也都试行统一累进税。统一累进税使不同阶层有不同税率负担,使负担更加合理;并规定了免征点和最高累进率,贫苦人与富有者都得到照顾;还体现了奖励生产的原则,如新开垦荒在一定年限内免征财产税;对移难民开荒收入免征一定年限的收入税,等等,统累税是税收制度上一大改革。其他抗日根据地也采取了没收汉奸财产,没收向敌区贩运的禁运物资,以及募捐等方法弥补财政开支,后来也逐步制定了完备的财政征税办法。[8]

与此同时,中国共产党大力倡导生产运动和精兵简政,各根据地的部队、机关、学校为了克服困难,减轻人民负担,坚持抗战,努力发展自给经济,掀起了著名的大生产运动。

大生产运动从陕甘宁边区开始,推广到各根据地,各地军队、机关和学校都组成庞大的生产大军,开垦荒地,种植粮棉,解决军民的衣食问题。在这一运动中,成绩最大的首推部队。八路军提出"背枪上战场,荷锄到田庄"的口号。1943 年陕甘宁边区部队开荒种地面积达到 21.5 万亩,产粮 3 万石,产蔬菜 2 300 万斤。

三五九旅在南泥湾取得的成绩尤为突出。南泥湾是陕甘宁边区的南大门，三五九旅驻守在这里，实行战斗、生产、学习三结合。经过艰苦劳动，到1942年，三五九旅的蔬菜、肉、油及鞋袜全部自给，粮食自给可供3月之需；1943年粮食全部自给，1944年全部经费、物资自给，粮食不仅储备一年用量，而且还向边区政府缴粮食10 000石。昔日荒芜人烟、荆棘丛生、野狼成群的南泥湾，已经变成了到处是庄稼，遍地是牛羊的"陕北江南"。三五九旅成为大生产运动的一面旗帜。

机关、学校的大生产运动也卓有成效。毛泽东、周恩来、朱德、任弼时等中央领导都亲自参加生产劳动。1944年中共中央直属机关生产粮食6.4万石，经费自给率达65.6％。陕甘宁边区1944年时布匹已能自给全边区需要的1/3以上，纸张已能自给全边区需要的一半；石油、肥皂不但已能自给，且能接济邻近地区的和前方的需要；工农业所需工具，大部分已能自造；火柴已全部自给。到1945年日本投降前，边区已能炼铁、炼油、修造机器、配制军需品、制造硝酸、盐酸、硫酸、玻璃和陶瓷。

其他抗日根据地部队和机关大生产运动成绩也很显著。从1943年起，敌后各根据地的机关一般能自给两三个月甚至半年的粮食和蔬菜，实现了"自己动手，丰衣足食"的要求。晋冀鲁豫边区部队1943年以后每人种地3亩，自给一季粮食。晋绥边区部队1944年开荒16.6万亩，收粮2万余石。战斗在晋察冀、山东、华中各抗日根据地的军民在"劳武结合"的口号下，一面战斗，一面生产，甚至游击区的部队也坚持生产。新四军直属部队1944年能自给8个月的蔬菜，10个月的食盐与全年肉食。敌后抗日根据地的工业建设也取得了很大成就。例如，晋察冀边区公营军事工业土法上马，生产了大量枪支弹药，有力地支援了抗日战争；冀中地区，所产土布除自给外，还余半数销往外地。晋冀鲁豫边区的军工生产也有很大进展，边区制药业、造纸业、纺织业、榨油业、皮革业等都有很大程度发展，不少工业品基本上满足了军需民用，还有一些产品行销外地。山东解放区所产食盐和肥皂不仅自给，还大量外销，增加了抗日民主政府和群众的收入。华中抗日根据地处在日伪分割包围中，抗日民主政府因地制宜发展小型工业，也取得了相当的成绩。

1942年后大生产运动获得了丰硕成果，根据地财经状况好转，政府立即减轻了人民负担。陕甘宁边区农民所交的公粮，1941年占总收获量的13.58％，1942年降至11.14％，1943年更降为不足9％。[9]

大生产运动克服了财政经济的严重困难，为抗战胜利奠定了物质基础；它还增强了军民、官兵、军政团结，培养、锻炼了一批领导工农业生产的干部和专门技术人才，具有伟大的历史意义。

三、国统区通货膨胀的恶化与城乡经济的衰退

1. 敌伪资产的接收

日本政府刚宣布投降不久,国民党政府就立即着手对沦陷区敌伪资产[10]的接收工作,希望通过大规模的经济接收来挽救国统区濒于崩溃的财政经济。在实际接收过程中,国民党军队与政府、中央与地方同时插手,各地接收机构林立。北平一地,仅中央各接收机构就有教育部、经济部、社会部、农林部、交通部等 13 个部门派出的机构,连同其他系统的接收机构共有 29 个;其他城市的接收机构,天津有 23 个,杭州有 28 个,上海竟多达 89 个。军政接收机构之间,政府各部门接收机构之间,矛盾重重。军政部在徐州抢先接收了烟草公司和酱油厂等民用企业,还强词夺理地说因当兵的要抽烟吃酱油,这些企业也属军用等;其他一些地方,也由于国民党军队首先到达,军队把关于"军用品"的概念肆意扩大,抢先接收了很多企业。国民党政府一些部门在接收中,也争先恐后,能拿则抢。海南岛本应由农林部接收的 25 个农业单位,被经济部抢接了 16 个。[11]诸如此类事例很多,以致蒋介石不得不承认,这次接收"系统紊乱,权责不明,有利相争,遇事相诿,形成无组织状态"。[12]

经过一番乱哄哄的抢夺,到 1946 年底,国民党政府对敌伪资产的接收处理工作,除东北外,基本完成。除交通运输各部门外,国民党政府接收到手的工厂矿场、商业、房地产和家具、仓库码头、金银外币、车船、各种物资(不包括国防用品和其他军用品)的资产分别按接收时当地的物价指数折合战前法币共 232 456 万元。[13]这一统计是不完全的,在混乱中破坏浪费的部分,私吞盗卖的部分,都难以稽查。

> 国民党官员在接收敌伪资产时,趁乱贪污受贿,抢夺成风。据广东省参议员反映,该省接收有"三部曲":先是"瓜分",其次是"盗卖",到不能交待时,就一把火了之。就是这样,行政院长宋子文还认为"广东接收还算好",其他地方更坏。老百姓讥讽那些在接收中暴富的国民党官员是"五子(即房子、车子、金子、料子、婊子)登科",称其为"劫收"。

许多接收的粮食和物资,由于保管不善,变质损坏。一些接收过来的工厂设备,因偷盗拆卸、锈蚀失修,致成废物。在接收过程中,社会生产力遭到严重破坏。

由于各地有关揭发检举报告很多,国民党政府于 1946 年 8 月曾派出"清查团"到各地清查接收情况,但是这种"清查"因时间紧阻力大,仅能是"抽查"而已。"清查团"成员

目睹种种流弊,亦觉"殊堪痛恨"。曾任接收大员之一的邵毓麟向蒋介石进言:"象这样下去,我们虽已收复了国土,但我们将丧失人心!"他预言,"在一片胜利声中,早已埋下了一颗失败的定时炸弹"。[14]

由于接收了大量敌伪资产,国民党官僚资本体系迅速膨胀,并在国民经济的要害部门占据了垄断地位。"四行两局"金融资本因接收敌伪金融机构而急剧膨胀,成为最大的国家垄断资本集团。据统计,到 1946 年年底,仅"四行两局"的分支机构已有 852 处,其存款总额高达 54 881 亿元,占全国银行存款总额的 91.7%,国内其他金融机构加在一起仍只有 8.3%!1947—1948 年国统区金融业资本中,国民党官僚资本占据了 88.9% 的比重,外资银行占 5.9%,民族资本金融业只占 5.2%。[15] 1946 年 11 月,国民党政府宣布成立"中央合作金库",国民党金融垄断资本体系扩充为"四行两局一库",合作金库的分支机构遍布各县市,更有利于这一体系把势力渗入到城乡各个角落,使国民党金融垄断资本体系发展到了顶点。

在资源、能源和重工业,国民党政府资源委员会的垄断地位也大大加强。截至 1946 年底,资源委员会共接收敌伪产业 29 个单位,技术和管理人员近 3 000 人,资产折合战前币值 3.36 亿元,使得资委会实力大大扩张。到 1947 年底,资委会已辖有电力、钢铁、石油等 11 个生产部门,96 个管理机构,291 个厂矿。[16] 这一年资委会所属企业生产的钨、锑等特矿及石油制品都占全国产量的 100%,发电量占全国的 54.9%,钢材产量占 51.8%,煤产量占全国的 28.9%,其他如机车、货车、电线、变压器、化肥等产品的产量在全国也占重要地位。就生产能力而言,资委会所属企业所占比例更大。[17]

在轻纺工业,以中国纺织建设公司的建立和势力扩张最为引人注目。中国纺织建设公司是在战后接收敌伪的 112 个纺织、印染及有关机械等企业基础上建立的官僚资本垄断纺织工业的组织,拥有国民党政府给予的低息贷款、取得官价外汇、优先分配美援棉花等特权。国民党政府接收这些企业后进行了改组,在上海、天津、青岛等地分设棉纺厂 38 个,毛麻绢纺和针织厂 9 个,印染厂 7 个。1947 年时,中国纺织建设公司按开工数计,纱线锭占全国纱厂的 39.7%,布机占 60.1%,已经居于垄断地位。[18]

2. 国民党政府财政危机与通胀政策

东部富庶地区的大片国土得以收复,使国民党政府的税源激增;同时,国民党政府通过接收敌伪物资,得到了一大笔财政收入,但是蒋介石政权急于发动全面内战,使国民党政府的财政危机不仅没有因抗战胜利而减轻,反而比抗战时期更加严重了。

内战所需军费开支十分浩大。1946 年有人曾经估计,养国民党军队一个师的开支可以用来维持 30 多所大学,养 200 个师每年仅军饷一项就要 28 800

亿元,还不包括枪械弹药及各种装备等在内。为了大打内战,国民党政府把军队人数维持在 450 万～500 万之间,并花费巨款购买军火与装备,这些都大大增加了国民党政府的财政支出。

庞大的军费开支,始终占国民党政府财政支出的一半以上,到 1948 年时已占到近70%,超过了抗战时期的比重。由于内战军费开支的不断增长,使得国民党政府的财政赤字在抗战结束后不但没有消除或者减少,反而每年都在成倍增加,1945 年近 11 067亿元的赤字,到 1946 年增至 46 978 亿元,为 1945 年的 4 倍多;1947 年猛增至 293 295亿元,又是 1946 年的 6 倍多;1948 年的赤字则更大,仅前 7 个月就已经超过 434 万亿元,是 1947 年全年的 14 倍还多! 赤字占财政支出的比率也从 1945 年的 47.1%,逐年上升为 1946 年的 62% 及 1947 年的 67.5%。财政赤字不断增加,是国民党政府发动全面内战所造成的一大恶果。[19]

为了弥补不断增加的财政赤字,国民党政府采取了一系列措施,如出售战后所接收的部分敌伪资产,举借内外债,加征赋税,出售政府储备的黄金和外汇等。但是,到1946 年底,将敌伪资产出售给公众所得的 5 000 亿元,很快被浩繁的军费开支消耗殆尽,后来又因局势不稳,私人对于固定资产购买已不感兴趣;所借外债,多被债权国指定购买该国的船只、设备和原料等,对减少财政赤字作用不大;内债的发行也因公众的抵制而越来越困难。

1946 年 2 月国民党政府为了抵消由于预算赤字所增加的社会购买力,决定开放外汇市场,并抛售黄金。不料,开放外汇市场才 8 个多月,中央银行的美元储备消耗掉60% 多,使蒋介石十分心痛。在一片责难声中,国民党政府又重新限制和管理外汇。各地资金纷纷涌向上海抢购黄金,尽管政府出售的黄金不断增加,金价仍然在猛涨,以致酿成震惊全国的上海黄金风潮。国民党政府又消耗了约 60% 的黄金储备,却远远抵不上赤字的增长,可谓得不偿失,只得于 1947 年 2 月采取紧急措施,停止出售黄金,并禁止市场上的黄金买卖。当时担任行政院院长的宋子文和中央银行总裁贝祖贻等也被迫下台。[20]

为了增加财政收入,减少财政赤字,国民党政府一再提高税率,不断增加赋税搜刮。由于货物税以实物为课征对象,易于捕捉,税源也较集中,国民党政府就把货物税作为其增加税收的主要项目。国民党政府自 1946 年 10 月 1 日起,扩大了货物税范围,开征了面粉、水泥、皮毛、茶叶、饮料品、化妆品等新税,并提高了棉纱、烟、酒等货物税率。1947 年又开征特种营业税和建国特捐等。1948 年又再次提高烟酒等税率。国民党各县市政府另外还加征各种苛捐杂税,仅江苏南通一地即有赁房捐、人力捐、门牌费、办公费、枪械子弹费等 20 多种名目繁多的杂税。国民党政府又自食其言,于 1947 年 7 月决定恢复抗战时期的田赋征实和征借。[21]加征苛捐杂税,使得民怨沸腾,社会动荡;恢复田赋征实和征借,使农民们对国民党政府越来越反感,民心越来越转向共产党。而所增税收经层层截留,并不能弥补庞大的财政赤字。

尽管国民党政府的财经智囊们绞尽脑汁,想尽了种种办法,但是由于国民党政府的财政部长"对军费开支的需要是无法拒绝的",财政赤字仍然越来越庞大。自1947年以后,国民党政府的财政赤字几乎全部靠滥发纸币来弥补。从表9-1可以看出,每年的赤字都是靠向中央银行借款来支付。到1947年底由于国民党政府向银行借款过大,以致银行停止了一切对私营企业的贷款。银行垫款后的亏空,则基本上靠增加纸币的发行进行弥补。

表 9-1　财政赤字、银行垫款和钞票增发统计表　　　　　　法币亿元

年　　度	财　政　赤　字	中央银行垫款	钞票增发额
1946	46 978	46 978	26 942
1947	293 295	293 295	294 624
1948 年 1～7 月	4 345 656	4 345 656	3 415 737

资料来源:张公权著、杨志信译:《中国通货膨胀史》,第110页。

从表9-1可以看出国民党政府实行通货膨胀政策,不断增发法币的大致情况。1946年钞票增发额为26 942亿元,已经远远超过了当年出售敌伪资产及黄金、外汇等所得;1947年钞票增发额又比上一年增加了10倍多;到1948年,钞票发行额更是大大增加,该年1～7月钞票增发额就已达到3 415 737亿元,比1947年全年又增加了10.6倍。法币的发行总量,1937年6月时为14亿元,经过八年抗战,到1945年8月时达到5 567亿元;而战后才三年,到1948年8月时,已达6 636 946亿元!是战前的470 705倍,简直成了天文数字。[22]

恶性通货膨胀必然引起市场物价的恶性上涨。上海的批发物价从1946年5月至12月上涨了50%,同期重庆的批发物价也上涨了43%。国民党政府面对1946年物价的涨势,于1947年2月又重新拿出抗战时期使用过的老办法,规定对日用必需品(如面粉、棉纱、布匹、燃料、食盐等)实行限价,并对工资实行限额等。这一措施实行不久就宣告失败。物价进一步飞涨,其涨幅甚至超过了纸币发行增长的幅度,上海的批发物价1947年12月比1946年12月上涨了14倍多,同期重庆的批发物价上涨了近15倍;上海的批发物价1948年8月又比1947年12月上涨了近60倍!同期重庆的批发物价也上涨了38倍多。[23]

　　如果以法币的购买力来表示,抗战刚刚胜利时的 1 元法币,留到三年后其购买力只剩下了十万分之七。[24]恶性通货膨胀使得法币极度贬值,人们到市场上买一点日用商品,都得携带大捆钞票,甚至要用网袋、帆布袋来装钞票。

　　在严重的财政金融危机面前,蒋介石于 1948 年 8 月 19 日以总统名义发布《财政经济紧急处分令》,其要旨为:①自即日起,以金圆券为本位币,废止法币;②"限期收兑人民所有黄金、白银、银币及外国币券,逾期任何人不得持有";③"限期登记管理本国人民存放国外之外汇资产,违者予以制裁";④"整理财政并加强管制经济以稳定物价,平衡国家总预算及国际收支"。同日,国民党政府还公布了《金圆券发行办法》、《人民所有金银外币处理办法》、《中华民国人民存放国外外汇资产登记管理办法》和《整理财政及加强管制经济办法》,作为蒋介石紧急处分令的组成部分。[25]这些法规的实质就是国民党政府为了支撑危局,依靠强权加欺骗,以更大程度地掠夺人民。

　　金圆券与法币相比,1 元等于 300 万元,面值大大提高,100 元面值的金圆券等于过去 3 亿元的法币。因此所谓金圆券"币制改革",说穿了就是变相发行大钞,进一步实行通货膨胀政策。为了全面推行金圆券,蒋介石的《紧急处分令》还规定,全国各种商品和劳务价格,均冻结在 1948 年 8 月 19 日各该地价格的水平(要折合成金圆券),由各地方主管官署严格监督执行。同时,国民党政府还以取缔囤积为名,规定各种货物的存期不得超过 3 个月,并进行突击检查,将超过 3 个月存期的货物一律没收。国民党政府还强行收兑民间金银等,规定人民持有的黄金、白银、银币及外币,必须在 9 月 30 日前,按黄金每两兑换 200 元,白银每两兑换 3 元,银币每元兑换 2 元,美金每元兑换 4 元的比例兑换金圆券,凡违反规定在限期内不兑换者,其金银外币等一律没收。

　　蒋介石等为了贯彻《紧急处分令》,动用了警察、宪兵、特务等专政工具,还专门成立了经济管制委员会,并把其"太子"蒋经国派往上海这一重要城市以督导专员身份去实施强权管制,希望能以上海经济管制的成功来带动全国。

　　《紧急处分令》颁布后第三天,蒋经国就调动上海六个军警单位的人员全部出动到上海各市场、库房、码头、车站等地突击检查,对违背《紧急处分令》者,"商店吊销执照,负责人送刑庭法办,货物没收"。蒋在上海各处布岗检查,设点接受告密,成立"经检大队"收集情报等,并下令枪决了破坏经济管制、贪污受贿的上海宪兵大队长、稽查大队长、警备司令部科长、与孙科有关的林王公司经理等人,逮捕了青帮头子杜月笙的儿子和管家、申新纱厂老板等 60 余人。外国记者曾把蒋经国形容为"中国的经济沙皇",上海也有人一度把他看作是铁面无私的"包青天"。

　　但是这个所谓的"包青天"只能用"狗头铡"铡掉几个豺狗,等他需要用"虎头铡"、"龙头铡"时,他的这两把铡刀却是没有刀刃的假货。孔祥熙的大少爷孔令侃在上海设立了一家"扬子建业公司"。在 9 月 30 日全上海物资总检查中,发现"扬子建业公司"囤积居奇,其下属的几处仓库中,藏有大米、棉花、棉纱、棉布、钢管、土特产、日用百货等多种物资,被蒋经国的"经检大队"查封。孔令侃急忙向姨妈宋美龄求援,宋美龄又搬出了蒋介石,老蒋令小蒋照顾亲戚情面,撤销对孔大少的"抄查之事",蒋经国只得让孔大少这只大老虎逍遥法外。这样一来,蒋经国的威信大大降低,所谓的"包青天"一下子变成了"只拍苍蝇,不打老虎"的骗子了。

用强权进行"限价"只能维持一时,不能长久。一般老百姓都鉴于以往法币贬值的沉痛教训,宁愿多买些物品以保值。特别是当国民党政府宣布延长兑换金银期限后,人们更加怀疑金圆券的信誉了,自 10 月 2 日起人们"见物即购,尽量将金圆券花去,深恐一夜之间币值大跌致受损失"。有关当时居民抢购商品的报道很多,例如,在上海,"南京路一带著名绸布店和河南路的呢绒店,开门后人群潮涌而入,架上货物顷刻卖空";"小菜场上鲜肉绝迹,蔬菜又贵又少,食油抢购一空";在全国性的抢购风中,全国 40 多个城市发生抢米风潮,参加抢米的群众约在 17 万人以上。而商人们却尽量把到手的生活必需品藏起来,待价而沽。表面上市场物价没有变化,却是有市无货。"很多商店的橱窗、货架上已没有什么物品,像大水冲过一样空空洞洞"。[26]

面对全国性的抢购风潮,国民党政府手忙脚乱。立法院开会讨论经济危机时,"主张立即取消限价,维持市面,不要只顾面子,不肯承认失败"。于是,11 月初经立法议决,决定取消限价,允许人民手中持有金银外币。

限价一取消,市场物价也像脱缰野马一样疾飞。例如,白米每石限价时为 23 元,取消限价后才一个多月就涨到 1 800 元,再过五个月已飞涨到 44 000 万元,如果每石米以320 万粒计,则买一粒米就要金圆券 137 元。所以当时流传着这样一首民谣:"粒米一百元,寸布十五万,呜呼蒋介石,哪得不完蛋!"[27]国民党政府滥发纸币的程度及国统区物价上涨的程度(可见表 9-2),在世界通货膨胀史上也是极为罕见的。

表 9-2　法币、金圆券发行指数及物价指数表

时　　间	法币、金圆券发行指数	上海物价指数	白米批发价指数
1937 年 6 月	1	1	1
1948 年 8 月	470 704.4 *	5 714 270.3	5 279 034
1949 年 5 月	144 565 531 914.9 * *	36 807 692 307 691.3	47 601 809 864 252

注: * 法币
　　 * * 金圆券折合成法币
　　资料来源:洪葭管:《在金融史园地里漫步》,第 318 页,1990。

1949 年 4 月,解放军百万雄师过大江,原国民党政府首都南京宣告解放。国民党政府仓皇出逃广州。为了作垂死挣扎,广州国民党政府于 1949 年 7 月 4 日宣布改行银元券,规定每 1 元银元券兑换 5 亿元金圆券,也可以兑现银元 1 元,兑现地点被限定在广州、重庆、福州、成都、昆明、桂林、衡阳、兰州、贵阳等 9 处,其他各地则只能以平汇或委托代兑等办法处理。银元券出台不久,新华社就受命发表短评,宣布今后在新解放区只收兑银元,拒绝兑换银元券及一切国民党地方政权发行的货币。这一声明给了银元券致命的一击,使银元券发行不到 10 天就发生了挤兑风潮。

这时国民党在大陆的统治已摇摇欲坠。约数百万两黄金及大量白银和外汇已转移到台湾去了,广州国民党政府能控制的一小部分黄金直接用于军事开支,最后剩下的白银储备已不多。广州政府的财政赤字数倍于财政收入,亏空仍然要靠发行银元券来填补,银元券的前途充满了危机。由于银元券不能保证随时随地兑现,更难以取信于民,群众的挤兑风潮不断发生。由于各地群众普遍拒用,国民党政府原来幻想依靠 2 000 万银元发行 1 亿元银元券,但实际流通的只有广东、重庆两地各 1 000 万元。虽然银元券才出生不多久,其寿命的终结已是指日可待的事了。1949 年 10 月,广州解放,银元券随即崩溃。[28]

3. 城乡经济的衰退

抗战胜利后几年间,国内并无特大自然灾害,广大农民战后如果能享有太平年,有休养生息的机会,农村经济应当能够恢复和发展。但是由于国民党政府大打内战,使农业生产再遭浩劫,重受战火破坏。为了供应内战军需等,国统区农村实行田赋征实和征借,再加各种苛捐杂税,使农民负担已不堪忍受;国统区农村许多青壮年又被国民党军队强拉壮丁,大批农民因躲避抓丁而离土出逃,致使农村劳动力锐减,国统区土地荒芜面积更大,主要农产品单位面积产量普遍下降(见表 9-3),广大农村哀鸿遍野,农业生产已经严重萎缩。[29]

表 9-3　1949 年主要农产品产量与解放前最高年产量比较

产品名称	单位	解放前最高年产量		1949 年产量	
		年份	产量	产量	为最高年产量的百分比(%)
粮食	万吨	1936	15 000	11 318	75.5
棉花	万吨	1936	84.9	44.4	52.4
花生	万吨	1933	317.1	126.8	40.0

续表

产品名称	单位	解放前最高年产量		1949 年产量	
		年份	产量	产量	为最高年产量的百分比(%)
油菜籽	万吨	1934	190.7	73.4	38.5
芝麻	万吨	1933	99.1	32.6	32.9
黄红麻	万吨	1945	10.9	3.7	33.9
桑蚕茧	万吨	1931	22.1	3.1	14.0
茶叶	万吨	1932	22.5	4.1	18.2
甘蔗	万吨	1940	565.2	264.2	46.7
甜菜	万吨	1939	32.9	19.1	58.1
烤烟	万吨	1948	17.9	4.3	24.0
大牲畜年底头数	万头	1935	7 151	6 002	83.9
猪年底头数	万头	1934	7 853	5 775	73.5
水产品	万吨	1936	150	45	30.0

资料来源：国家统计局编：《中国统计年鉴(1983)》,第 158～160、177、178、181、185 页,北京,中国统计出版社,1983。

物价飞涨更快,原材料奇缺,工业生产处在恶性环境之中。国民党政府的苛捐杂税,官僚资本的排挤打击等,更使民营工业生产雪上加霜,难以为继。据 1949 年 3 月 5 日全国工业总会理事长刘鸿生给国民党政府财政部长的电报中称:上海市棉纺、毛纺、卷烟等工厂实际开工数不过十之六七;水泥、火柴、造纸、化工等行业,工厂开工率更低。另据上海工业会给国民党政府行政院长的电报称:"沪市工厂被迫停工减产者比比皆是"。国统区工业已经步入绝境[30],主要工业产品产量大幅度下降(详见表 9-4)。

表 9-4 1949 年主要工业产品产量与解放前最高年产量比较

产品名称	单位	解放前最高年产量		1949 年产量	
		年份	产量	产量	为最高年产量的百分比(%)
纱	万吨	1933	44.5	32.7	73.5
布	亿米	1936	27.9	18.9	67.7
原盐	万吨	1943	392	299	76.3

续表

产品名称	单位	解放前最高年产量		1949 年产量	
		年份	产量	产量	为最高年产量的百分比（%）
糖	万吨	1936	41	20	48.8
原煤	亿吨	1942	0.62	0.32	51.6
原油	万吨	1943	32	12	37.5
发电量	亿度	1941	60	43	71.7
钢	万吨	1943	92.3	15.8	17.1
生铁	万吨	1943	180	25	13.9
水泥	万吨	1942	229	66	28.8
平板玻璃	万标准箱	1941	129	108	83.7
硫酸	万吨	1942	18.0	4.0	22.2
纯碱	万吨	1940	10.3	8.8	85.4

资料来源：《中国统计年鉴(1983)》，第 279、242～248 页。

由于国民党反动派大打内战及通货膨胀政策的作用，国统区正常的经济秩序已经完全被破坏，城乡经济都处在崩溃的过程中。

四、新民主主义革命三大经济纲领及其实施情况

经过艰苦卓绝的八年浴血奋战，中国人民终于打败了日本侵略者。但是以蒋介石为首的国民党反动派，倚仗美国作靠山，悍然向解放区发动了全面内战，使中国人民又陷入战火之中。面对国民党军队的进攻，中国共产党领导解放区军民进行了英勇的自卫战争，使蒋介石等进攻计划一再受挫。从 1947 年 7 月开始，人民解放军由战略防御改为战略反攻，将战争引向国民党统治区。

在新形势下，解放区深入地开展**土地改革**运动，以**废除延续千年的封建土地制度**，进一步调动广大农民的革命和生产的积极性，并使正在胜利发展的解放战争获得源源不断的人力、物力的支持。1947 年 10 月，中共中央正式公布了《中国土地法大纲》，极大地推动了解放区的土地改革运动，到 1949 年大部分老解放区已完成了土地改革。土地改革极大地调动了农民保家保田，参军参战的积极性。东北解放区土地改革三年来

共有 160 万人参军。参了军的翻身农民打起仗来英勇无比。各地农民还组织运输队、担架队等支前组织,将大量粮食、衣被、弹药等送到前线,有力地支援了解放军作战。毛泽东后来指出,正是"有了土地改革这个胜利,才有了打倒蒋介石的胜利"[31]。

土地改革调动了农民生产积极性,解放区广大农民在支援解放战争的同时,努力恢复和发展农业生产。为了克服因大量青壮年踊跃参军参战而缺乏劳动力的困难,解放区农村广泛开展了劳动互助合作运动。据晋冀鲁豫的太行区 20 个县 1946 年的统计,平均每县参加的人数,占劳动力总数的 78%,等于 1944 年的 4 倍半;晋察冀边区大部分地区于 1948 年完成土改后,互助组数量一年内增加了一倍;东北新解放区也广泛开展了劳动互助运动,吉林省 85% 以上的劳动力参加了互助组。这一时期的农村互助合作组织不仅数量上有很大增长,在质量上也有所提高,许多互助组能坚持等价自愿原则,坚持长期互助和技术分工,有些还办了一部分公有的大农具。[32]

解放区农民还采取兴修水利、深耕细作、增施肥料、改良品种等增产措施,促进农业生产发展。1946 年晋察冀解放区,修筑了大小渠道 557 条,使 100 万亩旱地变成了水田。苏皖解放区浚河 97 条,使 200 万亩耕地受益。再如东北解放区,经过土改和互助合作,1947 年种生荒及熟荒 789 100 垧。吉林蛟河县保安村 1947 年冬完成土改后,粮食总产量从 1947 年的 240 担增至 1948 年的 380 担,1949 年为 490 担,1950 年达 700 担,比土改前增加了近两倍。[33]

1947 年下半年,人民解放军开始战略反攻,许多工商城市先后解放,此时迫切需要制订出正确的城市政策。1947 年 12 月 25 日,毛泽东在中共中央会议上作了题为《目前形势和我们的任务》的报告,提出"没收封建阶级的土地归农民所有,没收蒋介石、宋子文、孔祥熙、陈立夫为首的垄断资本归新民主主义国家所有,保护民族工商业,这就是新民主主义革命的三大经济纲领"[34]。其中,没收官僚资本与保护民族工商业,是中共有关城市经济的两大政策。

1948 年 4 月,解放军再克洛阳后,毛泽东为中共中央起草了给洛阳前线指挥部的电报,在阐明城市政策中指出:"对于官僚资本要有明确界限,不要将国民党人经营的工商业都叫作官僚资本而加以没收。对于⋯⋯完全官办的工商业,应该确定归民主政府接管营业的原则,但如民主政府一时来不及接管或一时尚无能力接管,则应该暂时委托原管理人负责管理,照常开业⋯⋯";"对于著名的国民党大官僚所经营的企业,应该按照上述原则和办法处理。对于小官僚和地主所办的工商业,则不在没收之列。一切民族资产阶级经营的企业,严禁侵犯。"这些规定也发给其他解放区领导,基本上使用于一切新解放的城市。[35]

1948 年 12 月,中共中央批转了陈云《接收沈阳的经验》,以解决对城市怎样接受完整和怎样迅速恢复秩序这两大难题。具体办法是："各按系统,自上而下,原封不动,先接后分",禁止乱搬乱调和分散物资,做到"接收得快而完整","避免混乱和大的波动"。在这些原则指导下,东北接管的企业,到 1949 年 4 月已有 191 个开工生产,很快至 12 月已有 407 个企业开工。1949 年 1 月天津、北平解放,各官僚资本企业也是完整接管的,因而到 6 月份天津各厂已全部恢复了原来的产量,有不少企业超过了过去的生产水平;北平各厂也在半年内恢复正常生产,其中一些企业超过了解放前最高产量。东北和华北的经验推广到其他地区。在解放较迟的南方城市,地下党对官僚资本都作了较充分的调查和准备工作,对原企业管理人员和技术人员等进行宣传教育和统战工作,并组织工人开展护厂、护矿、护路等斗争。

20 世纪 40 年代后期中国大陆出现了两次**战胜者经济大接收**,抗战胜利后国民党政府对日伪资产的接收使社会生产力遭到较严重的破坏因而丧失民心,而中共的这次**接收对社会生产力的保护**明显优于抗战胜利后国民党的做法,深得人心。由于接收政策得当,在各城相继解放时国民党官僚资本企业中绝大部分职员都愿留守。原国民党资源委员会正副委员长钱昌照、孙越崎、吴兆洪等也都与中共取得联系,迎接解放。

新解放城市数以千计的官僚资本企业的没收、接管工作十分顺利。例如,陈毅领导上海接管工作,提出"维持生产,保证供应,原封不动,稳步前进"的方针,原企业人员仍然负责生产,上海解放后水电供应和市内电话从未中断,公共交通于次日即行恢复,各工厂也迅速复工。

由于没收了大量国民党官僚资本归新民主主义国家所有,到 1949 年底全国大型工业总产值中,国营工业所占比重已达 41.3%;全国生产资料中,国营工业占 48%,国营发电设备容量占 72.3%,国营原煤产量占 68%,国营生铁产量占 92%,国营钢产量占 97%。**接收工作有条不紊地进行,国营工业生产的迅速恢复和发展,有利于整个国家经济形势的稳定。**

在金融方面,1948 年 11 月,根据中共中央的部署,华北、华东、西北三大解放区的银行合并为中国人民银行,发行人民币。随后,人民银行逐步发展扩大,其他各解放区地方人民政府经营的银行,陆续改组为中国人民银行的分支机构。没收官僚资本银行归全民所有,这是新民主主义金融体系中国有银行资金的来源之一。在新解放地区,对原官僚资本金融机构,以人民银行为基础,组织力量接管,以此为基础建立新区各级人民银行的分支机构(中国、交通两银行被接管后,仍保持原名,继续营业,分管外汇业务与长期投资)。中国通商、中国实业、四明、新华信托储蓄银行等原国民党统治时期官商合办的银行,由人民政府派员监理,继续营业,其中私人资本的股份,继续承认其所有权。

这一时期货币战也十分激烈。国民党军政势力采取发放购粮贷款使粮商用大量法币到解放区高价收购粮食等办法,力图把法币推行到解放区来,以掠夺解放区的物资,破坏解放区经济。中共方面则在一个新区解放后,立即宣布停止法币流通,使本币迅速占领市场,扩大本币的阵地。为免使群众受经济损失,进行适当收兑和逐步排挤法币的办法;有时,通过不断调整本币和法币的比价,达到排挤法币,巩固本币,稳定解放区物价的目的。由于灵活地采取了上述多种形式,解放区在与法币、金圆券的斗争中取得了巨大的胜利。[36]

中国共产党十分重视保护城市民族工商业。在总结以往经验的基础上,中共中央提出了"发展生产、繁荣经济、公私兼顾、劳资两利"的16字方针。[37]按照这一方针,各地人民政府在保护民族工商业方面做了很多工作,许多地方私营工商业得到恢复和发展。哈尔滨1946年4月解放时有私营工商业6 347家,到1948年6月已发展为26 539家,其中工业企业15 030家,资本共有东北币798亿元;商业企业11 509家,资本208亿元。石家庄于1947年11月解放时,全市私营工厂和手工工场仅有700多家,至1948年冬,已迅速发展到1 700多家。济南1948年9月解放时有铁工厂35家,至1949年发展到47家,榨油业也增加了1.5倍。南京最大的私营永利化工企业,1949年4月解放时,原已停工3个多月,职工工资已有4个月未发。人民政府发放给该企业大量贷款,并从河南运来大量焦炭等,使其迅速恢复生产,产量稳步上升。

据统计,到1949年底全国有私人资本主义工业(指雇工4人以上者)123 165家,职工164.3万人,资产净值人民币20.08亿元。私营商业到1950年有402万家,从业人员662万人,资本额19.9亿元。1949年,私人资本主义工业总产值为68.28亿元,占全国工业总产值(不包括手工业)的63.3%。同时,其中由国营企业加工、订货、统购、包销的部分有8.11亿元,即其总产值的12%已纳入国家资本主义的初级形式。1949年,已有193家公私合营工业企业,它们规模都较大,总产值有4.14亿元,有职工10.54万人,这是国家资本主义的高级形式。1950年,私营商业(包括个体户)的销售额为181.4亿元,占全国商业机构批发额的76.1%,零售额的85%。私营商业中也已开始为国营企业经销、代销。[38]

中国共产党在实施三大经济纲领的过程中,及时总结有关城市工作的经验,较好地处理了在没收官僚资本与保护民族工商业等方面有关具体问题,使国营经济、私人资本主义经济、合作社经济和劳动人民的个体经济这几种经济成分,在新民主主义经济制度下都有所发展。

这一时期,新民主主义经济制度一方面随着解放区的扩大而向更广大地区扩展,另一方面由于三大经济纲领的实施而向纵深发展,新民主主义经济体系在中国大陆逐渐成长起来。

注　释

1. 新民主主义经济是伴随中国新民主主义革命的过程而发展起来的一种特殊的经济形态,是中国共产党领导的解放区中"以社会主义经济成分为领导的多种经济成分并存的经济"。

2. 详见李占才主编:《中国新民主主义经济史》,第200～201页,合肥,安徽教育出版社,1990。

3. 《抗日战争时期陕甘宁边区财政经济史料摘编》,第3编,第4页。

4. 星光等:《抗日战争时期陕甘宁边区财政经济史稿》,第108～111、235～255、438～451页。

5. 《中国近代金融史》,第260～262页。

6. 参见星光等:《抗日战争时期陕甘宁边区财政经济史稿》,第451～454页。

7. 较多地利用了民间旧有的变工、扎工等劳动互助形式,但已不是过去那种短期的、不固定的集合,而多是全年的、长期的组织;新式"劳动互助"则扩大了范围(一般以一个自然村或行政村为单位),劳动量的计算也趋向严格和公平;还出现了一些有较多社会主义性质的组织,如开荒队、农业生产合作社等。

8. 李占才主编:《中国新民主主义经济史》,第229～231页。

9. 胡绳主编:《中国共产党的七十年》,第189～190页,北京,中共党史出版社,1991。

10. 敌伪资产主要是指原日本在华的和各汉奸组织的公私财产。

11. 详见陆仰渊、方庆秋主编:《民国社会经济史》,第727～731页;及陈真等:《中国近代工业史资料》,第三辑,第747～752页。

12. 第二历史档案馆藏:1945年12月19日蒋介石致宋子文电报,转引自陆仰渊、方庆秋主编:《民国社会经济史》,第731页。

13. 简锐:《国民党官僚资本发展的概述》,载《中国经济史研究》,1986年第3期。

14. 详见陈真等:《中国近代工业史资料》,第三辑,第747～759页;及陆仰渊等:《民国社会经济史》,第742～746页。

15. 吴承明:《中国近代资本集成和工农业及交通运输业产值的估计》,表1,载《中国经济史研究》,1991年第4期。

16. 许涤新、吴承明主编:《中国资本主义发展史》,第三卷,第615、616页。

17. 郑友揆等:《旧中国的资源委员会——史实与评价》,第188页。

18. 许涤新、吴承明主编:《中国资本主义发展史》,第三卷,第618页。

19. 详见许涤新、吴承明主编:《中国资本主义发展史》,第三卷,第678页。

20. 《中华民国货币史资料》,第二辑,第735～747页。

21. 详见许涤新、吴承明主编:《中国资本主义发展史》,第三卷,第679页;陆仰渊、方庆秋主编:《民国社会经济史》,第801～806页。

22. 《中国近代金融史》,第298页。

23.《中国近代金融史》,第 298 页,北京,中国金融出版社,1985。

24. 有人列举了从 1937 年到 1948 年法币 100 元购买力的变化,作了如下形象的比喻:

1937 年可买大牛 2 头……

1939 年可买大牛 1 头……

1941 年可买猪 1 头……

1943 年可买鸡 1 只……

1945 年可买鱼 1 条,

1946 年可买鸡蛋 1 个,

1947 年可买油条 1/5 根,

1948 年可买大米 1/500 两。

25. 参见《中华民国货币史资料》,第二辑,第 574～580 页。

26. 洪葭管主编:《中国金融史》,第 388 页。

27. 桑润生:《简明近代金融史》,第 188 页,上海,立信会计出版社,1995。

28.《中华民国货币史资料》,第二辑,第 657～683 页。

29. 许涤新、吴承明主编:《中国资本主义发展史》,第三卷,第 639 页。

30. 详见许涤新、吴承明主编:《中国资本主义发展史》,第三卷,第 639～648 页;及陆仰渊、方庆秋主编:《民国社会经济史》,第 825～839 页。

31. 毛泽东:《不要四面出击》,《毛泽东选集》,第 5 卷,第 21 页,北京,人民出版社,1977。

32. 史敬棠等:《中国农业合作化运动史料》,上册,第 784、821～822、1029 页;及李占才主编:《中国新民主主义经济史》,第 292 页。

33. 史敬棠:《中国农业合作化运动史料》,上册,第 773 页;及李占才主编:《中国新民主主义经济史》,第 295 页。

34.《毛泽东选集》(合订本),第 1149 页,北京,人民出版社,1968。

35.《毛泽东选集》(合订本),第 1218～1219 页,1968。

36. 洪葭管主编:《中国金融史》,第 434～437 页。

37.《毛泽东选集》(合订本),第 1151 页,1968。

38. 许涤新、吴承明主编:《中国资本主义发展史》,第三卷,第 704～717 页;陆仰渊、方庆秋主编:《民国社会经济史》,第 880～881 页。

第十讲

新民主主义经济体制在大陆的建立

思考题

1. 新中国建立初期，为什么先要建立新民主主义经济体制，为什么不能直接进入社会主义社会？
2. 总结"米棉之战"胜利的主要经验。
3. 总结调整工商业的主要经验。

　　1949 年,中国新民主主义革命取得了全国性伟大胜利,中国共产党人将由"打天下"进到"治天下",但是当时连共产党人的朋友中也有人怀疑中共的执政能力。为了巩固新生的人民政权,改善人民生活,并为社会主义建设和社会主义改造准备条件,必须迅速医治战争创伤,恢复国民经济。恢复工作开始时面临着很大困难:帝国主义对新中国实行经济封锁和战争挑衅,残留在大陆上的国民党武装尚待肃清,40 年代持续多年的恶性通货膨胀和物价飞涨严重破坏了国内城乡市场秩序等。面对严峻的国际形势和百废待兴的国内局面,新生政权在新民主主义理论指导下,建立新民主主义经济体制,采取了一系列措施恢复千疮百孔的国民经济,取得了非凡的成就。

一、"一穷二白"——旧中国的历史遗产

　　在将取得全国政权时,中共领袖毛泽东告诫全党:"这只是万里长征走完了第一步","以后的路程更长,工作更伟大,更艰苦",务必**"继续地保持谦虚、谨慎、不骄、不躁的作风"**,务必**"继续地保持艰苦奋斗的作风"**。要治天下,就必须把处理好经济问题放在极为重要的地位,这关系到中共能否赢得全国民心,新政权能否在全国巩固建立等大问题。

　　在古老的中华大地上,华夏民族生生不息、代代传承,创造了在人类历史上灿烂辉煌的中华文明。但是,在 1949 年中华人民共和国成立之前,中国已沦为落后的半殖民地半封建性质的国家。由于帝国主义、封建主义和官僚资本主义的长期压榨掠夺,以及连年战争的摧残破坏,中国社会经济文化极为落后,可用**"一穷二白"**来概括。中共面临如何处理旧政权留下的"烂摊子",特别是解决延续多年的恶性通胀问题,所承继的历史遗产可谓基础十分薄弱,负担十分沉重。当时逃到台湾的国民党首领蒋介石曾认为,仅解决大陆 5 亿多人口的吃饭问题,就是中国共产党人难以负担的极大包袱。国内工商资产阶级代表则断言"共产党是军事 100 分,政治 80 分,财经打 0 分"[1],十分怀疑共产党人的执政能力。

> "我们一为'穷',二为'白'。'穷',就是没有多少工业,农业也不发达。'白',就是一张白纸,文化水平、科学水平都不高。"
>
> ——毛泽东

　　毛泽东将迎接"治天下"的新考验喻之为**"进京赶考"**,而如何认识当时国情,就是"赶考"的起点。毛泽东认为,必须清醒地认识当时国情的一个基本方面——**中国的工业和农业在国民经济中的比重**,他指出:"就全国范围来说,在抗日战争以前,**大约是现**

代性的工业占百分之十左右,农业和手工业占百分之九十左右。这是帝国主义制度和封建制度压迫中国的结果,这是旧中国半殖民地和半封建社会性质在经济上的表现,这也是在中国革命的时期内和在革命胜利以后一个相当长的时期内一切问题的基本出发点。"[2] 这表明对当时国情的认识,最基本的就是要了解旧中国留下的经济遗产。

具体来讲,旧中国留下的经济遗产主要特点可分为以下 5 个方面。

1. 农业生产方式基本上仍是以手工个体劳动为主的传统农业

中国是农业大国,在农业方面,人口与资源的矛盾十分突出。1949 年,农业中最基本的生产资料——耕地——面积仅占国土总面积的 10.2%,而当时的中国人口已达到5.4 亿,占世界人口总数的 25%,中国的人均耕地面积仅为世界人均占有量的一半(1949 年中国为 2.7 亩,世界为 5.5 亩)。[3] 封建生产关系在广大农村占统治地位,土地占有分配状况极不合理,大部分土地集中在地主和富农手里,而占农村人口大多数的贫农、雇农和中农则只占有极少的土地。

农业生产方式基本上仍是以手工个体劳动为主,劳动生产率低下。即使以旧中国曾经达到的最好水平衡量,其产品产量与世界各国相比也是很低的(例见表 10-1)。

表 10-1   1949 年世界若干国家粮食亩产表

国　　家	亩产(斤)	国　　家	亩产(斤)
中国	127	罗马尼亚	101
美国	218	南斯拉夫	172
日本	399	印度	96
法国	217	巴西	156
联邦德国	356	加拿大	135
英国	350	阿根廷	141
世界总计	154		

资料来源:吴承明、董志凯主编:《中华人民共和国经济史》,第一卷,表 2-4,北京,中国财政经济出版社,2001。

这样落后的农业基础,又经过多年的战争破坏,到 1949 年,主要农产品产量与解放前最高年产量相比又普遍有所下降(见表 9-3)。1949 年全国平均亩产量粮食为 127斤,棉花为 21 斤,人均占有粮食 418 斤,棉花 1.6 斤,油料 9.5 斤。[4] 全国虽然有 80% 的人口从事农业生产,但每年都需大量进口粮食和棉花。

2. 工业发展基础十分薄弱

新中国建立时,中国还是较落后的农业国,机器工业产值在工农业产值中所占的比重很低。至 1949 年,中国的工农业结构为:工农业总产值中农业占 70.0%,工业占 30.0%,其中轻工业占 22.1%,重工业占 7.9%。[5] 在工业内部,手工业产值所占比重较高。

旧中国工业技术水平十分低下,即使在机器作业的工厂中,由于资本投入不足,技术水平低,劳动缺乏效率,劳动生产率很低。据当时统计,就人均净产值比较,中国工厂中工人的劳动生产率相当于德国和英国的 1/9,美国的 1/19(详见表 10-2)。

表 10-2　中、德、英、美四国工厂操作工人人均净产值

	中国(1936)	德国(1936)	英国(1935)	美国(1935)
英镑	31	294	264	595
指数	100	948	852	1 929

资料来源:巫宝三、汪馥荪:《抗日战争前中国的工业生产和就业》,载《经济研究》,2000 年第 1 期。

中国工业门类很不齐全,主要工业品的产量都很低。薄弱的工业基础加上战争的破坏,到 1949 年,我国的工业品产量与解放前最高年产量相比又有了大幅度下降(见表 9-4)。

3. 基础设施受到严重破坏

在近现代国民经济建设中,基础设施[6] 建设是一个国家产业的前沿和中心,基础设施完备与否,有助于决定一国经济能否持续高效的发展。然而旧中国在这些方面的遗产却很有限,特别是在长期战争摧残之后,仅有的设施亦大部被毁。近代中国曾出现两次铁路建设高潮,但是由于受到战争和资金短缺的影响,到 1949 年新中国成立时中国的铁路里程总长仅为 2.2 万公里,还没有英国 1880 年所拥有的铁路里数多。1949 年各地解放时,能通车的公路只有 8.07 万公里,而且公路路况极差,战争期间公路桥梁、车辆设备以及车辆设施等都遭到了严重的破坏。轮运业在近代交通运输中占有重要地位,但是随着国民党军队的败退,70% 以上的轮船被挟持到台湾或就地炸沉,一些民族航运企业的运输船舶被迫滞留海外,亟待修复的港口、航道和船厂等基础设施也遭破坏。旧中国水利设施失修,连年战争极大破坏了社会抵御自然灾害的能力。城市市政设施基础也很差,加之连年战争破坏,大部分破烂不堪,难以维持城市经济社会的基本运行。

4. 人均国民收入很低,人民生活非常困难

当时的中国,是世界上最穷的国家之一。根据联合国亚太事务委员会的统计,1949年中国的人均国民收入只有 27 美元。不仅不足印度 57 美元的一半,也远远低于当时整个亚洲 44 美元的人均收入。[7] 旧中国的贫穷落后,再加连年战争,1949 年城市中失业人数约有 400 万人,农村灾民约 4 000 万人,人民生活普遍困苦。而在国民党统治的最后年代,恶性通货膨胀已经持续多年,加剧了人民生活困难。据统计,从 1937 年抗日战争爆发到 1949 年 5 月的 12 年间,国民党政府的通货发行量增长了 1 400 多亿倍,物价上涨 85 000 多亿倍。新中国成立之初,由于财政赤字巨大,生产破坏严重,投机倒把盛行,通货膨胀和物价波动仍然十分厉害。1949 年 4 月、7 月、11 月和 1950 年 2 月,全国各地区曾发生四次大规模的物价上涨。据统计,全国 12 个大城市批发物价指数以1948 年 12 月为 100,则 1949 年 1 月为 153,7 月为 1 059,11 月就上涨到 5 376。[8] 另外,新中国成立初大量工厂停工破产,失业人口剧增,城乡居民的收入都大大降低,在这种状况下,人民的生活非常困难,消费和积累都在减少。

5. 文教卫生事业发展水平低下

旧中国的教育很不发达,学校太少,分布也不平衡。中学大多数设在县城以上城镇,农村很少。有的县无中学,有些乡镇无小学。据统计,1949 年全国各级学校在校学生总数为 2 577.8 万人,占全国总人口的 4.76%(见表 10-3)。全国每万人口中仅有大学生 2.2 人,中学生 23 人,小学生 450 人。[9] 科研力量十分薄弱,尽管科研人员以满腔爱国热忱,在地质学、生物学、气象学等地域性调查工作取得了成就,在一些可以不依靠实验设备的领域开展了研究工作,但是就整体而言,现代科学技术在旧中国几乎是一片空白。[10] 医疗卫生事业也很不发达。1949 年,全国卫生机构总共只有 3 670 个,每千人口医院床位数为 0.15 张,每千人口医生数只有 0.67 人。农村的医疗卫生条件更加落后,许多地方根本没有正规的医务人员,疾病的防治工作还很不健全,许多传染病仍在肆虐。

表 10-3 1949 年各级普通学校情况

分　类	学校数(个)	学生数(万人)	教职工数(万人)	专任教师数(万人)
普通高等学校	205	11.65	4.6	1.61
普通中等学校	5 219	127.05	12.8	8.22
小学	346 769	2 439.10	84.9	83.60

资料来源:国家教委计划建设司编:《中国教育统计年鉴(1990)》,第4～11页,北京,人民教育出版社,1991。

中国拥有 50 多个民族,经济、宗教、文化差异大。除了生产力发展水平低、经济落后之外,在政治上,由于封建专制的统治时间长,个人集权制、终身制、等级制、家长制的影响深;在思想文化上,宗法观念、等级观念、文化专制主义、蒙昧落后、夜郎自大等等影响也很深远。新中国就是在这样的薄弱、落后的基础上建立起来的,这也预示了她在建设和发展的过程中要经历一条比别人更加曲折、坎坷和艰辛的道路。

上述旧中国所留下遗产主要特点,说明新中国建立初期社会生产力水平仍然很低。新民主主义理论是中国共产党人将马克思主义理论与中国实际相结合的理论创新,反对本本主义、拒绝社会主义空谈,认识到由于中国人口多、底子薄、生产力水平低等基本国情,决定了中国不可能像十月革命时期的苏联那样,很快进入社会主义社会;而中国人头脑中根深蒂固的封建文化影响,又往往使民主革命不能彻底。因此,中国的发展不能跨越新民主主义社会[11]、直接进入社会主义社会。新中国成立初期,**中国处在新民主主义社会阶段**,这一点已在 1949 年第一届政协会议上通过的"共同纲领"中得以明确。

二、土地改革的全面开展

为了建立新民主主义社会体制,必须改变旧中国严重束缚农村生产力发展的土地制度。解放战争时期中共领导北方老解放区人民已在约约 1.6 亿人口的地区完成了土地改革。1950 年 6 月,中央人民政府颁布了《中华人民共和国土地改革法》,在全国范围内开展了土地改革。其主要内容是没收地主的土地和生产资料,分配给无地、少地及缺乏其他生产资料的贫苦农民所有,对于地主也分给一份土地。同时保护富农的土地及其他财产不受侵犯。毛泽东指出,完成新区的土地改革是争取国家财政经济状况基本好转的首要条件,而"在比过去广大得多的地区完成土地改革,这场斗争是很激烈的,是历史上没有过的"。[12]

土地改革从 1950 年开始,到 1952 年底在全国范围内基本完成。到 1952 年底,除了西藏和其他一些少数民族地区及尚未解放的台湾省以外,广大新解放区的土地改革都宣告完成。连同在这以前已经完成土地改革的老解放区,全国[13]共有 3 亿多无地、少地的农民分得了 7 亿亩的土地和大批生产、生活资料,免除了过去为耕种这些土地被迫向地主缴纳的每年达 3 500 万吨粮食的苛重地租。随着土地改革的完成,中国农村的土地占有关系发生了根本变化:占农村人口约 90% 的贫农、中农(雇农已不复存在)占有全部耕地的 90% 以上,原来的地主富农只占有全部耕地的 8% 左右,另有 2% 的土地为农村其他人所占有(包括部分公用土地)。这说明土地改革把在中国延续了 2 000 多年的封建土地所有制埋葬了,取而代之的是农民的个体的土地所有制。[14]

土地改革的完成解放了农村生产力,调动了农民的生产积极性,促进了农业生产的恢复和发展。除了通过制度变革来打破农业经济恢复发展的桎梏外,人民政府还采取了一系列扶持农业发展的措施。①组织农民建立农业生产互助团体,克服农民分散经营中所发生的困难,以避免过大的分化现象;②增加政府对农业的投资和物资供应;③增加了农业基本建设投资和农业贷款的发放;④兴修水利,对一些水灾危害较大的河流进行全流域治理,兴建灌溉工程三百多处;⑤进行农业生产技术改良,推广新式农具,改良耕作和栽培技术等;⑥减免税收,提高农产品比价。全国乡村纷纷成立的扫盲识字班,教农民识字,以提高其参政能力,也成为中国的新景象。

三、"米棉之战"——治理通胀的非凡成就

由于20世纪40年代国民党政府长期滥发纸币,通货恶性膨胀,物价不断飞涨,城市中私人投机资本兴风作浪,哄抬物价。上海等地解放后,国民党政府遗留下的物价飞涨而市场混乱局面尚无好转。新生人民政权尚无统一的税收政策和税收系统,部队作战费和公教人员生活费,很大部分不得不靠发行钞票来解决。这在一定程度上又加剧了物价上涨。当时,能否制止持续多年的恶性通货膨胀,迅速稳定市场,实现社会经济的安定与发展,是关系新生政权能否站住脚的重大问题,也是对中共执政能力的一次重大考验。

1949年7月,陈云[15]任中央财政经济委员会(简称中财委)主任不久,就来到上海这一全国投机商力量最雄厚的城市,深入调查研究,主持召开由华东、华北、华中、东北、西北5大区财经领导干部参加的"上海财经会议",亲自组织和指挥"控制物价,稳定市场"的特殊"战役"。经调查研究,陈云认识到:首先必须统一财经,统一货币发行。1949年人民银行总行向所属机构发出收回旧币的指令,要求各级银行通过业务收回、兑换等多种渠道,对旧币只收不出。这样,到新中国成立初,全国已经基本上形成了人民币的统一市场,中国大陆迎来了币制真正统一的时代。陈云又率领中财委从体制上进行统一国家财政经济工作。在统一全国财政收支、统一全国物资调度和统一全国现金管理的同时,开始加强征收工商税和农业税的工作,发行了一部分公债,并大力节约国家机关经费的开支,使财政收支迅速接近平衡,到1951年,国家财政已有余额10.6亿元,为平抑物价创造了条件。

陈云认为:用于吃和穿的生活必需品粮食和纱布,是市场上左右物价的主要商品,也是投机活动的主要对象;国家掌握足够数量的粮食和纱布,是"控制物价,稳定市场"

的主要手段；"控制物价，稳定市场"工作的重点在大城市，首先是上海。为了夺取这一"战役"的胜利，以陈云为首的中财委采取了以下果断措施：一是控制货币发行，加强现金管理；二是整顿税收，吸收游资以紧缩通货，发展供销以促进生产、流通；三是统一调度粮食，加强征收公粮管理，集中物资以控制煤、棉等供应；四是统一行动，打击投机倒把分子。为了取得市场的领导权，在城市中，积极恢复和发展国营工业，建立和扩大国营商业，在农村中迅速普及供销合作社，加强工农业产品的收购工作，同时突击恢复铁路交通、改进物资调运。经过紧张工作，国营贸易公司已掌握了大部分商品粮，并掌握了棉纱供应量的 30％，棉布的 50％，煤炭的 70％，食盐的 60％。1949 年 10 月中旬投机商再次兴起涨价风潮，向刚刚成立的新中国政府挑战。中财委经过充分准备和周密部署，先调运大量粮食到华北以稳定北方市场，震慑住京津一带的投机资本，然后再将大量粮食纱布等运往上海，着手打击上海等地的投机势力。在上海等城市，国营经济先按市场高价大量抛售物资以塞绝投机资本，然后又继续降价抛售，并规定公家的钱只能存放国家银行，不得向私营银行和私营企业贷款。这一抛（抛售粮食和纱布）一收（收紧银根），使哄抬物价的投机商"两面挨耳光"。投机商为了归还高利短期借款，不得不杀价出售存货，纷纷破产。各地市场从 1949 年 11 月 15 日起已趋向稳定，12 月 10 日物价涨风便告一段落。资产阶级代表人物也不得不为之折服，说"中共此次不用政治力量，仅用经济力量，就能稳住物价，是我们所料不到的"。这次用经济手段在短期内平抑物价的斗争，史称"米棉之战"。此后，国营经济初步取得了稳定市场的主动权。

在胜利面前，陈云仍然保持清醒的头脑，他认为青黄不接的春季往往会粮价飞涨，投机商们可能会利用来年春荒难关再兴风作浪，应预作防备。果然，1950 年 2 月春节前后，一些大城市物价又涨。人民政府已有准备，组织了粮食大调运，再次给投机资本以沉重打击，使得 1950 年春季至年终市场都很平稳，全国商品零售物价指数以 1950 年 3 月为 100，同年 12 月为 85.2，结束了长达 12 年的通货膨胀的局面。[16] 投机资本危害国内市场十余年，蒋介石父子曾用强权也无奈其何，而陈云等共产党人短时间内就把市场物价稳住，治住了投机资本。毛泽东曾高度评价它的意义"不下于淮海战役"，国内外对中共治国能力抱有怀疑的人们"也不能不在事实面前刮目相看"。[17] 1951 年 6 月著名经济学家马寅初[18]撰文认为，在既要抗美援朝，又要在国内进行各式各样的建设，同时还能使十几年来的通货膨胀停止，三百多年来之中没有平衡过的财政得以平衡，取得这些辉煌成就的最大原因是"在上领导有方，在下团结得好"，而群众之所以能团结，是因为他们知道"领导者是真正为人民服务"。[19]

四、调整工商业的举措

到 1949 年新中国成立前夕,国民党官僚资本约占中国全部工业资本的 2/3,全部工业、交通运输业固定资产的 80%。中共实行了没收官僚资本的举措,凡属国民党反动政府和大官僚分子所经营的工厂、商店、银行、仓库、船舶、码头、铁路、邮政、电报、电灯、电话、自来水和农场、牧场等,均由人民政府接管。通过没收官僚资本,加上解放区的公营经济和处理的一部分外资在华企业,人民政府建立起了庞大的国营经济,并在国民经济中占有了重要地位。据统计,1949 年,社会主义国营工业在全国工业总产值中所占比重为 26.2%,在全国大工业总产值中所占比重为 41.3%,其固定资产占全部工业企业固定资产的比重为 80.7%。国营经济已经拥有全国电力产量的 58%,原煤产量的 68%,生铁产量的 92%,钢产量的 97%,水泥产量的 68%,棉纱产量的 49%,近代化的交通运输事业、金融事业也大部分掌握在国营企业手中。[20]

尽管如此,私营工商业在社会经济发展中的作用依然不可忽视。当时,全国有私营工业企业 12.3 万余家,职工 164 万余人,占全国工业职工的 54.6%,生产总值占全部工业总值的 48.7%。[21] 在新民主主义经济体制中,私营工商业仍然占有重要地位,应当在国民经济恢复和发展中发挥较大作用。但是,这一时期私营企业在生产中具有很大的分散性、自利性和盲目性,在新中国成立初经济剧烈波动的冲击下,发生了严重的经营困难,同时也难以适应和配合国家的计划发展。

关于私营工商业的经营困难,陈云经认真分析认为:这首先是与旧中国恶性通货膨胀环境下许多私营工商业者抢购囤积的商品,承担着沉重的债务有关,因为资金短缺、债务负担而造成的破产倒闭、停工歇业,成为一种普遍现象;"第二是过去适合于殖民地半殖民地经济发展起来的若干工商业,由于帝国主义的统治及封建主义和官僚资本主义在中国的消灭,许多货物失去市场,另有许多货品也不合人民需求的规格";"第三是许多私营企业机构臃肿,企业经营方法不合理,成本高,利润少,甚至还要亏本";"第四是经济中的盲目性,同一行业内部盲目竞争,地方与地方之间供求不协调,这也引起许多企业减产、停工和倒闭。"陈云还指出,长期战争,人民购买力大为降低,以及季节的影响,公债的发行等,也是造成私营工商业困境的因素。陈云指出:"这些问题现在之所以突出,是因为长期间存在的半殖民地半封建的经济情况现在发生了根本的变化。变化虽然有痛苦,但这种变化的性质,却并不是坏的,它将走向新生,走向重建,走向繁荣,走向健全的新民主主义经济的建立。"[22]

陈云在 1950 年 4 月 12 日中财委党组会上指出:"我们既然在经济上承认四个阶

级,有利于国计民生的私人工商业就要让他发展,有困难就要帮忙。"他还强调:"有些资本家现在遇到困难,提出要公私合营,我们不能随便答应,要考虑利弊得失,不能一说合营就都是好的"。[23]是年 6 月召开的中共七届三中全会做出了调整工商业的决定,此后在陈云直接指导下,中财委召开了一系列会议研究、制订调整工商业的措施,其基本环节是调整公私关系、劳资关系和产销关系。调整公私关系就是在保证国营经济的领导地位的同时,促进私营工商业的发展,将其纳入国家计划轨道上来,并在政策上给予适当支持和照顾;调整劳资关系就是在"劳资两利"的政策下,用平等协商的办法解决劳资纠纷,正确处理资本家与工人之间的关系;调整产销关系就是克服资本主义生产中的无政府状态,根据"以销定产"的原则,使产销之间渐趋平衡。陈云还特别提出发两路"救兵",一为加工订货,国家出钱买私营企业产品;一为收购土产,农民有了钱,工业产品就好卖了。实践证明收购土产,扩大城乡交流的作用更大。[24]中共还开展"三反"、"五反"等运动[25],也进行禁毒、禁赌、禁娼,清除黑社会组织等社会顽症,为民族工商业健康发展提供了有利的社会环境。

这些举措进一步贯彻落实了"保护民族工商业"这一新民主主义经济纲领,私营工商业歇业户不断减少,开业户不断增多,经营已有相当利润,产量有明显增加,城乡物资交流进一步扩大,能够发挥有利于国计民生的积极作用。[26]

五、国民经济的全面恢复和发展

经过三年的恢复,到 1952 年,全国的经济已经有了很大的起色。

(1) **农业**方面。全国农业总产值按 1952 年不变价格计算已达 484 亿元,比 1949 年增长 48.5%,农村经济基本恢复到历史最高水平。其中 1952 年全国粮食总产量 16 392 万吨,比 1949 年增长 44.8%,超过历史水平 9.3%;主要经济作物的产量也在迅速提高,棉花总产量 130.4 万吨,比 1949 年增长 193.7%,超过历史水平 53.6%。[27]农作物中的农业中使用机械的情况也不断增长。林、牧、副、渔业也有了显著的发展。1952 年,全国林业产值达到 2.9 亿元,比 1949 年的 1.6 亿元增长了 81.3%;渔业总产值从 1949 年的 0.6 亿元增加到 1952 年的 1.3 亿元,增长 116.7%;大牲畜头数 1952 年为 7 646 万头,比 1949 年增长 27.4%,也超过了解放前最高年产量。此外,全国农村副业产值从 1949 年的 11.6 亿元增加到 1952 年的 18.3 亿元,增长 57.8%。[28]

(2) **工业**方面。工业生产增长很快,1952 年工业总产值达到 349 亿元,比 1949 年增长了 149.3%,即增长了近 1.5 倍。这一增长速度与同期美国、苏联、英国等主要国家相比是最高的。[29] 主要产品的产量迅速增长,并大大超过了解放前的最高年产量,其中钢产量由 1949 年 15.8 万吨增至 1952 年的 135 万吨,原油产量由 1949 年 12 万吨增至 1952 年的 44 万吨,煤产量由 1949 年 32 万吨增至 1952 年的 66 万吨[30]。

轻重工业之间的比例关系也发生了变化,轻工业在工业生产中所占的比重下降了,重工业则有所提高。1949 年轻工业产值为 103 亿元,1952 年增长为 225 亿元;重工业产值 1949 年为 37 亿元,1952 年增长为 124 亿元。两者的比例关系:1949 年轻工业产值在工业总产值中所占比重为 73.6%,1952 年下降为 64.5%,重工业则由 26.4%上升为 35.5%。[31] 国有工业迅速扩大,所占比重不断增高。1949 年,国有工业的产值为 36.8 亿元,占工业总产值的 26.2%,到 1952 年增长到 142.6 亿元,占工业总产值的41.5%。[32]

另外,由于采用了一些新的技术设备,推广了先进经验,一些工业部门的劳动生产率得到了提高(见表 10-4)。

表 10-4   各工业部门主要技术经济定额提高情况

	单　　位	1949 年	1952 年
原煤回采率	%	63.1	75.3
高炉利用系数	吨/立方公尺	0.617	1.023
平炉利用系数	吨/平方公尺	2.423	4.782
棉纱每千锭时产纱量(折合数)	公斤	20.74	25.17
棉布织机每台时产量(折合数)	公尺	3.372	4.146

资料来源:国家统计局编:《我国的国民经济建设和人民生活》,第 69 页,北京,统计出版社,1958。

(3) **财政金融**。经过努力,人民政府多管齐下的措施很快奏效,全国金融物价逐步稳定,全国商品零售物价指数,以 1950 年 3 月为 100,同年 12 月为 85.2,1951 年为 92.4,1952 年为 92.6,结束了长达 12 年的通货膨胀的局面。[33] 投机资本危害国内市场十余年,蒋介石父子曾用强权也无奈其何,而人民政府用了不到一年的时间就把市场物价完全稳住,治住了投机资本。到 1951 年,国家财政已有余额 10.6 亿元,1952 年继续有余额 7.7 亿元,实现了财政收支完全平衡并略有结余的目标。财政收支状况的改善,不仅保证了市场金融物价的稳定,还使国家得以挤出部分资金进行重点建设和投资。1950—1952 年,国家基本建设拨款总数为 86.2 亿元,占三年财政支出总和的23.5%。[34] 这为以后的大规模经济建设打下了基础,同时也为国民经济的全面恢复和发展创造了良好的环境。

(4) **内外贸易**。在物价稳定、财政经济管理统一的情况下,政府对商业贸易的重视使得国内商品流通迅速恢复和发展起来,基本上形成了一个以国营商业为领导的、以合作社商业为助手的全国性贸易网。1950 年社会商品零售总额为 170.6 亿元,1952 年增长为 276.8 亿元。1950 年国营商业在全部商品零售额中所占的比重为 14.9%,私营商业所占比重为 85.1%;1952 年,国营商业所占比重增长为 42.8%,而私营商业所占比重则下降为 57.2%。[35]

对外贸易也取得显著成就,进出口贸易额增长很快(见表 10-5)。进出口商品结构也有所改变,出口货物以农副产品为主,进口物品则以我国经济建设所需要的机器设备等生产资料为主,奢侈品的进口被杜绝[36]。

表 10-5 1950—1952 年我国进出口贸易增长情况

年 份	进出口增长情况(亿元)			在世界贸易中所占比重(%)		
	进出口总额	出口额	进口额	进出口总额	出口额	进口额
1950	41.6	20.2	21.4	0.9	0.91	—
1951	59.5	24.2	35.3	1.2	0.92	—
1952	64.6	27.1	37.5	1.2	1.02	—

资料来源:《中国统计年鉴(1983)》,第 420 页。《中华人民共和国经济档案资料选编·外贸卷(1949—1952)》,第 1022 页。

(5) **交通运输**。新中国成立之初,面对破坏严重、几近瘫痪的交通运输状况,人民政府采取了一系列恢复和建设的措施,并取得了很大成果。1949 年修复铁路 8 300 多公里,修复桥梁 2 715 座;1950 年,修复的铁路达到 14 089 公里,修复的桥梁达 90.5 公里。到 1952 年又兴建了来睦、成渝和天兰三条铁路线,共长 1 263 公里。[37]这样一来,全国铁路通车里程大大增加,达到 2.29 万公里。公路建设也取得了很大成绩,到 1952年,全国公路通车里程已由 1949 年的 8.07 万公里增长到 12.67 万公里,道路质量和通车区域也都有所超越。另外,航运和民用航空事业也都得到了迅速发展。1952 年内河通航里程达到 9.50 万公里,比 1949 年增加 29.1%;民用航空航线在 1950 年才正式开通,到 1952 年已达到 1.31 万公里。[38]交通运输业的恢复和发展极大地便利了各地间的交流,促进了工农业发展和人民生活水平的提高[39]。

(6) **人民生活**。在国民经济恢复和发展的同时,人民生活水平也得到了改善和提高。首先,农民的收入有所提高[40],农民的生活有了明显的改善,他们说:"**土地改革后,一年够吃,二年添置用具,三年有富余。**"[41]其次,就业人数不断扩大,到 1952 年全国职工人数已达1 580.4万人,为1949年全国职工人数800.4万人的197.5%。职工工资收入也不断增加,1952年,全国国营企业职工工资比1949年增加了60%～120%。全国职工平均工资,1952年比1949年增加了70%。再次,劳保和福利事业得到了发展。从1950年起,政府首先在大中型企业职工中实行劳动保险制度和在公教人员中实行公费医疗制度,至1952年,享受劳动保险的职工达330万人,享受公费医疗的人数达400万人。政府还投资改善职工住房条件,给予女工特殊照顾等。[42]

另外,我国的**文教卫生事业**也有很大的发展。在教育方面,1952年,全国有大学生19.1万人,中等专业和普通中学学生314.5万人,小学生5 110万人,学生总数已达5 443.6万人,比1949年增加了2 866万人。在医疗卫生方面,1952年全国卫生机构由1949年的3 670个增加到38 987个,增长了10倍多;医院数量和床位分别由1949年的2 600个和8万张,增加到3 540个和16万张。[43]妇幼保健事业发展很快,霍乱、鼠疫等传染病基本上得到了控制,人民的健康水平有了显著提高。

> "建国后的头三年,我们肃清了国民党反动派在大陆的残余武装力量和土匪,实现了西藏的和平解放,建立了各地各级的人民政府,没收了官僚资本企业并把它们改造成为社会主义国营企业,统一了全国财政经济工作,稳定了物价,完成了新解放区土地制度的改革,镇压了反革命,开展了反贪污、反浪费、反官僚主义的'三反'运动,开展了打退资产阶级进攻的反行贿、反偷税漏税、反盗骗国家财产、反偷工减料、反盗窃国家经济情报的'五反'运动。对旧中国的教育科学文化事业,进行了很有成效的改造。在胜利完成繁重的社会改革任务和进行伟大的抗美援朝、保家卫国战争的同时,我们迅速恢复了在旧中国遭到严重破坏的国民经济,全国工农业生产1952年底已经达到历史的最高水平。"
>
> ——中共中央:《关于建国以来党的若干历史问题的决议》

在国民经济的迅速恢复和发展方面,新生政权取得了决定性的胜利,新民主主义经济体制在全国巩固地建立起来。

注　释

1. 薄一波:《陈云的业绩与风范长存》,载《人民日报》,1996年4月10日。
2. 毛泽东:《在中国共产党第七届中央委员会第二次全体会议上的报告》,《毛泽东选集》,第2版,第4卷,第1430～1439页。

3. 武力主编：《中华人民共和国经济史 1949—1999》，第 1 版，第 81 页，北京，中国经济出版社，1999。

4. 武力主编：《中华人民共和国经济史 1949—1999》，第 1 版，第 171、172、184 页，北京，中国经济出版社，1999。

5. 国家统计局编：《中国统计年鉴(1983)》，第 20 页。

6. 基础设施主要指交通、通讯、市政、水利等在城乡近现代建设中起着先行和基础作用的产业。

7. 引自 http://www.gansudaily.com.cn/20021122/504/2002B22A00331004.htm。

8. 孙健：《中国经济通史·下卷》，第 1 版，第 1495 页，北京，中国人民大学出版社，2000。

9. 《中国统计年鉴(1983)》，第 514 页。

10. 参见武衡、杨凌主编：《当代中国的科学技术事业》，第 4 页，北京，当代中国出版社，1992。

11. 在新民主主义社会条件下，既存在着社会主义因素，又存在着各种非社会主义因素。在经济结构中，存在着私人资本主义经济、个体经济和国家资本主义经济；在政治结构中，民族资产阶级作为一个阶级参加国家政权管理；在文化领域，存在各种非无产阶级思想。社会主义因素是，经济上国营经济和合作社经济的主导地位，政治上工人阶级的领导地位，文化上马克思主义的指导地位。

12. 《毛泽东选集》，第 5 卷，第 18 页。

13. 不包括台湾等地，下同。

14. 参见杜润生主编：《中国的土地改革》，第 12 章，北京，当代中国出版社，1996。

15. 陈云(1905—1995)，又名廖陈云、廖程云，江苏青浦(今属上海)人。幼年便丧双亲，由舅父母抚养。小学毕业后到上海商务印书馆当学徒。1925 年入党并投身五卅运动。曾任中共青浦县委书记和江苏省委农委书记、中央临时政治局成员、白区工作部部长、军委纵队政委、中央组织部长、中央书记处候补书记等职。新中国成立后，任副总理兼财经委员会主任等职，中共"八大"后还成为中央五位副主席之一。1957 年，因反对急躁冒进受到错误批判。1959 年夏，"大跃进"恶果显现时，毛泽东再次让陈云管经济。60 年代中期又遭排斥。1978 年十一届三中全会上重新当选为党的副主席、中央纪委第一书记，后来又任中顾委主任。

16. 吴承明、董志凯主编：《中华人民共和国经济史》，第一卷，第 311 页，北京，中国财政经济出版社，2001；赵德馨主编：《中国经济通史》，第十卷，上，第 1 版，第 46 页，长沙，湖南人民出版社，2002。

17. 薄一波：《若干重大决策与事件的回顾》，第 89、90 页，北京，中共中央党校出版社，1991。

18. 马寅初(1882—1982)，浙江嵊县人，中国当代经济学家、教育家，耶鲁大学经济学硕士和哥伦比亚大学经济学博士。1919 年任北大第一任教务长。1928 年任南京政府立法委员，1929 年后，出任财政委员会委员长、经济委员会委员长，兼任南京中央大学、陆军大学和上海交通大学教授。1949 年 8 月，出任浙江大学校长，并先后兼任中央人民政府委员、中央财经委员会副主任、华东军政委员会副主任等职。1951 年任北京大学校长。1960 年 1 月 4 日，因发表《新人口论》被迫辞去北大校长职务。1979 年 9 月，平反后担任北大名誉校长，并重新当选为第五届全国人民代表大会常委会委员。

19. 马寅初：《看得见的成就看不见的成就和想不到的成就》，载《光明日报》，1951 年 6 月 24 日。

20. 国家统计局编：《我国的国民经济建设和人民生活》，第 1 版，第 7~8 页，北京，统计出版社，1958。

21. 孙健,《中国经济通史·下卷》,第 1508 页。

22. 《陈云文选》,第二卷,第 102 页。

23. 《陈云年谱》(上),第 46 页,北京,中央文献出版社,2000。

24. 孙业礼、熊亮华:《共和国经济风云中的陈云》,第 50、51 页,北京,中央文献出版社,1996。

25. "三反"运动指在国家机关、部队和国营企事业单位开展的反贪污、反浪费、反官僚主义的斗争。"五反"运动是指在资本主义工商业者中开展的反行贿、反偷税漏税、反盗骗国家财产、反偷工减料、反盗窃国家经济情报的运动。

26. 吴承明、董志凯主编:《中华人民共和国经济史》,第一卷,第 370~372 页,北京,财政经济出版社,2001。

27. 《中国统计年鉴(1983)》,第 149、158~159、185 页。

28. 《中国统计年鉴(1983)》,第 150、177 页。

29. 《中国统计年鉴(1983)》,第 16 页。

30. 《中国统计年鉴(1983)》,第 242~245 页。

31. 《中国统计年鉴(1983)》,第 16~20 页。

32. 《中国统计年鉴(1984)》,第 194 页。

33. 赵德馨主编:《中国经济通史》,第十卷(上),第 1 版,第 46 页,长沙,湖南人民出版社,2002。

34. 《中国统计年鉴(1983)》,第 445、448 页。

35. 孙健:《中国经济通史·下卷》,第 1540 页。

36. 资料来源:中国社会科学院、中央档案馆编:《中华人民共和国经济档案资料选编·外贸卷(1949—1952)》,第 1 版,第 1027~1029 页,北京,经济管理出版社,1994。

37. 孙健:《中国经济通史·下卷》,第 1535 页。

38. 《中国统计年鉴(1983)》,第 299 页。

39. 《中国统计年鉴(1983)》,第 302、306 页。

40. 董志凯主编:《1949—1952 年中国经济分析》,第 319 页,北京,中国社会科学出版社,1996。

41. 参见杜润生主编:《中国的土地改革》第 12 章,北京,当代中国出版社,1996。

42. 董志凯主编:《1949—1952 年中国经济分析》,第 1 版,第 320~321 页,北京,中国社会科学出版社,1996。

43. 《中国统计年鉴(1983)》,第 511、540~542 页。

第十一讲
从新民主主义向社会主义的过渡

思考题

1. 试述新中国成立初期中国对社会主义工业化战略的选择。

2. 扼要论述"一五"计划的主要内容及历史意义。

3. 扼要论述社会主义三大改造的内涵和过程。

4. 扼要论述"统购统销"政策实施的背景及其内涵。

5. "一五"期间,我们通过计划体制集中了大量人力物力进行国家建设,取得了很大的成绩,而在我们现在的实践中,却对计划体制进行了很多的否定。请结合历史和现实谈谈应怎样正确认识计划体制。

国民经济恢复任务胜利完成,使中国开始进入全面经济建设阶段。面对世界上两大阵营的对抗,以及抗美援朝之后中国与以美国为首的资本主义世界的严重对立,我们一方面在社会制度上没有选择地站在了苏联一方,并开始向社会主义过渡;另一方面,还必须加快自身的经济建设,增强国防,尽快实现国家的工业化。在这样的背景下,1953年底中共中央正式提出了以"一化三改"(即实现国家工业化和对农业、手工业和资本主义工商业的社会主义改造)为核心的过渡时期总路线。按照总路线的要求,中国在边实践边探索中制定了第一个五年计划,并在顺利贯彻的基础上保证了社会主义改造的提前完成,实现了从新民主主义向社会主义过渡的设想,确立了社会主义制度。

一、新历史条件下工业化道路的选择

为了保证过渡时期任务的完成,中共在理论和实践基础上进行了深入探索,明确具体的确定了中国以重工业发展为核心的工业化道路。

> 苏共领袖列宁曾多次明确指出:"社会主义的唯一物质基础,就是同时也能改造农业的大机器工业。"

1. 工业化道路选择的理论探索

中国对工业化道路的选择早在新中国成立之前就已经开始了,当时国内学界基本上把它跟国家的出路等问题联系在一起。苏联工业化的经验对中共很早就产生了重要影响,新中国成立后中共在学习苏联经验基础上,认为没有自己的大工业,就不可能顺利过渡到社会主义,也不可能在现代技术基础上实现对农业等的社会主义改造。中共中央在1951年时就已指明:"从一九五三年起,我们就要进入大规模经济建设了,准备以二十年时间来完成中国的工业化。完成工业化当然不只是重工业和国防工业……但首先重要并能带动轻工业和农业向前发展的是建设重工业和国防工业。"[1] 由此可见,苏中两国占主导地位的理论就是要实现对农业的改造必须实现工业化,大工业是社会主义社会的物质基础,**优先建设重工业是带动轻工业和农业发展的前提**。

而走工业化道路,又有可能导致资本主义道路。正如新中国成立前夕刘少奇在论述新中国的财政经济政策时曾指出的那样:"中国要工业化,路只有两条:一是帝国主义;一是社会主义。历史证明,很多工业化的国家走上帝国主义的路。如果在没有工业化的时候,专门想工业化,而不往以后想,那是很危险的,过去日本和德国就是个例子。"[2] 然而,在新中国成立前中国革命的实践,已经为今后社会主义工业化道路扫清了障碍;而新中国成立前后对经济发展战略的探索,在获取马、恩、列、斯等经典理论支撑的同时,更加坚定了毛泽东所说的"没有工业,便没有巩固的国防,便没有人民的福利,便没有国家的富强"[3]的信念。在此背景下,尽管党内外还存在众多的理论选择,最终中国还是走上优先发展重工业之路。

2. 工业化道路选择的现实条件

当时中国国内外的现实背景也为工业化道路选择铺垫了基础。

第一,**中国工业生产水平低**。到1952年底,中国国民经济虽然逐步恢复,各项经济指标都达到或超过了历史上的最好水平,但工业生产的指标仍然很低,现代工业在工农业总产值中只占到26.7%,仍然落后于世界主要国家(见表11-1)。

表 11-1　1952年主要工业品总产量国际比较

	中国	美国	苏联	日本	法国	印度
原煤(亿吨)	0.66	5.1	2.6	0.4	0.5	0.3
原油(万吨)	44	26 671	3 788	29	15	25
发电量(亿度)	73	3 887	912	449	330	51
钢(万吨)	135	8 785	2 733	484	865	146
水泥(万吨)	286	3 872	1 019	446	742	266

资料来源:《中国统计年鉴(1984)》和《中国工业经济统计资料(1986)》的相关数字整理所得;注:外国工业品总产量指标是1950年的数字。

表11-1显示:中国工业生产水平远远落后于发达国家,一些工业指标还落后于印度。如果按人均指标比较,中国则更落后。这正如周恩来在1953年9月所谈到的那样,"我们更需要集中主要力量发展重工业,因为我们的底子不行。国防工业是要在重工业的基础上发展的。我们现在还不能制造坦克、飞机、汽车、拖拉机和高级的炮"[4]。工业的如此落后,是中国由新民主主义向社会主义过渡必须首先加以解决的问题。列宁曾指出,没有高度发达的大工业,就根本谈不上社会主义,而对于一个农业国来说就更谈不上社会主义了。在此背景下,中国做出了优先发展重工业战略的目标选择。

第二,**国内外复杂形势下的决策**。新中国诞生后,以美国为首的西方帝国主义国家一方面不承认新中国的政治地位,另一方面则宣布对中国进行经济封锁、禁运,1951年更是操纵联合国大会通过"实施对中国禁运的决议"。如此局面,严重影响了中国经济的恢复和发展。与此同时,美国全力支持退居台湾的国民党政局,阻碍中国解放台湾,又在周边派出大规模军队加以干预,抗美援朝战争的爆发则达到了最严重的状况。中国为此派出了以彭德怀为总指挥的人民志愿军入朝参战。战争虽然取得了最后的胜利,但由于中国武器装备落后,为此付出了沉重的代价,在此过程中使中共深刻领会到发展工业的重要性和急迫性。而在国内,全国尚未得到全面解放,各种残余势力仍然威胁到新生的共和国。在此严峻的国内外形势下,中国要保证国家的独立和安全,依靠国外显然是无法办到的。由此只有依靠自身力量,以重工业为依托发展自己的国防工业。

第三,**建立强大的国营经济的需要**。经过三年的国民经济恢复,到 1952 年底各类经济指标虽然都达到或超过历史上最高水平,但在全部国民收入中,国营经济所占比重偏低,仅为 19.1%,集体经济为 1.5%,公私合营经济为 0.7%,私人资本主义经济还占有相当比重,为 6.9%,而农民和手工业者的个体经济则占据绝对优势,达到了总量的71.8%。在当时的政治、经济等条件下,资本主义经济成分的发展必然会产生某些不利于国计民生的问题,导致限制与反限制的斗争,并且个体经济、资本主义经济与国家的各项政策、社会主义国营经济之间存在利益冲突,甚至会影响到新民主主义向社会主义的过渡。为此,为了建立强大的国营经济,特别是生产资料企业,确保自身内部经济的增长,达到一个良性循环,也必须首先在工业内部建立一个相对完整的基础工业体系。

第四,**苏联成功实践的示范**。面对严峻的国际形势,苏联在初步取得苏维埃保卫战争胜利和经济逐步恢复以后,审时度势,制定了优先发展重工业的计划,从 1928 年"一五"计划开始到1941 年的 13 年间,工业化取得了重大突破,迅速建立起一个完整的工业体系,打破了帝国主义阵线的包围,顺利完成了由落后的农业国转变成一个强大的社会主义工业国。社会总产值增长了 3.5 倍,其中工业生产增加了 4.5 倍,而到 1940 年工业产值已经在整个国民经济中占据到 70% 以上,尤其是生产资料工业得到优先发展,其产值占到 61%,名副其实地实现了由革命前帝国主义阵线中最薄弱的环节向欧洲实力最强的国家转变,成为居美国之后的世界第二大工业国家。列宁、斯大林在苏联工业化道路的成功实践,与国际帝国主义国家处在经济大萧条的状况形成鲜明对照。而中国在新中国成立之初的国际国内条件,显然与十月革命后的苏联极为相似,自然苏联的经历就成为中共借鉴的榜样。

二、第一个五年计划的制定及其主要内容

随着过渡时期总路线的提出,以及为了保证总路线和总任务的顺利完成,中央政府在国内外复杂的背景和毫无经验的条件下,着手编制了第一个五年计划,明确了当下的主要任务和今后的发展方向。

1."一五"计划的编制

1952 年底,中国国民经济的恢复工作已经取得了明显的成绩:中国工农业总产值比 1949 年增长了 77.5%,其中现代工业增长了 178.6%,农业增长了 48.5%。具体而言,工农业的主要产品产量,都达到或超过了解放前的最高水平,交通运输和国内外贸易等也有了相应的恢复和发展,同时,国家在"棉铁之争"中的胜利,财政收支逐渐平稳,通货膨胀基本得到了控制,人民生活有了明显改善,社会主义经济成分在整个国民经济中的地位得到加强,人民民主专政政权日益巩固。政治、经济的上述变化,为中国实行有计划地发展国民经济奠定了一定的物质基础,为有计划建设国民经济获取了初步经验,与此同时,抗美援朝战争的胜利和来自苏联等社会主义阵营的大力支持、援助,也为中国展开大规模的国民经济建设提供了有利的国际条件。然而,受国内外环境、历史遗产、资源禀赋等约束,中国的工业化水平仍然很低,毛泽东主席曾对此有过一段形象的描述:"现在我们能造什么? 能造桌子椅子,能造茶壶茶碗,能种粮食还能磨成面粉,还能造纸,但是一辆汽车、一架飞机、一辆坦克、一辆拖拉机都不能造。"[5] 即工业基础极端落后,"一穷二白"的局面仍然没有得到多大改善,在此条件下要建立一个强大的社会主义国家,实现由落后的农业国向工业国的转化,显然存在很多障碍。

在此背景下,中国开始了第一个五年计划的编制工作。事实上,中国第一个五年计划的编制早在 1951 年春就开始了。当时,"一五"计划的编制是由中央人民政府政务院财经委着手试编,发出了《关于制定 1951—1955 年度恢复和发展中华人民共和国人民经济国家计划的方针的指示(草案)》,初步对国民经济的恢复和发展提出了轮廓性要求和部署。1952 年初,成立了由周恩来、陈云、薄一波、李富春、聂荣臻、宋劭文 6 人组成的领导小组,负责领导"一五"计划的编制。同年 8 月,提出了《关于编制五年计划轮廓的方针》和《五年建设的任务》,对"一五"计划的方针政策、目标和内容作了比较明确的规定。年底,中共中央在对上述文件讨论的基础上发出了《关于编制 1953 年计划及长期计划纲要若干问题的指示》。随后,中财委会同计委、中央各部、各大区对原计划进行了修改,逐渐形成一个相对完整的"一五"计划轮廓草案;1953 年 4 月,中共中央批准下达 1953 年国民经济计划提要;同年,中财委会按照中央指示、参考苏联对中国工业化建设的意见,对前述提要作了进一步地修改;次年 4 月,根据工作发展的需要,中央成立编制五年计划纲要 8 人小组,陈云任组长,开始全面编制工作,1954 年 9 月基本定案,1955 年 3 月中旬"一五"计划草案正式编出,规定自 1953 年至 1957 年为第一个五年计划时期。3 月 21 日,中共中央召开全国代表会议,讨论通过了《关于发展国民经济的第一个五年计划的报告》。7 月,第一届全国人民代表大会第二次会议也正式通过《关于发展国民经济和第一个五年计划的报告》。11 月,国务院颁布命令,将"一五"计划下达给各地、各部门执行。这样,从 1951 年春开始着手编制的"一五"计划,先后历时 4 年,五易定稿,采取边实施、边修改、边补充的形式,反映出了中央政府对计划编制工作的重视。后来的历史也证明了,"一五"计划的编制是成功的,它不但对中国国民经济的建设起到指导作用,而且对以后经济计划的编制产生重大影响。

2."一五"计划的主要内容

为了有计划地进行社会主义建设,中国政府编制了发展国民经济的第一个五年计划。它的**基本任务**是:集中主要力量进行以苏联设计的 156 个建设项目为中心的、由限额以上的 694 个大中型建设项目组成的工业建设,建立社会主义工业化的初步基础,发展部分集体所有制的农业生产合作社,并发展手工业生产合作社,以建立对农业和手工业社会主义改造的初步基础;基本上把资本主义工商业分别纳入多种形式的国家资本主义轨道,以建立对私营工商业社会主义改造的基础。

为了保证完成上述基本任务,国家计划制订了详细的投资计划,预计在五年之内对经济、文化教育、城市公共等事业进行总额达 766.4 亿元的巨额投资。具体运作上,投资资金的分配则以"**社会主义工业化**"为重点,**基础建设**,尤其是基础工业建设为核心,平衡兼顾社会各个部门、各项事业(见表 11-2)。

表 11-2　"一五"计划期间投资分配指标

部　　门	投资额(亿元)	占总投资额的比例(%)
工业部门	313.2	40.9
农林水利	61	8
运输、邮电部门	89.9	11.7
贸易、银行和物质储备部门	21.6	2.8
文教卫生部门	142.7	18.6
城市公用事业	21.2	2.8
其他	116.8	15.2

资料来源:《中华人民共和国发展国民经济的第一个五年计划》,第 28~29 页,北京,人民出版社,1955。

按照上述投资计划,在各个经济领域、各部门、各行业、各方面又都制定了相应的详细产出指标。例如,计划国营工业所占工业产值的比重由 1952 年的 52.8%增至 1957 年的 61.3%,公私合营类工业所占工业产值的比重由 1952 年的 5%增至 1957 年的 22.1%。在

全国工农业生产总值方面,"一五"计划所要达到的基本生产指标可见表 11-3:

表 11-3 "一五"计划中所规定的工农业生产基本指标 亿元

	1952 年	1957 年	增长(%)	年均递增(%)
工农业总产值	827.1	1 249.9	51.1	8.6
其中:现代工业所占比重(%)	26.7	36		
工业生产总值	270.1	535.6	98.3	14.7
其中:生产资料所占比重(%)	39.7	45.4		17.8
消费资料所占比重(%)	60.3	54.6		12.4
手工业生产总值	73.1	117.7	60.9	9.9
其中:手工业生产合作社产值	2.5	31.9	11.9 倍	67
农业生产总值	483.9	596.6	23.3	4.3

资料来源:根据《中华人民共和国发展国民经济的第一个五年计划》(人民出版社,1955),第 36～37 页相关数字编制而成。

由上可见,工农业总产值必须由 827.1 亿元增加到 1 249.9 亿元,年均增长 8.6%。为了完成工农业总产值的指标,"一五"计划又制定了更加具体的工农业生产产量指标,见表 11-4。

表 11-4 "一五"计划中所规定的主要工农业产品产量的具体指标

产 品	单位	1952 年产量	1957 年计划产量	1957 年为 1952 年的百分比(%)
发电量	亿度	72.6	159	219
原煤	万吨	6 649	11 298.5	170
原油	万吨	43.6	201.2	462
生铁	万吨	190	467.4	246
钢	万吨	135	412	306
钢材	万吨	111	304.5	275
烧碱	万吨	7.9	15.4	194
电动机	台	91 147	135 515	149
金属切削机床	台	13 734	12 720	93
棉纱	万件	361.8	500	138

续表

产　　品	单位	1952 年产量	1957 年计划产量	1957 年为 1952 年的百分比（%）
糖	万吨	24.9	68.6	276
盐	万吨	346	593.2	171
卷烟	万箱	265	470	177
棉布	万匹	11 163.4	16 372.1	147
粮食	亿斤	3 278.3	3 856.2	117.6
棉花	亿斤	26.1	32.7	125.3

　　资料来源：根据《中华人民共和国发展国民经济的第一个五年计划》（人民出版社，1955），第 36～37 页相关数字编制而成。

　　此外，在基本建设、文化建设、商业流通等领域，也作了明确具体的规定。如在"一五"计划内基本建设投资额为 427.4 亿元，具体金额的分布比例则工业占 58.2%，农村水利占 7.6%，交通邮电占 19.2%，贸易、银行和物资储备占 3%，文化教育卫生占 7.2%，城市公用事业占 3.7%，其余为 1.1%。

　　从"一五"计划的基本任务和围绕任务所制定的具体投入-产出指标来看，"一五"计划的完成必将对中国落后的经济面貌带来巨大变化，中国也将由农业为主的国家向工业化转化，建立起相对完整的社会主义工业化体系，国营经济占优的局面必将出现，人民生活水平得到显著提高，为农业、手工业和资本主义工商业的社会主义改造奠定基础。

三、大规模经济建设的开始

1. 社会主义工业化建设的全面展开

　　工业建设是"一五"计划经济建设的核心。工业建设中，重工业又是经济建设的中心，在当时所有投资额中，重工业的投资占到 87%，轻工业仅占总额的 13%。为了顺利实现"一五"计划所提出的"一化三改"目标，**从 1953 年开始全国围绕苏联援建的 156 项工程展开全面的工业化建设。**156 项工程全部是重工业，很多是中国新兴工业部门，尤其是国防工业。具体而言，军事工业占 44 项、冶金工业 20 项、化学工业 7 项、机械加工工业 24 项、能源工业 52 项、轻工业和医药工业 3 项，其他 6 项。

据"一五"计划执行结果的统计,除个别工业项目有所调整外,绝大多数项目建成投产,还同时增加了许多新的项目,"一五"期间建立的工矿企业达到了1万个以上,具体分布如下:电力工业599个、石油工业22个、化学工业637个、黑色金属工业312个、煤炭工业600个、金属加工企业1922个、造纸企业253个、纺织企业613个、建筑材料工业832个、食品以及其他企业5000个。

在施工建设的1万多个建设单位中,限额以上的达到921个,远远超过"一五"计划的规定,新增227个项目。在这些项目之中,几乎每一个行业都有中国新建成的项目:重工业方面,比如电力工业中有阜新电厂、太原第一热电厂、大连热电厂、富拉尔基热电站、抚顺电厂;黑色金属工业有鞍山钢铁公司、太原钢铁厂;石油工业有东北石油二厂、玉门矿务局;煤炭工业有阜新海州露天煤矿、鹤岗东山竖井、辽源中央立井;化学工业有大连化学厂、大连碱厂;机器制造工业有沈阳第一机床厂、哈尔滨量具刃具厂;建筑材料工业有牡丹江水泥厂、哈尔滨水泥厂;轻工业方面,食品工业有包头糖厂、北京果酒厂;造纸工业有广州造纸厂、佳木斯造纸厂;纺织工业有哈尔滨亚麻厂、北京国棉一厂、乌鲁木齐七一厂等等。这些新兴项目的先后建成投产,不但使中国原有工业结构发生了巨大变化,而且使中国原有的工业布局发生了明显变化,一定程度上改变了旧中国偏重沿海沿江地区、内地稀少的现状,导致新的工业布局的出现——以沈阳、鞍山为中心的东北工业基地,以北京、天津、唐山为中心的华北工业区,以太原为中心的山西工业区,以武汉为中心的湖北工业区,以郑州为中心的郑州、洛阳、汴河工业区,以西安为中心的陕西工业区,以兰州为中心的甘肃工业区,以重庆为中心的川南工业区,等等。当然,更为重要的是这些工业项目的建成,**基本构成了中国现代化大工业的骨干**,为中国社会主义**工业化铺垫了初步基础**。

伴随上述工业项目的全面展开和陆续建成,中国工业领域的各项指标完成或超过了计划的定量,工业生产迅速发展(见表11-5)。

表11-5 主要工业产品产量增长表

工业产品	单 位	1952年	1957年	1957年比1952年增长的百分比(%)
钢	万吨	135	535	296.3
生铁	万吨	193	594	208
原煤	万吨	6 649	13 000	96
发电量	亿度	72.6	193.4	166.4
原油	万吨	43.6	146	235

续表

工业产品	单　位	1952 年	1957 年	1957 年比 1952 年增长的百分比(%)
水泥	万吨	286	686	140
木材	万立方米	1 120	2 787	149
硫酸	万吨	19	63.2	233
纯碱	万吨	19.2	50.6	164
烧碱	万吨	7.9	19.8	150.6
化学肥料	万吨	18.1	63.1	249
青霉素	公斤	46	18 266	397.1 倍
金属切削机床	台	13 734	28 000	104
电力机械	万马力	3.5	69	19.7 倍
发动机	万千瓦	63.9	145.5	127.7
发电设备	万千瓦		19.8	
机车	台	20	167	735
汽车	辆		7 500	
民用船舶	万吨	1.6	5.4	238
棉纱	万件	362	465	28.6
棉布	亿米	38.3	50.5	32
纸	万吨	54	122.1	126.7
卷烟	万箱	265	446	68.2
食用植物油	万吨	98.3	110	11.9
糖	万吨	45.1	86.4	91.6
原盐	万吨	494.5	827.7	67.4

　　资料来源:《关于发展国民经济的第一个五年计划执行结果的公报》,第 6～7 页,北京,中国统计出版社,1959。

　　工业生产有了巨大提高,填补了一些新的空白,同时一些主要工业指标的增长速度还超过了英美等发达国家(见表 11-6)。

表 11-6 "一五"计划期间年均增长速度 ％

工 业 指 标	中国	美国	英国
工业生产指数	18.0	4.1	2.8
钢	31.7	5.7	3.9
生铁	25.2	5.9	5.0
原煤	14.4	下降	0.4
发电量	21.6	7.8	9.1

资料来源:《伟大的十年》,第 96 页。

中国工业生产的迅速发展,极大地提高了中国工业生产能力,增强了中国技术装备水平,很大程度上改变了旧中国"一穷二白"的落后局面,为中国农业、手工业和资本主义工商业的社会主义改造铺垫了基础。

2. 农业生产的发展

农业是国民经济的基础,中国一直重视农业生产。随着土改的完成,中国农业生产得到了恢复或超过了历史上最高产量。"一五"计划期间,中国除了对农业的社会主义改造外,还采取种种措施加快对农业生产的发展。一方面在加快工业化建设的同时,也加大对农林水利的投资,投资额达到了 61 亿元;另一方面还发放农业性贷款 78 亿元,以支持农民发展农业生产。"一五"期间中国增加了许多耕地面积和大量新增灌溉面积,以及改良土地和提高复种土地耕种面积;另一方面则是对各大水系的治理,兴修了大量水利工程,兴修了许多水库。如海河水系的北京官厅水库(蓄水量达 22.7 亿立方米),淮河水系的安徽梅山水库(蓄水量达 22.75 亿立方米)、河南南湾水库(蓄水量达 9.32 亿立方米)、安徽佛子岭水库(蓄水量达 5.82 亿立方米)、河南板桥水库(蓄水量达 4.18 亿立方米)、薄山水库(蓄水量达 2.92 亿立方米)、白沙水库(蓄水量达 2.74 亿立方米),黄河水系则修建了既可防洪蓄水,又可灌溉发电的三门峡水利枢纽工程,等等。在这些措施的推动下,尽管中国很多地区遭遇了各种自然灾害,"一五"计划期间中国农业总产值呈现出逐年增长趋势(见表 11-7)。

与此相应地是农业部分的主要农作物产量也有了一定的增长,粮食、棉花的产量获得了一定的提高,与此同时,大豆、花生、油菜籽、甜菜、烤烟等产量也有一定比例的增长(见表 11-8)。

表 11-7 "一五"期间农业总产值的增长情况表

年　份	绝对数（亿元）	指数（%）	
		以 1952 年为基数	以上一年为基数
1952	484	100	
1953	499	103.1	103.1
1954	516	106.6	103.3
1955	555	114.7	107.7
1956	583	120.5	104.9
1957	604	124.8	103.5

资料来源：《中国统计年鉴 1984》，第 132 页和《伟大的十年》，第 104 页的数字制作而成；其中各年的绝对数是按照 1952 年的不变价格计算所得。

表 11-8 "一五"期间主要农作物增长情况表

	1952 年	1957 年	1957 年比 1952 年的增长比例
粮食	3 278.3 亿斤	3 900.9 亿斤	19.8%
棉花	2 607.4 万担	3 280 万担	25.8%

资料来源：根据《中国统计年鉴 1984》，第 145 页和《伟大的十年》，第 105～106 页的数字制作而成。

此外，畜牧业、渔业和林业等也取得了很大发展。畜牧业方面，生猪的存栏数比历史上的最高数量几乎增加了一倍，大牲畜的数量也超过历史上最好水平；渔业方面，不但增加了海洋渔业设备，而且淡水养殖业也有了前所未有的发展；林业方面，造了 1 406.8 万公顷土地的林木，还在东北西部、内蒙古东部、陕西北部、甘肃河西走廊以及其他地区建立了大量的防护林。

3. 其他经济领域的发展

随着工农业生产的迅速发展，其他经济领域也相应地发展起来，**各个经济领域形成了一个良性循环，极大地改善了人民生活，一定程度上平衡了城乡之间、沿海与内地、边疆以及少数民族地区的经济关系。**

1）交通运输、邮电业方面的发展

从 1953 年开始，中国对交通运输、邮电业进行了高达 90.1 亿元的投资，极大地改变了旧中国交通落后面貌。

交通运输领域,兴建了一大批交通运输路线,极大地增加了旅客、货物运输能力,加快了旅客、货物周转速度。具体而言,铁路方面,"一五"期间兴建铁路 33 条,恢复铁路 3 条,新建、恢复铁路干线、支线、复线等达到了 1 万公里,尤其是宝成铁路、鹰厦铁路、集二铁路和武汉长江大桥的修建成功,大大改善了所经地区的交通状况,填补了四川、福建等地无铁路的历史;公路方面,大大提高了全国公路通车里程,特别是穿越世界屋脊的康藏、青藏、新藏公路线的建成通车,密切了内地与西藏等边疆地区的联系,加强了各民族的团结,促进了各地,尤其是青海、西藏、新疆等地区经济文化的发展,与此同时还在全国各地农村与广大城市之间新建了大量的简易公路;空运方面,在大力发展航空运线的基础上,展开多种空中业务以支持农业、工业、林业等的发展。1956 年 5 月 20 日本国民航飞机成功飞越世界屋脊,完成北京到拉萨以及拉萨到印度的试航任务,极大地促进了西藏与全国各地区的交往,推进了西藏经济文化事业的发展;水运方面,内河航运得到极大的扩张和延伸,在沿海兴建和扩建了许多港口。

邮电业领域,也在逐年发展。邮路、电信长度的提高和改善,大大增加了邮电业务总量(见表 11-9)。

表 11-9 "一五"期间邮电业发展情况表

年份	邮路总长度(万公里)	电信线条长度(万条公里)	邮电业务总量(亿元)
1952	129	88.2	1.64
1953	151.5	102.9	1.98
1954	164	113.8	2.19
1955	173.9	127.2	2.38
1956	181.1	185.6	2.98
1957	222.3	209.4	2.94

资料来源:根据《中国统计年鉴 1984》,第 293、296 页和《伟大的十年》,第 138~139 页表改制。

同时乡村邮电事业也逐步发展起来,到 1957 年,全国 99% 的乡镇都覆盖了邮路,基本实现了乡乡通邮的局面。

2)商业贸易的发展

随着工农业、交通运输业的发展,商业逐渐繁荣起来,商品流通迅速扩大。1957 年中国商品零售额达到了 474.2 亿元,各种消费品的零售量也有了明显增加。按照中国公布的"一五"计划执行情况的公报统计,主要消费品的零售量 1957 年比 1952 年有了很大增长:粮食增长了 26%、食用油增长了 35%、盐增长了 26.7%、糖增长了 87%、棉布增长了 39％、手表增加了 1.8 倍、卷烟增长了 75％、胶鞋增长了 82％。由此,表明了中国人民群众的生活有了很大提高和改善。当然,商业领域的发展,伴随国家对资本主义工商业、小摊小贩的社会主义改造,国营、集体、合营商业的比重迅速上升,它们在采购工农业产品,供应工农业生产所需要的生产资料,尤其是农村的农业生产资料,扩大城乡物资交流、稳定市场物价等方面起到了关键性作用。后来,又在工农业迅速发展与生产资料供给短缺的矛盾下,国家对关系国计民生的粮食等主要商品实施统购统销,使商业功能更加集中到国家计划内,市场功能逐步退化,商业领域的发展也就完全集中在社会主义性质的商业之中。

贸易领域,在国内外经济环境的影响下,也获得了巨大的发展。1957 年中国的进出口贸易总额达到了 104.5 亿元,进口、出口贸易额都比以前有了很大提高。贸易构成上也发生了很大变化,以 1957 年为例,进口贸易总额中生产资料所占的比重达到了92％,而消费资料的比重则仅仅占到不到 8％。由此说明了中国的进口贸易基本是为经济建设所提供急需、短缺的生产资料服务的,而出口则为换取外汇以满足进口机器设备、各种生产资料服务的。

四、"统购统销"政策的实施

1. 实施"统购统销"政策的背景

结束了多年的战乱,和平年代中国人口又迅速增长起来,对粮食、棉花等生产生活资料的需要日益增长。虽然土地改革以来,中国粮食、棉花等产量有了很大提高,但农民也普遍渴望改善自身生活,提高自己的生活质量,为此有相当部分的粮食、棉花等被农民自身所消耗,50 年代初期国家需要的商品粮不可能完全通过农业税的征购而迅速地增加;另外 1953 年还有 32 亿斤用来与苏联等国交换物质的粮食出口任务,粮棉供应形势严峻。各种粮食私营商乘机进行捣乱,抢购、囤积粮食,哄抬粮食价格,与国营粮食部门争夺市场,一时斗争相当激烈。1953 年上半年抢购粮食之风由局部地区逐渐向全国蔓延,斗争也呈现愈演愈烈之势,如江苏如东县的白蒲镇,竟发生了万人请愿要求卖掉棉花、生猪而购买粮食。抢购粮食之风,造成国家粮食购买价格与市价脱节的局面,市价大大高于收购价,导致国家在产粮区收购不到粮食,而与此相对应地是城乡粮食需求量却大幅度增加,供需矛盾呈现愈演愈烈的趋势。此时如果不采用新的供需手段,可能会危及到国家的稳定和经济建设的顺利进行。

当时中央委托政务院副总理兼国家财经委员会主任陈云拿出解决粮食问题具体办

法,陈云当时感到左右为难,曾说他好比挑着一担"炸药",前面是"黑色炸药",后面是"黄色炸药"。[6]陈云在周密调研基础上指出:"在粮食问题上,有四种关系要处理好。这就是:国家跟农民的关系;国家跟消费者的关系;国家跟商人的关系;中央跟地方、地方跟地方的关系。这四种关系中,难处理的是头两种,而最难的又是第一种。处理好了第一种关系,天下的事就好办了。只要收到粮食,分配是容易的。"[7]陈云同志经过反复考虑,最后提出了"又征又配"、"只配不征"、"只征不配"、"原封不动"、"临渴掘井"、"动员认购"、"合同预购"、"各行其是"等八种方案。在对八种办法进行反复比较后,认为**在农村实行统购,在城市实行统销**的统购统销政策最符合当时实际。

2."统购统销"政策的实施

1953年10月10日至12日,政务院财经委在北京召开全国粮食会议。会上,陈云同志作了《实行粮食统购统销》的报告,详尽地分析了当时全国粮食购销形势,认为在当前的情况下只能实施"又征又配"的统购统销方案。邓小平在陈云所作报告的基础上作了进一步地补充,更加明确地阐述了农村征购、城镇配给、严格管制市场和集中统一管理四项政策,彼此之间是相互联系、缺一不可的。邓小平着重说明只有坚决实施这些措施,才能真正巩固工农联盟,引导农民走向社会主义,保障国民经济建设计划的顺利实施。11月15日,中共中央发出《关于全国实行计划收购油料的决定》。10月16日,中共中央通过了《中共中央关于实行粮食的计划收购与计划供应的决议》。11月23日政务院第194次政务会议通过《关于实行粮食计划收购和计划供应的命令》、《粮食市场管理暂行办法》,并要求从当年12月开始,除西藏和台港澳外,全国各地贯彻实施粮食"统购统销"政策。

粮食"统购统销"政策的内容大致有如下四项:一是**计划收购**,即要求生产粮食的农民应按照国家规定的收购粮种、收购价格和计划收购的分配数字将余粮售给国家;二是**计划供应**,即在城市人民和农村缺粮户实行粮食定量配给,以安定人心;三是**国家严格控制粮食市场,严格管理私商**,粮食基本实现由国家统一经营,私商只能做代理店功能;[8]四是调整内部关系,实现**中央对粮食的统一管理**。按照前述《决议》的规定:"所有方针政策的确定,所有收购量和供应量,收购标准与供应标准,收购价格与供应价格等,都必须由中央统一规定或经中央批准,地方则在既定的方针政策原则下,因地制宜,分工负责,保障其实施。"

"统购统销"政策的具体内容后来随着经济形势的变化而相应的做出了某些变动,但基本原则没有发生根本性变化,如1955年3月中共中央、国务院针对农村"统购统销"工作不满的情况,发出了《关于迅速布置粮食购销工作,安定农民生产情绪的紧急指示》,开始在全国实行定产、定购、定销的"三定"制度,使农民做到心中有数,稳定情绪,以缓和农村的紧张,促进农业生产的发展。同年 9 月,又针对城市、工矿区有些副食品出现供不应求的现象,中共中央转批商业部、全国供销合作总社党组《关于加强城市、工矿区副食品供应工作的报告》,对不同的商品,采取不同的供应办法:"食用油料采取计划供应;肉类、食糖实行控制供应;蔬菜采取保证供应,即保证每一季度都有大宗品种的蔬菜和不分季节的以粮食为原料的豆腐、豆芽、粉丝之类的经常供应;鸡蛋、鱼类视货源适当供应;黄花、木耳、榨菜等干菜类自由买卖,不加限制。"[9] 与此同时,"统购统销"政策的范围也随着经济建设的展开,实施领域不断扩大。1954 年 10 月,在政务院第 224 次政务会议上通过了《关于棉布计划收购和计划供应的命令》和《关于实行棉花计划收购的命令》,这样,粮食领域的"统购统销"扩大到棉花、棉布。到 1956 年,粮棉领域的"统购统销"又进一步扩大到了油料、生猪、烤烟、黄麻、苎麻、大蒜、甘蔗、茶叶、羊毛、牛皮、糖、脂、家蚕茧、废铜、废铝、废锡、一些药材,以及供应出口的水果和水产品。

3. "统购统销"政策的实施效果

"统购统销"政策在全国(除港澳台和西藏外)各地的施行,在当时的经济、政治等环境下,其**积极性**是明显的:一是在供需矛盾日益突出的条件下,有利于保证供给、稳定市场,安定社会秩序。因此,"一五"计划的大规模经济建设,以及随后出现的"大跃进"、三年困难、十年"文革"时期,中国社会在国民经济遭遇空前破坏的情况下没有发生大的动乱,"统购统销"政策无疑起到了关键性的稳定作用。二是为了在"一穷二白"的基础上实现重工业发展战略,推行"统购统销"政策一定程度上有利于利用国家政权实现资本积累,筹措工业化所需资金。中国为了实现对农业、手工业和资本主义工商业的顺利改造,推行优先发展重工业的战略,在国内残缺不全的工业基础和以传统农业为主的国家里,在西方帝国主义封锁禁运的条件下仅靠苏联以及东欧社会主义阵营的少量援助和支持是无法实现的,为此采用"统购统销"政策,使农业部门创造的价值经过价格机制转移到工商部门几乎是当时中国唯一的办法。对社会经济有很大影响。

当然,从 1953 年到 1984 年 20 多年来[10],"统购统销"政策长期实施,在带来某些积极效果的同时,其**消极性**也不容忽视:一是过早地忽视了市场的调配作用,推行高度集中统一计划机制。"统购统销"政策使中国实行的指令性政策过早、过快的扩展到农业、消费等领域,农民生产什么、居民消费多少等等,都受到国家直接的计划控制,而原先发展起来的市场功能则完全受到政策的压制,以致最后消亡,由此导致中国经济发展的调控手段过于单一。二是严重违背价值规律,约束了农民的生产积极性。这点在陈云同志 1953 年 10 月作《实行粮食统购统销》的报告时,已经意识到统购的危害性,即如前面提到的在黑色炸药和黄色炸药中作出抉择。而后来的事实则正如陈云所预测的一样，在购销过程中，由于对粮食产量估计偏高，给农民留量不足，对他们在副食品和饲料等方面的需求照顾不够，而农民所需求的某些工业品又不容易买到，造成公私关系、农民和国家关系紧张。[11]

五、社会主义改造的提前完成

到1952年底，中国国民经济得到了全面恢复，土改基本完成，国营经济迅速发展，抗美援朝战争取得了决定性胜利，人民民主专政的国家政权得到巩固。但与此相对应的，中国社会主义、半社会主义经济成分仍很弱小，个体经济还占据绝对优势，资本主义经济仍然占有相当比重，据统计，1952年底，在中国全部国民收入中，国营经济占19.1%，集体经济占1.5%，公私合营经济占0.7%，私人资本主义经济占6.9%，农民、手工业者的个体经济占71.8%。如此局面与全面建设社会主义还存在很大差距。1953年，中共中央根据当时经济发展形势，曾指明从新中国建立到社会主义改造基本完成需要一个相当长的过渡时期。在这一时期，党和国家的总路线和总任务是要在一个相当长的时期里，基本实现"一化三改"。对农业、手工业和资本主义工商业的社会主义改造在全国范围内开展起来。

> 党在这个过渡时期的总路线和总任务，是要在一个相等长的时期内，逐步实现国家的社会主义工业化，并逐步实现国家对农业、对手工业和对资本主义工商业的社会主义改造。
>
> ——毛泽东

1. 农业的社会主义改造

土地改革废除了封建土地所有制，建立了农民的土地所有制，初步解放了农村生产力。但是，中国农业仍然面临着生产力水平低下，小农经济分散落后，农民普遍缺乏生产资料和资金等问题。针对这种情况，毛泽东等中共领袖决定再次提倡农业互助合作组织，实行把小农经济逐步改造成为社会主义的合作或联合经济的生产关系变革。1953年12月，中共中央发布《关于发展农业生产合作社的决议》，指明"引导个体农民经过具有社会主义萌芽的互助组[12]，到半社会主义性质的初级社[13]，再到完全社会主义性质的高级社[14]，是农业社会主义改造的正确道路。"[15]

到1955年初，初级农业生产合作社已在全国范围内很快发展起来。在初级社里，一方面，土地、牲畜和农具仍然是农民的私有财产，农民可以通过生产资料入社而取得一份报酬；但另一方面，为了提高劳动生产率，这些生产资料是由合作社统一使用的，劳动力也由社里统一调配、统一组织，社员从事集体劳动，其收入以按劳分配为主。初级社的产生对于提高农村劳动生产率、克服分散经营产生的困难、团结农民、实现生产的计划化等都发挥了积极作用。1955 年春，全国初级社已有 67 万个，入社农户达到总农户的 15%。

在农业合作化问题上，中共中央高层领导之间出现"发展速度之争"。一些领导人主张稳步发展，强调生产关系的改造一定要同生产力的发展相适应。但是毛泽东主张农业合作化要快速发展，他批评中央农村工作部部长邓子恢等稳健派领导人是"小脚女人"。邓子恢受到错误批判。80 年代初，中共中央为邓子恢平反。

由于初级社中存在着社会主义因素与私有经济成分之间的矛盾，因此，在初级社渐渐发展成熟之后，就开始逐渐向高级社过渡。与初级社相比，高级社的公有化程度提高了，规模也扩大了。不过，到 1955 年底，全国才有 1.7 万多个高级社，加入农户为 470 多万户，仅占到农户总数的 4%。在毛泽东亲自领导和部署下，1956 年高级社迅速发展起来，年底全国共建立农业合作社 76 万个，入社农户达 11 783 万户，占全国农户总数的 96.3%，其中参加高级社的农户占全国农户总数的 87.8%。[16] 至此，农业合作化在全国范围内已基本实现。**原来预计在 15 年内完成农业合作化，实际上只用了 4 年就提前完成了。**

农业合作化运动促进了生产力的发展，1956 年至 1958 年全国农业连续增产或稳产。但是在这一过程中也出现了急于求成，步子过快，形式单一，规模过大，在不少地方发生了违反自愿互利原则等问题，给以后的合作农业经济带来不良的后果。[17]

2. 手工业的社会主义改造

针对个体手工业生产分散经营、规模狭小、技术落后和劳动生产率极低的现状，中共对手工业的社会主义改造采用与农业的社会主义改造相同的方式，即提倡个体手工业者组织起来，走合作化经营的道路。

新中国之初，党和政府就从手工业在国民经济发展中的重要作用出发，积极支持手工业生产，引导其走互助合作的道路。1949 年，参加手工业合作社的人数就达到了 8.8 万人，到 1952 年时，参加各种手工业合作组织的人数上升到 25.2 万人，占到全部手工业从业人员的 3.9%，产值为 2.55 亿元，占手工业总产值的 5.4%。1953 年，随着"一五"计划的提出,党对手工业改造的任务进行了具体的规定,要求在五年内,手工业总产值将有明显提高,由 1952 年的 73.1 亿元增加到 1957 年的 117.7 亿元,增长 60.9%,年均递增 9.9%。在这些总量中,合作化手工业的产值也将由 1952 年的 2.55 亿元增加到 1957 年的 45.5 亿元,增长 17 倍,同时,要求加入手工业合作社的人数达到 210 万人。为了实现这一具体任务,对手工业的改造采取从手工业生产合作小组、手工业供销合作社过渡到手工业生产合作社的路径。

在手工业生产合作小组里,手工业者互助合作,但仍然占有自己的生产资料,自主生产、自负盈亏。与以前不同的是,他们已经加强了彼此之间的经济联系,通过向国营商业和供销合作社购买生产原料、推销成品或者接受加工订货而组织起来,生产小组也开始具有了一定的公共积累,内部之间还实行了部分的分工协作,已经具备了某些社会主义性质的因素。

手工业供销合作社是手工业生产合作小组向手工业合作社转化的过渡形式。它是各个手工业生产合作小组在自愿互利的基础上逐渐联合起来,由早期的统一领取原料、分散生产,交付产品逐步过渡到统一组织、集体劳动,共负盈亏,在条件允许的情况下从公共盈余中抽取部分资金购买一些生产资料以扩大再生产,由此可见,经过这一阶段的过渡,手工业内部的社会主义因素逐渐增加。不过,这一阶段基本还停留在流通领域,个体手工业者的私有制仍然阻碍了各合作社内部生产技术的共同运用和生产规模的扩大。

手工业生产合作社是生产资料集体所有,统一经营、统一计算盈亏,事实上它已经是社会主义性质的集体经济组织了。社员入社仍然采取自愿互利的原则,社员除上缴一定数额的入社费外,他们还要把自己的主要生产工具、设备等生产资料全部折价归入合作社,成为合作社集体所有的资产,社员也直接参加集体劳动,社员之间的各种生产关系也相应的转变为新型的互助合作关系。盈余分配,一分为三——一部分上缴国家充当税收、一部分充作社员的工资,剩下的为合作社的公共积累和各种基金。

1956 年,手工业的社会主义改造也按照毛泽东提出的应当争取提前一些时间来完成的要求,迅速发展起来。同年,全国参加手工业合作组织的人数达 509.1 万人,占手工业从业人数的 92.2%;产值 74.27 亿元,占到手工业总产值的 90.6%,至此中国**基本完成了对手工业的社会主义改造**。

3. 资本主义工商业的社会主义改造

新中国成立初期,国家对资本主义工商业采取了利用、限制等措施,促使涉及国计民生的资本主义工商业在"公私兼顾、劳资两利"的条件下获得了一定发展。但资本主义经济唯利是图与生产无政府状态的特性跟社会主义计划经济的矛盾并没有得到改善,反而在经济政治条件发生变化之后,双方矛盾又变得日益突出,私营工商业不断出现摆脱国营经济的领导活动,盲目发展,自产自销、套购、抢购粮食等重要物资,严重干扰和破坏了国家计划。为此,按照"一五"计划的目标,国家要求在五年内"基本上把资本主义工商业分别地纳入各种形式的国家资本主义的轨道,建立对私营工商业的社会主义改造的基础"。[18]对资本主义工商业的改造,大致分为初级和高级两个阶段。

初级形式的国家资本主义主要有收购、加工、订货、统购、包销五种形式。加工订货,尽管在1953年以前已经获得了很大发展,但它主要是作为当时恢复生产和国家实现对日用工业品掌控的手段,国家资本主义性质还不明显。随着"一五"计划的逐步展开,党和政府便有计划地扩大加工订货。其中工业部分,国家资本主义这种初级形式逐步由主要行业推广到一般行业,从大型企业发展到中小企业,由大城市扩展到中小城市,到1955年加工订货的工业已经占到所有私营工业总产值的81.69%(见表11-10)。

表 11-10　1953—1955 年资本主义工业改造中加工订货统计表

	1953 年	1954 年	1955 年
全国私营工商业总产值(亿元)	131.09	103.41	72.66
其中加工、订货、统购、包销、收购部分占总产值百分比(%)	61.84	78.53	81.69
自产自销部分占总产值百分比(%)	38.16	21.47	18.31

资料来源:《中国资本主义工商业的社会主义改造》,第159页,北京,人民出版社,1962。

商业部分,国家也在前期批购、经销、代销等初级形式基础上,一方面对粮食、棉花、棉纱、食油等商品实行"统购统销",另一方面则扩大其他商业领域的国家资本主义改造,到1955年达到了所有私营商业产值的44.98%。

由上可见,初级形式在全国资本主义工商业中的推广,到1955年基本上实现了社会主义国营经济对资本主义工商业原料购买、产品销售环节的控制,在很大程度上把资本主义工商业的生产、经营等领域纳入到国家计划之内,降低了资本家对工人的剥削,约束了资本主义工商业的利润分配,为资本主义工商业的社会主义高级形式的改造铺垫了基础。

初级形式的国家资本主义虽然在一定程度上约束了资本主义工商业的剥削、利润占有程度,但他们的私有制性质和追逐利润、盲目生产等特征仍然保存,这样,等初级形式国家资本主义发展到一定程度,自然还必须进一步发展到高级形式的国家资本主义。高级形式的国家资本主义其实就是公私合营,其演化前后经过个别企业的公私合营和全行业公私合营两个阶段。

1955年以前,可谓个别企业的公私合营阶段,就是在初级形式国家资本主义的基础上,对那些加入国有股的私营企业,开始由国家委派干部对他们的领导和管理,使社会主义经济成分开始由早期的流通领域扩展到生产领域,以逐步消除私营企业生产的盲目性和追逐利润的本性,扩大企业的社会主义成分。参加公私合营的工业企业虽然数量少,但其产值和资本额已经接近和超过一半。商业企业的公私合营集中在大的商业公司中,合营的户数少,资本、产值所占比重大。这样,大型工商业的公私合营活动为下一阶段的改造提供了经验和铺垫了必要的物质基础。

全行业的公私合营,即由前期对资本家赎买基础上实行的分配利润改为定股、定息、人事安排的制度。合营企业中资本家的收益还存在一定的剥削,但企业内部的生产资料已经完全实现了由国家统一支配和使用,企业的管理则按照社会主义原则,有计划地进行。企业内部的生产关系也发生了完全转化,以前的资本家尽管还在企业内部安排工作,但已经不再是企业的主人,工人的地位由早期的雇佣向企业主人转变。从1955年下半年开始伴随农业的社会主义改造出现高潮,在毛泽东的部署和发动下**资本主义工商业全行业公私合营迅速发展**起来。1956年1月1日,北京市的资本主义工商业者首先提出实行全行业公私合营的申请。随后不到十天的时间,全市35个工业行业的3 990家私营工厂和42个商业行业的13 973户私营商业企业全部实行了公私合营,自此北京第一个完成了全市工商业改造的城市。1月底,上海、武汉、广州、天津、西安、重庆等大城市以及50多个中等城市也相继实现了全市全行业的公私合营。到3月底,全国除西藏等少数民族地区和港澳台外,基本实现了全行业的公私合营(见表11-11)。**到1956年底,中国已经基本实现了全行业公私合营的目标**,此时尚未公私合营的私营企业不到1.3%,私营企业的总产值则降到了0.5%。通过全行业的公私合营,资本主义工商业的逐利性和生产的盲目性得到完全改变,此时实行全行业公私合营的企业,除了资本家还获取一定的定息外,事实上已经跟国营企业没有多大差别了。

表 11-11　1956 年全国公私合营状况表

	1月31日止			3月31日止			6月30日止			12月31日止		
	户数	职工数	总产值	户数	职工数	总产值	户数	职工数	总产值	户数	职工数	总产值
1955年底原有私营企业	100	100	100	100	100	100	100	100	100	100	100	100
公私合营企业	77.3	80.5	88.7	88.2	90.4	94.7	97.3	97.7	99.1	98.7	98.8	99.5
尚未合营的企业	22.7	19.5	11.3	11.8	9.6	5.3	2.7	2.3	0.9	1.3	1.2	0.5

资料来源:《中国的国民经济建设和人民生活》,北京,中国统计出版社,1958。

　　此外,中国对于广泛存在的小商小贩也进行了社会主义改造。城市摊贩采用经销、代销到联购分销、联购联销,最后过渡到联营组、合营组或合作社、合作商店等方式加以改造;农村的小商小贩则通过合作商店、合作小组、代购代销到合营、经销,最后纳入到社会主义的供销合作社等方式来完成的。从新中国成立初开始,到1956年底,已经对全国332万私营商业人员中的282.4万人进行了改造,占到了85.1%。

　　总的来看,伴随大规模经济建设的顺利展开,社会主义三大改造的迅速实现,各项经济建设指标到1956年底都基本实现或超过计划的规定,为此中国宣布"一五"计划提前完成。在1953至1956年期间,各项投资基本到位,大大超过预算计划,如基本建设的投资总额就达到了484.9亿元,其中对重工业基本建设的投资为151.5亿元,对轻工业的基本建设投资为26.4亿元;在此条件下,1956年,全国国民生产总值达到了1 639亿元,比1952年增长了60%;工农业总产值为1 252亿元,国家财政收入为287.4亿元,都比1952年增长了60%;工业总产值642亿元,农业总产值610亿元,年均递增19.6%和4.8%;交通运输邮电业有了明显增长,其他各项社会事业也迅速发展,人民群众生活水平有了较大提高,人口增长加快,1956年全国人口已超过6.28亿。

注　释

1. 毛泽东:《毛泽东文集》,第六卷,第207页,北京,人民出版社,1999。

2.《刘少奇论新中国经济建设》,第139页,北京,中央文献出版社,1993。

3.《毛泽东选集》,第三卷,第1080页,北京,人民出版社,1991。

4. 周恩来:《周恩来选集》,下卷,第109~110页,北京,人民出版社,1984。

5.《毛泽东著作选读》,下册,第711页,北京,人民出版社,1986。

6.《陈云文选》,第二卷,第208页,北京,人民出版社,1995。

7.《陈云文选》,第二卷,第207页,北京,人民出版社,1995。

8.《中华人民共和国国史全鉴》,第一卷,第1171页,北京,团结出版社,1997。

9. 中央财经领导小组办公室编:《中国经济发展五十年大事记(1949.10—1999.10)》,第85页,北京,人民出版社、中共中央党校出版社,1999。

10. 1985年统购开始改为合同定购,统销从名义上一直延续到2001年4月,而事实上到1992年4月1日随购销同价的实行,统销制度已经名存实亡。

11. 薄一波:《若干重大决策与事件的回顾》(修订本),上卷,第279~280页,北京,人民出版社,1997。

12. 联合起来集体劳动,但生产资料仍属组员个人所有,土地并不统一经营。

13. 是一种土地入股、统一经营,具有半社会主义性质的经济形式。

14. 其主要特点是：社员的土地、生产资料完全转归合作社集体所有,不计报酬;社员参加社内分工的各项集体劳动,全部实行按劳分配。

15. 中央财经领导小组办公室编:《中国经济发展五十年大事记(1949.10—1999.10)》,第 63 页,北京,人民出版社、中共中央党校出版社,1999。

16. 《中国农业合作社运动史料》,下册,第 990～991 页,北京,三联书店,1962。

17. 详见薄一波:《若干重大决策与事件的回顾》,上卷,第 342～405 页。

18. 《中华人民共和国发展国民经济的第一个五年计划》,第 19 页,北京,人民出版社,1955。

第十二讲

探索中的曲折前进

思考题

1. 简要论述中国计划经济体制是如何形成的。

2. 简要论述"三面红旗"出现的原因及其国民经济运行的特征。

3. 简要论述"文化大革命"爆发的经济根源、经济后果与经验教训。

4. "三线"建设提出的历史背景及其主要内容。

5. "大跃进"、"文化大革命"都是通过群众运动的方式发动的,对于一些冒进思想和错误政策,为什么就能很快在广大人民中得到推行? 这反映了我们国家体制中的什么问题?

社会主义三大改造的基本完成,标志中国社会主义制度的确立。由于"一五"期间的良好发展势头,国民经济状况较新中国成立初有了很大进步,但是,从当时世界各国的发展水平来看,中国与发达国家之间还存在很大的差距。1957年苏共倡议社会主义国家赶超主要资本主义国家,对中共领导人起到了鼓动作用。中共中央认为过去的计划过于保守,提出要发动广大人民群众,加快经济建设的脚步。这一提议的出发点是好的,但却脱离了中国实际,忽视了中国经济建设的艰巨性和长期性,背离了经济发展的规律,导致中国的经济建设陷入了急躁冒进的状态之中。1958年中共提出了社会主义建设总路线,发动"大跃进"和"人民公社化"等运动,引致"五风"泛滥,严重影响了国民经济的正常发展。为此,在周恩来、陈云等人的主导下,提出了"调整、巩固、充实、提高"为核心的"八字方针",展开对国民经济的五年调整,使经济建设重新回到正常轨道;与此同时,"左"倾错误思想并没有得到根本性纠正,在庐山会议和反右倾运动中,毛泽东对国内主要矛盾的看法作出了错误判断,在林彪、江青、康生等人的推动下,逐步抛弃了在中共八大等实践中形成的正确认识,导致阶级斗争节节升级,最终引发了十年"文革"大动乱,经济建设遭到极大干扰和破坏,国民经济几乎到了崩溃的边缘。

一、计划经济体制的基本形成

伴随新民主主义向社会主义过渡总路线的提出、"一五"计划的编制和大规模经济建设的全面展开,到1956年底,农业、手工业和资本主义工商业的社会主义改造的提前完成,中国早已萌芽的计划经济体制也逐步形成。

1. 计划经济体制出台的背景

新中国形成和确立计划经济体制是有其内在的理论与现实背景的。

第一,对马列主义理论探索与发展的结果。由新民主主义到社会主义的转变,其经济制度按列宁的说法则是计划经济。为此,以毛泽东为首的第一代领导集体在探索新中国的经济制度时,曾明确提出新民主主义经济是有计划的经济。1954年通过的中国第一部宪法的总纲中确定今后国家要用经济计划制定国民经济的发展和改造,使生产力不断提高,以改进人民的物质生活和文化生活,巩固国家的独立和安全。

第二,国际政治经济环境的影响。新中国建立之初,国际上受到了以美国为首的帝国主义国家的军事打压、经济封锁与禁运、政治上不予承认新中国的地位等因素的影响,中国自然转向了以苏联为首的社会主义阵营,"真正的友谊的援助只能向这一方面去找,而不能向帝国主义战线一方面去找。"[1]苏联在十月革命后在经济建设上的巨大成功及其所建立起来的中央集权体制,是在当时中国经济建设毫无实践经验的背景下唯一可以效仿的模式,为此,毛泽东就曾明确点出"苏联共产党就是我们最好的先生,我们必须向他们学习"。[2]苏联对中国经济的支持、援助,以及帮助中国经济建设上的设计、建议,也为中国在现实的经济建设中走苏联的计划经济模式成为必然。

第三,**国内经济建设的客观需求与历史惯性**。历史因素方面,既有中共在民主革命时期根据地形成的各自为战、自给自足、供给制和平均主义的传统,又有国民党官僚资本已占垄断地位,中共通过没收官僚资本建立了掌握国家经济命脉的国营经济等因素。新中国成立初期刘少奇曾指出:"由于国家的一切经济命脉——如大工业、大运输业、大商业及银行、信贷及关于对外贸易等,均已操在国家手中,由国家对整个国民经济的生产和分配实行有力的领导,即实行某种程度的国民经济的组织性和计划性,是完全可能和必要的。……我们不只是要作财政计划,也不只是要作农业生产与工业生产计划,而且要作整个国民经济计划。"他还强调制作国民经济计划要"分别其中的轻重缓急,抓住其中的中心环节,根据实际的可能和必要来适当地逐步加以计划和组织,才能推动整个国民经济按照我们和人民需要的方向尽可能迅速地向前发展"[3]。在现实客观需求方面,中国开展国民经济的恢复工作和1953年后大规模经济建设以来,遇到了众多的困难,如技术力量匮乏、资金不足,产业结构和区域发展极不平衡等。在经济**紧运行**(供不应求)情况下,需加强政府调控,只有把有限的技术人才、资金、物资等集中起来,统一调度,才能保证基础建设,尤其是重工业战略的顺利进行,才能建立自身的工业体系。历史惯性与现实需求相结合,必然要求国家建立集中统一的经济管理体制。

2. 计划经济体制的形成

中国计划经济体制是在新中国成立以后至社会主义改造基本完成之间逐步形成的。

1949年《共同纲领》里规定了中央和地方在经济建设上分工合作的范围,统一调剂彼此之间的相互联系。新中国成立之初扼制通胀,治疗严重的战争创伤,需统一财政经济,集中控制现金和物质以确保国营经济对整个国民经济的主导地位,同时对国外在华企业实行限制,对本国私营工商业实行限制、利用、改造,为在国民经济的恢复中按照经济实体的性质区分采用直接计划和间接计划铺垫了基础。

"一五"计划的制定与实施,必须适当地集中全国现有的经济力量,有重点、倾斜地加以实施,国家相应地采取了直接计划、间接计划相结合的管理制度;随着农业、手工业和资本主义工商业的社会主义改造的逐步展开,相应地,市场功能逐渐缩小,指令性计划不断增加;国家还在劳动就业、对外贸易、物质供应、财政等领域逐渐建立起统一的管理体制,计划经济体制在原有基础上迅速加快建立。

1956年以后,随着农业、手工业和资本主义工商业的社会主义改造的完成,中国国民经济结构发生了根本性变化——以前多种经济成分并存的经济结构基本转变为单一的公有制经济,企业之间已经形成了生产单一计划,各种资料统一调拨供应,产品统购统销,财政统收统支,劳动就业统包统配的体制。由此表明,中国市场功能已经被大大削弱,高度集中的计划经济体制基本形成。

随着高度集中的计划经济体制的形成,其弊端也不断暴露。在此情况下,中国也对此进行了一定程度的调整和改进,但在"要把国内外一切积极因素调动起来,为社会主义事业服务"[4]的主导下,弊端的调整与改进基本集中在中央与地方分权上,而分权则要坚持"必须有中央的强有力的统一领导,必须有全国的统一计划和统一纪律,破坏这种必要的统一,是不允许的"[5]。由此导致计划经济体制不断加强而没有削弱,出现了一统就死、一死就放、一放就乱、一乱就收的循环演进过程中。

3. 中国计划经济体制的特征

中国计划经济体制具有如下一些基本特征:

一是**决策高度集中**。国民经济的恢复和大规模经济建设,都是在中央统一的意志下进行,以集中财力、物力和人力的方式展开的。高度集中管理体制的历史作用:①避免了资金分散、重复建设、乱铺摊子的弊病,保证了重点建设,改善了布局,提高了资金利用率;②保证了高积累,而且使高积累下生活消费品相对平均的分配,保证了社会的稳定和劳动者的积极性;③保证了国民经济的迅速恢复和短期内的高速发展。高度集中最大弊端:权力集中于中央,集中于主席,主席也是人,其认识出了偏差就会带来大动乱。

二是**指令性计划作用日益扩展**。随着三大改造的迅速完成,国营经济不断扩大,指令性计划也随之扩展到各个经济领域。指令性计划的作用急剧增加,中央的经济决策与管理体制不断扩大,不但直接控制了工业生产的大部分,而且企业的一切经济活动都要服从主管部门下达的计划。

三是**市场机制的作用日益萎缩**。随着三大改造的迅速完成、统购统销政策的实施及指令性计划的扩展,市场主体、市场体系与结构随之不断萎缩。市场仅仅成为计划经济的一个附庸。

二、"三面红旗"、"八字方针"与"文革"

三大改造和"一五"计划的提前完成,使中共领导人对国家经济建设的形势和发展潜力形成了盲目乐观的估计,忽略国情而提出了三五年内"超英赶美"、"跑步进入共产主义"的目标,由此导致了"鼓足干劲、力争上游,多快好省地建设社会主义"的总路线、"大跃进"和人民公社化运动的出现。"三面红旗"的失败和三年大困难,促发了党内修正经济发展纲领的愿望,20世纪60年代初提出了"调整、巩固、充实、提高"的八字方针,力图纠正"大跃进"的错误,促进国民经济的健康、顺利地发展,然而在经济形势稍有好转,毛泽东又错误地估计了国内形势,发动了"文化大革命"运动,极大地影响了中国经济的正常发展。

1."三面红旗"——总路线、"大跃进"、人民公社

"一五"计划提前完成后,快速改变中国贫穷落后的局面,成为全党和全国人民的迫切心愿。中共高层原本认为向社会主义过渡需要相当长时间,但是在"一五"计划期间毛泽东对速度问题提出了新的想法,认为应当加快。

1957年6月毛泽东掀起"反右派斗争"高潮,对国内不同意见进行严厉打压。1957年7月15日,马寅初在《人民日报》发表《新人口论》,提出了"我国人口增长过快"的命题,认为"控制人口,实属刻不容缓",并提出解决中国人口问题的途径:①积极发展生产;②控制人口数量,提倡晚婚,实行计划生育;③提高人口质量。他认为只有提高人们知识水平,才能有科学技术的高速度发展,才能有生产力的高速度发展,国家和人民才能富强起来。在反右派斗争中,马寅初及其《新人口论》受到错误批判。

周恩来、陈云等人曾批评过快、过急的急躁冒进倾向,中共八大也提出了在兼顾农工各业的同时,走综合平衡发展之路。但随着反"右"斗争的结束,毛泽东对反冒进提出了批评,表明要反"反冒进"。

1957年11月13日,《人民日报》发表社论,首次提出了"大跃进"的口号。1958年元旦,《人民日报》把毛泽东出席莫斯科会议期间提出的用15年左右时间在钢铁和其他重要工业品产量方面赶上和超过英国的口号正式向全国公布,这样,就使"大跃进"的思想有了明确的目标。1958年2月,《人民日报》发表社论,明确提出:"我们国家现在正面临着一个全国大跃进的新形势,工业建设和工业生产要大跃进,农业生产要大跃进,文教卫生事业也要大跃进。"1958年5月,在中共中央八大二次会议上正式通过了把"鼓足干劲、力争上游、多快好省"作为党的社会主义建设总路线。会上同时通过了第二

个五年计划,要求缩短超英赶美的时间,并制定了一系列不切实际的任务和指标:"二五"期间,工业总产值年均增长 26%～32%,农业总产值年均增长 13%～16%,国民收入比"一五"时期增长一倍以上,基建投资预算支出达到 1500 亿～1600 亿元。随后,各类经济建设指标不断被改进和提高。《人民日报》1958 年 5 月 27 日文章中指出"建设速度问题,是社会主义革命胜利后摆在我们面前的最主要的问题",结合当时其他文献有关内容,表明总路线的核心是"快",是"一天等于 20 年"。

1958 年 8 月上旬,毛泽东在视察河北、河南、山东等地农村时,认为还是"办人民公社好,它的好处是,可以把工农商学兵结合在一起,便于领导"[6]。毛泽东的看法经过报刊的大量报道,"人民公社好"传遍全国。

1958 年 8 月中共中央在北戴河召开政治局扩大会议,正式通过了《关于在农村建立人民公社问题的决议》。决议认为"人民公社是形势发展的必然趋势","几十户、几百户的单一的农业生产合作社已不能适应形势发展的要求。在目前形势下,建立农林牧副渔全面发展、工农商学兵互相结合的人民公社,是指导农民加速社会主义建设,提前建成社会主义并逐步过渡到共产主义所必须采取的基本方针。""人民公社将是建成社会主义和逐步向共产主义过渡的最好的组织形式,它将发展成为未来共产主义社会的基层单位。""看来,共产主义在中国的实现,已经不是什么遥远将来的事情了,我们应该积极地运用人民公社的形式,摸索出一条过渡到共产主义的具体途径。"北戴河会议决定,人民公社实行政社合一,乡党委就是公社党委,乡人民委员会就是公社社务委员会。人民公社除政社合一以外,还有一基本特点,就是"一大二公"(规模"大",一般都在四千户以上,甚至还有上万户的;财产"公",即生产资料所有制公有化程度高)。北戴河会议后,人民公社化运动迅速在全国展开,形成办社高潮。到 11 月,全国 74 万多个农业生产合作社合并为 26.5 万多个人民公社,参加公社的农户达到了 1.2 亿多户,占全国农户总数的 99.1%,全国范围内实现了人民公社化。

1958 年 8 月北戴河会议进一步讨论和修改了经济建设中的各种各类指标。会后,工业上提出"以钢为纲",确定了 1958 年钢产量 1 070 万吨的指标,引发了全国几千万人掀起的"大炼钢铁运动";农业上提出"以粮为纲"及"人有多大胆,地有多大产","不怕做不到,就怕想不到"等口号,不断公布粮食亩产量层层拔高的"高产卫星"的消息。1958 年 9 月 18 日《人民日报》报道,广西省环江县红旗人民公社"发射"的"中稻高产卫星"亩产最高已达到 13 万多斤!虚报浮夸的不良风气导致高层对国情判断的错误进一步扩大,"左"的错误倾向进一步发展,以高指标、瞎指挥、虚报风、浮夸风、共产风"五风"在全国泛滥开来。

违背规律,欲速不达。

由于原有钢铁企业的生产能力不够，各地开始推行土法炼铁、炼钢，一时土高炉遍地开花，田野、街道、学校、操场到处都成了大炼钢铁的战场，各地将一切可利用的资源都投入到炼钢的运动中。据统计，1958年9月底，全国建起了小高炉60万座，参加人数5 000万人；10月底建起小高炉上百万座，参加人数6 000万人；12月底小高炉已无法统计，参加人数约9 000万人。1958年底，中央宣布我国已超额完成钢产量翻一番的任务，年钢产量达到1 108万吨，但其中大约**有300多万吨的土钢土铁基本上不能用**，其他的质量也有问题，这给国民经济造成了极大的浪费。全民大炼钢铁使大量的职工被抽调和占用，并对采掘、电力、机械等其他部门也造成了极大的压力，各部门生产能力严重透支，**后续生产能力遭到破坏**。

针对"大跃进"中暴露出来的问题，**1958年底，党中央采取了一些措施加以纠正。然而，这些措施超出了毛泽东对"左"的错误的认识程度，被认为是对高涨的群众运动泼了冷水、泄了气，因此，1959年的庐山会议后期又展开了反右倾运动，许多正确的经济措施被再度否定**，促成了1960年上半年的新"跃进"。

> 毛泽东：那时我国的乡村中将是许多共产主义的公社，每个公社有自己的农业、工业，有大学、中学、小学，有医院，有科学研究机关，有商店和服务行业，有交通事业，有托儿所和公共食堂，有俱乐部，也有维持治安的民警等等。若干公社围绕着城市，又成为更大的共产主义公社。前人的"乌托邦"想法，将被实现，并将超过。
>
> ——薄一波：《若干重大决策和事件的回顾》（下卷），第731页。

在"一大二公"的人民公社内部，一方面公社对生产队的财产无偿上调，对社员的财产则无偿收归公有，农民的锅被收去炼钢，极大地损害了农民的利益，完全破坏了等价交换原则；另一方面在公社内部则实行平均主义的供给制，不顾实际条件**大办公共食堂**吃"大锅饭"，对社员的生活推行"七包"、"十包"，即包吃、包穿、包住、包生养、包教育、包婚丧、包看病，有些地方还包理发、包烤火、包看戏看电影等，过早地实行按需分配。实行人民公社化之后，农民的自留地和家庭副业基本被取消，农民收入显著下降，而分配方面又不与劳动的多少挂钩，实行完全的平均主义，严重挫伤了农民的生产积极性，同时也造成了粮食和国家财政资金的惊人浪费。

"大跃进"运动打乱了经济建设的秩序，浪费了大量的人力、财力、物力，造成了国民经济各部门比例关系的严重失调。由于片面发展重工业，轻工业发展所需的原材料及服务被挤占，轻重工业之间的比例也发生了变化，三年间，重工业成倍增长，而轻工业产值仅增长 41.3％。1957 年轻重工业之间的比重为 55∶45,1958 年则变为 33.4∶66.6。轻工业发展的滞后造成了市场上轻工业品和手工业品的供应十分紧张。由于工业总产值的增长大于运输能力的增长,运输能力跟不上需要,只能通过过度使用运输工具和利用农村劳动力突击运输的方式来解决。即使如此,1960 年仍有大约 30％的铁矿石和 2 000 万吨的煤炭积压在矿区运不出来,这也严重影响了生产的发展。在大炼钢铁运动中,国家动用了一切可利用的资源,农村劳动力被大量占用,1957 年农村劳动力有 19 310 万人,到 1958 年农村劳动力只有 15 492 万人。由于生产工具和劳动力的抽离,造成 1958 年农业丰产不丰收,损失很大。据统计,1958 年农业总产值比上年增长 2.4％,是新中国成立以来增长速度最低的一年,甚至还不如灾年 1954 年 3.4％的增长速度。从 1959 年开始,农业生产大幅度下降,到 1960 年,农业总产值仅为 415 亿元,比 1957 年下降了 22.7％。尤其突出的问题是,人均粮食产量只有 430 斤,差不多回到了 1949 年的水平,粮食供应十分紧张,部分地区出现饥荒。1959 年至 1961 年的非正常死亡和减少出生人口大约在 4 000 万左右。另外,棉花产量比 1957 年下降 35.2％,油料作物下降 53.8％,猪产量下降 43.6％。[7]

2.“八字方针”

由于在“左”倾错误思想指导下,搞“大跃进”、人民公社化,中国经济出现了大倒退,引致了三年的国民经济困难:国民经济比例关系严重失调,基建规模过大,粮食缺乏,通货膨胀,市场供应紧张,人民生活困难。为此,中共中央在 1960 年冬不得不做出调整,提出了对国民经济实行**“调整、巩固、充实、提高”**的八字方针,力图纠正前期的失误,以克服日益严重的经济问题,引导国民经济的健康顺利的发展。1961 年 1 月,党的八届九中全会正式通过了上述八字方针。所谓“八字方针”,即调整国民经济各方面的比例关系,主要是农业、轻工业和重工业的比例关系,调整积累与消费的比例关系,巩固经济发展和变革中已经获得的成果,充实新发展起来的一些经济事业的内涵,提高那些需要进一步改善事业的质量。“八字方针”的中心是调整,通过调整,提高整个国民经济的发展速度,适当控制重工业的发展速度,特别是钢铁工业的发展速度。同时适当缩小基本建设规模,使工农之间、轻重之间、积累与消费之间的比例趋于协调,使国家建设和人民生活得到统筹兼顾,全面安排。随后,又经过多次会议,中共中央进一步制定了一系列贯彻落实的政策和措施,决定从 1961 年起,按照“八字方针”的要求,开始对国民经济进行全面的调整。

国民经济的调整首先是从农业入手的。1960 年夏,中共中央讨论了经济调整问题,发出了《关于全党动员,大办农业、大办粮食的指示》。同年 9 月底,中共中央在转发《关于 1961 年国民经济计划控制数字的报告》中明确提出了"把农业放在首位,使各项生产、建设事业在发展中得到调整、巩固、充实和提高。"1961 年 1 月,中共八届九中全会正式决定对国民经济实行"**调整、巩固、充实、提高**"的方针,即调整严重失调的经济比例关系,**巩固**生产力和生产关系在发展和变革中获得的成果,**充实**一些新发展起来的事业的内容,**提高**那些需要改善的新事物的质量。在这四个方面中,调整是中心的环节。此后,中国经济进入一个调整阶段,这是开始全面建设社会主义以来国民经济的第一次调整,是一个重大的转折。1961 年,中央制定和发行了《农村人民公社工作条例》(简称"农业六十条"),出台了一些有利措施以恢复和发展农业。农村人民公社虽然仍然存留,但是已由"一大二公"改为"三级所有,队为基础"体制,生产队有了较大的经营自主权。并重新划出 5%~10%的耕地,作为社员自留地,恢复农民家庭副业,开放原有集市贸易场所。国家在政策、财力、物力、人力等方面加大了对农业的倾斜:一方面压缩"大跃进"过程中日益膨胀的城镇人口,**1960 年至 1964 年大量城镇人口重新返回农村,以充实农业生产第一线,净减少城市人口 3 788 万**(第一次"逆城市化");缩小农田水利建设规模、精简农村文化教育事业,减轻农民负担,充实和加强农业战线的劳动力;另一方面,增加农村所需贷款和物资,减少粮食征购任务、降低农业税,提高农副产品的收购价格,促进农业生产的恢复,增加农民的收益,与此同时,号召和组织各行各业从各方面加强对农业的支援。通过这些措施,农业战线的劳动力得到了保障,农民收入和农业的物质技术也得到了明显增加,农村重又出现了活力和生机。

1962 年初中共中央召开了有 7 000 人参加的扩大的中央工作会议,初步总结了"大跃进"中的经验教训,扭转了急躁冒进情绪。陈云、邓小平等人认为中央应认真研究一下农民自发采取的"包产到户"等做法,邓小平在《怎样恢复农业生产》一文中讲"(不管)黄猫、黑猫,只要捉住老鼠就是好猫",哪一种方法有利于恢复生产,群众愿意采取,就用哪一种方法。[8] 但是毛泽东称此为"刮单干风",对此进行了严厉批评。"文化大革命"中,"黄猫黑猫"论被指责为"唯生产力论",遭到错误批判。

由于采取了缩短基本建设战线、稳定和调剂市场供应等一系列举措,经过全国人民的艰苦努力,到 1965 年各项经济指标基本达到了调整的任务,中国已经度过了经济最困难的时期,人民生活有所改善。

3."文化大革命"

"文化大革命"的产生不是偶然的,而是有着深刻的社会经济、政治等方面因素的。政治上,正如中共中央《关于建国以来若干历史问题的决议》所指出的"毛泽东同志在关于社会主义社会阶级斗争的理论和实践上的错误发展的越来越严重，他的个人专断作风逐步损害党的民主集中制，个人崇拜现象逐步发展，党中央未能及时纠正这些错误，林彪、江青、康生这些野心家又别有用心地利用和助长了这些错误，这就导致了文化大革命的发动"。政治上的"左"倾错误思潮，通过反右倾和庐山会议，使阶级斗争理论从党外引申到党内，八届十中全会进一步把阶级斗争理论系统化，出现了阶级斗争必须年年讲、月月讲、天天讲的趋势。随后，"四清"[9]等以阶级斗争为中心的社会主义教育运动在全国普遍展开。

阶级斗争的扩大化，使经济问题与阶级斗争混同起来，并在实践中不断升级。经济学家孙冶方提出的把利润作为计划工作中心指标思想，被斥之为"利润挂帅"、"奖金挂帅"、"资本主义经营管理"而遭到批判，大肆宣扬"宁要社会主义的草，不要资本主义的苗"，"可以停工停产，颗粒无收也不要紧"等错误思想，使商品生产、价值规律和市场的作用长期被忽视，国民经济活力受到压制；另一方面毛泽东的理想社会模式，是力求把中国各行各业办成亦工、亦农、亦文、亦武的"共产主义大学校"，用强行改变生产关系的方式缩小三大差别[10]，限制和消灭商品货币关系，追求封闭的产品经济模式和平均主义，在实践中就形成了以"阶级斗争为纲"统帅经济建设的"左"倾指导思想。毛泽东对当时社会的主要矛盾做出了错误的判断，认为防止修正主义和资本主义复辟是我们国家的主要任务，阻碍其理想模式发展者是其主要敌人，试图发动一场空前的群众运动来清除一切既有的文化传统。中国开展了长达十年的"文化大革命"，国家陷入了动乱时期。

"文革"初期，对经济建设的干扰和破坏是伴随政治与业务关系的争论开始的。1966年元旦《人民日报》、《红旗》杂志各发表了一篇社论《迎接第三个五年计划的第一年——1966年》和《政治是统帅，是灵魂》，政治与业务的争论由此展开。随后，争论不断升级，正确看法逐渐被抛弃，最终集中到只准抓革命、不准抓生产业务的行动上，由此给经济工作造成极为不利的影响。随着"文革"在全国的展开，红卫兵大串联，人员的大流动，一方面增加了国家财政困难，另一方面又加重了交通运输负担。8月23日《人民日报》发表的社论《工农兵要坚决支持革命学生》，各地闻风而起，大字报铺天盖地、"破四旧"活动如火如荼。10月出现的"踢开党委闹革命"的浪潮，工交企业的生产秩序被打乱，经济管理部门受冲击。由此出现了上无指挥、内有造反派、外有学生串连的混乱局面，导致了工厂停产减产、交通阻塞，商业、邮电、金融等部门不畅，严重影响了人民生活和经济建设。

1967—1968年，夺权风暴遍及全国，到1968年9月全国先后成立了"革命委员会"，出现"打倒一切"、"全面内战"的政治局势，严重破坏了经济建设的正常进行。在各部门夺权运动中,经济管理机构陷于瘫痪,原先形成的一系列正确的经济政策和规章制度被抛弃,甚至被废除,正常的经济生活秩序被打破,经济发展处于无序状态,经济管理难以为继,经济发展失去了控制。一些沿线和交通枢纽城市的大规模武斗,严重地影响了交通运输的正常进行,导致煤炭等生产资料的供应困难,直接约束了钢铁、电力等基础工业部门,进而影响到经济领域的其他部门。如此局面,造成经济各部门生产产量大幅度下降,财政收入大大萎缩,市场供应紧张,国民经济连续两年负增长,给国家和人民带来了灾难性后果。

"三五"计划的后二年,中共九大的召开虽然没有改善"左"倾错误思想在各项工作上的指导作用,但打斗之风有所收敛,全国政治局势开始趋向稳定,社会正常秩序渐趋恢复。在这前后,根据毛泽东的号召,**2 000多万城镇知识青年和干部下放农村(第二次"逆城市化")**。周恩来利用社会正常秩序渐趋恢复时机,努力在经济建设上改变前期无序状态,重新把国民经济置于计划的领导之下。随后,在干部群众的共同努力下,生产生活状况有了好转,经济开始恢复,仅在1969年就基本刹住了国民经济连续两年负增长的势头。1970年2月,国务院召开了全国计划工作会议,讨论和制订了1970年的国民经济发展计划和《第四个五年计划纲要》。按此要求,农村经济得到明显的恢复和发展,小钢铁、小机械、小化肥、小煤窑、小水泥等"五小"工业在全国各地蓬勃发展,经济管理体制得到一定改善,企业管理权限有所下放。至此,1970年的经济比上年有了较大幅度提高,达到或超过"文革"第一年的水平,同时也基本上完成"三五"计划的主要经济指标,人民生活有所好转和改善。当然,基建规模过大、内地建设过急过快、农轻重等比例失调、职工增长过快等现象并没有得到根本的改善,经济发展中的问题仍然严重。

1971—1975年是中国发展国民经济的第四个五年计划时期。由于受到了国内外经济环境的影响,"四五"计划的编制仍然没有改变过去高指标、高速度的趋向,"以阶级斗争为纲,狠抓备战,促进国民经济的新飞跃","集中力量建设大三线的战略后方,建立不同水平、各有特点、各自为战、大力协同的经济协作区,初步建成中国独立的、比较完整的工业体系的国民经济体系"。在此思想的指导下,"四五"计划延续了前期的急于求成、盲目冒进的做法,过分突出重工业、强调高积累,一味追求生产上的高指标,忽视经济绩效和人民生活。因此,为了保证"四五"计划的实现,在经济发展过程中造成国民经济各部门各业之间的比例严重失调,引致1971年内职工人数突破5 000万人、工资总额突破300亿元、粮食销售量突破4 000万吨等"三大突破"。"三大突破"给中国经济建设带来诸多不利:严重削弱了农业发展的基础,大大缩减了农业劳动力,而城镇职工的大量增长,既降低了职工整体素质,导致劳动生产率下降,又增加了财政支出,扩大了货币投放,还加剧了粮食等生活资料供应的紧张局面,中国国民经济出现了新的比例失调现象。

"九一三事件"发生后,周恩来重新主持中央日常工作。为此,针对"三大突破"的严重经济后果,周恩来在1972年国民经济计划中提出了加强统一计划、整顿企业管理,落实党对干部、管理者、技术人员等的政策,坚持又红又专,反对无政府主义和空头政治。随后,各种调整措施虽然遭遇"四人帮"的干扰,但从1972年,尤其是1973年,在经济建设的过程还是部分执行了上述措施,调整了"四五"计划纲要,降低了计划指标,部分纠正了经济领域的"左"倾错误思想,"三大突破"基本得到控制,工农业生产得到明显好转,人民生活开始得到部分改善。

"文革"最后三年,国民经济呈现出大起大落的状况。1974年,受到"九一三事件"后"批林批孔"运动影响,一些领导干部重新被打倒,许多单位重新瘫痪,政治出现新的动乱局面,给国民经济的发展造成很大危害,出现二次夺权的浪潮,刚刚好转的经济秩序再次出现无序状态。工业生产急剧下降,交通不畅,财政赤字严重,市场供应紧张。如此经济形势引起人民的不满,也引起毛泽东的注意。11月,毛泽东作出要把国民经济搞上去的指示。随后,被下放的邓小平在1974年重新起用,1975年初全面主持党政军的中央日常工作。在邓小平的努力排除各种干扰下,对国民经济各领域各部门进行了全面的整顿,全国经济形势明显好转,逐步摆脱了停滞的状态,然而,好景不长。国民经济的全面调整遭到了"四人帮"的大力干扰,在"批邓、反击右倾翻案风"运动中,导致复出不久的邓小平在11月下旬起重新被停止了对中央的工作主持。在此期间,"四人帮"把各项整顿工作诬蔑为"复辟",对各项整顿文件当作"毒草"加以批判,各级经济管理机构重新被冲击、改组,领导干部被批斗、打倒,规章制度被废除,正常的经济秩序遭到破坏,引致1976年国民经济陷入停滞,几乎瘫痪的状态。

"文革"期间,在"左"倾错误思想的指导下,加上林彪、江青等反革命集团的干扰、破坏,中国经济建设脱离客观实际,片面追求高指标、高速度,过度强调战备,忽视经济效益和人民生活质量的提高,给中国经济和社会发展带来严重的后果。具体来说,国民经济各部门间的比例关系极不协调,以阶级斗争为纲、战备为核心的思想约束下经济效益全面下降,经济发展呈现大起大落,人民生活水平下滑,全民所有制各部门职工年人均名义工资由1966年的636元,减少到1976年的605元,下降了4.9%,实际工资则下降了近6.6%。城市居民的生活必需品紧缺,粮、油、布、副食、煤和许多日用工业品都实行了严格的低水平的定量供应,城市的商业网点和服务行业大量并缩,给城市人民生活造成严重困难和不便;农民收入几乎没有增加,有些地区还出现下降趋势;此外,知识青年上山下乡,以及教育、文化事业的严重破坏,影响了一代人科技文化素质的提高,也进一步拉大了我国同国外先进科技水平的差距,其损失巨大,无法估量。到"文革"结束国民经济几乎到了崩溃边缘,而经济管理体制极度紊乱,计划出现几度停止局面,严重干扰和破坏了正常的经济发展秩序,最终导致中国与世界主要国家之间的经济差距越来越大。

"文革"的十年浩劫,给中国经济建设造成巨大破坏和损失的同时,也给今后经济发展带来重要的经验教训:一是一定要从中国国情和实际出发,遵循经济发展的客观规律,制定稳妥地经济政策和科学的管理体制,才能使社会主义经济建设健康稳定快速的发展,保证经济的活力与生机;二是要正确地认识和处理国内的主要矛盾,坚定不移地把党和政府工作的中心放到经济建设上来,努力维持经济发展的正常秩序;三是要保持清醒的头脑,在经济建设中既要警惕"右",更要防止"左";四是要正确地估计和把握国内外形势,维护安定团结的社会环境,全心全意地搞好自身经济建设事业。

三、以备战为中心的"三线建设"

在"文革"前后约15年时间里,中国社会经济领域还有一重大事件——进行以备战为中心的"三线建设"。

冷战时期,以美国为首的西方帝国主义国家长期反华,它们在中国东北、东部沿海地区形成一个半月形的军事封锁带,美国派出舰队进驻台湾海峡,构成对中国的潜在威胁。20世纪60年代时中苏交恶,苏联调遣了54个师100多万军队陈兵苏联与中国北方边境、中国边境西部边界,严重威胁到国家安全;中印边境冲突,彼此戒备,西南边境仍然存在战争可能;台湾蒋介石集团大肆叫嚣要"反攻大陆",不断侵扰东南沿海一带;美国介入越南战争,直接威胁到中国南部边境,并且公然声称:"中国今天是美国的主要敌人","我们打算坚定不移地反对共产党中国。"1964年8月初,美国扩大侵越战争。在这样背景下,毛泽东在中国政府抗议美国侵犯越南的声明稿上批示说:"要打仗了",他又在8月17日、20日中央书记处两次会议上指出,要准备帝国主义可能发动侵略战争,现在工厂都集中在大城市和沿海地区,不利于备战。为此,原来提出以解决吃穿用、加强基础工业、兼顾国防和突破尖端技术为次序安排"三五"计划的指导思想改向"备战",三线建设的战略决策确立。

所谓"三线",是由沿海、边疆地区向内地收缩划分三道线:一线指位于沿海和边疆的前线地区;三线指长城以南、京广线以西的广大地区,包括四川、贵州、云南、陕西、甘肃、宁夏、青海等西部省区及山西、河南、湖南、湖北、广东、广西等省区的后方地区;二线指介于一、三线之间的中间地带。其中川、贵、云和陕、甘、宁、青俗称为大三线,一、二线的腹地俗称小三线。根据当时中央军委文件,从地理环境上划分的三线地区是:甘肃乌鞘岭以东、京广铁路以西、山西雁门关以南、广东韶关以北。这一地区位于我国腹地，离海岸线最近在 700 公里以上，距西面国土边界上千公里，加之四面分别有青藏高原、云贵高原、太行山、大别山、贺兰山、吕梁山等连绵山脉作天然屏障，在准备打仗的特定形势下，成为较理想的战略后方。

1965 年 9 月，中共中央在北京召开工作会议，通过了"国防建设第一，加速三线建设，逐步改变工业布局"的"三五"计划新方针，由此拉开了"三线"建设序幕。中共中央决定，首先集中力量建设三线，在人力、物力、财力上给予保证。第一线能搬迁的项目要搬，明后年不能见效的项目一律缩小规模。中央确定三线建设选址原则为："**靠山、分散、隐蔽**"，**1966 年**，林彪将"隐蔽"改为"进洞"，选址原则被其简称为"山、散、洞"。

20 世纪中国第二次工厂大西迁。

"三线"建设最初准备 7 到 10 年完成，后来延长到 10 至 15 年完成，横跨了"三五"、"四五"和"五五"三个五年计划。具体的实施，大致分为三个阶段：1965 年 9 月到 1969 年底，受到"文革""打倒一切"、"全面内战"的影响，"三线"建设难以大规模展开，为缓慢推进阶段；1970 至 1972 年受珍宝岛事件影响，林彪一伙以"用打仗的观点，观察一切，检查一切，落实一切"左右下，确定了庞大的国防建设计划，迅速扩大军工生产，建设独立完整的国防工业体系，由此拉开了全面建设阶段。数百万工人、干部、知识分子、解放军官兵和成千万人次民工的建设者喊着"备战备荒为人民"、"好人好马上三线"的口号，打起背包，跋山涉水，来到西部深山老林，成为"三线人"（又被称为"三献人"，即"献了青春献终生，献了终生献子孙"）。他们露宿风餐，人挑肩扛，用十多年的艰辛、血汗，甚至生命，在三线建起了 1 100 多个大中型工矿企业（国家也花了数千亿元投资）；1973 年以后，随林彪反革命集团的覆灭，中央调整措施解决前期战线过长、"三线"建设过急等问题，随后发布了《关于小三线军工厂归地方领导的若干问题的通知》，并决定撤销军委国防工业领导小组，成立国务院国防工业办公室，自此之后"三线"建设逐渐转入正常轨道。

从 20 世纪 60 年代开始，历时十几年，横跨 11 个省、自治区和涉足诸多经济部门的"三线"建设，对中国工业乃至整个国民经济都具有深远而重要的影响。

"三线"建设的**成就**，大致有两方面：一是**中国工业的区域布局得到了有效改变**，并逐步趋于合理。解放前中国经济发展极不平衡，现代工业、交通等绝大部分分布在沿海、沿江，尤其是集中在上海、天津、汉口、广州等几个开放口岸城市，内地几乎空白。新中国成立后，虽然经过三年国民经济恢复和"一五"、"二五"计划经济建设的倾斜，沿海与内地的不平衡得到部分改善，但就全国来说，内陆地区的经济基础仍然十分薄弱，仍然存在资源与能源脱节、生产与需求背离等问题。然而经过"三线"建设,上述状况有了明显改善,内地过国家重点投资建设,不但新建了一大批工业企业、现代交通设施,而且还建成了一些新的工业和经济中心,已经形成了门类相对齐全的工业体系,一些技术甚至还超过沿海地区,而川黔、贵昆、成昆、湘黔、襄渝等铁路干线的建成则极大地改变了内地交通闭塞的状况,大大提高了当地经济发展水平;二是大致**建成了后方国防战略工业生产和科研基地**,增强了中国国防工业力量。通过三线建设,在内地形成了许多新的国防工业生产中心和基地,比如,到 1975 年已经初步形成了以重庆为核心的常规武器工业生产体系,四川、贵州、陕西的电子工业基地,四川、陕西等地的核武器科研生产基地,以及贵州、陕西、四川、湖北西北等地的航空工业基地。

"三线"建设基本是在"文化大革命"时期展开,明显带有过快过急的"左"倾思想导向,由此在实践过程也明显产生了一些不利的后果:一是国民经济各部门、各行业的发展**比例关系不协调,各业之间的投资不匹配**,难以形成综合生产能力。在"三线"建设过程中,中国过度强调重工业、军工企业的投资和建设,忽视轻工业、农业等基础领域的建设,而在实际操作过程中,工业企业的选址不是以所在地的资源、交通、经济技术是否合理为标准,而是以山、散、洞为原则,致使企业设置不合理,同时企业本身则盲目追求自成体系,导致各地盲目、重复建设,无法发挥彼此的资源等优势;二是**经济效益差**。"三线"建设,由于没有经过严密论证,就仓促上马,全面铺开,过急过快,加上在"左"倾错误思想的导向下,管理、组织工作薄弱,职工无法安心工作,资源浪费极大,最终导致所建工业企业的经济绩效不高(改革开放后大批"三线"企业失去了市场竞争力,或搬迁,或合并,或破产,或重组,或转让)。

四、对外经济关系的变化

从新中国成立到 20 世纪 70 年代末,中国对外经济关系呈现出了曲折发展的局面。一方面进口中国经济建设所需的生产资料、各种技术设备和一些生活急需资料,同时也对朝鲜、蒙古、越南等亚非国家提供大量的无偿援助;另一方面则根据国内外形势的变化,不断改进对外经济关系,同时在国内建立起高度统一的对外经贸管理体制。

1. 对外经济关系的曲折发展

"三面红旗"提出以前,主要受以美国为首的西方阵营的经济封锁和禁运影响,一方面中国利用封锁政策所导致的资本主义内部、美国与其他资本主义国家之间的矛盾,大力开展与中国有着正式外交关系国家的经贸活动,同时跟其他资本主义国家中的民间经贸团体保持积极的接触，积极开展以港澳为据点的转口贸易；另一方面则主要展开跟苏联为首的社会主义阵营内部的经济交往，获取中国经济建设所必须的技术设备和各种生产生活资料，努力展开与他们的各种经济合作，同时对朝鲜、蒙古、越南等国家提供大量的无私援助。当然，这一时期，中国还迅速恢复和发展同广大亚非国家的经济关系。通过灵活的经贸关系策略，中国的经贸工作取得了很大成就，对外贸易有了很大发展，进口了一大批中国经济建设急需的技术设备，促进了中国科技的进步，对当时物价稳定、交通运输、农工各业的发展，对满足人民生活需要，起到了积极作用。

"三面红期"提出到"文革"爆发之间，对外经济关系大起大落、曲折发展。刚开始几年，受到国内高指标、高速度等为特征的"大跃进"影响，中国对外经贸关系呈现出短期内迅猛增长、"大出大进"的趋势，比如1958年的进出口贸易总额达到了128.8亿元，比1957年增加了24.8％；1959年总额达到了149.3亿元，又比1958年增加了13.2％。对外经贸关系的迅猛增长，与国内经济发展实际严重脱节，这不但加剧了国内出口物资空前紧张、出口产品质量下降，而且导致随后几年对外贸易额连年大幅度下降。20世纪60年代前后，受国内连续三年的经济困难、中苏关系交恶等因素约束，中国与社会主义阵营的经贸关系出现大面积萎缩，迫使中国对外经贸关系进行调整，降低经贸指标。在对外经济关系上，中国开始另起炉灶，扩大与第三世界国家的经贸交往，同时把以前从苏联等社会主义阵营进口的生产资料、技术设备转向西方资本主义国家，使中国对外经贸指标逐步得到了恢复，如下表：

1957—1966 年之间中国进出口贸易总额表　　　　　　　　　　亿元

年份	进出口贸易总额	年份	进出口贸易总额
1957	102.7	1962	80.9
1958	128.8	1963	85.7
1959	149.3	1964	97.5
1960	128.5	1965	118.4
1961	90.8	1966	127.1

当然，这一时期，中国经济尽管相当困难，但还是对一些亚非国家提供了大量的经济援助，并且与第三世界国家的关系得到了明显改善。

"文革"至改革开放期间，中国对外经济关系曲折发展。"文革"之初三年，受到"全面内战"、"打倒一切"等因素干扰，对外经贸大幅度下降，1967—1969 年的进出口贸易总额分别比1966年下降了11.7％、14.6％和15.8％。进入 70 年代之后，中国国际国内政治、经济环境得到明显改善；国际上，一方面中国与美国、日本等西方资本主义国家关系逐步走上正常化，早期的经济封锁大面积解冻，中国得到了越来越多的国家认同，尤其是 1971 年恢复联合国的合法席位，国际地位得到大大提高，另一方面中国与第三世界国家的交往得到了新的发展；国内，中国经济的调整获得了一定成功，为对外经济的开展铺垫了物质基础，尤其是"四三方案"的确定并实施，促成了中国进口技术设备等迅速增长。在此条件下，中国对外经贸关系逐步回升，之后除了 1976 年的下降外，尽管还存在一定的起伏，但已经取得了根本性的突破发展，贸易迅速增长起来。

2. 建立高度统一的对外经贸管理体制

中国对外经贸关系体制的建立是伴随新中国的建立而在没收国民党四大家族的进出口企业、取消帝国主义在华特权、收回海关关税自主权等的基础上，组建国营公司和逐步对私人企业进行限制、改造和合并的条件下，建立起中国的对外经贸体系。在此过程中，受到国外帝国主义势力敌视和冷战思维的影响，一开始中国对外经贸关系几乎就集中在与社会主义国家、亚非发展中国家的交往上，而与西方国家的交往范围极其狭小。在此情况下，中国对外经贸关系体制的建立自然就如毛泽东所指出的那样，"人民共和国的国民经济的恢复和发展，没有对外贸易的统制政策是不可能的"，[11] 实行统制政策，成立贸易部，部内设国外贸易管理局。在此基础上，中国设立一些专业进出口公司，包括土产出口总公司、进口总公司、茶叶总公司、矿产总公司等。1950 年，中国设立了中国进出口总公司、中国进口公司分别负责与资本主义国家和社会主义国家的经贸事务。1952 年成立对外贸易部，并对以前成立的一些专业公司进行调整。与此同时，展开对私营贸易公司进行社会主义改造，到 1956 年逐步实现公有制一统天下的局面，自然全国的对外贸易都由对外贸易部统一领导和管理，由各外贸专业总公司统一经营。由此，中国完全形成明显的产销、供需分离，计划色彩极其统一的对外经贸管理体制。该体制形成后，基本上是稳定不变的，其中只在 1958 年和 1974 年作过一些小的调整。

高度集中的对外经贸体制，是与当时国内计划经济体制相匹配的，后随国内外形势的变迁而不断强化。该种体制，在当时是有其历史积极性的，即有利于集中调集资源，发展出口，换取外汇，有利于统一安排进口中国急需的技术设备和各种生产资料以保证重点建设，同时也有利于统一对外，在国际形势变幻中应对各种挑战。当然，高度集中、行政管理的对外经贸体制也存在如下一些弊端：一是高度集中，统得过死。中国的外经贸活动基本上是国家独家经营的，各省各部门的外经贸业务的开展完全按照中央的计划进行，不利于外贸企业、地方各部门发挥独立自主的活力；二是外经贸与工农技脱节，产销脱节；三是财政体制上，外贸部统包盈亏，搞平均主义，吃"大锅饭"，严重阻碍了外贸企业走企业化经营之路。随着国内外形势的变幻,中国上述体制的缺陷日益突出,越来越不适应中国对外经贸关系的进一步发展。

五、经济建设的成就与主要问题

1958年中国带着社会主义改造胜利和"一五"计划成功的喜悦,开始进入单一公有制和计划经济体制时期,这以后20年中国经济建设曲折发展,充满挫折、灾难、困惑,但也在国防工业及"两弹一星"等尖端科学方面取得了巨大进展,在改善基础设施、缩小沿海与内地差距方面取得一定成就,最后带着"文革"后的痛苦反思、对社会主义经济体制的困惑而进入1978年,又开始孕育着一场新的探索。

全国总人口除1960和1961年出现负增长外,1962年以后全国出现了一次空前的补偿性生育高潮,1963年达到顶峰,全国人口出生率高达43.6‰,其后又在较长时期内居高不下,直到1973年将人口发展正式列入国家计划,开始抓紧计划生育工作,才使人口增长率逐渐下降到1978年的13.53‰。全国总人口已由1957年的6.46亿人增至1978年的9.63亿人。[12]

1. 工业建设的成就与问题

从1958—1980年,从实际经济发展的效果看,第一,中国工业体系进一步齐全,尤其是随"三线"建设而形成较强的国防工业实力,在核工业、电子工业、航天工业、石化等领域形成了具有国际优势的科研生产中心、基地,大大提高了各种工业产品的生产能力;第二,初步调整了中国经济的地区发展格局,逐步改善了中西部经济生产能力。经过"一五"计划,特别是后来的"三线"建设,使得中西部的能源、矿产等资源得到有效开发,公路、铁路线的大量修建,尤其是成渝、兰新、包兰、兰青、宝成、集二、成贵、湘贵、成昆、襄渝等铁路线,以及青藏、新藏、康藏等公路线的开通,改善了内地交通极端落后的状况,而各种新建的工业则极大提高了中西部的工业生产和技术设备水平,改变了解放初现代工业布局集中沿海、沿江少数地区的局面;第三,"五小"工业和交通运输的建设,极大推进了县域经济的发展。全国基本建设新增固定资产4 339.39亿元,是"一五"计划时期新增固定资产的8.82倍。从1958—1978年,基本建设新增生产能力为:炼钢2 911.3万吨,是"一五"计划时期的新增炼钢能力的10.34倍;煤炭开采36 510万吨,是"一五"计划时期的5.73倍;发电机组容量4 859.5万千瓦,是"一五"计划时期的19.68倍;石油开采10 973万吨,是"一五"计划时期的83.64倍;化肥1 132.53万吨,是"一五"计划时期的122.57倍;水泥4 614万吨,是"一五"计划时期的17.66倍;棉纺锭

830 万锭,是"一五"计划时期的 4.13 倍;机制糖 234.8 万吨,是"一五"计划时期的 3.79 倍;自行车 318.6 万辆,是"一五"计划时期的 6.37 倍;新建铁路交付营业里程 18 458 公里,是"一五"计划时期的 4.43 倍;新建公路 153 316 公里,是"一五"计划时期的 1.84 倍。[13] 从上面数字可以看出,除公路增长较慢外,其他都有较大幅度的增长。

不过,这种增长是靠增加投入和牺牲消费来维持的。工业在获得上述成就的同时,也存在很多问题:一是过度强调高速度、高指标,导致很多工业企业的建设,缺乏科学论证和规范的条件下,就单凭领导者的主观意志,快速开工,致使资源浪费严重、经济效益差;二是以备战为核心发展工业生产,造成国民经济内各部门各领域的比例极端不协调,资源配置效率极低,无法将有限的人、财、物合理配置到经济效益相对高的行业、部门和地区之中;三是在长期"左"倾错误思想指导下,工业内部的各项指标不太合理,地区与工业企业内部又过度强调小而全、大而全的思想,造成资源无法得到合理利用,工业波动频繁、结构不协调,经济效益从"一五"期间的上升渐趋下降,乃至停滞。

2. 农业建设上的成就与问题

新中国成立后的 30 年期间,伴随着工业化的进展,中国城市化也有所发展。但是 1958—1978 年间出现两次较大的逆城市化,总起来看乡村人口占全国总人口的比重仅由 1957 年的 84.6% 下降为 1978 年的 82.1%,20 年仅下降了 2.5 个百分点。在从就业结构来看,1957 年全国农业劳动者共有 19 310 万人,到 1978 年,农业劳动者增加到 29 426 万人,而同期农业总产值仅增长 84%,农业劳动生产率提高很少。如果考虑到 1978 年农作物播种面积比 1957 年下降 4.55 个百分点,农业机械总动力比 1957 年增长 95.8 倍,农业剩余人口问题更为严重了。[14]

农业生产的发展虽然在实际建设中呈现出大起大落,缓慢发展的状况,但在各级政府重视和广大农民努力下还是取得了一定的成绩:一是农田水利建设成效显著。从 1952 年开始到 1978 年之间,农田基建累计投资达到了 421.89 亿元,修建了一大批防洪、排涝、灌溉、发电等的综合工程设施,明显改善了农田生产的质量;二是农业机械化水平有了一定的提高,初步改变了农业工具落后的面貌;三是土壤改良、良种推广成就显著,化肥农药的使用逐渐普及。农业一方面为工业等领域提供大量的资金、各种生产资料,另一方面又从工业等领域中获得各种技术、机械等支持,农业生产总量、主要农产品产量都获得了一定增长。在农业生产总量上,1978 年以前 30 年年均增长 4.3%。具体来说,农作物年均增长 3.8%,林业、渔业、副业、牧业的年均增长分别为 10.1%、12%、10.3% 和 4.5%,而一些主要的农产品也都有一定程度的增加。但是由于人口的较快增加,从人均年占有量看,粮食仅从 1957 年 612 斤增至 1978 年的 637 斤;1957 年人均占有量棉花 5.2 斤,油料 13.2 斤,肥猪 0.11 头,猪牛羊肉 12.5 斤,水产品 9.8 斤,到 1978 年仅为棉花 4.5 斤,油料 10.9 斤,肥猪 0.17 头,猪牛羊肉 17.9 斤,水产品 9.7 斤,[15] 多数增长不大,少数农产品如棉花、油料等还有所下降。

农业在发展过程中存在一些明显的问题:一是在"左"倾思潮的指导下,农业生产经营主要由长官意志决定,1964 年全国农业学大寨,更是以行政命令方式来发展农业,出现生搬硬套、千篇一律的局面,无法发挥各地区自身的优势,极大地挫伤了农民的积极性;二是粮食、棉花等的"统购统销"政策,以行政等手段人为削掉了商品经济和市场发育的基础,极大限制了农村非农产业的发展,约束了农业劳动力向非农产业的转化,降低了农业发展的效率;三是以工业化为核心的经济发展战略,造成对农业过度索取,减少了农业自身资金的积累,农业投资过少,导致了农轻重比例严重失调、农业内部则结构单一、农林牧副渔的比例变化缓慢的局面;四是分配环节长期流行平均主义,"吃大锅饭"思潮盛行,严重制约了农民生产经营的积极性,约束了农业发展的活力。

此外,这一时期商业流通和服务业、文教等事业都获得了某种程度的发展,取得了一定的成绩,但也受到"左"倾错误思想的影响,显得大起大落,缺乏活力,效果明显差强人意。

注 释

1.《毛泽东选集》,第四卷,第 1475 页,北京,人民出版社,1991。
2.《毛泽东选集》,第四卷,第 1481 页,北京,人民出版社,1991。
3.《刘少奇论新中国经济建设》,第 30、43～44 页,北京,中央文献出版社,1993。
4.《毛泽东著作选读》,下册,第 720 页,北京,人民出版社,1986。
5.《毛泽东著作选读》,下册,第 730～731 页,北京,人民出版社,1986。
6.《人民日报》,1958 年 8 月 10 日。
7.《中国统计年鉴(1983)》,第 103、122、149、162～163、178、184 页;《共和国重大事件纪实》(上),第 570 页,北京,中共中央党校出版社,1998。
8.《邓小平文选》,第 1 卷,第 323 页,北京,人民出版社,1994。
9. 1963—1964 年主要在农村进行**"小四清"**(清理账目、清理仓库、清理工分、清理财务),1965 年搞**"大四清"**(清思想、清政治、清经济、清组织),重点是"整党内那些走资本主义道路的当权派"。
10. 即城乡差别、工农差别、脑力劳动和体力劳动差别。
11.《毛泽东选集》,第四卷,第 1433 页,北京,人民出版社,1991。
12. 袁永熙主编:《中国人口(总论)》,第 84 页,北京,中国财政经济出版社,1991。
13. 国家统计局:《中国统计年鉴(1983)》,第 348～351 页,北京,中国统计出版社,1983。
14. 武力:《中华人民共和国 50 年经济发展与制度变革论析》,《当代中国史研究》,1999 年第 5 期。
15. 数据来源于《中国统计年鉴(1983)》有关部分。

第十三讲
改革开放与国民经济的迅速发展（1）

思考题

1. 结合经济史实,论述中国经济体制改革为何以农村为突破口?

2. 论述经济体制改革与扩大对外开放的相互联系。

3. 收集有关参考资料,试比较"温州模式"、"苏南模式"及"珠三角模式"。

一、扭转乾坤——现代化建设成为中心任务

1976 年 10 月 6 日，中共中央政治局采取果断行动，对江青、张春桥一伙实行隔离审查，由此结束了"文化大革命"。但是"左"倾思想影响仍然存在，当时中央领导人不顾经济实情，还制订了一个后来被称之为"洋跃进"的经济冒进计划；1977 年 2 月 7 日，"两报一刊"（《人民日报》、《红旗》杂志、《解放军报》）按照当时中央领导人意见，发表社论宣称："凡是毛主席的决策，我们都坚决维护；凡是毛主席的指示，我们都始终不渝的遵循。"同年 7 月，邓小平复职。他认为"两个凡是"不符合马克思主义，主张要完整准确地理解毛泽东思想，要坚持"实事求是"，坚持党的群众路线。1978 年 3 月 18 日，邓小平在全国科学大会上发表讲话，指出科学技术是生产力，知识分子是工人阶级的一部分。同年 5 月 10 日，中共中央党校内部刊物《理论动态》发表了由胡耀邦审定的《实践是检验真理的唯一标准》一文，随后，《光明日报》、《人民日报》和《解放军报》同时予以转载。这篇文章引起了全国各界的关注，引发了一场关于真理标准问题的全国性大讨论。这场讨论高扬"实事求是"精神，打破了对毛泽东个人崇拜的教条主义禁锢，得到邓小平等老一辈革命家及时有力的支持。邓小平在《解放思想，实事求是，团结一致向前看》讲话中指出："**一个党，一个国家，一个民族，如果一切从本本出发，思想僵化，本位盛行，那它就不能前进，它的生机就停止了，就要亡党亡国。**"[1]

1978 年 12 月中共十一届三中全会重新确立实事求是，一切从实际出发、理论联系实际的马克思主义思想路线，实现从"两个凡是"向实事求是的转变的指导思想；果断停止使用"以阶级斗争为纲"、"无产阶级专政下继续革命"等错误口号，决定**把全党工作重点转移到社会主义现代化建设上**；恢复党的民主集中制的优良传统，加强党的集体领导，陈云再任政治局常委及中央委员会副主席、中央纪律检查委员会第一书记，邓小平则成为世人公认的"改革开放的总设计师"，形成以邓小平为核心[2]的党中央领导集体。全会提出：要多方面地改变同生产力发展不适应的生产关系和上层建筑，改变一切不适应的管理方式、活动方式和思想方式，妥善解决生产、建设、流通、分配和城乡人民生活中多年积累的一系列问题。全会高举改革开放的大旗，使**改革开放正式成为中国进行社会主义现代化建设的总方针**。全会审查和解决了历史上一批重大冤假错案和一些重要领导人的功过是非问题，以发展安定团结的政治局面，保证党的工作重点顺利转移。

十一届三中全会对经济工作十分重视，除了做出把现代化建设作为全国各项工作的中心任务之扭转乾坤的决定外，开始逐步纠正经济工作中长期存在的"左"的错误。

　　首先,在宏观经济方面要停止"洋跃进",**调整国民经济**。全会指出,国民经济中还存在不少问题。一些重大的比例失调状况没有完全改变过来,生产、建设、流通、分配中的一些混乱现象没有完全消除,城乡人民生活中多年积累下来的一系列问题必须妥善解决。我们必须纠正急于求成的错误倾向,切实注意解决国民经济比例严重失调问题,做到综合平衡,基本建设必须积极地而又量力地循序进行,要集中力量打歼灭战。

　　在中微观经济管理方面,全会指出现在我国经济管理体制的一个严重缺点是权力过于集中,应该有领导地大胆下放,**让地方和工农业企业在国家统一计划的指导下有更多的经营管理自主权**,应该坚决实行按经济规律办事,重视价值规律的作用,注意把思想政治工作和经济手段结合起来。**对经济管理体制和经营管理方法着手认真的改革。**

　　在对外经济关系方面,全会强调要**在自力更生的基础上积极发展同世界各国平等互利的经济合作,努力采用世界先进技术和先进设备**。

　　全会认为全党目前**必须集中主要精力把农业尽快搞上去**。全会认真讨论了农产品价格问题,决定为了调动农民生产积极性,发展农业这个基础,要大幅度提高粮棉等主要农产品的收购价格,同时较大幅度降低农业机械、化肥、农药、农用塑料等农用工业品的出厂价格和销售价格。全会还要求减少全国粮食征购指标,增加粮食进口,以利于农民减轻负担,休养生息。

　　全会还讨论了 1979、1980 两年国民经济计划的安排,并原则上通过了相应的文件。全会还提出了重视科学、教育的方针。

二、农村改革与"一号文件"

　　在以往"无所不包"的计划经济体制中,农村相对来说是要包又包不下来的薄弱部位,又是受旧体制压抑最重的部位。在 20 世纪 60 年代初的调整中,人民公社内部经营体制虽然由"一大二公"转变为"三级所有,队为基础",并取消了公共食堂制度等,但仍然实行政社合一,长官意志瞎指挥、干活"大呼隆"、分配"一拉平"等问题仍然十分突出,严重挫伤了农民生产积极性。十一届三中全会后,**体制改革首先在农村取得突破性的进展**。

> 我们分田到户,每户户主签字盖章,如以后能干,每户保证完成每户每年上交和公粮,不在(再)向国家伸手要钱要粮;如不成,我们干部作(坐)牢杀头也干(甘)心,大家社员也保证把我们的小孩养活到十八岁。
>
> ——1978 年 12 月小岗村 18 户农民的秘密协议

　　1978 年秋冬,安徽、四川部分地区农民自发恢复了 60 年代初调整时曾出现的包产到组、包产到户等生产责任制形式，取得较好增产效果。1978 年以前的安徽省凤阳县小岗村，"吃粮靠返销、用钱靠救济、生产靠贷款"。1978 年 11 月，小岗村 18 户农民为改变本村贫穷落后面貌，甘冒坐牢风险在包产到户协议上摁下了红手印，率先搞起包产到户的生产责任制，揭开了中国农村改革的序幕。到 1979 年秋，小岗村生产队粮食获得大丰收，并向国家交了公粮。小岗村的做法如星星之火，在凤阳县、在江淮大地蔓延开来。

　　广大农民期望改革的信息上达中央，1979 年 9 月的十一届四中全会通过了《关于加快农业发展若干问题的决定》。《决定》强调，各级行政机关的意见，"除有法律规定者外，不得用行政命令的方法强制社、队执行，应该允许他们在国家统一计划的指导下因时因地制宜，保障他们在这方面的自主权，发挥他们的主动性"。

　　四中全会后，各地农业生产责任制很快发展起来。1979 年底，全国农村已有一半以上的生产队实行包工到组，1/4 以上的生产队实行包产到组。但是小岗村和凤阳县的包产到户做法能不能受到肯定推广到全国呢？一些干部仍然疑虑重重，怀疑会不会改变社会主义性质，符合不符合社会主义方向？当时安徽省、四川省的领导人万里、赵紫阳支持农民包产到户的尝试，得到农民的好评，民间流传着"要吃粮，找紫阳；要吃米，找万里"的新农谣。1980 年 5 月，邓小平明确表示："'凤阳花鼓'中唱的那个凤阳县，绝大多数生产队搞了大包干，也是一年翻身，改变面貌。有的同志担心，这样搞会不会影响集体经济。我看这种担心是没有必要的。"邓小平强调："关键是发展生产力。"[3] 邓小平的讲话打破了一些人的僵化观念，对推动农村改革起了重要作用。1980 年 9 月，中共中央下发《关于进一步加强和完善农业生产责任制的几个问题》，肯定了包产到户的社会主义性质，为鼓舞农民在实践中创造新的经验，并据此进行更大范围的农村改革提供了政策依据。农村家庭联产承包责任制迅猛发展，遍及全国，取得了重大成功，农村的生产积极性得到了巨大的释放。

　　1981 年 12 月，中央召开全国农村工作会议。会议纪要指出："全国农村已有 90% 以上的生产队建立了不同形式的农业生产责任制；大规模的变动已经过去，现在，已经转入了总结、完善、稳定阶段。"《纪要》还指出："不论实行何种类型的承包责任制，土地的承包必须力求合理"，"严禁在承包土地上盖房、葬坟、起土。社员承包的土地，不准买卖，不准出租，不准转让，不准荒废，否则，集体有权收回；社员无力经营或转营他业时应退还集体。"《纪要》还强调："要把完善生产责任制的工作和促进农业生产的全面发展目标密切联系起来。当前发展多种经营和商品生产已经成为广大群众的迫切要求。我们的工作必须紧紧跟上。"1982 年 1 月 1 日，中共中央批转《全国农村工作会议纪要》（又称 **1982 年"一号文件"**），指出目前农村实行的各种责任制，包括小段包工定额计酬，专业承包联产计酬,联产到劳,包产到户、到组,包干到户、到组,等等,都是社会主义集体经济的生产责任制。这个文件对迅速推开的农村改革进行了总结,不但肯定了"双包"(包产到户、包干到户)制,而且说明它"不同于合作化以前的小私有的个体经济,而是社会主义农业经济的组成部分"。

建立农业生产责任制的工作,获得迅速的进展,反映了亿万农民要求按照中国农村的实际状况来发展农村经济的强烈愿望。在 20 世纪 80 年代初全国农村试行的各种生产责任制中,**家庭联产承包责任制**受到农民的普遍欢迎,得到更快地推广。实行家庭联产承包责任制,即把集体所有的土地长期包给各家农户使用,农业生产基本上变为分户经营、自负盈亏,农民生产的东西,**"保证国家的,留足集体的,剩下都是自己的"**。这种责任制使农民获得生产和分配的自主权,把农民的责、权、利紧密结合起来,不仅克服了以往分配中的平均主义、"吃大锅饭"等弊病,而且纠正了管理过分集中、经营方式过分单一等缺点。这种责任制更加适合于我国大多数农村的经济状况,有利于促进社会生产力的更快发展。这种责任制是建立在土地公有制基础上的,集体和农户保持着发包和承包关系。集体统一管理、使用大型农机具和水利设施,有一定的公共提留,统一安排烈军属、五保户、困难户的生活,有的还统一规划农田基本建设。所以,这种家庭联产承包责任制,不同于农业合作化以前的小私有经济,它没有否定合作化以来集体经济的优越性,而是做到有统有分,统分结合,既发挥集体经济的优越性,又发挥农民家庭经营的积极性。1981 年 10 月,全国农村已有 50.8% 以上的生产队实行家庭联产承包责任制;《全国农村工作会议纪要》传达各地以后,1982 年全国农村已有 90% 以上的生产队实行了家庭联产承包责任制。

中共中央在 1983 年 1 月 2 日印发《〈当前农村经济政策的若干问题〉的通知》(又称**1983 年"一号文件"**),从理论上说明了家庭联产承包责任制"是在党的领导下中国农民的伟大创造,是马克思主义农业合作化理论在我国实践中的新发展"。这个文件对农业发展规划、农村发展道路、稳定和完善农业生产责任制以及农村领导体制等 14 个问题作了规定,其主要精神有:①**稳定和完善农业生产责任制**。文件进一步肯定联产承包责任制的优点,认为它以农户或小组为承包单位,扩大了农民的自主权,发挥了小规模经营的长处,克服了管理过分集中、劳动"大呼隆"和平均主义的弊病,又继承了以往合作化的积极成果,坚持了土地等基本生产资料的公有制和某些统一经营的职能,使多年来新形成的生产力更好地发挥作用。这种分散经营和统一经营相结合的经营方式具有广泛的适应性,既可适应当前手工劳动力主的状况和农业生产的特点,又能适应农业现代化进程中生产力发展的需要。在这种经营方式下,分户承包的家庭经营只不过是合作经济中一个经营层次,是一种新型的家庭经济,它和过去小私有的个体经济有着本质的区别，不应混同。完善联产承包责任制的关键是，通过承包处理好统与分的关系。

②**实行政社分设**，改革人民公社的体制。在政社分设后，基层政权组织，依照宪法建立。

③**搞活经济，继续放宽某些政策**，走全面发展、综合经营的道路。文件指出：我国农村只有走农林牧副渔全面发展、农工商综合经营的道路。根据绝不放松粮食生产、积极发展多种经营的正确方针，对农业结构进行调整。适应商品生产的需要，发展多种多样的合作经济。搞活商品流通，促进商品生产的发展，要坚持计划经济为主，市场调节为辅的方针，调整购销政策。改革国营商业体制，放手发展合作商业，适当发展个体商业，实现以国营商业为主导，多种商业经济形式并存，打破城乡分割和地区封锁，广辟流通渠道。总之，"就是要**按照我国的国情，逐步实现农业的经济结构改革、体制改革和技术改革，走出一条具有中国特色的社会主义的农业发展道路**"。

在文件精神指引下，农村工作取得了令人鼓舞的进展。1983 年农业总产值为 3 121 亿元，比上年增长 9.5%，超过计划增长 4% 的指标；扣除农村队办工业产值 368 亿元，比上年增长 7.9%。粮食产量 38 728 万吨，比去年增长 9.2%；棉花 463.7 万吨，比去年增长 28.9%。农村商品生产发展较快，加速了由自给、半自给经济向着较大规模商品经济转化的过程。农民生活有较大改善。人民公社政社合一的体制已越来越不适应农村改革形势，1983 年 10 月，中共中央、国务院发出《关于实行政社分开建立乡政府的通知》，规定建立乡（镇）政府作为基层政权，同时普遍成立村民委员会作为群众性自治组织。到 1984 年底，全国各地基本完成了政社分设，建立了 9.1 万个乡（镇）政府，92.6 万个村民委员会。至此，农村人民公社制度实际上已经不复存在了。

为了进一步发展农村已经开创的新局面，提高生产力水平，发展商品生产，1984 年 1 月 1 日，中共中央又发出《关于一九八四年农村工作的通知》（又称 **1984 年"一号文件"**）。《通知》说：实践证明中共中央 1983 年 1 号文件所提出的基本目标、方针、政策是正确的；中央决定把它作为今后一个时期内指导农村工作的正式文件，继续贯彻执行。《通知》指出："今后农村工作的重点是，在稳定和完善生产责任制的基础上，提高生产力水平，疏理流通渠道，发展商品生产。""由自给半自给经济向较大规模商品生产转化，是发展我国社会主义农村经济不可逾越的必然过程。"《通知》对农村经济政策还作了一些具体规定，如延长土地承包期，规定了土地承包期一般应在 15 年以上；允许农民和集体的资金自由地或有组织地流动，不受地区限制；农村在实行联产承包责任制基础上出现的专业户是农村发展中的新生事物，应当积极支持；供销社体制改革要深入进行下去，要办成农民群众集体所有的合作商业，要实行独立核算，自负盈亏；信用社要进行改革，真正办成群众性的合作金融组织；继续调整农副产品购销政策，改善农副产品收购办法；制止对农民的不合理摊派，减轻农民额外负担等，总之，要继续放宽政策，调动农民发展生产的积极性,解放生产力和发展商品生产。

1984 年 2 月 27 日,国务院作出《关于农村个体工商业的若干规定》(简称《规定》)。《规定》指出,国家鼓励农村剩余劳动力经营社会急需的行业,农村个体工商户的经营方式可以灵活多样。

1984 年中国农业生产继续大幅度增长。1984 年农业总产值(包括村办工业)为 3 612 亿元,比上年增长 14.5%,大大超过计划规定 4% 的速度。扣除村(队)办工业,农业总产值力 3 062 亿元,比上年增长 9.9%。粮食产量 40 712 万吨,比上年增长 5.1%;棉花 607.7 万吨,比上年增长 31.1%。农村多种经营日益扩大,商品经济开始活跃起来,农民生活进一步改善。到 1984 年,全国已有 99.96% 的生产队实行以联产承包为主要形式的责任制。在家庭联产承包的基础上,全国出现了 2 482 万个专业户和重点户(其中专业户 426 万户,占农户总数的 2.3%),占全国农户的 13.6%,成为发展商品经济的带头人。

1985 年 1 月,中共中央、国务院颁发《关于进一步活跃农村经济的十项政策》(又称 **1985 年"一号文件"**),取消农副产品统购派购制度,对粮食、棉花等少数重要产品,实行尊重农民自主权的国家计划合同收购的新政策,合同收购以外的产品可以自由出售,或以协议价格卖给国家;其余多数产品,逐步放开,自由交易。国家不再向农民下达指令性的生产计划。农业税,由过去向农民征收实物改为折征现金。这样,就基本上改变了实行 30 多年的统购派购政策,把农村经济纳入了有计划的商品经济的轨道,促使传统农业逐步向专业化商品化现代化方向发展。

1986 年 1 月 1 日,中共中央、国务院下发《关于 1986 年农村工作的部署》(又称 **1986 年"一号文件"**),肯定了农村改革的方针政策是正确的,必须继续贯彻执行;并针对农业面临的停滞、徘徊和放松倾向,强调进一步摆正农业在国民经济中的地位。

近现代史实表明,制度以及政策变化往往成为中国农村经济发展的关键。中共中央在 1982—1986 年连续五年发布以农业、农村和农民为主题的一号文件[4],顺应亿万农民要求脱贫致富的心愿,制定有利于农村改革和经济发展的政策,给中国农村带来了巨大的变化。按 1980 年不变价格计算,中国农业总产值由 1980 年的 2 223 亿元增加到 1986 年的 3 947 亿元,平均每年递增速度达 10%。粮食的年生产量由 1978 年的 3 亿吨增加到 1986 年的 3.9 亿吨。棉花的年生产量也由 1978 年的 216.7 万吨增加到 1986 年的 354 万吨。农村改革的另一个大收获,是乡镇企业的崛起。农业上家庭联产承包责任制的推行,在农村中解放出一大批劳动力。在改革开放形势的推动下,农村中集体的、个体的及私营的企业迅速发展起来。1984 年 3 月 1 日,中共中央、国务院指出:乡镇企业是多种经营的重要组成部分,是农业生产的重要支柱,是广大农民群众走向共同富裕的重要途径,是国家财政收入新的重要来源。80 年代后期,发展速度超过整个国民经济发展的平均速度,显示出它特有的生命力。1987 年,全国乡镇企业从业人数达到 8 805 万人,产值达到 4 764 亿元,占农村社会总产值的 50.4％,第一次超过了农业总产值。这是农村经济的一个历史性变化。乡镇企业的兴办,不仅在增加农民收入、促进农业发展、繁荣农村经济、更新农民观念方面起到重大作用,而且在提供财政收入、发展出口创汇、推进我国工业化进程方面作出了重要贡献。乡镇企业已成为国民经济的一支重要力量,是国营企业的重要补充。随着乡镇企业的发展,一大批小城镇兴起。这种介于城市与乡村之间的小城镇是中国现代化建设产生的新事物,它对于社会主义新农村建设,对于中国经济和社会发展具有重要的战略意义。

三、城市改革的起步

城市改革主要指以城市为内容和对象实行的全面的经济体制改革。邓小平指出:"城市改革不仅包括工业、商业,还有科技、教育等,各行各业都在内。"[5]

我国城市经济体制改革是从增强企业活力入手,而要增强企业活力,首先应该扩大企业的自主权。改革前经济管理权集中在国家手中,企业实际上是各级行政机构的附属物,缺乏必要的自主权和生气活力。从 1978 年 10 月开始,国家首先在重庆钢铁公司、成都无缝钢管厂、宁江机械厂、四川化工厂、新都县氮肥厂和南充钢厂等 6 家企业试行扩权,到 1979 年初四川省试点企业已扩大到 100 家,并制定了 14 条扩权办法,其主要内容是:在完成国家计划的前提下,允许企业可以增产市场需要的产品并可组织来料加工,允许企业可以销售商业、物资、供销部门不收购的产品;允许企业可以试制新产品,并可自己组织展销。在增产增收的基础上,企业可以按工资总额和计划利润指标,进行计划内利润留成和超计划利润留成,职工可以得到一定的奖金;折旧基金留归企业部分由 40％提高到 60％。流动资金试行金额信贷,有的企业经主管部门同意,可以引进新技术新设备,可以利用外资对外装配加工等。1979 年 5 月,国家有关部门也在京、津、沪等地选择一些企业进行试点工作。以上试点工作取得了很好的效果。1979 年 7 月国务院颁布了《关于扩大国营企业经营管理自主权的若干规定》、《关于国营企业实行利润留成规定》、《关于提高国营工业企业固定资产折旧率和改进折旧费使用办法的暂行规定》、《关于开征国营工业企业固定资产税的暂行规定》、《关于国营工业企业实行流动资金金额信贷的暂行规定》等 5 个文件。并要求各地区各部门选择企业试点。到 1979 年底,全国扩权试点企业扩大到 4 200 家。到 1980 年又发展到 6 600 家。这些企业占全国国营企业总数的 16％、产值的 40％和利润的 70％,商业系统扩权试点企业

8 900 个,占商业系统独立核算单位的 50%。通过这些实验性的改革,使企业在责、权、利方面得到初步结合,特别是企业利润分配由过去的企业基金制度改为利润留成制,使企业经济利益与经营成果初步挂起钩来。企业内部则实行经济责任制,把每个岗位的责任、考核标准、经济效果同职工的收入挂起钩来,调动了广大职工的积极性,促进了增产增收。1983 年 4 月国务院批转《关于国营企业利改税试行办法》,企业的大部分利润以所得税的办法上缴,国家与企业的分配关系基本上纳入固定轨道,减少了过去那种争基数、争留成比例的现象,比较好地处理了国家、企业和个人三者之间的利益关系,体现了"国家得大头,企业得中头、个人得小头"的分配原则。1984 年 5 月国务院又颁发《关于进一步扩大国营工业企业自主权的暂行规定》(即扩权 10 条),在生产经营计划、产品销售、产品价格、物资选购、资金使用、资产处理、机构设置、劳动人事、工资奖金和联合经营等 10 个方面,进一步扩大了企业的自主权。企业自主权的扩大,初步改变了企业只按国家计划生产,不了解市场需求,不关心产品销路,不关心盈利亏损的状况,开始树立和增强经营观念、市场意识、竞争意识和服务观念,使企业的活力得到初步增强,促进了生产的发展、技术和进步和产品质量的提高。企业增产增收,国家和企业都增加了收入。

十一届三中全会后,在国民经济调整过程中国家按照专业化协作原则改组工业,建立各种企业性专业公司和联合公司。并按照经济合理原则,结合产业结构、产品结构,调整、组织按产品或按工艺的专业化协作,并发展经济联合,组织各种形式的经济联合体。其形式主要有:围绕优质名牌产品组织专业化协作;围绕发展消费品特别是名优和适销对路产品的生产,对生产结构、产品结构和组织结构进行调整、改组和联合;围绕合理利用资源和能源、提高经济效益、组织不同部门的重点企业进行联合;加工企业与原材料产地之间、生产企业与科研单位、国营与集体企业之间、生产技术比较先进与比较落后的企业之间、沿海与内地实行联营、合营或者在资金、技术等方面进行联合。联合要从生产需要出发,坚持自愿、平等互利原则,打破行业、地区和所有制隶属关系的限制,组织原材料产地与加工地区等形式的联合体。此外,还组建了一批全国性公司,如中国船舶工业总公司、中国石油化学工业总公司、中国汽车工业总公司。这些公司成立后,对制定规划,统筹安排全行业主要工厂的科研、生产和技术改造,推动企业改组联合等方面都起了积极作用。

我国流通体制的改革,主要是逐步放开价格,改变过去按行政区、行政层次统一收购与供应的单一的流通体制,建立一种多种经济形式、多种经营方式、多种流通渠道、减少流通环节的商品流通体制。十一届三中全会以来,先放开小商品和部分农副产品价格,很快就增加了供给,活跃了城乡市场,使老百姓亲身感受到改革带来的实惠,使改革得到最广大群众的支持。国家不断缩小指令性计划分配物资的范围和品种,适当放宽了自销权力,扩大了市场交换的范围和品种,一些重要物资如煤炭、钢材等也进入了市场,逐步开放了生产资料市场,为流通体制改革创造了条件。1984年末,全国已建立工业品贸易中心1254个,建立生产资料贸易中心96个,下放工业品二级批发站489个。我国进行了国营商业改革,使企业成为自主经营、自负盈亏的社会主义商业经营者;同时,设法减少流通环节,突破行业、部门、地区和所有制的界限,通过相互渗股而组成自主经营、自负盈亏、自定分配的批发企业,发展多种批发方式,进行灵活经营;并恢复货栈贸易,积极发展集体商业和个体商业,恢复城乡集市贸易,开展工业产品的自销,并试办农工商联合企业等,初步形成了多种渠道的商业流通网络。

1981年以来,我国还在沙市、常州、重庆等城市进行了包括简政放权,搞活流通,试办资金市场,发展跨部门、跨地区的横向经济联合协作,实行市带县体制[6]等内容的经济体制综合改革试点工作,取得了很好的成果。

1984年10月,中共十二届三中全会通过《中共中央关于经济体制改革的决定》,明确提出:进一步贯彻执行对内搞活经济、对外实行开放的方针,加快以城市为重点的整个经济体制改革的步伐,是当前我国形势发展的迫切需要;增强企业活力是经济体制改革的中心环节,要进行计划体制、价格体系、国家机构管理经济的职能和劳动工资制度等方面的配套改革;商品经济的充分发展,是社会经济发展的不可逾越的阶段,是实现我国经济现代化的必要条件;改革的基本任务是建立起具有中国特色的、充满生机和活力的社会主义经济体制,促进社会生产力的发展。从此,我国经济体制改革的重点由农村转到城市。到90年代初期,我国绝大部分农产品、工业消费品、工业生产资料的价格和市场已经放开,整个国民经济的活力显著提高,买方市场格局初步形成。

四、扩大对外开放

十一届三中全会作出全党工作重心转移到现代化建设上的决策,必然要改变对外关系的有关决策。全会按照马克思主义关于国际经济关系发展的基本原理,在总结国际、国内的历史经验基础上,作出了在自力更生的基础上积极发展同世界各国的经济合作,努力采用世界先进技术和先进装备的重大决策,把对外开放作为与改革相并列的一项基本国策。

邓小平:中国的发展离不开世界。

对外开放是现代化建设的需要,邓小平曾明确指出:"对外开放具有重要意义,任何一个国家发展,孤立起来,闭关自守是不可能的,不加强国际交往,不引进发达国家的先进经验、先进科学技术和资金,是不可能的。"[7] 他一再强调实行对外开放政策,加强国际经济技术交流"是我们坚定不移的方针";要"加强国际往来,特别注意吸收发达国家的经验、技术包括吸收国外资金来帮助我们发展"。1982 年 12 月,对外开放政策被正式写入我国宪法。

根据实事求是的思想路线,我国实行改革与开放相互促进的渐进式对外开放。

在**地域**上,我国开放是在不断改革旧的管理体制,不断总结经验的基础上,由点到面、由浅入深,以经济特区和沿海开放城市为重点,逐步向中、西部内陆地区推进的,既保证了对外开放的不可逆转,又避免了盲目开放给产业带来的巨大冲击。我国对外开放新格局形成的具体过程,大致可分为"经济特区—沿海开放城市—沿海经济开放区—沿江、内陆和沿边开放城市"等步骤。

1. 创办经济特区

经济特区既是对外交流的窗口,又是城市改革的"试验田"。创办经济特区迈出了新时期中国对外开放的第一步。1979 年 4 月,广东省领导人习仲勋向中央提出,允许广东有一定的自主权,在毗邻港澳的深圳、珠海、汕头举办出口加工业。邓小平十分赞同。经过各方面的充分讨论和准备,同年 7 月中央根据广东、福建两省靠近港澳,侨胞众多,资源丰富,便于吸引外资等有利条件,决定对两省的对外经济活动实行特殊政策和灵活措施,给地方以更多的自主权,使之发挥优越条件,抓紧当时有利的国际形势,先走一步,把经济尽快搞上去。同时批准在深圳、珠海、汕头以及福建的厦门试办出口特区。1979 年 7 月,同年 8 月,国务院颁发《关于大力发展对外贸易增加外汇收入若干问题的规定》,主要内容是扩大地方和企业的外贸权限,鼓励增加出口,办好**出口特区**。1980 年 5 月,中共中央、国务院批转《广东、福建两省会议纪要》,将"出口特区"改为内涵更为丰富的"**经济特区**"。1983 年 4 月,党中央、国务院批转了《加快海南岛开发建设问题讨论纪要》,决定对海南岛也实行经济特区的优惠政策。1988 年 4 月的七届人大一次会议正式通过了建立海南省和海南经济特区两项决定,海南岛成为我国最大的经济特区。

2. 开放沿海港口城市,兴办经济技术开发区、设立保税区

1984 年 4 月,根据邓小平建议,中央决定对外开放大连、秦皇岛、天津、烟台、青岛、连云港、南通、上海、宁波、温州、福州、广州、湛江和北海等港口城市。当年 9 月,国务院首先批准了东北重镇大连市兴办**经济技术开发区**。从这时起到 1985 年 1 月,在逐渐审

批沿海开放城市的实施方案中陆续批准了秦皇岛、烟台、青岛、宁波、湛江、天津、连云港、南通、福州、广州 10 个城市举办经济技术开发区，给予它们和沿海经济特区类似的优惠政策。1986 年 8 月，国务院批准设立上海闵行经济技术开发区和虹桥经济技术开发区，1988 年又批准了上海市举办以发展高新技术为主的漕河泾经济技术开发区。到 1991 年底，14 个经济技术开发区累积开发土地面积达 30 万平方公里，批准外商投资项目 1 501 个，协议吸收外资 27.2 亿美元，投产运营的企业达 821 家，经济技术开发区显示其发展的勃勃生机。沿海开放城市作为国内经济与世界经济的结合部，成为对外开展经济贸易活动和对内进行经济协作两个辐射扇面的交点，直接影响了全国改革开放形势的发展。1990 年 4 月，在邓小平提议下，党中央、国务院正式公布了开发开放浦东的重大决策。1992 年 10 月，时任中共中央总书记的江泽民提出，要以浦东开发开放为龙头，尽快把上海建成国际经济、金融、贸易中心之一，以此带动长江三角洲和整个长江流域的新飞跃。1992 年以后，国务院先后批准温州、昆山、威海、武汉、长春、哈尔滨、沈阳、重庆、北京、乌鲁木齐等地兴办经济技术开发区。至 1994 年国务院已经批准的经济技术开发区总共达 32 个。

但是 90 年代初，特别是 1992 年，许多地方不顾客观条件，群起效仿经济技术开发区，刮起了全国性的“开发区热”，以致在 1993 年初使各种自行设立的开发区总数达 2 000 多个，规划面积达 1.48 万平方公里。在这些开发区里，许多是只开不发，不仅造成了大量的土地资源的大量浪费，而且还干扰了正常的经济秩序。对此，国务院于 1993 年下发了《关于严格审批和认真清理各类开发区的通知》，并在 1994 年的《国务院批转关于固定资产投资检查工作情况汇报的通知》中要求对开发区进行规范化管理。经过清理和整顿，到 1995 年底，各省、自治区、直辖市人民政府批准设立的各类经济技术开发区共有 638 个。其中经济开发区 533 个，高新技术产业开发区 48 个，旅游开发区 57 个。从分布情况看，沿海 12 个省、自治区、直辖市（含北京）的省级开发区约占总数的 55%。

从 1990 年起国家先后在上海浦东新区的外高桥和天津港等地设立了 15 个保税区。保税区是我国借鉴国际上通行自由贸易区的做法，并在结合我国国情的基础上形成的经济开放区域。在此区域内，从境外运入的货物就其关税和其他关税而言被视作境外，免于海关监管，并给予该区域特殊的关税和优惠政策。我国建设和发展保税区的根本目的就是要形成良好的投资环境，利用保税区内海关保税的独特条件发展对外经济。到 1996 年，我国已经设立了 15 个保税区，它们分别是上海浦东新区的外高桥保税区、天津港保税区、深圳沙头保税区、深圳福田保税区、大连保税区、广州保税区、张家港保税区、海口保税区、厦门象屿保税区、福州保税区、宁波保税区、青岛保税区、汕头保税区、深圳盐田港保税区、珠海保税区等。

3. 建立沿海经济开放区

1985年2月,党中央、国务院批准了《长江、珠江三角洲和闽南厦漳泉三角地区座谈会纪要》,将长江三角洲、珠江三角洲和闽南三角区划为沿海经济开放区,并指出这是我国实施对内搞活经济、对外实行开放的具有重要战略意义的布局。1988年初,中央又决定将辽东半岛和山东半岛全部对外开放,同已经开放的大连、秦皇岛、天津、烟台、青岛等连成一片,形成环渤海开放区。中央还提出在这些经济开放区形成贸-工-农一体化的生产结构。在沿海形成的有亿万人口的经济开放区,大力发展外向型经济,大进大出,成为我国对外开放前沿地带。

4. 开放沿江及内陆和沿边城市

进入90年代以后,我国对外开放的步伐逐步由沿海向沿江及内陆和沿边城市延伸。1992年6月,党中央、国务院决定开放长江沿岸的芜湖、九江、岳阳、武汉和重庆5个城市。沿江开放对于带动整个长江流域地区经济的迅速发展,对于我国全方位对外开放新格局的形成起了巨大推动作用。中央不久又批准开放内陆所有的省会、自治区首府城市,给予这些地方和经济技术开发区一样的优惠政策。同时,还逐步开放内陆边境的沿边城市,从东北、西北到西南地区,有黑河、绥芬河、珲春、满洲里、二连浩特、伊宁、博乐、塔城、普兰、樟木、瑞丽、畹町、河口、凭祥、东兴等。

到1993年,经过多年的对外开放的实践,不断总结经验和完善政策,我国的对外开放由南到北、由东到西层层推进,基本上形成了一个宽领域、多层次、有重点、点线面结合的全方面对外开放新格局。至此,我国的对外开放城市已遍布全国所有省区。

在**开放对象**方面,中国不仅对发达国家开放,也对发展中国家开放。2001年11月世界贸易组织(WTO)第四届部长级会议通过了中国加入世贸组织法律文件,我国成为世贸组织新成员。此后,我国成功应对了加入世贸的各种挑战,抓住经济全球化和国际产业加快转移的历史性机遇,使对外开放迈上了新的台阶。中国加入世界贸易组织之后,自贸区[8]已成为中国对外开放的新形式、新起点,以及与其他国家实现互利共赢的新平台。至2008年,中国正在和亚洲、大洋洲、拉美、欧洲、非洲的29个国家和地区建设12个自贸区,涵盖中国外贸总额1/4。同时,中国已与120多个国家签订了双边投资保护协定,对加强多双边经贸合作发挥了重要作用。

在**开放领域**上,我国是从经济领域开始,以经济开放为基础和重点,积极地逐步地发展同其他各国在科技、文化、教育等方面的交流与合作,走向全方位对外开放;在经济开放的具体过程中也大致按"对外贸易—引进技术和设备—引进外资—对外承包工程与劳务合作—海外投资"等层次展开。30 年来,扩大对外开放大大缓解了中国国内市场的不足和能源资源的紧张状况,有效利用了国外资金、市场、技术和管理经验,有力地推动了产业结构的升级、自主创新能力的提高。

20 世纪 80 年代以来,中国大力发展对外贸易,特别是发展出口贸易。中国在外贸管理方面将以往以计划调节为主改变成基本上以市场调节为主,取消了出口收汇、进出口用汇等多项外贸指令性计划;在外贸经营体制上,打破了国营外贸企业垄断经营的局面,发展民营外贸企业和工贸公司,建立中外合资外贸企业,实行外贸主体多元化;在经营业务上,打破了企业单一经营传统,建立起以国际市场为导向,贸工农相结合,内外贸一体化,产供销一条龙的新体制;在企业经营机制方面,打破了外贸"大锅饭",实行政企分开,建立了企业自主经营,自负盈亏的经营机制。

30 年来中国对外贸易史证明,通过国际贸易既可以获得绝对优势,调剂余缺;又可以获得比较利益,节约社会劳动;尤其是发展出口贸易将促使资本投向最有效的领域,为国际市场进行规模化、专业化的生产,从而取得规模经济效益;发展出口贸易也能改善国内就业状况,提高社会效益;同时,还能带动国外资金、技术和管理知识的引进。国家以出口为导向发展生产,建立了一系列长期稳定的出口创汇基地,大力发展横向经济联合,发展外向型工业和创汇农业;实施科技兴贸战略,加快高新技术产品出口基地的建设,努力推进高新技术产品的出口,扩大名牌机电产品的市场份额,努力使我国出口商品结构从以低技术含量、低附加值产品为主向以高新技术产品、高附加值产品为主转变;同时还要优化进口结构,着重引进先进技术和关键设备;要推动关系国家生存发展的重要战略物资进口的多元化;要利用国际市场,建立必要的石油、粮食等战略储备制度。2006 年,我国的进出口贸易总额是 1978 年的 85.3 倍、GDP 总量是 1978 年的57.5 倍、财政收入是 1978 年的 34.2 倍,对外贸易对经济增长的拉动效应十分明显。2007 年,中国进出口总额已达 21 738 亿美元,在世界排名已跃升到第三位[9],其中出口跃居世界第二位。2002 年末我国外汇储备还只有 2 864 亿美元,与日本的 4 697 亿美元相去甚远;2007 年,我国外汇储备余额为 1.53 万亿美元,居世界第一位,远高于排在第二的日本的 9 456 亿美元。

我国是发展中国家,建设资金匮乏,物质基础和科技基础薄弱,要实现现代化建设"三步走"的战略目标,必须筹集充足的资金,包括国内的资金和国外的资金;必须积极引进国外的先进技术和设备,特别是有助于企业技术改造的适用的先进技术。30 年来,我国吸引外资已逐步从以追求数量为主转向以提高质量为主。随着我国整体产业水平的提高和投资竞争的加剧,一些跨国公司加快向中国转移新技术和研发能力,这大大提高了中国利用外资的质量。2007年,中国吸引外资747亿美元,居发展中国家首位;世界500强企业中约480家在华投资;截至2007年7月,外商在华设立的研发中心已近1 000家。据联合国贸发会议的研究,中国已经成为全球跨国公司海外研发活动的首选地,有高达61.8%的跨国公司将中国作为其2005—2009年海外研发地点的首选。外商在电子及通信设备制造业、交通运输设备制造业、医药制造业、化学原料及化学品制造业等行业以多种方式投资设立研发中心近700家。

我国前一个时期的开放以"**引进来**"为重心,努力"筑巢引凤",借助国外的资金、技术、设备和管理经验,搞好国内的建设。随着加入世贸组织及我国现代化建设的推进,实施"**走出去**"战略的条件更加成熟,要求也更迫切,逐渐在"走出去"上下更多的工夫,以全面提高对外开放水平。国家鼓励国有企业及其他所有制企业,通过合资、合作、并购和技术转让的形式"走出国门",开展跨国经营;积极开展对外承包工程与劳务合作;鼓励各种企业"走出去"投资创业,进行经济技术合作,带动商品和劳务的出口;要支持有条件的企业"走出去"开展对外设计咨询,承包大型工程项目,带动成套设备和技术的出口;鼓励和支持有比较优势的各种所有制企业扩大对外投资,建立国际性的生产体系、销售网络和融资渠道,在全球范围进行专业化和规模化经营,带动商品和劳务出口。同时,要始终注意维护国家的主权和经济社会安全,注意防范和化解国际风险的冲击。把"引进来"和"走出去"更好结合起来,形成经济全球化条件下参与国际经济合作和竞争新优势。我国的对外投资从2002年的25亿美元上升到2007年的200亿美元,增长7倍,由世界第26位上升到第13位,居发展中国家首位。我国"走出去"已基本形成"亚洲为主,发展非洲,拓展欧美、拉美和南太"的多元化市场格局。

20世纪80年代以来,经济全球化逐渐深入发展。顺应这一历史潮流,我国不失时机地扩大对外开放,发展对外经贸关系,积极参与国际分工,不仅弥补了自身发展资本的不足,利用外部市场缓解了就业的压力,有效地促进了经济增长,而且按国际通行的市场规则办事不断冲击着传统体制的陈规陋习,有力地推动了经济改革的深化,使我国较好地发挥了国际和国内两个市场配置资源的基础性作用,促进了社会经济快速发展。

五、新经济增长因素的迅速成长

随着改革开放的深入进行,在理论上,我国经历了从中共十二大的"计划经济为主,市场调节为辅",到十三大"社会主义有计划商品经济的体制应该是计划与市场内在统一的体制",再到十四大"建立社会主义市场经济体制"的发展过程,市场化改革成为全党、全民族的共识。在实践上,我国首先是对人民公社和国有企业进行改革,培养市场主体，根据市场供求变化调节生产；同时，允许个体、私营、外资等非公有制市场主体出现，并允许它们同国有企业竞争，使其成为新的经济增长因素。

我国非公有制市场主体早期大量地出现在农村。在家庭联产承包经营的基础上，广大农村出现了专业户、半专业户，实际上已成为农业个体经济。家庭联产承包经营大幅度地提高了劳动生产率，农业剩余劳力越来越多地向工商运输等行业转移。像浙江温州、义乌这些地方，人多地少，为求脱贫，农民们以家庭作坊、联户经营、合伙经营等方式生产市场上需要的纽扣、皮鞋、低压电器、灯具、玩具、塑料盆等。1983 年，中共中央在《关于当前农村经济政策的若干问题》文件中，提出对私营经济"不宜提倡，不要公开宣传，也不要急于取缔"的"三不"政策，采取了"看一看"的态度，实际上保护了私营经济发展。因此，以个体私营工商业发展为主，民间诱致型的"**温州模式**"得到了推广。

农村集体所有工业企业在人民公社时期就已建立，当时被称之为"社队企业"，多数是在 1958 年人民公社化时期在集体副业基础上创办，伴随 70 年代知识青年上山下乡运动而逐渐发展，主要为本地农民提供简单的生产资料和生活资料。1984 年 3 月，根据中发［1984］4 号文件，这些社队企业改列为乡镇企业，多数受各地乡镇政府的控制。中国在计划经济向市场经济转轨初期，地方政府直接干涉企业，动员和组织生产活动，具有速度快、成本低等优势，各地方政府为提高政绩和增加收入，使用所有可能的方式推动农村工业发展。尤其是在苏南地区（苏州、无锡和常州，有时也包括南京和镇江等地），以乡镇政府为主组织土地、资本和劳动力等生产资料办企业，以政府信用向银行借贷，并由政府指派所谓的能人来担任企业负责人。这种组织方式将能人（企业家）和社会闲散资本结合起来，很快跨越资本原始积累阶段。苏南地区毗邻上海、苏州、无锡和常州等发达的大中工业城市和市场，水陆交通便利，上海等城市大量技术工人节假日到苏南农村，带来了信息、技术和管理经验。这样，形成了地方政府主导型的"**苏南模式**"，实现了苏南乡镇企业在全国的领先发展，1988 年苏南乡镇企业创造的价值在农村社会总产值中已占近 60％。全国乡镇企业 1988 年从业人员达 9 495 万人，成为农村剩余劳力转移的一个重要途径；总产值 7 018 亿元，实现利税 892 亿元，分别比 1978 年增长 13.23 倍和 7.1 倍。邓小平曾高度评价乡镇企业的发展，认为乡镇企业持续几年每年增长率 20％多，解决了占农村剩余劳力 50％的人的出路问题，这是"我们完全没有预料的最大收获"[10]。

除了"温州模式"、"苏南模式"以外，"珠江三角洲模式"影响也很大。"**珠江三角洲模式**"（简称"珠三角模式"）以深圳经济特区的建立为发展起点，随着深圳特区经济的快速发展和深圳市的迅速崛起、产业链的延伸，整个珠江三角洲地区便成为香港和深圳两市的生产基地。改革开放后广东先行一步的特殊优惠政策环境，使港澳资本连同劳动密集型产业、技术、管理等,借两地落差形成的势能,大规模地向珠江三角洲地区转移,使得珠江三角洲工业化发展步入新的发展阶段,大量本地农村劳动人口走进工厂,并吸引了数以百万计的内地农村剩余劳动力向珠三角地区转移。港澳和外国资本,在珠江三角洲和当地以及外来务工的劳动力相结合,开始以"三来一补"[11]企业,后来以"三资企业"为载体,使珠江三角洲由原来的农业区变成了工业区,不少村镇成为以现代加工业为主导的工业化地区,初步建立了一个外向度高、具有较强生产和配套能力、传统产业和新兴产业相结合的城镇工业体系。工业化的迅猛发展,推动了珠江三角洲的城镇化进程。到 1993 年,珠江三角洲建制镇已经发展到 416 个,城镇人口达到 385.85 万人,分别比 1982 年第三次人口普查时增长了 13.9 倍和 1.97 倍,城镇化水平达到 30.51%。包括资金、技术、劳力以及市场等在内的外来资源不仅极大地促进了珠江三角洲工业化城镇化的发展,而且更重要的是使珠江三角洲的工业化从一开始就面对国际市场,逐步形成了以国际市场为导向,带动国内市场发展的外向型经济格局。

我国非公有制市场主体很快由农村发展到城市。1988 年 4 月,第七届全国人民代表大会第一次会议通过的《中华人民共和国宪法修正案》第十一条增加规定"国家允许私营经济在法律规定的范围内存在和发展,私营经济是社会主义公有制经济的补充"。同年 6 月,根据宪法,国务院第 4 号令发布了《中华人民共和国私营企业暂行条例》。私营企业初步有了法规的保障,名正言顺地发展起来。一些原来夹杂在个体工商户、集体企业等其他名分下的私营企业开始依法按"私营企业"进行登记,一些原来的个体工商户也扩大招工,发展成为私营企业。据统计,1989 年全国私营企业已有 7.66 万户,从业人数 164 万人,注册资金总额 84 亿元;1990 年全国私营企业有 9.81 万户,从业人数 170.37 万人,注册资金 95 亿元。同上一年相比较,1992 年全国私营企业的户数、从业人数和注册资本总额分别增长为 29.5%、26.1% 和 79.7%。

注　释

1.《邓小平文选》,第 2 卷,第 143 页,北京,人民出版社,1994。

2. 虽然华国锋当时仍担任中共中央主席,但是就党的指导思想和实际工作来说,邓小平已经成为中共中央领导的核心。

3.《邓小平文选》,第 2 卷,第 315 页,北京,人民出版社,1994。

4. 这在中国农村改革史上成为专有名词——"五个一号文件"。

5.《邓小平文选》,第 3 卷,第 65 页,北京,人民出版社,1993。

6. 即把一些经济实力较强的市与所在地区（专区）合并，统一规划，统一组织生产和流通，把城乡经济联系起来管理，使行政区划与经济区域大体上一致起来，以促进城乡经济共同繁荣。

7. 《邓小平文选》，第 3 卷，第 117 页，北京，人民出版社，1993。

8. 即自由贸易区，又称为对外贸易区、自由区、工商业自由贸易区等，是指两个或两个以上的国家通过达成某种协定或条约取消相互之间的关税和与关税具有同等效力的其他措施的国际经济一体化组织。它除了具有自由港的大部分特点外，还可以吸引外资设厂，发展出口加工企业，允许和鼓励外资设立大的商业企业、金融机构等促进区内经济综合、全面地发展。

9. 1978 年时为第 32 位，1997 年为第 10 位。

10. 《邓小平文选》，第 3 卷，第 238 页，北京，人民出版社，1993。

11. 三来一补指来料加工、来样加工、来件装配和补偿贸易，是中国大陆在改革开放初期尝试性地创立的一种企业贸易形式。在实际操作中，通常外商与中方村镇经济发展公司或有加工贸易资格的经济组织订立加工装配业务合同，并办理加工装配工厂的设立登记，由中方委派厂长、财务或关务，外商出资金、设备、技术及来料、来样、来件并组织生产加工。出口后按月根据企业规模或外汇工缴费的一定比例向中方单位上缴统筹费及相关的管理费用。

第十四讲
改革开放与国民经济的迅速发展(2)

思考题

1. 请谈谈你对"三步走"发展战略及全面建设小康社会目标的认识,为什么说这既不是急于求成的目标,又是一种了不起的雄心壮志?

2. 经济增长方式转变是否会造成更多失业人口? 应如何处理这一问题?

3. 为什么说农民、农村和农业问题是我国经济社会发展的根本问题?

4. 走新型工业化道路对我国解决能源和交通问题有何重要的意义吗? 为什么?

5. 如何理解可持续发展的核心问题是人的发展?

一、"南方讲话"与"建设社会主义市场经济体制"

20 世纪 90 年代初,世界刚刚遭遇苏联解体、东欧巨变,西方敌对势力大肆宣扬"共产主义大溃败",中国国内一部分干部群众中出现了对改革开放政策的模糊认识,甚至出现了姓"资"姓"社"的争论。这些实际上都涉及中国走什么道路的问题。在这关键时刻,1992 年初邓小平先后到武昌、深圳、珠海、上海等地视察,发表了一系列重要讲话,通称"南方讲话"。讲话重申要坚持十一届三中全会以来的路线方针,关键是坚持党的"一个中心、两个基本点"的基本路线;深刻地总结了十多年改革开放的经验教训,强调计划和市场不是社会主义和资本主义的本质区别,在姓"社"姓"资"等要害问题上,提出了科学的"三个有利于"标准,即:有利于发展社会主义社会的生产力、有利于增强社会主义国家的综合国力、有利于提高人民的生活水平;并指出"发展才是硬道理",要抓住有利时机,集中精力把经济建设搞上去。发展经济必须依靠科技和教育,科技是第一生产力。[1]"南方讲话"阐述了建立社会主义市场经济理论的基本原则,从理论上深刻回答了长期困扰和束缚人们思想的许多重大认识问题,是把改革开放和现代化建设推向到新阶段的又一个解放思想、实事求是的宣言书。

1992 年 6 月,江泽民总书记发表讲话,从学习和利用人类社会共同创造的文明成果的理论高度,强调建立社会主义新经济体制的一个关键问题,"就是要在国家宏观调控下,更加重视和发挥市场在资源配置上的作用",并主张在新经济体制的主要特征上,不必再突出强调"有计划"的特征,而要把市场和计划的长处有机地结合起来,充分发挥各自的优势作用,促进资源的优化配置,合理调节社会分配。[2]1992 年 10 月,中共十四大正式宣布:"我国经济体制改革的目标,是建立社会主义市场经济体制","社会主义市场经济体制,就是要使市场在社会主义国家宏观调控下对资源配置起基础性作用"。[3]

按照建立社会主义市场经济体制的要求,十四大后的 5 年中,国家大力推进财政、税收、金融、外贸、外汇、计划、投资、价格、流通、住房和社会保障等体制改革,使市场在资源配置中的基础性作用明显增强,宏观调控体系的框架初步建立,向着现代市场经济迈出坚实的步伐。由于及时正确处理"改革、发展、稳定"三者关系,大力推进改革,积极平衡总量,切实调整结构,使"八五"计划成为我国经济发展波动最小的五年计划。

1997 年 9 月中共十五大针对实践中存在的疑问提出了一系列新的理论观点。在所有制结构方面,强调公有制为主体、多种所有制经济共同发展,是我国社会主义初级阶段的"一项基本经济制度";确认非公有制经济是我国社会主义市场经济的"重要组成部分";阐明公有制经济的含义,不仅包括国有经济和集体经济,还包括混合所有制经济中的国有成分和集体成分;公有制经济的主体地位体现在"公有资产在社会总资产中占优势"和"国有经济控制国民经济命脉,对经济发展起主导作用";这种主导作用"主要体现在控制力上",在不同地方、产业和领域可以有所差别;在上述前提下国有经济比重减少一点,不会影响我国的社会主义性质。在公有制实现形式方面,强调可以而且应当多样化,一切反映社会化生产规律的经营方式和组织形式都可以大胆利用,并要努力寻找能够极大促进生产力发展的公有制实现形式。这一系列新认识、新观点,丰富了社会主义市场经济的理论,有力地推进了中国国民经济的市场化进程。

　　曾作为改革创新领跑者的"苏南模式"、"温州模式"和"珠三角模式",在新阶段分别面临新的挑战,开始有新变化。"苏南模式"开始了大规模的产权制度改革,原先受地方政府较强控制的状况有了较大改变,一大批产权明晰的私有企业、有限责任公司和股份有限公司已经建立。"苏南模式"并向"珠江三角洲模式"看齐,推行了"三外(外资、外贸、外经)齐上,以外养内"的战略,这个地区经济的对外依存度开始迅速上升,接近"珠三角模式"。其中,苏州抓住国际产业资本加速向"长三角"地区转移的机遇,积极实施招商引资战略,取得了巨大成功。到 2004 年,苏州 GDP 达到 3 450 亿元,悄然超过一直稳居第四的深圳,增速则位列长三角地区 15 个城市之首;工业总产值 9 560 亿元,占到江苏省工业总量的 30%,仅次于上海;尤其是苏州的引进外资额高居各大中城市之首。苏南模式转变为新的"苏州模式";"温州模式"在发展业绩上曾超过"苏南模式",但在世纪之交面临绝大部分企业"低、散、小",产业发展难以为继;要素难以为继;环境承载难以为继的困境,也在逐步进行产业转型。而与温州紧密相连的台州市则异军突起,民营经济形成了全市国民经济"十分天下有其九"的经济格局,其关键因素在于创造并充分应用了兼有合作制和股份制双重特征的新型组织形式——股份合作制,这一形式适应台州生产力的发展和生产要素组合社会化的趋势,显示出民营经济勃勃生机,创造了民间诱致加政府增进的"台州模式"。随着中国制造业的逐渐发展,"珠三角模式"的"三来一补"企业带来了多方面的问题,显得越来越不适应中国加入 WTO 后的发展,也开始转型。与此相关,全国私营企业经营规模继续扩大,平均每户的注册资本金额由1990 年的 9.68 万元增至 1997 年的 53.5 万元。[4]1990 年至 1999 年,全国从业人员年均增长速度为1.11%,同期国有、集体、外资、个体、私营企业这 5 种经济类型从业人员年平均增长率分别为-2.06%、-7.78%、28.07%、12.84%、31.67%,国有、集体两大经济类型都是负增长,外资、个体、私营企业这三种非公有制经济都在增长,私营企业增长率最高,这说明越来越多的劳动者流向非公有制部门,特别是私营经济部门寻找就业机会。从 1989 年至 2000 年,全国私营企业实现的产值由 97 亿元增至 10 740 亿元,1990—2000 年平均增长率达到 57.7%,远远高于同期 GDP 的增长率。[5]私营企业对地区经济增长的贡献也是很大的。GDP增长率的地区差异表明，私营经济越发达的地区，经济增长率就越快；私营经济不发达的地区，经济增长率相对慢。1998年，分布于东部的私营企业占全国总数的64.52％，分布于中部的占22.25％，分布于西部的占13.23％，GDP增长水平恰好东部高于中部，中部高于西部，与私营经济发展水平呈相同走向。从省份来看，1998年，国内生产总值排名前6位的省市依次是广东、江苏、山东、浙江、河南、河北，这些省份均是私营企业发展较快的地区。

二、"三步走"战略与全面建设小康社会

发展战略主要是指一个国家根据本国国情，对较长时期内社会经济发展所要达到的基本目标、步骤、重点、指导原则和根本措施等所作的全局谋划。它一般以经济发展为主，又含有社会发展的某些内容，又常称为"经济社会发展战略"。

在"南方讲话"中邓小平提出"发展是硬道理"的著名论断，而实施正确的发展战略是关系到社会主义现代化建设成败的关键。首先，必须为全国人民提供一个看得见，摸得着而又切实可行的战略目标和行动步骤。为此，邓小平制定了中国现代化"三步走"发展战略：**第一步，到1990年，实现国民生产总值比1980年翻一番，解决人民的温饱问题；第二步，到20世纪末，使国民生产总值再翻一番，人民生活达到小康水平；第三步，到21世纪中叶，人均国民生产总值达到中等发达国家水平，人民生活比较富裕，基本实现现代化。**这一由**"温饱"**到**"小康"**[6]再到**"现代化"**的"三步走"发展战略，既具有雄心壮志，又坚持实事求是，是经过努力完全可以实现的宏伟战略目标，成为中国社会经济发展战略的核心内容。经过全国各族人民的共同努力，至2001年，中国国内生产总值达到95 933亿元，比1989年增长近两倍，年均增长9.3％，经济总量已居世界第6位，人民生活总体上实现了由温饱到小康的历史性跨越，胜利实现了"三步走"战略的前两步目标，正在为实现第三步战略目标而奋斗。

中共第三代领导集体清醒地认识到，我国"现在达到的小康还是低水平的、不全面的、发展很不平衡的小康，人民日益增长的物质文化需要同落后的社会生产之间的矛盾仍然是我国社会的主要矛盾。我国生产力和科技、教育还比较落后，实现工业化和现代化还有很长的路要走；城乡二元经济结构还没有改变，地区差距扩大的趋势尚未扭转，贫困人口还为数不少；人口总量继续增加，老龄人口比重上升，就业和社会保障压力增大；生态环境和自然资源对经济社会发展的制约日益突出；我们仍然面临发达国家在经

济科技等方面占优势的压力；经济体制和其他方面的管理体制还不完善；民主法制建设和思想道德建设等方面还存在一些不容忽视的问题。"中共十六大认为要解决上述前进中的问题，**"必须把发展作为党执政兴国的第一要务，不断开创现代化建设的新局面"**，并明确提出要在 21 世纪的头 20 年，**"集中力量，建设一个惠及十几亿人口的更高水平的小康社会，使经济更加发展、民主更加健全、科教更加进步、文化更加繁荣、社会更加和谐、人民活更加殷实"**，提出了全面建设小康社会的宏伟目标。[7]

全面建设小康社会的目标

——在优化结构和提高效益的基础上，国内生产总值到 2020 年力争比 2000 年翻两番，综合国力和国际竞争力明显增强。基本实现工业化，建成完善的社会主义市场经济体制和更具活力、更加开放的经济体系。城镇人口的比重较大幅度提高，工农差别、城乡差别和地区差别扩大的趋势逐步扭转。社会保障体系比较健全，社会就业比较充分，家庭财产普遍增加，人民过上更加富足的生活。

——社会主义民主更加完善，社会主义法制更加完备，依法治国基本方略得到全面落实，人民的政治、经济和文化权益得到切实尊重和保障。基层民主更加健全，社会秩序良好，人民安居乐业。

——全民族的思想道德素质、科学文化素质和健康素质明显提高，形成比较完善的国民教育体系、科技和文化创新体系、全民健身和医疗卫生体系。人民享有接受良好教育的机会，基本普及高中阶段教育，消除文盲。形成全民学习、终身学习的学习型社会，促进人的全面发展。

——可持续发展能力不断增强，生态环境得到改善，资源利用效率显著提高，促进人与自然的和谐，推动整个社会走上生产发展、生产富裕、生态良好的文明发展道路。

全面建设小康社会的第一目标就是要在优化结构和提高效益的基础上，国内生产总值到 2020 年力争比 2000 年翻两番，人均 GDP 达到 3 000 美元，综合国力和国际竞争力明显增强。为了实现全面建设小康社会的目标，必须在坚持以经济建设为中心的基础上，推进经济建设、政治建设、文化建设、社会建设和生态建设的全面发展；在经济体制改革深入发展的基础上，推进政治体制、文化体制、社会体制等各方面体制改革的配套进行。

十六大确立的全面建设小康社会的奋斗目标，是对邓小平建设小康社会思想的进一步阐发，展示了我国现代化建设的壮丽前景，符合我国国情和现代化建设的实际，符合全国人民的愿望,具有极大的感召力和凝聚力。

三、走新型工业化道路

新中国成立后,我国主要依靠内部积累,特别是农业的积累,为工业化奋斗了半个世纪,取得了重大进展——已从落后的农业大国转变成为拥有独立的、比较完整的、并有一部分现代化水平的工业体系和国民经济体系的国家。在 20 世纪 80 年代,伴随农业的发展,国家又采取了加快轻工业发展的一系列举措,轻工业出现了带有补偿性的增长,"六五"计划期间轻工业总产值平均每年增长 12%（1978 年前 26 年年均增长9.1%）,工业总产值中轻重工业的比重由 1978 年的 43.1∶56.9,变为 1985 年的46.7∶53.3,"七五"计划期间轻工业总产值平均每年增长 14%（重工业年均增长12.2%）。90 年代中国再次进入以重工业带动经济增长的阶段,工业总产值中重工业所占比重由 1990 年的 51.5% 增至 2000 年的 59.9%。90 年代私营工业及其他非国有工业增长异常迅速。据国家工商局公布的数据,1991—1995 年,私营工业产值年均增长率为75.2%,1994 年高达 140.1%。随后几年虽有所回落,但仍快于国有、集体工业的增长率。私营工业总产值在全部工业总产值中的比例,1995 年达到 2.6%。至 1998年,非国有工业产值为 85 583.8 亿元,占全国工业总产值中的比重达 71.5%,比 1991年提高了 27.7%。90 年代一些高新技术产业迅速成长。至 2000 年,标志工业化程度的工业增加值占 GDP 比重已达 44%。由于这一时期第三产业也有较大发展,2000 年我国三次产业比例由 1978 年的 28∶48∶24 调整为 16.4∶50.2∶33.4。

根据有关工业化理论和经验,工业内部结构的变动一般要经历三个阶段六个时期:第一个阶段是重工业化阶段,包括以原材料工业为重心和以加工装配工业为重心两个时期;第二个阶段是高加工度化阶段,包括一般（主要是劳动密集型）加工工业为重心和技术密集型加工工业为重心两个时期;第三个阶段是技术集约化阶段,也包括一般技术密集型工业为重心和高新技术密集型工业为重心两个时期。21 世纪初我国已基本完成了以原材料工业为重心的重工业化阶段,但在向以加工装配工业为重心的高加工度化阶段转变中,消费品工业过度扩张,而重加工工业尤其是装备工业没有得到应有的加强和发展,一直停留于一般（劳动密集型为主）加工工业为重心的时期,难以持续升级向技术集约化阶段转变。这种工业结构水平所反映的工业化进程,只处于工业化的中期阶段。我国人均国内生产总值才达到 1 000 美元左右;城镇化水平较低,农村人口尚占总人口 60% 以上;服务业产值比重和就业比重明显偏低,因此可以说我国处于工业化中期的第一阶段。[8] 继续完成工业化,仍然是我国现代化进程中艰巨的历史任务。

2002年,中共十六大基于全面建设小康社会的奋斗目标以及对我国工业化进程的客观分析,提出到2020年我国要基本实现工业化这一任务。然而,新中国成立以后我国传统工业化道路,是国家强制将经济资源从农业部门集中到工业部门,在工业内部执行重工业优先增长战略的道路,它虽然使我国工业产出占GDP的比重提升得很快,使我国在较短的时期建成了一个初具规模、门类齐全的工业体系,却是以资源的极度浪费、城乡差距进一步拉大等为代价的,它只完成了初步工业化的任务,在新的历史时期,传统工业化道路很难再培养出新的竞争优势,很难在2020年实现基本工业化。所以,十六大报告提出必须"**坚持以信息化带动工业化,以工业化促进信息化。走出一条科技含量高、经济效益好、资源消耗低、环境污染少、人力资源优势得到充分发挥的新型工业化路子**"。

新型工业化道路主要特征如下:①**以信息化带动的工业化**。其具体内容包括将电子信息技术应用于传统产业、企业经营管理信息化和电子政务等。电子信息技术应用于传统产业,可以提高传统产业的生产效率,甚至可以完全改变传统产业的本来面目;信息网络技术的推广,可以使得企业经营管理系统更具有动态适应性,更能灵敏地对市场变化进行反应,并可以减少企业不必要的库存,越过或取消中间分销环节,更好地满足消费者需求,节约成本,极大地提高企业的竞争力;电子政务可以实现税务、海关、银行、工商管理等各部门网络信息共享,可以实现企业和社会对政府信息的资源共享,有助于改进宏观经济管理。②**以科技进步为动力、以提高经济效益和竞争力为中心的工业化**。我国实现工业化,不可能像发达国家当年那样依靠同广大殖民地的不平等交换,而必须依靠以科技进步和创新为动力,推动我国产业结构优化升级,以质好价廉的产品和服务来增强国际竞争力。我国传统产业在整个国民经济中比重很大,积极运用高新技术和先进适用技术改造传统产业,增加科技含量,提高产品质量和经济效益,是加快工业化、现代化的必然要求。我们必须实施科教兴国战略,充分发挥科学技术作为第一生产力的重要作用,努力提高劳动者素质,不断提高经济效益,加快工业现代化步伐。③**同实施可持续发展战略相结合的工业化**。传统的工业化道路是以大量消耗资源和牺牲生态环境为代价的。我国是世界上人口最多的发展中国家,人口规模和经济规模越来越大,如果不改变主要依靠增加资源投入的粗放型经济增长方式,21世纪头20年要力争实现国内生产总值翻两番,资源和环境难以承受,不断提高人民生活水平和质量的目标难以实现。因此,必须把资源消耗低和环境污染少、实现可持续发展,作为走新型工业化道路的基本要求;必须依靠以科技进步和制度创新来解决这方面的难题。④**充分发挥我国人力资源优势的工业化**。工业化与扩大就业在客观上存在一定的矛盾。特别是我国人力资源极为丰富，就业和再就业的压力比任何国家都大，而且在信息化时代，劳动生产率有可能比以往提高得更快，从而会加剧这一矛盾。另一方面，人力资源丰富，劳动力成本较低，又是我国一大优势。世界银行一份研究报告显示，中国1979—1984 年和1995—1998 年，生产率提高分别有 70％到 90％来自于劳动力从第一产业转移到城镇就业，使得产品增加值大幅度提高。充分发挥我国人力资源优势，妥善处理好工业化提高劳动生产率与扩大就业的矛盾，不仅是扩大内需、保持社会稳定的必要条件，而且是发挥我国独特优势，提高国际竞争力的重要方面。我们在工业化进程中，既要大力发展资金技术密集型产业，又要继续发展吸纳就业能力强的劳动密集型产业，在促进产业结构不断优化升级的同时，既充分发挥我国劳动力资源丰富的优势，又缓解就业压力。[9]

在新的发展阶段中，我们必须把新型工业化这些主要特征互相结合，互相促进，走好新型工业化道路，推动经济结构战略性调整，必将使得中国社会主义现代化事业取得新的更大胜利。

四、国民经济发展的战略重点

为了实现"三步走"现代化建设目标，必须抓住经济发展中的主要矛盾。在中国改革开放初期，邓小平清醒地认识到：农业是基础，但这个基础并不稳固；能源和交通虽是基础产业，但长期以来却成为国民经济发展的瓶颈；教育与科学是发展国民经济的关键，但却十分落后。正是从这一实际出发，1982 年，邓小平提出**农业、能源和交通、教育和科学是战略重点**。改革开放的实践表明，这几大战略重点是我们必须始终关注并着力加以解决的问题，这对我们在新世纪头 20 年完成全面建设小康社会的奋斗目标仍然有着十分重要的意义。

1."三农"发展

农业是人类衣食之源和生存之本，是人们从事其他活动的先决条件。"超过劳动者个人需要的农业劳动生产率，是一切社会的基础。"[10] 这对我们这个人多地少的农业大国来说尤为突出。邓小平曾语重心长地叮咛全党："**中国社会是不是安定，中国经济能不能发展，首先要看农村能不能发展，农民生活是不是好起来。**"[11] 在社会主义现代化建设中，如何抓好农业这个根本大业呢？邓小平提出"农业的发展一靠政策，二靠科学"的根本方针。党的第三代领导集体认真总结了改革开放以来我国实行这一根本方针的经验，提出"统筹城乡经济社会发展，建设现代农业，发展农村经济，增加农民收入"是全面建设小康社会的重大任务,指出要实行"积极推进农业产业化经营,提高农民进入市场的组织化程度和农业综合效益。发展农产品加工业,壮大县域经济。开拓农村市场,搞活农产品流通,健全农产品市场体系"等一系列新时期加快发展农业、全面繁荣农村经济的重大举措,并决心要消除不利于城镇化发展的体制和政策障碍,引导农村劳动力合理有序流动,使农村富余劳动力更好地向非农产业和城镇转移。[12]十六届三中全会又进一步从"完善农村土地制度"、"健全农业社会化服务、农产品市场和对农业的支持保护体系"、"深化农村税费改革"、"改善农村富余劳动力转移就业的环境"等方面进行了阐述,强调要深化农村改革,完善农村经济机制。[13]

　　2004 年 1 月,《中共中央、国务院关于促进农民增加收入若干政策的意见》(又称**2004 年"一号文件"**)发布,其主旨在于解决农民人均纯收入连续增长缓慢,城乡居民收入差距不断扩大等问题,中央一号文件再次回归"三农"。文件要求调整农业结构,扩大农民就业,加快科技进步,深化农村改革,增加农业投入,强化对农业支持保护,力争实现农民收入较快增长,尽快扭转城乡居民收入差距不断扩大的趋势。2005 年 1 月,《中共中央、国务院关于进一步加强农村工作提高农业综合生产能力若干政策的意见》(又称 **2005 年"一号文件"**)公布。文件要求,坚持"多予少取放活"的方针,稳定、完善和强化各项支农政策。当前和今后一个时期,要把加强农业基础设施建设,加快农业科技进步,提高农业综合生产能力,作为一项重大而紧迫的战略任务,切实抓紧抓好。2005 年10 月,中共十六届五中全会通过《中共中央关于制定国民经济和社会发展第十一个五年规划的建议》,其中提出了建设社会主义新农村的重大历史任务,2005 年 12 月第十届全国人大常委会第十九次会议通过《关于废止中华人民共和国农业税条例的决定》,新中国实施了近 50 年的农业税条例被依法废止,一个在中国延续 2000 多年的税种宣告终结。与此相应,2006 年 2 月,《中共中央、国务院关于推进社会主义新农村建设的若干意见》(**2006 年"一号文件"**)公布。文件要求,要完善强化支农政策,建设现代农业,稳定发展粮食生产,积极调整农业结构,加强基础设施建设,加强农村民主政治建设和精神文明建设,加快社会事业发展,推进农村综合改革,促进农民持续增收,确保社会主义新农村建设有良好开局。2007 年 1 月,《中共中央、国务院关于积极发展现代农业扎实推进社会主义新农村建设的若干意见》(又称 **2007 年"一号文件"**)下发,指出发展现代农业是社会主义新农村建设的首要任务,要用现代物质条件装备农业,用现代科学技术改造农业,用现代产业体系提升农业,用现代经营形式推进农业,用现代发展理念引领农业,用培养新型农民发展农业,提高农业水利化、机械化和信息化水平,提高土地产出率、资源利用率和农业劳动生产率,提高农业素质、效益和竞争力。2008 年 1 月,《中共中央、国务院关于切实加强农业基础建设进一步促进农业发展农民增收的若干意见》（又称 **2008 年"一号文件"**）下发,提出要按照统筹城乡发展要求切实加大"三农"投入力度,加快构建强化农业基础的长效机制;切实保障主要农产品基本供给;突出抓好农业基础设施建设;着力强化农业科技和服务体系基本支撑;逐步提高农村基本公共服务水平;形成农业增效、农民增收良性互动格局,稳定完善农村基本经营制度和深化农村改革;扎实推进农村基层组织建设;加强和改善党对"三农"工作的领导,探索建立促进城乡一体化发展的体制机制等。至此,中国在新世纪已连续出台了 5 个指导"三农"工作的中央"一号文件",为做好当前和今后一个时期的"三农"工作指明了方向,有力促进了农民增产增收,提高了农业综合生产能力,开创了社会主义新农村建设的新局面,也给农业健康发展、农民持续增收和农村长期稳定带来强劲的动力。

据农业部统计:1978 年以来,中国农业总产值年均增长 12.96%,粮食和其他主要农产品大幅度增长,创造了用不到世界 9% 的耕地养活世界近 21% 人口的奇迹。从 1978 年到 2007 年,粮食产量由 30 477 万吨增加至 50 150 万吨,棉花产量由 217 万吨增加到 700 万吨。我国粮食、油料、蔬菜、水果、肉类、禽蛋和水产品等产量连续多年居世界第一,人均主要农产品占有量超过了世界平均水平。大量的农村劳动力向城镇和非农产业转移,使农民的就业结构发生了重大变化,兼业成为普遍现象。农业生产劳动力不仅占社会劳动力的比例在下降,绝对数量也呈减少趋势。农村在第二、第三产业从业人员比重由 1978 年的 29.5% 上升到 2006 年的 57.4%。2007 年,我国已有 1.26 亿农民进城务工,还有 1.5 亿在乡镇企业就业,扣除其中的重复计算部分,转移农村劳动力在 2.26 亿人左右。1978—2007 年,农民人均纯收入由 134 元增加到 4 140 元,扣除物价因素,年均实际增长 7% 以上,特别是 2004 年以来,农民收入连续 4 年每年增长幅度在 6% 以上、增长数额在 300 元以上;农村贫困人口由 2.5 亿下降到 1 479 万人,贫困发生率下降 29 个百分点。全国农村已由温饱不足进入到总体小康向全面小康迈进的阶段。

2. 能源和交通

能源为人类社会生产和生活提供动力,交通则是生产和生活运行所必需的"动脉",两者都是国民经济持续发展的重要物质保证。在能源方面,随着改革开放形势的发展,我国增加投资力度,实行开发与节约并重的方针,做到能源、经济和环境协调发展。其中,煤炭工业加快国有重点煤矿建设,促进地方矿、乡镇矿改造与提高;石油工业实行"油气并举",稳住东部,开发西部,增加探明储量,通过合作开发等方式积极利用国外油气资源;电力工业水火电并举,适当发展核电。这些政策和方针的实施,促进了我国能源产业快速发展。2003 年我国煤炭产量达 16 亿吨,创历史最高水平,**居世界第一位**,

并已经达到了原先规划中 2010 年的水平;投资巨大的"西气东输"工程已初见成效,对中国能源和交通等都有重要意义。葛洲坝、三峡等水电站相继建成,核电发展迎来黄金时代,**全国发电量已居世界第二**。我国作为世界主要能源储藏、生产、消费大国之一,在能源开发利用方面取得了一系列重大成就。改革开放以来,我国在交通方面经过 20 多年的加快建设,2002 年,全国铁路基本建设投资完成 628.8 亿元,铁路建设进入了"快速、有序、优质、高效"的良性循环。至 2002 年底,全国公路通车里程达到 175.8 万公里,高速公路达到 2.52 万公里。农村公路总里程发展到 130 万公里,乡镇通公路率达到 99.4%,行政村通公路率达到 92.5%。中国已有 **7 个港口跻身于世界亿吨港**行列,上海和深圳两港已进入世界集装箱大港 10 强行列。如将香港和澳门的统计数字包括在内,中国的航空运输总周转量将排名世界第二,仅次于美国。[14] 我国交通运输实现了跨越式发展,已形成了**具有相当规模,包括铁路、公路、水运、航空、管道等各种现代运输方式的综合运输体系**,对改革开放与国民经济的发展发挥了重要作用。各地广泛流行的"要想富,先修路","交通畅,能招商"等新民谚,反映了交通建设对经济发展的辐射带动作用,反映出人民群众对重点发展交通的战略及其社会效益的认同。尽管如此,由于全社会对能源和交通的需求迅速增大,我国能源和交通仍面临着新的巨大的挑战。

3."科教兴国"

"科教兴国"战略的理论基础是邓小平关于科学技术是第一生产力的思想。邓小平曾经反复强调科技和教育对于现代化建设的关键作用。1988 年,他明确提出"**科学技术是第一生产力**"的论断。坚持"**实现四个现代化,科学技术是关键,基础是教育**"的核心思想,为"科教兴国"发展战略的形成奠定了坚实的理论和实践基础。科教兴国战略的提出,是对世界近代以来,特别是当代经济、社会、科技发展经验和趋势的科学总结。由于新科技革命成果的率先应用,西方发达国家的社会生产力得到了空前发展,产业结构和就业机构出现了深刻变化。从目前世界的总体格局看,西方资本主义发达国家的科技水平和综合国力都居于领先地位,且这种态势还将保持相当长的一段时间。江泽民指出:"世界生产力快速发展的一个根本原因,在于科学技术日新月异的发展。21世纪,世界科学技术和生产力必将发生新的革命性突破。"[15] 据估算,科技进步对经济增长的贡献率在农业经济时代不足 10%,工业经济时代后期达到 40% 以上,而在知识经济时代将达到 80% 以上。国家的综合国力和国际竞争能力将越来越取决于教育发展、科技进步和知识创新的水平。1995 年 5 月,中共中央、国务院作出《关于加速科学技术进步的决定》,首次提出在全国实施科教兴国的战略。《决定》指出:**科教兴国就是全面落实科学技术是第一生产力的思想,坚持教育为本,把科技和教育摆在经济、社会发展**

的重要位置，增强国家的科技实力以及将科学技术向实现生产力转化的能力，提高全民族的科技文化素质，把经济建设转移到依靠科技进步和提高劳动者素质的轨道上来，加速实现国家的繁荣强盛。党中央、国务院号召全党和全国人民全面落实邓小平关于科学技术是第一生产力的思想，投身于实现科教兴国战略的伟大事业，加速全社会的科技进步，为实现我国现代化的第二步和第三步战略目标而努力奋斗。1996 年，八届全国人大四次会议正式提出了国民经济和社会发展"九五"计划和 2010 年远景目标，"科教兴国"成为我们的基本国策。

五、"两个大局"与区域经济协调发展

我国幅员广大，各地区之间发展不平衡。这是我国的基本国情之一。如何做到全国"一盘棋"，促进我国各地区经济协调发展，是现代化建设的重要战略问题。为此，邓小平提出"两个大局"思想："沿海地区要加快对外开放，使这个拥有两亿人口的广大地区较快地发展起来，从而带动内地更好地发展，这是一个事关大局的问题。内地要顾全这个大局。反过来，发展到一定的时候，又要求沿海拿出更多力量来帮助内地发展，这也是个大局。那时沿海也要服从这个大局。"[16]

邓小平强调沿海地区要充分利用有利条件，较快地先发展起来，千万不要贻误时机。沿海一些地区要走在全国的前面，率先实现现代化，以更好地带动全国的现代化。内地要根据自己的条件加快发展。这一战略思想包括一个"大政策"和一个"大原则"："大政策"就是让一部分地区、一部分人先富起来，要发展得快一些，"比如广东，要上几个台阶，力争用二十年的时间赶上亚洲'四小龙'，比如江苏等发展比较好的地区，就应该比全国平均速度快。又比如上海，目前完全有条件搞得快一点。""大原则"也就是实行这一政策的总的目标，即逐步实现和最终达到共同富裕。为实现这一目标，必须对在发展过程中出现的地区发展水平差距扩大及个人消费品分配差距拉大的问题，引起高度重视。邓小平设想，在 20 世纪末达到小康水平的时候，就要突出地提出和解决这个问题。

根据邓小平的这一思想，我国本着"统筹兼顾，合理分工；优势互补，协作发展；利益兼顾，共同富裕"的原则，不同时期在区域发展政策上有一个明显的时空展开：

改革开放初期实施的是**沿海经济发展**战略，明确东部地区要运用优惠政策，"尽快形成对外辐射和对内辐射的两个扇面"。1980 年东南沿海深圳、珠海、汕头、厦门 4 个经济特区建立，1984 年陆续开放秦皇岛、天津等 14 个沿海港口和海南岛，1985 年进一步开辟长江三角洲、珠江三角洲和闽南、漳州、泉州三角洲为经济开放区，1988 年海南

省成为我国最大的经济特区,1990 年开放和开发上海浦东新区等,使得东部沿海,尤其是珠江三角洲和长江三角洲地区得风气之先,率先发展,成为中国经济的"隆起"地带。如今,广东、山东、上海、浙江、福建国内生产总值之和已占全国国内生产总值的近一半。这些地区的加速发展,对中西部低层次的产业形成了较大的需求拉动,带动了全国经济持续快速增长。

80 年代中期后,在继续促进经济发展总体效益提高的前提下,开始对地区差距扩大趋势进行适当的调节,实施了扶贫政策和反贫困计划,同时采取了一系列有利于提高不发达地区发展和竞争力的政策;90 年代以来,中央高度重视西部地区的改革和发展,推出了**西部大开发**战略,2 000 年 10 月中共十五大五中全会上通过的制定国民经济和社会发展第十个五年计划的建议中专门提出"实施西部大开发,促进地区协调发展"的建议。中共十六大报告强调实施西部大开发战略,关系全国发展的大局,关系民族团结和边疆稳定,要求积极推进西部大开发,加大中部地区结构调整的力度,高度重视和关心欠发达地区的发展,支持东北地区等老工业基地加快调整和改造,支持革命老区和少数民族地区加快发展。

实施西部大开发战略以来,西部地区基础设施建设、生态环境保护和产业结构调整取得了显著成效,经济发展步伐明显加快。西部地区国内生产总值增长速度与全国各地平均增长速度的差距由 1999 年的 1.5 个百分点,缩小为 2002 年的 0.6 个百分点。中部地区承东启西,在加大结构调整力度,推进农业产业化,改造传统产业,培育新的经济增长点,加快工业化和城镇化进程等方面取得了明显成就。西部大开发有力地促进了东中西部地区之间的经济合作,使全国经济社会发展的整体格局发生了可喜的变化。

2003 年 8 月初中央领导在振兴东北老工业基地座谈会上指出,东北地区等老工业基地具有重要的战略地位,要把老工业基地调整、改造和振兴摆到更加突出的位置,走出加快振兴新路子。这次座谈会,标志着**振兴东北老工业基地**战略决策的实施拉开序幕。振兴东北老工业基地,同实施西部大开发战略和加快东部地区发展一起,构成了中国区域经济协调发展的三步妙棋。加快东北老工业基地的振兴,这既是东北等地自身改革发展的迫切要求,也是实现全面建设小康社会宏伟目标的重要战略举措。通过这一战略的实施,将使老工业基地焕发青春和活力,东北经济区再度辉煌,成为全国新的经济增长点。

六、落实科学发展观任重而道远

改革开放以来,中国经济高速增长、经济实力和综合国力大大增强,全球影响力大大提升。2006年,中国GDP比1978年增长12.3倍,年均增速达9.67%,比同期全球经济平均增速3.5%、发达国家平均增速3%高一倍半到两倍,人均GDP已达2000美元。从2005年起,中国已仅次于美、日、德成为世界第四大经济体,对外贸易居世界第三位。进入新世纪以来,中国对世界经济增长的贡献率已达15%。中国已成为新兴的经济高速增长大国。经济实力的显著增强,为我国的发展奠定了新的历史起点。

另一方面,我国2006年国内生产总值仅占世界总量的5.5%,而我们消耗的能源占世界的15%,钢材占30%,水泥占54%。这些数字表明,以往粗放式的经济增长方式在我国已经没有后续空间,转变经济发展方式已势在必行。但是长期以来某些地区和部门领导干部中有的人把"以经济建设为中心"视为"以速度为中心",还有的人不惜以牺牲资源、环境为代价追求产值,甚至弄虚作假,贪大求洋,热衷于大搞"政绩工程"、"形象工程"。这些情况表明,转变经济发展方式首先要转变发展观念,而这方面的工作仍然十分艰巨。

1992年联合国环发大会推出的可持续发展概念及全球《21世纪议程》和《里约宣言》都是从保护环境的角度谈的,而邓小平从中国的实际出发,在肯定保护环境重要性的同时,从经济社会全面协调发展的角度论述中国的持续发展问题,扩大了可持续发展的外延和内涵,形成了具有中国特色的**大持续发展观**,包括**人口、资源、环境要协调发展,农业、能源、交通、科技要协调发展,沿海、中部、西部要协调发展,效益和速度要协调发展,以及两个文明要协调发展等**。在这一思想指导下,1994年3月我国通过了《中国21世纪议程》,这是我国,也是世界上第一个国家层次上的可持续发展战略框架。进入21世纪以后,我们必须看到中国的发展进程不可避免地遭遇到如下的6大基本挑战:人口三大高峰(即人口总量高峰、就业人口总量高峰、老龄人口总量高峰)相继来临的压力;能源和自然资源的超常规利用;加速整体生态环境"倒U形曲线"的右侧逆转;实施城市化战略的巨大压力;缩小区域间发展差距并逐步解决三农问题;国家可持续发展的能力建设和国际竞争力的培育。我国在实际经济和社会发展过程中确立起可持续发展,仍然是一个长期过程。上述这些严重制约中国未来发展的挑战,也只能在实现国家"全面、协调、可持续发展"科学发展观的统帅下,才能得到真正有效地克服。

可持续发展,就是要促进人与自然的和谐,实现经济发展和人口、资源、环境相协调;坚持走生产发展、生活富裕、生态良好的文明发展道路,保证一代接一代地永续发展。

中共十六届三中全会及时提出要"坚持以人为本,树立全面、协调、可持续的发展观,促进经济社会和人的全面发展",按照"统筹城乡发展、统筹经济社会发展、统筹人与自然和谐发展、统筹国内发展和对外开放"的要求推进各项事业的改革和发展。2007年中共十七大将科学发展观写入党章,要求全党全面把握科学发展观的科学内涵和精神实质,增强贯彻落实科学发展观的自觉性和坚定性,着力转变不适应不符合科学发展观的思想观念,着力解决影响和制约科学发展的突出问题,把全社会的发展积极性引导到科学发展上来,把科学发展观贯彻落实到经济社会发展各个方面。

科学发展观要求坚持以人为本,就是要以实现人的全面发展为目标,从人民群众的根本利益出发谋发展、促发展,不断满足人民群众日益增长的物质文化需要,切实保障人民群众的经济、政治和文化权益,让发展的成果惠及全体人民;要求调控人口的数量增长,人口数量的年平均增长率首先应稳定地低于 GDP 的年平均增长率,而后逐渐实现人口自然增长率的"零增长"。此前与此后,都要把人口素质的提高纳入到首要考虑的政策之中,首先要把人的"体能、技能、智能"三者的合理调配,置于可以接受的状态之下,达到人口与发展之间的理想均衡;要求全力提高经济增长的质量,进一步转变经济增长方式,大力推进经济增长方式向集约型转变,要以科技进步为支撑,以提高质量效益为中心,以节约资源、保护环境为目标,走新型工业化道路,加大实施可持续发展战略的力度,大力发展循环经济,在全社会提倡绿色生产方式和文明消费,形成有利于低投入、高产出、少排污、可循环的政策环境和发展机制,完善相应的法律法规,全面建设节约型社会;要求各级领导干部要切实弘扬"求真务实"的精神,进一步转变政府职能,进一步转变干部工作作风,要抓紧建立对工作实绩进行考核评价的新的指标体系,不应仅仅考察 GDP 的增长,还要同时考核城镇居民人均可支配收入、农民人均纯收入、环境保护和生态建设、扩大就业、完善社会保障等其他指标,引导各级干部树立正确的政绩观。科学发展观始终强调"人口、资源、生态环境与经济发展"的强力协调,科技进步在可持续发展战略实施中,能够迅速把研究成果积极地转化为经济增长的推动力,并克服发展过程中的瓶颈,以此去达到可持续发展的总体要求。科学技术的发展,经济社会的发展,管理体制的发展,这三个主要方面将作为一个互为联系的大系统,通过宏观的调适和寻优,达到突破发展瓶颈的目标要求。

科学发展观,第一要义是发展,核心是以人为本,基本要求是全面协调可持续,根本方法是统筹兼顾。

由于长期积累的结构性矛盾的解决和粗放型经济增长方式的根本改变不会一蹴而就,到 2030 年我国人口将达到 16 亿的高峰,能源、资源、环境的瓶颈制约将日益突出,经济发展与人口资源环境的矛盾将是我国发展长期面对的突出矛盾。按照国际上判断发展可持续性的标准,扭转我国可再生资源消耗速率大于可再生资源开发速率、不可再生资源消耗速率大于可再生资源消耗速率、环境污染排放速率大于环境对污染吸收速率的局面,还是一个要经历长期努力才能实现的目标。这些事实表明,实现我国的协调发展将是一项长期的艰巨任务,是需要几代人、几十代人长期艰苦努力才能实现的目标,贯彻落实以人为本、全面协调可持续的科学发展观任重道远。

注　　释

1. 《邓小平文选》,第 3 卷,第 370～383 页,北京,人民出版社,1993。

2. 中共中央文献研究室编:《十三大以来重要文献选编》(下),第 2069～2074 页,北京,人民出版社,1993。

3. 中共中央文献研究室编:《十四大以来重要文献选编》(上),第 19 页,北京,人民出版社,1996。

4. 国家工商行政管理局办公室编:《工商行政管理统计汇编》(1991—1998 年),北京,中国统计出版社,1999;《2000 年全国个体私营经济发展情况》,载《中国工商报》,2001 年 3 月 26 日。

5. 《2000 年全国个体私营经济发展情况》,载《中国工商报》,2001 年 3 月 26 日。

6. "小康"一词最早出自《诗经》,其中有"民亦劳止,汔可小康"。意思是说,人们有劳有逸,日子就能好过。后来儒家把比大同社会较低级的一种社会称之为小康。按《礼记》的描述,所谓大同社会就是"天下为公","故人不独亲其亲,不独子其子;使老有所终,壮有所用,幼有所长,矜寡、孤独、废疾者皆有所养"的理想社会。而所谓小康社会则是"天下为家,各亲其亲,各子其子,货、力为己",人们能维持中等生活水准的社会。近代康有为等人对"大同"和"小康"的含义进行了自己的阐发,在海内外华人中有广泛影响。在当代中国现代化进程中,邓小平古为今用,给"小康"这一在我国有广泛文化共识的概念赋予新的时代内涵,指出:"所谓小康社会,就是虽不富裕,但日子好过。"邓小平的小康社会思想通俗易懂,既明确了我国现代化发展的阶段性目标,又突破了仅仅从经济上看问题的狭隘观点,把现代化过程看作一个社会全面发展的过程,起到了动员亿万人民群众的作用。

7. 《中国共产党第十六次全国代表大会文件汇编》,第 13～18 页,北京,人民出版社,2002。

8. 参见吕政等:《为什么要走新型工业化道路》,载《经济日报》,2003 年 2 月 19 日。

9. 参见魏礼群:《走好新型工业化道路》,载《经济日报》,2002 年 12 月 30 日;林兆木:《关于新型工业化道路问题》,载《宏观经济研究》,2002 年第 12 期;曹建海、李海舰:《论新型工业化的道路》,载

《中国工业经济》,2003 年第 1 期。

10. 马克思:《资本论》,第 3 卷,第 885 页,北京,人民出版社,1975。

11.《邓小平文选》,第 3 卷,第 77～78 页,北京,人民出版社,2003。

12.《中国共产党第十六次全国代表大会文件汇编》,第 22 页,北京,人民出版社,2002。

13.《中共中央关于完善社会主义市场经济体制若干问题的决定》,北京,人民出版社,2003。

14.《人民日报》,2003 年 6 月 3 日。

15. 江泽民:《论"三个代表"》,第 67 页,北京,中央文献出版社,2001。

16.《邓小平文选》,第 3 卷,第 277～278 页,北京,人民出版社,2003。

主要参考书

严中平主编：《中国近代经济史,1840—1894》,北京,人民出版社,1989;

汪敬虞主编：《中国近代经济史,1895—1827》,北京,人民出版社,2000;

许涤新、吴承明主编：《中国资本主义发展史》,第1～3卷,北京,人民出版社,2003;

宁可主编：《中国经济发展史》,第3、4、5卷,北京,中国经济出版社,1999;

刘佛丁、王玉茹：《中国近代的市场发育与经济增长》,北京,高等教育出版社,1996;

陈争平、龙登高：《中国近代经济史教程》,北京,清华大学出版社,2002;

赵德馨：《中国近现代经济史》,郑州,河南人民出版社,2003;

李伯重：《理论、方法与发展趋势：中国经济史研究新探》,北京,清华大学出版社,2002;

陈旭麓：《近代中国的新陈代谢》,上海,上海社会科学院出版社,2006;

D. 诺斯：《经济史上的结构和变革》,中译本,北京,商务印书馆,1992;

何炳棣：《1368—1953中国人口研究》,中译本,上海,上海古籍出版社,1989;

D. 珀金斯：《中国农业的发展,1368—1968》,中译本,上海,上海译文出版社,1984;

王国斌：《转变的中国：历史变迁与欧洲经验的局限》,南京,江苏人民出版社,1998;

林毅夫：《再论制度、技术与中国农业发展》,中译本,北京,北京大学出版社,2000;

胡鞍钢：《中国政治经济史论1949—1976》,北京,清华大学出版社,2007;

李宗植、张润君编著：《中华人民共和国经济史1949—1999》,兰州,兰州大学出版社,1999;

苏星：《新中国经济史》(修订本),北京,中共中央党校出版社,2007;

薄一波：《若干重大决策与事件的回顾》,北京,中共中央党校出版社,1991;

国家统计局编：《新中国五十年1949—1999》,北京,中国统计出版社,1999。